R o b e r t　J u n g k

若尾祐司 著
Yuji Wakao

世界記者ユンクの20世紀

前編　ナチ時代

Von der Emigration zum Weltreporter in der Nazi-zeit
Eine Biographie seiner Jungend

名古屋大学出版会

世界記者ユンクの二〇世紀　前編——目　次

序　章　「短い二〇世紀」を駆け抜ける

――ユンクの生涯と少年時代――

反ナチ抵抗運動から反核・脱原発・環境運動へ、一九一三年五月一一日生まれのロベルト・ユンクは「短い二〇世紀」（エリック・ホブズボーム）を駆け抜け、一九九四年七月一四日に亡くなった。三日後に発行された週刊誌『シュピーゲル *Der Spiegel*』第二九号に、以下のユンク「死亡」記事が掲載されている。(1)

八一年の生涯。彼は明確な言葉をけっして変えなかった。一九八六年一一月、老人は怒りを持って水色の眼で、ハーナウ核工場へのデモ参加者に呼びかけていた。「君たちを破壊するものを、破壊しよう！」。三〇年以上にわたり、この批評家 Publizist は核武装、原発、自然破壊に対して闘い続けた。彼はエコ運動の父たちの一人だった。その超技術の秘密保全のために、原発は市民の自由の権利を掘り崩すと、独裁的な原子力国家 Atom-staat に警告を発した。こうした暗い予見にもかかわらず、彼は常に未来研究者として「良い方向への転換」を信じた。伝道師のごとく村々をめぐり、人々が新しい時代への要求を書き留める「未来工房 Zukunftswerkstatt」を設立したのである。彼はベルリンのユダヤ人文芸一家に生まれた。一九三三年、大学でナチの張り紙を破った後にパリに亡命したが、少しでも抵抗を試みようと三年後に舞い戻った。そして、プラハに逃れて反ナチ報道活動を行い、チューリヒで彼の元の姓であるバウムBaum名で博士の学位を得た。戦後の一〇年間はアメリカに滞在し、情熱的な原爆レポート（『千の太陽よりも明るく』）を記し、この未来展望家Visionistは禍に満ちた原子研究者と軍人との同盟を描いた。一九六〇年代には最終的に欧州に帰還し、ウィーンで「未来問題研究所Institut für Zukunftsfragen」を設立し、オーストリアの市民権を得た。先週の木曜日にロベルト・ユンクは、卒中発作の後遺症によりザルツブルクで亡くなった。

この記事は、ユンクの生涯を集約的に表現している。ユンクの生涯はベルリンの少年時代から亡命と反ナチ抵抗の言論活動に始まり、戦後は核時代の批評家として、一連の国際的なベストセラー作品を生み出した。日本語に翻訳されているものだけでも七つの作品がある。『未来は既に始まった』（一九五四年）、『千の太陽よりも明るく――原子科学者の運命』（一九五八年）、『灰墟の光――甦えるヒロシマ』（一九六一年）、『巨大機械』（一九七〇年）、『新しい未来への志向――世紀の変わり目の社会観・価値観の展望』（一九七六年）、『原子力帝国』（一九七九年）、『テクノクラシー帝国の崩壊――「未来工房」の闘い』（二〇一七年）であり、最後の著作を除いて、いずれも原書出版の二～四年後に刊行されている。さらに、翻訳はされていないが、一九八〇年代初頭の反核運動を取材した『人間の地震』（一九八三年）、科学誌に連載した論説をまとめた『水は石を穿つ』（一九八六年）、オーストリア大統領選への出馬に向けた『我ら滅びゆくことなきように』（一九九〇年）、そして最後の著作となった自伝『それでも――未来のために生きる』（一九九三年）と、たゆむことなくメッセージが発し続けられたのである。

1　ユンク研究の現状と課題

以上のようにユンクは、ベストセラー作品を生み出しつつ、米ソ冷戦時代の核対立に対抗するメッセージを世界に送り出し続けた。その存在はドイツ語圏のみならず、広く二〇世紀後半の世界の世論に重要な影響を与えたはずである。それにもかかわらず、これまでのところユンク研究は白紙の状態にある。

ユンクの基本思想とその反原発・環境運動

たしかに、一九八六年の『水は石を穿つ』の序文でヴォルフラム・フンケは、「批判的科学ジャーナリズム」と「技術アセスメント」の創設者としてユンクを評価し、その生涯に関する簡潔な見取り図を与えている。つまり、ユンクはロスアラモスで「民主制の有機体の中に潜む全体主義の癌細胞」を実感し、これを「ベルゼブブ」（マタイ伝の悪魔工房）として把握する。(2)(3) この悪魔の破壊工房に道を開いた、原子科学者とその「基礎研究」の倫理的な責任を問う作業が、原爆開発物語である。さらに、生命に敵対する研究や技術は許さないという行動指針を広島で与えられる。ヒロシマ以降は、もはや人間を損なわない科学技術のみが許される。この信念の下、労働の人間化、人間の心理に合う機械、そして人間にふさわしい「脱集中 dezentral」の生活文化が未来への基準となった。「こうした思想が彼の全著作を貫き、一九八〇年代のドイツに芽生え始める新しい啓蒙の大地を準備したのである」。(4)

以上のように、フンケはユンク思想の最も重要な側面に光を当てている。しかし、それは大雑把な概観にすぎず、例えば「第三帝国 Das Dritte Reich」論にはまったく触れられていない。したがって、ユンクにおける科学技術批判への出発点がどこにあったのか、不明のままに終わっている。

ともあれ、このフンケの素描を除けば、原子力産業史や環境運動史の文脈の中で、いくつかの関連する指摘が目にとまるのみである。一つは、今やドイツ原子力産業史の古典の地位を占める、ヨアヒム・ラートカウの一九八三年の著作である。ラートカウは一九五〇年代の反核・平和運動と一九七〇年代の反原発運動との関連を問い、その不連続性の例としてユンクを挙げる。

すなわち、一九五〇年代の「原爆死反対闘争 Kampf gegen Atomtod」の中で一九五六年に「原子被害反対闘争連盟 Kampfbund gegen Atomschäden」が設立され、原子力への熱狂に対抗して、原子力の乱用と危険を阻止しようとする機関誌『良心 *Das Gewissen*』が創刊される。この雑誌に、「平和的核エネルギー利用」を全面否定する主張が登場する。しかし、反原爆のみならず反原発の立場を、この時期から一貫して取っていたのは原子物理学者カール・ベッヘルト（一九〇一〜八一）ただ一人であった。一九五七年の原子物理学者のゲッティンゲン宣言では、「平和的核技術」は原爆の対極に置かれた。早い時期から雑誌『良心』に寄稿していたユンクの立場も、それと大差はなかった。(5)

もちろん、平和的核技術に反対する動きがなかったわけではない。その最初の著作として、デットモルトの医師ボード・マンシュタイン（一九一一〜七七）の『進歩は首を絞める』が一九六一年に刊行され、また一九六〇年設立の「世界生命保護連盟 Weltbund zum Schutz des Lebens」（ＷＳＬ）も原発反対の立場を取った。しかし、一九七〇年代に入るまで原子力開発はもっぱら専門家の問題であった。しかも、「原子力への熱狂は進歩的な立場の典型的な構成要素」であった。少なくとも一九六〇年代末までユンクも原子科学のほとんど無批判的な称賛者であり、「その後の「ソフトな技術」への関心によって、核エネルギー反対者になったように思われる。したがって、核兵器技術に対するプロテストを直接に継承していたわけではない(6)」。

たしかに、このラートカウの指摘は正確であるとしても、一九七〇年代ユンクの反原発運動の行動力と非暴力主義は、疑いなく一九五〇／六〇年代の反核・平和運動によって培われた「新しい社会運動」の形とネットワークを継承している。この面での連続性を無視するならば、一九七〇年代から八〇年代へと、ドイツ語圏の反核運動が反原発・反原爆の「ヤヌスの顔」を持つ、歴史的な特質と意義が見失われてしまう。ラートカウの場合、こうした側面での連続性に対する考慮が欠けているように思われる。

また、環境史の文脈でイェンス・エンゲルスが、「環境保護と核技術のテーマ領域において、ロベルト・ユンクは全体主義「原子力国家」に対する警告により、批判的権威の頂点に立った」[7]とし、とりわけ二つの点に注目している。第一は、一九七八年のバイエルン自然保護賞の授賞式風景である。三人の受賞者の中で、二人の正装の受賞者に対し、ノーネクタイでオールタナティヴ文化を代表したユンクの姿であり、その場で著名人表彰を批判した「アンチ感謝演説」である。まさしく、「オールタナティヴ」はユンクの代名詞であった[8]。

第二は、ユンク「原子力国家」の国民社会主義 Nationalsozialismus への連想であり、これにより学生紛争以来高まっていた若者たちの親世代への不信が、原子力政策の推進者へと集中して向かった、という点である[9]。この二点からエンゲルスは、反原発運動においてユンクは「伝統的な近代批判の諸要素、国家ファシズム批判、反権威主義と解放の目標、そしてまたオールタナティヴ運動の対抗文化コンセプトを融合した。「ソフトな」代案シナリオを構想しながら」と結論づけている[10]。ただし、それら個々の論理と価値意識がユンクの中でどのように構成されていったのかという問いは、エンゲルスの課題の範囲外にある。

福島第一原発事故後のユンクへの注目

こうした研究の少なさとは逆に、二〇一一年福島第一原発の核事故を受けてユンクの著作への関心はドイツ語圏でも再び高まり、先に示した邦訳七点のうちの最後を除く六点が、ローヴォルト Rowohlt の新書版シリーズで二〇一六年に一括して復刊されている。また、ユンクの活動拠点となり、没後もユンクの未来工房運動を継承してその普及を使命とするザルツブルクの「ロベルト・ユンク未来問題図書館 Robert-Jungk-Bibliothek für Zukunftsfragen」(JBZ、以下、ユンク図書館と略記)は、二〇一三年にユンク生誕一〇〇周年祭(図序-1)を催し、展示「ロベル

図序 -1　ユンク図書館のユンク生誕 100 周年祭看板：「当事者参加 Betroffene zu Beteiligten machen」はユンクのモットー

ト・ユンク――世界市民かつザルツブルク人」や講演会を企画した。

同時に、その前後から精力的にユンク図書館は「報告書 Arbeitspapier」シリーズを発行し、その中でユンク紹介も進めている。『引用される未来研究者』（第五号、二〇一一年）、『ザルツブルクにおけるロベルト・ユンクのエピソード』（第一七号、二〇一一年）、『初期のロベルト・ユンク』（第一五号、二〇一二年）、『ロベルト・ユンクと反原子力運動』（第一六号、二〇一二年）、『未来工房――歴史、発展、影響』（第一八号、二〇一二年）に始まり、二〇一三年には『ロベルト・ユンクの太陽――新しい未来の始まり』『未来プロジェクト』『原子に代わる太陽――ロベルト・ユンクと一九五〇年代以降のエネルギー供給の未来に関する議論』の三冊が刊行された。その後も、『まずは世界市民、その次にユダヤ人』（第二二号、二〇一三年）、『ロベルト・ユンクとレーオポルト・コールの未来思想』（第三四号、二〇一五年）、『灰墟の光――小倉馨のロベルト・ユンク宛書簡』（第四四号、二〇一八年）、『ロベルト・ユンクとは』（第四五号、二〇一八年）、『ロベルト・ユンク――巻頭言』（第五四号、二〇二一年）と、継続してユンクの活動の紹介や、その言論・思想の普及が推進されている。(11)

しかし、ユンク図書館の任務はユンク研究ではなく、ドイツ語圏における未来工房活動の拠点として、その運動を継承し普及することにある。したがって、その作業はユンクの人物とその思想の紹介にとどまっている。また、例えば最初の広島訪問を一九五六年（正しくは一九五七年）とするなど、自伝『それでも』に含まれる誤記が修正されず、そのまま引用されているケースも少なからず見られる（上記の第四四号で修正）。いずれにせよ、ユンクの伝記研究はほぼ白紙の状態にある。

ユンク伝記研究の困難を越えて

その原因として考えられるのは、第一に、ユンクの生活経歴 Lebenslauf が戦前のドイツを中心とする欧州から戦後のアメリカへ、さらに広島訪問を経て日本から再び欧州へと広範囲にわたること。したがって、その交友関係も欧州、アメリカ、日本と広く、包括的な史料の収集が難しいことである。第二は、ユンクのテーマ領域が政治支配と社会構造から科学技術の分野にまで広がり、その議論をフォローするためには文系のみならず理系の知識が必要とされる点である。第三に、記者ユンクの知的貢献の大半は、短い記事 Artikel ではなくもっぱら長文の「論説 Aufsatz」によるが、それらは学術論文でも芸術作品（小説）でもなかった。博士論文を除きすべて専門分野 Disziplin の論文 wissenschaftliche Arbeit ではなく、その時々のテーマを断片的に扱った、広い分野をカバーする時論の集積であり、専門分野の研究対象になりにくいのである。

しかし、その時論はヒトラー時代の抑圧体験と世界戦争の観察に出発し、戦後冷戦体制下の核開発・経済開発による人類の生存危機を直視し告発し続けた。のみならず広島訪問以降は、観察者《オブザーバー》であると同時に活動家《アクティヴィスト》として行動し、また発言をしている。第一次大戦から第二次大戦を越えて冷戦期へと連続する、軍事研究を機軸とした科学技術の「ハード」な進化を直視しつつ、別の「ソフト」な社会と技術への方向転換を模索し続けた生涯であった。したがって、ユンクの時論は二〇世紀の歴史的進化と切り結んだ総合的かつ系統的な学的営為の集積であり、二つの世界大戦から核時代へという「短い二〇世紀」の構造的展開とその歴史的特質を検証する、格好の素材をなすのである。

本書の課題は、上記のような困難を自覚しつつも、ユンクの生涯を公私の両面にわたってたどるユンクの伝記研究にある。ユンクの私生活に踏み込み、その日常的な経験と彼の眼に映じていた時代環境を理解することにより、その時々の論説の背景にある動機や、そこに込められた意図も一層深く理解されるだろう。すなわち、ルッツ・ニートハマーらが「オーラル・ヒストリー」の試みの中で打ち出した、人々が歴史をどのように経験し、その記憶が後の生活にどのような影響を与えたか、「時代証人 Zeitzeuge」の主観的な経験から過去の社会の構造と軌跡に迫る「経験史 Erfahrungsgeschichte」の方法である。[12] まさしく、ユンクは二〇世紀史の最も重要な時代証人の一人であり、その論説自体が二〇世紀史の最先端の現場からの「時代証言」に他ならないのである。

2 自伝と本書の対象時期、および史資料

自伝『それでも――未来のために生きる』と本書の対象時期

その死の前年、一九九三年に出版された自伝『それでも』で、ユンクは自分の生涯を一九九二年に至るまで、余すところなく詳細に描き、最後に補遺として一九五九年一月のロンドン反核集会での声明「希望の憲章」を添えている。五三七頁の大部にわたる記述であり、全体は一六章編成で、以下のような区切りで年代記をなす。一九一三～二三年「衝撃」、一九二四～三〇年「探求」、一九三一～三三年「破滅の証人」、一九三三～三五年「浮き沈み」、一九三五～三八年「怪物の影の中」、一九三九～四四年「将来見通しと刑務所」、一九四五～四八年「失われた平和」、一九四八～五三年「新しい危機」、一九五四～五六年「魔術師の弟子たち」、一九五六～五九年「原爆死闘争」、一九六〇～六七年「別の未来」、一九六七～七〇年「ハードな道とソフトな道」、一九七〇～七二年「世論の渦」、一九七三～七九年「みんなの計画 Das Projekt Jedermann」、一九七九～八八年「命を救う」、一九八八～九二年「あきらめないのか？」。

以上の章タイトルが示すように、一九四四年までは個人的な年代記であり、四五年以降はその大半が政治的動向とかかわる年代記である。このように、ユンクの生涯は一九四五年を区切りとし、その前後で大きく二分される。前半は小説家と政治記者という二兎を追いつつ博士論文の作成に挑み、同時に亡命の中で危険な非合法の論説活動を行って逮捕される、不安定な激動の青年時代である。たしかに、一九四五年五月のドイツ降伏で、ユンクは匿名ではなくユンク名での論説活動を開始し、ドイツ語圏だけでなく英語圏にもその名を知られる国際記者としての地位を確立した。しかし、この年の末まで、ユンクの論説活動のテーマはもっぱらドイツと第二次大戦であった。一九四六年からはドイツを離れ、国際連合の設立や米ソ対立からワシントンに渡ってのアメリカ報道へ、そのテーマ領域は一挙に国際報道へと広がった。

したがって、政治記者としてのユンクの年代記は、むしろ一九四五年までの時期と、四六年以降の時期に二分される。前編の本書が対象とするのは前半期であり、焦点はナチ時代 Nazi-zeit にある。すなわち、厳密には「世界記者ユンクの成立過程」が本書の主題であり、ユンク青年期の亡命体験、その中でのナチドイツ Nazi-deutschland 論と博士論文作成、そしてナチドイツ崩壊直後のドイツ論を集中的に検討する。この作業により、政治的抑圧を生き抜いた若者たちの時代状況と共に、言論による反ナチ抵抗の稀有の実践例が浮き彫りにされ、二〇世紀という時代の構造——とりわけ全体主義社会 totalitäre Gesellschaft——を問う手掛かりが与えられるだろう。

自伝の問題点

ところで問題は、自伝『それでも』の記述内容にある。ユンクは一歳年下の幼友達で生涯の友ヘルマン・ゴールドシュミット（一九一四～九八）に宛てた手紙（一九九一年四月九日付）で、「この本、最初はきつかったが進んでいる。一九三五年（スペイン）まで書いている。……忘れたことすべてを、もう一度思い出している」と伝えている。[13]この手紙からして、一九八六年一〇月ザルツブルクにユンク図書館（ロベルト・ユンク財団）を開設したユンクは、その活動を軌道に乗せつつ、一九九一年初めに自伝の取りまとめに入ったと思われる。その年の一二月にはオーストリア大統領選挙に立候補し、翌年四月の投票日まで自伝の作業は中断されるが、その後一挙に仕上げられた。

そして次の手紙（一九九三年四月五日付）で、「この数ヵ月は時間が迫るなか、記憶をたどる作業を行った。君の手紙コレクションが、古い時期の信頼できるほとんど唯一の資料だった。思い起こそうと努めたが、思い起こせなかったこともあった」とし、ゲーテ『詩と真実』の表題を導きの糸にしたと伝えている。[14] すなわち、記憶をたどって事実を追いつつも、不鮮明な記憶は詩的な想像力でつなぐ、物語化の手法である。こうして自伝は仕上がり、「出版社は君の誕生日に間に合うように送ると約束した。この本、明日か明後日には本屋に並ぶ」と伝える。この本は生涯の友の誕生日に贈られた、最後の感謝のしるしでもあった。

だが、この「信頼できるほとんど唯一の資料」は、自伝の本文中にほとんど生かされていない。ユンクの自伝は史料に依拠するというよりも、むしろ主に記憶に基づく記述となっており、記憶違いによる誤りや、主観的な見方での不正確と思われる記述も少なからず存在する。とりわけ、不安定な青年期ユンクの内面的な葛藤や交友・愛情関係などの問題は、自伝ではほとんど完全に捨象されている。もちろん、自伝はユンクの生活経歴に関する細部についての最も重要な情報源であるが、自伝で捨象されたユンクの内面の葛藤や試行錯誤の行動が、ゴールドシュミットの「手紙コレクション」から明らかになる。これによって、ユダヤ人や社会主義者を迫害する時代の権力構造と共に、それに抗う人間の立ち位置や思いが個人の経験史を通して一層鮮明に提示されるのである。

ゴールドシュミットによって遺された書簡類

ゴールドシュミットは、豊かな法律顧問官・公証人の息子で、ユンクと同じユダヤ系住民の多いベルリン・バイエルン街区の高級住宅街で育った。ユンクと同じモムゼン・ギムナジウムに通い、一九三二年の高卒資格試験（アビトゥーア Abitur）終了後にウルシュタイン出版社の見習いとなる。しかし、ヒトラー政権下で父はすべての職を失い、自身も一九三四年に解雇され、三六年には市民権をはく奪される。その間もベルリンにとどまるが、のちに見るように父を亡くした。その後、一九三八年二月一五日からチューリヒに滞在して同大学で哲学を学び、四一年に博士学位を取得する。さらに、チューリヒ大学の教授資格論文に挑戦したが成功せず、在野の哲学者として生涯を送った。一九五二年にスイス滞在許可が得られ、「自由ユダヤ人教育舎 Freies Jüdisches Lehrhaus」を主宰し、チューリヒやバーゼルの成人大学 Volkshochschule で長年教えた。死後、彼の原稿、書簡、日記、写真などの遺品はチューリヒ大学現代史文書館に寄贈された。その総分量は一四・八メートルにわたり、ユンクとの往復書簡は一九三四〜四七年の約一二〇通が「束 Dossier 394」に、一九四八〜九二年の約五〇通が「束 Dossier 644」に収められている。これが、ユンクの記した「手紙コレクション」であり、そのうち約一一〇通は一九四五年までのものである(15)。

関連してゴールドシュミットと共に、三歳半年下のペーター・ヴァイス（一九一六〜八二）がユンクの青年期の最も親しい友人であり、この三者間で濃密な文通がなされた。ヴァイスは、ベルリン郊外の豊かなユダヤ系ハンガリー人織物商の家庭に生まれ、ブレーメンで育った。父は一九二〇年にキリスト教に改宗し、以後ユダヤ系出自を黙秘し、一家は一九二九年に再度ベルリンに移った。ヴァイスはギムナジウムに入るが、折からの不況で簿記など事務見習いに移される。しかし、ヒトラー政権の成立で一家は一九三四年末にロンドンに移った。さらに、父が北ボヘミアの繊維工場の管理職に就くことになり、一九三六年末には北ボヘミアへ移る。表現主義に惹かれ絵画や小説など創作活動にのめり込んでいたヴァイスは、プラハに出て美術学校に通った。また、ヘルマン・ヘッセ（一八七七〜一九六二）に傾倒して一九三七年一月にヘッセと接触し、同年夏に最初のヘッセ訪問を行った。一九三八年一〇月にはそのボヘミアも危険になり、一家はスウェーデンへと向かい、そこで父は捺染工場を設立する。ヴァイスは一九三八年八月にユンクを訪ねてチューリヒに滞在し、そこでゴールドシュミットとも知り合い、三人はヘッセ巡礼の旅を共にして強い絆で結ばれる。翌年一月、ヴァイスはスウェーデンの両親のもとに向かうが、三人の絆は手紙によって保持された。後年ヴァイスはスウェーデン共産党に入党し、画家から作家に転身して、ドイツ語圏を代表する著名な書き手となる。

この三者間の手紙の中で、ヴァイス側のものはマッツェナウアー編『ペーター・ヴァイス――ヘルマン・レーヴィン・ゴールドシュミットおよびロベルト・ユンクへの手紙　一九三八〜八〇年』（一九九二年）で公刊されている。合計八三通、一九四五年までが五六通で、その中にヴァイスのユンク宛の手紙が一一通、ユンクのヴァイス宛の手紙が一通含まれる。一九四六年以降では一九七五年までは四通に限られ、一九七五〜八〇年に集中している。ヴァイスの主著『抵抗の美学 *Die Ästhetik des Widerstandes*』三部作が書かれた時期であり、そのための資料として青年期の記録を必要としたためであった。ヴァイスのゴールドシュミット宛の手紙（一九七八年一月九日付）には、「手紙のコピーを送ってくれてありがとう。それを読んだら、四〇年前の時代が目にはっきりと浮かんだのは大きな驚きだった。多くのことを完全に忘れてしまっていたので」、「君も知るように、何度も移住したから、原稿や絵画など多くをなくしてしまっていた」とある。(16) 編者マッツェナウアーも、この本に収録された手紙の大半はゴールドシュミットのものと記している。(17) そこに、ユンクとヴァイス間の手紙が含まれているのは、ヴァイスの手紙の末尾に、二人の間での回覧を求める記載もあったからだった。

その他の資史料

ユンクもヴァイス以上に、移動の激しい生涯であり、その手元に手紙類はほとんど残されていなかった。筆者が二〇〇八年夏に初めてユンク図書館を訪問したとき、同図書館四階のユンクの執務室（一室）と図書室（三室）は、一九九四年のユンク死亡時のままで、ほとんど立ち入る人はいなかったとアルフレート・アウアー氏から説明を受けた。その後、二〇一二年に二回同図書館を訪問し、ユンクに同図書館を託されたヴァルター・シュピールマン氏の許可を得て、文書類を写真に撮った。ヒロシマ関係の写真やファイル一冊を除けば、乱雑な書類の山はもっぱら著作の下書き原稿であり、手紙などの数はごく少数に限られた。唯一、文書一〇〇点余を閉じたバインダー一冊がまとまった史料の束であり、その中にスイス時代のユンクと母ゼリの収容関係文書三〇点ほどが含まれていた。それ以外は、主にユンクの論説など新聞記事の切り抜きである。ヒロシマ・ファイルには取材手帳が数点あり、ユンクの取材は手帳と共にあったはずであるが、それ以外の取材手帳は見当たらなかった。ユンク図書館は二〇一五年に移管され、図書二万冊はロストック市の図書館に、文書はザルツブルク大学図書館に移されている。

その他のユンクの伝記に関連する公刊文献として、一人息子ペーター・シュテファン・ユンクのインタビュー記録[18]や、ユンクに関する唯一のモノグラフであるギュンター・ガンヘールの修士論文『ロベルト・ユンク——ジャーナリストでコミュニケーター』(二〇〇二年)に含まれるユンク関係者へのインタビュー記録[19]などがある。それらから、第二次大戦後のユンクの活動や考え方をうかがうことができる。しかし、青年時代に関する資料は、ユンク自身の手になる記事・論説に限られる。

ユンクの書いた論稿の詳細は不明である。『世界週報 *Die Weltwoche*』の論説を除き、確認できるのは一九四五年の『オブザーバー *The Observer*』紙上のスイス通信員としての記事数点(論説一本を含む)に限られる。のちに見る、この『オブザーバー』の記事のスタイルで、相当数の記事が書かれたと推測される。しかし、ユンクの考え方を理解するには、もちろん記事よりも論説が重要であり、本書では、『世界週報』紙上の匿名F・Lをはじめとする論説六〇点余を集中的に検討する。単なる事実報道の記事とは異なり、亡命という困難な状況の中で、論説という鋭利な分析の手法によってユンクは、ヒトラーのドイツに対する批判的対置を系統的に実践したからである。

3　本書の構成と表記について

ユンクの成育環境や少年時代の情報源は、自伝以外は母ゼリのチューリヒ警察での聴取書（本書巻末の史料Selly, 1）に限られる。そこで、この点に関する最低限の必要事項を、この序章の第4節で整理しておく。その上で、本書の叙述は以下の構成をとる。

第1章では、まずヒトラー政権期の中欧における亡命と抵抗の全体像を概観する。そして、一九三三年三月初めから一九四二年末まで、ユンクの亡命と遍歴の足取りをたどる。とりわけ一九三六～四二年の時期について、ユダヤ人の親友二人との書簡を通して、亡命を生きる若者たちの境遇と同時に、相互の助け合いと内面的な確執の様相を検討する。そうした交際関係の中で、ユンクがどのように政治批評と歴史研究という二重の課題へと向かうことができたのか、その揺れ動く青年時代の歩みに焦点を当てる。

第2章と第3章は、スイス当局の「稼得労働」禁止に違反して書き続けられた『世界週報』のユンクの論説を順次見ていく。この二つの章タイトルは、ユンク著『外から見たドイツ――非合法の時代証人の観察』（一九九〇年）の第一部「無敵の怪物」（一九四〇／四一年）および第二部「終わりの始まり」（一九四二年）に基づく。同書は第一部に『世界週報』の論説一四本、第二部に同二三本を掲載しているが、本書では同紙のユンクの論説をすべて取り上げ、第2章の1～22、第3章の23～56と合計五六本について、その論旨を要約しつつ見ていく。論説のテーマ領域はナチのイデオロギー批判に始まり、ナチ政権NS-Regiemeの権力構造とドイツ軍の攻撃の特徴、またドイツ国内と占領地の実情に迫りつつ、東部戦線および北アフリカ戦線におけるドイツ軍の敗北を見切るまで、軍事と政治（テロ支配）を中心に経済と外交、社会と文化（宣伝）など、ほとんどあらゆる分野に及んだ。

その中で、第2章で見る論説が扱うのは、ドイツがヨーロッパ大陸、さらにソ連に侵攻してモスクワを目指したヒトラー政権の全盛期であり、この「無敵の敵」の行動力と統合力の秘密を照らし出しつつ、その弱みを把握することに焦点がある。そして一九四一年末、ドイツ軍のモスクワ制覇失敗と日本軍の真珠湾攻撃による米国の参戦とで、欧州戦争は世界戦争へと拡大し、石油生産をはじめ圧倒的に工業力で優位に立つ連合国に対してドイツが劣勢に回ったことは、ユンクの目には明白だった。したがって第3章では、電撃戦から物量戦と消耗戦へ、劣位に立ち困難に迫られるドイツ軍の戦場の様相や、ドイツ本国と占領地における人々の実情把握、とりわけテロ支配の先鋭化が焦点となる。

第4章は、第1章に続き親友二人の書簡およびスイス当局のバウム収容関係史料を通して、一九四二年秋から四三年末まで、ユンク（バウム）亡命時代の最大の危機と困苦の日々の足取りをたどる。一九四二年一〇月の母ゼリのフランスからの救出とチューリヒ警察当局による聴取に端を発した、ユンクに対する論説活動の嫌疑から、翌年三月の国外退去処分と六月の逮捕・収監、九月に一ヵ月の労働収容所を経てのベルン州の城砦収容所への移管、そして一一月に保護観察下での仮釈放による個人生活の回復という、ほぼ半年間に及ぶ苦境の日々であった。しかし、その間に、当局に対する抗告の訴えや指導教授の支援などにより、一定の自由時間を確保して博士論文の作成作業が継続された。この苦境を生きる闘いの日々を、克明にたどっていく。

第5章は、こうして仕上げられたユンクの博士論文『一八二三～二九年プレス評決下のスイス』を、スイス・ジャーナリズム史の文脈の中で検討する。第一はカール・ヴェーバーのスイス・ジャーナリズム史論であり、第二はナチ政権期におけるスイスの報道政策である。ユンクの博論は、一八二〇年代スイスの「言論の自由」の闘いを分析し、宮廷の密室政治に代わる近代民主制の構造的な基盤を明らかにした。すなわち、政治的決定過程の透明性を担保する、批判的プレスこそ近代民主制の基盤をなすというテーゼの実証である。この作業は同時に、スイスの戦時体制による報道規制下、ユンクが敢行した非合法の政治批評活動にも内面的な裏付けと正当化を与えたと言えるだろう。

第6章では、最初、第4章に続き同様の史料で一九四四年夏のユンクの博論試問の合格後について、一九四五年一月の英紙『オブザーバー』のスイス通信員としての労働許可の承認と論説活動への復帰の日々をたどる。その上で、一九四五年二月と四月の『オブザーバー』通信員記事四本、次にドイツ降伏後に初めて登場する「バウム＝ユンク」署名の論説と記事を見る。なかでも最初の署名論説は、世界に初めて一九四四年七月二〇日のヒトラー打倒クーデターを克明に報じたものであった。最後に、九年ぶりのドイツ入りの足取りを追いつつ、廃墟のドイツの状況とポーランドからのドイツ人難民、そしてニュルンベルク裁判を取材したユンクの『世界週報』論説五本を見ていく。

終章では、ユンクと同年代のドイツユダヤ人の典型的な四つの生活経歴を例示的に参照しつつ、また親友ヴァイスおよびゴールドシュミットのそれとも比較して、ユンクの青春の歩みを振り返る。そして、彼の世界観とその論説スタイルの基本的特質を提示する。

なお、序章の補論1は、一九八〇年代以来のドイツ語圏における伝記研究のいわば「ルネサンス」を概観し、伝記研究の目的と方法を整理する。第1章の補論2は、親友ゴールドシュミットの博士論文『批判哲学の光の中のニヒリズム』(一九四一年刊)の内容を検討する。ユンクはゴールドシュミットと、その基盤的思考を最も強く共有していたと思われるからである。第3章の補論3は、アドリエン・トゥレルの著書『彼岸の征服』(一九三一年)および「革命の権利」(一九三二年)の内容を検討する。ユンクは宗教と技術を双軸とするトゥレルの社会進化論に最も強く魅了され、かつ最も強くその考え方との対置を強いられていたと思われるからである。

最後に、本書での表記方法について、いくつかのことを付記しておきたい。①ユンク関係の史資料の中で自伝を含む主要文書について、その引用や参照には註を付さず、本文中に出所を示す。②引用文中の［ ］は引用者による補足である。③ユンク論説に散見される人名や地名などの単純な誤りは断りなく訂正する。④主な人名については、主として初出の際に生没年を（ ）で付記する。⑤ミドルネームの表記は省略することを基本とする。⑥亡命時代のユンクはバウム姓の使用を余儀なくされていたが、本書では史料での記載以外はユンク表記で統一する。ただし両親や二人の親友など近しい人々との関係では必要に応じて名前 Vorname で表記することもある。以上である。

4 ユンクの成育環境と少年時代

ここで、ユンクの生育環境と少年時代についてまとめておこう。

両親の経歴

まず両親についてである。父マックス・バウム（一八七二〜一九三七）はチェコのボヘミア中央部にある小都市ミスコヴィツェ Miskovice のユダヤ系医師一家の三男であり、兄二人は医師および弁護士への道を歩んだ。しかし、マックスは詩人を夢見てプラハに出奔し、舞台仲間に入って役者になる。役者としてバウムではなくユンク名で売り出すことにし、以後はユンク姓を名乗り、一八九一〜一九一一年にオーストリア・ハンガリーの一〇以上の舞台やベルリンで役を演じた（Jungk, 1993, S. 17f.）。

母ゼリ（一八八五〜一九四八）はハンブルクのユダヤ系タバコ工場主一家の娘で、私立学校を卒業したのちに一年間の俳優養成コースを修了し、一九〇三年からハンブルクやバーゼルで舞台に立った。一九〇九年にベルリンの舞台に出演したときにマックスと知り合い、一九一一年に結婚してベルリンに落ち着く。一九一三年にはロベルトを出産したが、その直前まで舞台に立ち、一九二六年まで女優業を続けた（Selly, 1）。

父マックスは四〇代半ばの一九一七年、オーストリア軍に召集される。母ゼリは弟が重傷を負って戦場から帰還したために心配したが、マックスは予想外に早く同年末に召集を解除され、母子はハンガリーの駐屯地エゲルに迎えに行き、そこで一家は高級ホテルに泊まった（Jungk, 1993, S.15）。翌年、一家はベルリンのケーニヒクレッツ街からノイテンペルホーフの演習場近くに引っ越し、ロベルト少年は四年制の国民学校に入学する。一九一九年のチェコスロヴァキア共和国の成立で、父の国籍はボヘミアからチェコスロヴァキアへと移っていた。入学したロベルト少年は、女性教師から「チェコ人」と見下げられたが、次の女性教師は親切だった（Ebd., S,16f.）。

一家の家庭にはチェコ人の料理女が雇われ、家族や客人の食事が準備された。一九二二年にはハイパーインフレが始まったが、父は新作映画の脚本書きの副業でドルを得、また母のもつ金属会社の株が天文学的に上昇し、一家には長期休暇を楽しむ余裕があった。しかし、このインフレで両親が舞台に立っていたマインハルト＝ベルナウアー劇場 Meinhard-Bernauer'sche Bühne が破産して閉鎖し、父は俳優業から副業の脚本家へと転じた。ユリウス・ウルギス（一八七三〜一九四八）と二人で毎年数本の無声映画の台本を制作し、また文芸記事を書いて収入を得た（Ebd., S.23f.）。妻ゼリも子どもの手が離れ、一九三〇年からその秘書役となり、また舞台にも復帰する。この年、一家は息子の将来に備えてチェコ市民権を放棄し、ドイツ市民権を取得した（Selly, 1）。

しかし、一九三三年のヒトラー政権の成立で、一通の書状が届き、ドイツの作品を扱う資格はないと宣告される。それでも、マックスは匿名で映画会社「ウーファ Ufa」やイギリスの劇場向けの脚本制作を続けた。それも一九三五年に市民権を剝奪されてできなくなり、一九三六年にプラハに移住する。一万クローネを支払い、チェコ市民権を再取得したマックスは、エドヴァルド・ベネシュ大統領（一八八四〜一九四八）や外務省の高官と個人的な知り合いで、その要請もあって通信社「今日の話題 Heute Aktuell」を立ち上げる。しかし、一九三七年七月にドイツの役所から公式に二人の預金八・六万ライヒスマルク（労働者家族の一年の生計費は二千ライヒスマルクほど）の差し押さえ通知が届き、そのショックもあってマックスは八月一日に亡くなってしまう（Selly, 1）。

以上は主に、チューリヒ警察署に出頭したゼリの亡命申告の聴取記録（本書二三七頁を参照）によっているが、ベネシュ大統領をはじめとするプラハの政府高官とマックスがどのような結びつきを持っていたのか、詳細は不明である。青年時代のプラハでの役者・文芸仲間とのつながりやベルリンで獲得した無声映画の脚本家としての社会的地位、そして党派に所属しない反ナチの政治的立場が、プラハの政府と結びつく基盤を与えていたことは疑いないであろう。

ギムナジウム時代（一九二四〜三一年）

ユンク一〇代のギムナジウム時代、一家はベルリン南部のテンペルホーフから西部の高級住宅街カイザースアレー（現ブンデスアレー）の側にあるバルコニー付き五部屋住居に移り、そこから息子ユンクはシャルロッテンブルクのモムゼン・ギムナジウムに市電で通学する。父の友人で著名な旅行記者エゴン・キッシュ（一八八五〜一九四八）[20]に「面白いことは身近にある」と教えられ、市電による市内めぐりのルポルタージュを書き、ベルリンの夕刊紙『テンポ *Tempo*』に掲載されたこともあった。もちろん、キッシュのような「闇の世界」のレポートはできない。モムゼン・ギムナジウムの周辺は風俗店街であり、ポルノ写真を収集して見せる友人もいた。性への関心は避けがたく、その衝動を抑えるために多くの学友たちと同様に、週三日スポーツジムに通う日々だった（Ebd., S.29ff.）。キッシュや舞台関係者など知人の出入りの多い暮らしの中でも、両親は文芸批評への関心から多数の新聞を購読し、それに目を通すことが朝の日課だった。息子のユンクもそれを見習い、それは生涯の習慣となる。ただし、右翼民族主義と共にドイツ共産党（ＫＰＤ）系の紙誌を家に持ち込むことは、この時期には許されなかった。[21]

そうした家庭環境の中で、ユンクは政治と係わる多彩な少年時代を送る。重要な事項として自伝に示されているのは、以下のような諸点である。第一に、強い影響を受けた本は一三歳の時に読んだレオンハルト・フランク（一八八二〜一九六一）の『人間は善良である』（一九一七年初版、第一次大戦の残虐性を描いた五つの短編からなる小説集）である。第二に、戦争障害者は日常的に目にしていたが、「反戦博物館 Anti-Kriegsmuseum」を訪問して衝撃を受け、そのことを話した友人が、平和主義者で一九一九年に殺害されたハンス・パーシェ（一八八一〜一九二〇）の息子であることを知る。そこで、パーシェと平和主義者に関心をもち、「ドイツ平和協会 Deutsche Friedensgesellschaft」を訪ねるが、その集まりの議論の激しさと反平和主義の口調に驚き、継続せずに終わる（Ebd., S.43）。

第三に、この一二～一四歳の時期は、学友から誘われた「ドイツユダヤ人遍歴同盟・仲間 Deutsch-judischer Wanderbund, Kameraden」(22) の活動に熱中する。ユンクの住むバイエルン街区には、他にもシオニズム志向の青年同盟「青・白 Blau-Weiß」があった。ユンクの属した青年同盟には、そうした政治的な志向は欠け、小グループで毎週日曜日の朝八時、ワンダーフォーゲル（以下、ワンゲルと略記）の服装とリュックを背に動物園駅に集まり、一日行程の旅をすることがこの時期の主な活動だった。しかし、歌って歩くだけでなく、年長の指導者の口から常に「なぜ」の問いかけがなされた。「なぜユダヤ人へイト Judenhaß は多いのか」など、若者たちが集中的に考え語り合う議論の場でもあった（Ebd., 1993, S.47f.）。

第四に、この青年同盟の仲間の誘いで左翼組織「国際労働者救援会 Internationale Arbeiterhilfe」の活動に参加する。例えばストライキ労働者の家族を支援するビラまきやカンパ活動で、こうした早期の政治活動への参加を両親も理解し、反対はしなかった。この頃には、ベルリン文化人の多くが「プロレタリア革命」の必要性を感じていたからだった。一九二九／三〇年頃には、「世界革命家」パウル・フリートレンダー（一八九一～一九四三）(23) がユンク宅の又借り人で、彼からニューヨークの株式暴落の影響など内外情勢をよく教えられた（Ebd., S.60）。

また、フリートレンダーが去った一九三〇年の冬、青年同盟の集まりでマルティン・ブーバー（一八七八～一九六五）に会い、「そう遠くはない未来に、メシアの門は開かれる。彼岸ではなく、この地上に」という、穏やかな語り口のメッセージに触れ、胸に刻む（Ebd., S.60ff.）。反ユダヤ主義の強まりで遍歴同盟は二分化し、ドイツユダヤ人の協調派とヘブライ語を学びパレスチナ移住を準備するグループに割れていた。前者は、世界に散らばるユダヤ人こそ諸文明の対話を促進できるとするブーバーを信奉し、ユダヤ人憎悪の原因は経済的貧困の拡大にあり、社会主義の新秩序によって解決されると考えていた。そうした協調派の路線で、ベルリン市当局の後押しで設立されて間もないモムゼン・ギムナジウムの「学校自治会 Schulgemeinde」の委員長になるが、組織能力に欠け、すぐにやめる。

以上が、ギムナジウム時代における早熟なユンクの政治とのかかわりである。経済的には、無声映画の脚本家としての父の収入に加え、一九三〇年から母が再び舞台に立ち、恐慌で失業が広がる中でも恵まれていた。夏には長期の休暇旅行が恒例であった。一九二八年の夏には大西洋横断飛行士リンドバーグを見るために、ユンクはウィーンの従兄宅に滞在した。自伝で、この時の熱狂を「民衆のアヘンはもはや宗教ではなく、技術であった」と回想している。その従兄と一緒に、この頃の夏場は毎年、ボヘミアの工業都市クラドノで大工場の主任医師を務める叔父ジークフリート・バウムの果樹園付き大邸宅で過ごした（Ebd., 1993, S.54）。一九三〇年の夏は家族でスロヴェニアの温泉地で過ごし、一九三一年の夏は独仏交換学生として初めて単独で旅をし、パリに滞在して初恋を経験した（Ebd., S.68）。

そして、帰ってから両親と将来の方向について話し合い、役者を志望するが、「もっと、ちゃんとした仕事に」と反対され、芸術映画の制作ということで落ち着く。そして一九三二年三月、数学の成績は悪かったが、ドイツ語の成績が抜群で高卒試験（アビトゥーア）に合格する。提出論文「リカルダ・フーフとドイツ・ロマン主義」が高い評価を得たからだった[24]。こうして、二四人の同期生と共にモムゼン・ギムナジウムを卒業する。この時の同期生はじめ学友の多くはユダヤ人であり、後年、亡命地での出会いと支えあいが多々あった。近隣住まいのゴールドシュミットは、彼の父親が政府の高官で「ユダヤ人前線兵士連盟 Bund jüdischer Frontkämpfer」の会員でもあり、左翼志向のユンクは近づきにくく交際を避けていたという。ユンク世代には、前の世代のドイツユダヤ人とは対照的に「同化 Assimilation」を蔑視する風潮があり、それにユンクも染まっていたと回想している（Ebd., S.47）。のちに見るように、二人の深い親交は一九三六年以降のことだった。

ベルリン大学の冬学期（一九三二〜三三年）

ギムナジウム修了後、三週間のイタリア旅行や父の友人で映画監督のリヒャルト・オスヴァルト（一八八〇〜一九六三）の助手として映画制作の見習をした後に、一九三二／三三年の冬学期からベルリン大学の学生として授業に出る。履修科目のうち哲学と近代史は続かず、心理学のみ聴講を続けた（Jungk, 1993, S.77f.）。

それよりも、恐慌による六〇〇万人の失業者という状況下、政治活動への関心が強かった。しかし、ドイツ社会民主党（SPD）は共和国の敵と妥協してストライキ労働者を殺害し、共産党は教条主義の「頑固なイデオロギー思考」のためにしっくりこなかった。唯一、政治的に共感できたのは雑誌『世界舞台 *Die Weltbühne*』で、刊行されるとすぐに買い求めた。特にクルト・トゥホルスキー（一八九〇〜一九三五）の論説が気に入り、五つの仮名で多様なテーマを論じる彼の論説スタイルは、後のユンクにとってのモデルになる。すでにギムナジウム時代からこの雑誌に馴染み、一九歳の誕生日前日の一九三二年五月一〇日、逮捕されたカール・フォン・オシエツキー（一八八九〜一九三八）がテーゲル監獄に連行されたとき、これに同伴した一〇〇名ほどの著名人のデモ隊にユンクも加わった（Jungk, 1993, S.79）。

日常生活の中心は授業よりも、プロイセン州図書館で雑誌に眼を通すことにあり、同年の秋に『反対者——新しい統一への雑誌 *Gegner : Zeitschrift für neue Einheit*』[25]に出会う。ハロ・シュルツェ＝ボイゼン（一九〇九〜四二）を中心とするグループの雑誌で、そこにはあらゆる政治潮流と馴染まない、自分と同じ不満が表出していた。[26]そこで、このグループの「カフェ・アドラー」の集まりをのぞいてみる。議論の傾向は民族主義の色彩が強く、第一印象はがっかりだった。しかし、この集まりの後で隣にいた初対面のアドリエン・トゥレル（一八九〇〜一九五七）に声をかけられ、市内の飲み屋に移って二人で二、三時間話し込む。トゥレルはニーチェの超人思想、バッハオーフェンの母権論、アインシュタインの相対性理論、そしてフロイトの心理学により、マルクス主義の影響力はすでにとっくに失われたとし、「我々は四次元の波の上にいる。そのことを理解するなら、来るべき時代の創造者《デミウルゴス》になれるだろう」と力説した（Ebd., S.84f.）。

これをきっかけに、トゥレルの著作や詩文を集中的に読み始め、「反対者」グループの中で彼との交流を深め、「この並外れた思索家の考えを真剣に受け止めるべき」と確信した。トゥレルの考え方の特徴は、「世界と宇宙の大きな出来事を常に完全に個人の歴史に関連づけること」であり、「新しい時代、新しい文化、新しい世界支配は、これに対応して新しい人間類型をも登場させる」という点にあった（Ebd., S.85f.）。

この年、貧困化の進行と日々の街頭闘争の中で国民社会主義ドイツ労働者党 Nationalsozialistische Deutsche Arbeiterpartei（NSDAP、以下、ナチ党と略記）は、その勢力を一挙に拡大していた。このアドルフ・ヒトラー（一八八九～一九四五）の党の台頭に、社会変革を望む人々は恐怖というよりも、むしろ希望と期待を膨らませた。共産主義者の「砕氷船理論」を信じ込んでいたからであった。すなわち、褐色の攻撃集団（ナチ党）は資本主義国家という氷を打ち砕くが、彼らにはいかなる変革のコンセプトもなく、すぐに舞台から退場する、と。ユンクもまた「砕氷船理論」を信じ込んでいた。ベルリンの人々は普段と変わりなく、劇場や映画、ボクシングの試合や自動車レースに興じていた。そして、それと同じ感覚で一九三三年一月三〇日のヒトラー首相任命とナチ党の行進スペクタクルを、高揚した気分で眺めていた。その日、ユンクは偶然に官庁街の人の波に紛れ込んでナチ党の凱旋行進を目の当たりにしたが（Ebd., S.88f）、その一ヵ月後には亡命を余儀なくされることになる。

以上、文芸一家の家庭生活とギムナジウム期を経てベルリン大学の第一学期まで、ユンクの職業志向は両親と同じ役者や映画の制作へと向かっていた。しかし、両親とは異なり、ユンクの若者時代は社会主義の政治運動と結びついていた。ユンクは内向的な文学青年というよりも、むしろ外向的な政治青年であり、すでにこの若者時代に後年の政治批評への基盤が準備されていた。それは、以下のような諸点である。

第一は家庭環境であり、著名な社会派ジャーナリストや共産主義者との接触が子ども時代にあり、知的関心を喚起されて文章を書く習慣と共に、多数の新聞・雑誌に目を通す日々の生活が習慣づけられたことである。

第二にワンゲルやギムナジウムでの日常生活でも、政治論議の場が常に準備されていた。ワンゲルでは繰り返し「ユダヤ人ヘイト」の問題やドイツ（と欧州）におけるユダヤ人アイデンティティが議論になった。また、ユダヤ系の学生が多いギムナジウム生活も、政治論議に満ちていた。というのも、モムゼン・ギムナジウムでユンクが数学を教えてもらったという五歳年上のリヒャルト・レーヴェンタール（一九〇八～九一）は、一九二六年に共産党（ＫＰＤ）に入党した共産主義学生運動の指導者であり、一九二九年には社会ファシズム論を批判して除名された共産党反対派（ＫＰＤＯ）の指導的理論家で、モムゼン・ギムナジウムの「学校自治会」はその影響下にあったからである。[27] レーヴェンタールもユダヤ人であり、ナチ党のユダヤ人（人間）排斥を許さない左翼の統一した闘いが、何よりも重要だった。この路線でユンクも学校自治会の活動に加わり、共産党と社会民主党（ＳＰＤ）の狭間で自立的な社会主義者として多様な政治活動に取り組んだのであった。

そして第三に、大学入学後の雑誌『世界舞台』および「反対者」グループとの出会いである。前者ではトゥホルスキーの論説から、多様なテーマを取り上げる社会批評の構えと共に、分析的というよりも物語化や詩的な表現による社会風刺の技法を学んだ。また、後者ではトゥレルとの集中的議論により、技術の発展史を軸に置く世界史への視野を開かれ、通信（遠隔操作）技術段階という現代世界の構造的特質を見据えた広域的な政治観察への視野を与えられた。このトゥレルとの政治論議は、のちに見るように亡命時代を通して継続される。

差し当たり、これらの点でユンクの政治記者への道が準備されていた、と言ってよいであろう。

補論1　最近の伝記研究の目的と方法

（1）フェミニズム歴史学の台頭と伝記研究

伝記研究は一九八〇年代以降、ドイツ語圏の歴史学において新たなブームを経験している。その一つの要因は、フェミニズム歴史学からの提起であった。一九八一年に女性研究事務所 Geschäftsstelle für Frauenforschung は、「歴史学的な「女性の歴史」の党派的で主体的な再構成」をフェミニズム歴史学の課題として掲げ、ビーレフェルト大学で研究大会を開催した。その大会テーマは「女性伝記 Weibliche Biographie」であり、女性の「個人史を一般史に理想的な形で組み込む伝記ジャンルが重要な役割を果たす」とし、「伝記ジャンル」が提起された[1]。以来、カミラ・イェリネックやヘレーネ・シュテッカーなどかつての女性運動の代表的な活動家などをはじめとして、「女性伝記」の膨大な数が積み上げられている[2]。その場合、個々の女性の抑圧・抵抗・運動といった生活経歴の再構成のみならず、個々の女性の伝記を規制する性関係やジェンダー・アイデンティティの再生産構造の検証が課題とされている[3]。この「女性伝記」の大きな潮流と並んで、現代史の分野での主要な伝記研究の動きとして以下のものを挙げることができる。

（2）日常史と伝記研究

第一に、「女性伝記」研究とも並行する普通の人々の日常史への関心である。二〇世紀を生きた多くの人々は、農村生活から都市生活へと生活世界の劇的な変化を経験してきた。その変化の軌跡を正確に理解するために、遺文書のみならず「オーラル・ヒストリー」をも取り入れて、人々の暮らしの変化の軌跡を復元して記録し、この変化の歴史的意味を解きほぐそうとする作業である。

その代表的な事例の一つは、一九八三年にミヒャエル・ミッテラウアーがウィーン大学の社会経済史学科に設置した「生活史手記資料室 Dokumentation lebensgeschichtlicher Aufzeichnungen」であり、「民衆自叙伝 populäre Autobiographik」の収集・出版事業である。その創刊にあたり、ミッテラウアーはこう述べている。「古い時代に関する老いた人々へのインタビューでは、「話すことは何もない」とか「私の経験は学者の関心を引くものではない」と、いつも聞かされます。まったく逆です。……あなた方の暮らしの日常こそ、あなた方の次に来る者にとって大きな意味を持ちます。話してください。書いてください。失われゆくことなきように[4]」。

こうした立場から、主に二〇世紀前半の農村生活（農家奉公や未婚の母の日常など）に焦点を置きつつも、一七五〇年から現在に至る普通の人々の日記・手記類が収集され、その数は今や四千人分以上に達している。さらに、その中から史料批判の手続きを経て自伝とテーマ別の編集本からなる著作シリーズ「失われゆくことなきように Damit es nicht verloren geht」が編纂され、すでに七〇巻が刊行されている（以上、同資料室ウェブサイトを参照）。

同様の資料室は一九九〇年代にプラハ大学の歴史学科にも設置されている。また、一九九八年にはバーデン・ヴュルテンベルク州のエメンディンゲン市の旧市庁舎に「ドイツ日記文書館 Deutsche Tagebucharchiv E. V.」が設置され、同様に普通の人々の手紙・手記類の収集・保存事業が進められている。

もう一つの事例は、ルッツ・ニートハマーらを中心とする「オーラル・ヒストリー」の試みである。オーラル・ヒストリーは文書をあまり残さない人々に光を当てる方法として、女性運動や黒人の公民権運動と結びついて一九六〇年代のアメリカでブームとなり、一九七〇年代にはイギリスにおける「歴史工房 History Workshop」運動と結びついて、女性や労働者の生活史研究の重要な方法として欧州に広がった[5]。ドイツでも一九八〇年代には定着し、一九八八年に年二回発行の雑誌『ＢＩＯＳ　伝記研究とオーラル・ヒストリー』（二〇〇一年から副題に「生活経歴分析」が追加され、*BIOS: Zeitschrift für Biographieforschung, Oral History und Lebensverlaufsanalysen* となった）が創刊された。このＢＩＯＳと共に、一九九三年に設置されたハーゲン放送大学の「歴史・伝記研究所 Institut für Geschichte und Biographie」を拠点に、人々が歴史をどのように経験し、その記憶が後の生活にどのような影響を与えたか、「時代証人 Zeitzeuge」の主観的な経験から過去の社会の構造と軌跡に迫る「経験史 Erfahrungsgeschichte」の追究がなされている。同学科にはインタビュー記録と共に日記などの史資料を集積する「ドイツ人の記憶文書館 Archiv Deutsches Gedächtnis」が付設され、収集した史資料のデジタル化も進められている。(6)

もちろん、二〇世紀の経験史の重点はドイツ語圏の場合、圧倒的に世紀前半にある。第一次大戦と戦間期の社会的混乱や政治闘争、ヒトラーの権力獲得と再軍備、第二次大戦と諸民族の殺害、そして占領や追放と冷戦の中を生き延びてきた体験者は、まさしくその経験によって「激動の時代のオーラを体現する」時代の証人であり、その「語り」によって二〇世紀史の研究が積み上げられてきた。しかし、その高齢化のために「時代の証人」は消え去ろうとしている。それでも、二〇世紀史のオーラル・ヒストリーはなお可能なのか。オーラル・ヒストリー二五年の歴史を回顧しつつ、その今後についてドロテー・ヴィーアリングは、「むしろ史料を批判的に分析する可能性」がより大きく与えられ、その「二次的分析」への方法的な努力により、経験史の一層豊かな成果が得られると指摘する。(7)

（3）社会構造史からの批判と集合伝記研究

そうした日常史の動向と並行して、社会理論に基づく過去の社会の構造分析を前面に押し出したハンス＝ウルリヒ・ヴェーラーやユルゲン・コッカらによって、政治史・事件史を基軸に置いた伝統的なドイツの歴史学はこの時期に一新された。だが、ヴェーラーらは伝統史学のみならず、日常史にも批判の矢を向けた。すなわち、個別的な個人のミクロな生活世界への埋没により、日常史の方法では過去の社会の構造とそのダイナミックな歴史的軌跡への視野が見失われてしまう、と。

たしかに、個人の伝記よりも集合伝記の方が、過去の社会構造とその動態の理解にはより適合的である。この点について、アレクサンダー・ガルスは二〇〇五年の論文で、以下のように指摘している。イギリスでは議会人に関する集合伝記研究の伝統の上に、家族史家ローレンス・ストーンが一九七一年に歴史研究の重要な方法として「プロソポグラフィー」を提唱した。行動する過去の一集団を対象に、出生と死亡、結婚と家族、社会的出自と経済的地位、住居と教育、職業と宗教など生活経歴を包括的に調査する方法であり、その目的は、時代の変化の中でこの集団の社会的プロフィールとその構造を把握することにある。近代イギリスのエリートの構造に、この方法で貴族と市民層間の社会的移動関係から光を当てたストーンの共著『オープン・エリート』（一九八四年）が、その代表的な事例である、と。[8]

ドイツでも一九七七年設立の「歴史社会研究センター」（ケルン）が社会研究の学際的な研究方法の開拓を目指し、コンピュータ技術を利用する新しい研究方法の開拓と共に、集合伝記研究に組織的に取り組んできた。一九七九年には雑誌『歴史社会研究 *Historical Social Research / Historische Sozialforschung*』が創刊され、一連の社会民主党議員団に関するヴィルヘルム・シュレーダーの研究を中心に、各派の議員団など政治集団に関する集合伝記は議会史・政治社会史の主要な方法となっている。[9]

ナチ政権期については、ニートハマーと共にデートレフ・ポイカートにより提起された、ナチ党支配下の「普通の人々」の経験史・日常史を継承し、これを集合伝記につなぐ研究が積み上げられている。[10] 例えば、強制収容所を管理するナチ党の親衛隊 Schutzstaffel（ＳＳ）の隊員集団を対象とするカーリン・オルトの『強制収容所の親衛隊――社会構造分析と伝記研究』（二〇〇〇年）[11]や、その四分の三以上が一九〇〇年以後のコーホート集団よりなる、親衛隊の国家保安本部 Reichssicherheitshauptamt（ＲＳＨＡ）役員（部局長、分隊長、係官）集団二二一名（一九三九〜

四一年に任用）に関するミヒャエル・ヴィルトの『無条件の世代――国家保安本部の指導軍団』（二〇〇二年）[12]などは、その代表的な事例である。

（4）個人伝記研究の新たな可能性

しかし、集合伝記の弱みは人間の「理念・偏見・苦悩・イデオロギー・理想・信条を、歴史的視野の中で考察しようとする構えが比較的少ないこと」にある[13]。これを考察することに個人伝記の魅力があり、過去の社会を生きた人間像の提示により、歴史学は狭い専門の範囲を越えて一般の広い関心を呼ぶことができる。そうした、個人の内面的な情念と生活経歴を社会構造の歴史分析につなぐ、新しい個人伝記の代表的な事例としてガルスは、ウルリヒ・ヘルベルト『ベスト――急進主義、世界観、理性に関する伝記研究　一九〇三～八九年』とイアン・カーショー『ヒトラー　一八八九～一九三六年・傲慢』『ヒトラー　一九三六～四五年・天罰』（二〇〇〇年）二巻本を挙げている[14]。

ヘルベルトが対象としたヴェルナー・ベスト（一九〇三～八九）はマインツの官吏家族の出身で法学を学び、学位取得後の試補期間を経て区裁判所の判事になる。その二〇代に民族主義の運動に染まり、一九三〇年にはナチ党に加入する。この政治活動のために一九三一年末には裁判官の地位を失い、もっぱら政治活動に専念する。ヒトラーの政権獲得で役職に復帰し、ヘッセンの警察長官から始めて、その年の秋にはミュンヘンのラインハルト・ハイドリヒ（一九〇四～四二）の下で親衛隊保安部 Sicherheitsdienst（ＳＤ）の組織化に当たる。一九四〇年夏から四二年はフランス占領地の民政長官を務め、関連して終戦に至るまでデンマーク統治の国家全権者 Reichsbevollmächtigter であった。戦後はデンマークで裁判にかけられ、その判決は死刑から五年の有期刑まで三つの立場に分かれたが、一九五一年に西ドイツに帰還する。その後は、ナチ犯罪者 NS-Täter の全面的アムネスティ・キャンペーンの組織者の一人として活動を再開し、一九五〇年代後半からは企業の法務を担当しつつ、生涯この活動に尽力した。この一人の人間の伝記を一般化可能な問題設定と結びつけることにより、第一に、二〇世紀ドイツ史の時期区分を個人の経験に即して再構成できること、第二に、二〇世紀の現代的独裁制を担った機能エリートの役割と共に、そのイデオロギーや政治的世界観の影響を例示的に解明できること、第三に、ベストの例は例外ではなく、独裁制下の政治エリートがその独裁の解体後に果たし続けた役割を通して、政治的体制転換の構造にも迫りうること、といった利点がある。

カーショーの二巻本も、ガルスや邦訳版の「訳者・監修者あとがき」(二〇一六年)が指摘するように、数多い従来のヒトラー伝記とは大きく異なる。同時代を対象とする歴史研究の成果を悉皆的に押さえつつ、ヨーゼフ・ゲッベルス(一八九七〜一九四五)の日記など新たな史料をも駆使し、ヒトラー個人の歩みというよりも、マックス・ヴェーバー(一八六四〜一九二〇)の支配の三類型論を援用し、「カリスマ的」と規定された支配の型の具体的な権力現象の分析に焦点が置かれている。[15] それは、まさしく高度な文明化社会に出現した独裁制の極度に野蛮な政治現象であり、その次元を実現したヒトラーの経験史に即した社会構造史の試みと言ってよいであろう。

このように二一世紀への世紀転換期にドイツ語圏の歴史学は社会史の刺激を受けて伝記研究の「ルネサンス」を経験した。その後も、もはや見渡すことができないほど、伝記研究の裾野は広がっている。一例のみ挙げれば、ヤン・アイケ・ドゥンクハーゼ『ヴェルナー・コンツェ――二〇世紀ドイツの歴史家』(二〇一〇年)は、第二次大戦後のドイツ歴史学の再建に最も重要な役割を果たしたコンツェ(一九一〇〜八六)の生涯を通して、歴史実証主義とは別のドイツ史学史のもう一つの系譜と共に、ヒトラー時代から戦後へのドイツ社会の変化の構造を提示した。すなわち、コンツェの歴史研究の出発点は、ヴィルヘルム・ハインリヒ・リール(一八二三〜九七)の民俗学からギュンター・イプセン(一八九九〜一九八四)の人口学・経験的社会研究(村落研究)の系譜に連なる「民族史 Volksgeschichte」であり、ドイツ農民に焦点を置く東部国境地帯の村落社会史、すなわち入植史であった。[16] この主題はナチ政権下にあって、スラブ系とゲルマン系の住民が混住する東部国境地帯における、民族の生存圏闘争イデオロギーと結びついていた。

そして戦後は、国境地帯からドイツの中心部ハノーファー（中農地帯）に対象を移して、ドイツ農民社会史のイデオロギー性（入植・定住史）を捨象し、農村の下層貧民の堆積から工業化によるプロレタリア階級の形成へという、近代の労働者形成史に純化して社会史研究を基礎づけた。ナチ突撃隊 Sturmabteilung（ＳＡ）やナチ党に加入し、ユダヤ人追放を主張する論文を書きながら、戦後はその過去は完全に封印される。戦争ですべての財産を失い、戦傷による障害とケーニヒスベルクからの逃避行を生き延びた妻子を抱え、コンツェの戦後はゼロからの再出発であった。その後は、ひたすら社会史の研究とその組織化に没頭し、無給講師からハイデルベルク大学学長へと登りつめる。

このコンツェの生活経歴は、単に彼個人というよりもこの世代の西ドイツを代表する歴史家たち、したがって戦後ドイツ歴史学会の構造と、また冷戦下西ドイツ社会の民主化過程の過渡的な性格を映し出している。同時に、その生涯は二歳半年下のユンクとの対比で、みごとなコントラストをなす。前者は国民社会主義の時代潮流に与し、ドイツ民族精神の根 Wurzel を固守してドメスティックな世界で、ナショナルな価値を基準にアカデミズムに生きた。後者はユダヤ人ゆえに、ドイツへの同化の根を断ち切られて根無し草となり、反ナチ抵抗運動からひたすらヒューマニズムの価値を基準にトランスナショナルに、ジャーナリズムと社会的実践活動に生きたのであった。

（5）グローバル・ヒストリーとしての伝記研究

こうした対照性を考えるとき、問題は国民史の枠を越える伝記研究の方法である。集合伝記であれ個人伝記であれ、それらのほとんどはなお国民史の枠の中にあり、そこで問われる構造も国民国家のそれに限定されている。しかし、二〇世紀史の新しい特徴の一つは、疑いなくトランスナショナルに行動する個人や集団の登場であり、国際関係や国際比較への視野を抜きに、もはや二〇世紀史の理解はありえない。そうした、より広い視野の伝記研究の試みとして、さしあたり以下の二つの作品が注目される。

一つはトーマス・クロル『西欧の共産主義知識人――フランス、オーストリア、イタリア、イギリスの比較（一九四五～五六年）』（二〇〇七年）である。[17] ここでは、西欧諸国における共産主義運動はもはやアクチュアリティを失った歴史的現象であるとして、そのアクチュアリティの夢に生きた知識人たちの、各国それぞれ数百人規模の集合伝記を通して、その夢の社会的な文脈と実践の構造が比較検討されている。この作業は、なお西欧の四ヵ国に限られているが、旧ソ連・東欧圏、さらには中国と東アジアや東南アジア諸国、アメリカ大陸の諸国にも広げ、一九六〇年モスクワ宣言の前史をなすこの時期の共産主義知識人の理念と構造を、世界史レベルで比較検証する作業は、二〇世紀史理解の重要なカギの一つをなすと思われる。

もう一つは、ハンス＝ペーター・グルーバー『「型破り」――フェーリクス・ワイル（一八九八～一九七五年）の政治的伝記』（二〇二二年）である。[18] ワイルの父は兄弟と共にアルゼンチンで穀物取引事業を起こし、一代で巨富を築いたドイツユダヤ人の移民である。多くのドイツ人移民とは異なり、一家はアルゼンチン国籍を取得していた。ワイルはその首都ブエノスアイレスでイギリス人家庭教師の下、英語、スペイン語、ドイツ語の多言語環境に育ち、母の故郷フランクフルト・アム・マイン（以下、アム・マインは省略）に戻ってギムナジウムに通う。その間に、両親も病気の治療のためフランクフルトに戻るが、母は早くに亡くなり、ワイルは莫大な遺産を相続した。

このアルゼンチンの子ども時代、外国籍人としてのギムナジウム時代から大学入学、大学時代における政治的急進化とマルクス主義経済学での博士論文作成（一九二〇年）、結婚して夫妻での二年近いアルゼンチンへの事業経営旅行、その間コミンテルン代表としてアルゼンチン共産党の設立を指導、そして一九二二年にはフランクフルトに戻り、父の資金提供を取り付けてフランクフルト大学「社会研究所 Institut für Sozialforschung」[19] を設立・運営し、一九二九年には単独でベルリンに出、左翼の文芸活動を支援して友人のエドゥアルト・フックス（一八七〇～一九四〇）と共に共産党反対派（ＫＰＤＯ）の路線で活動し、一九三〇年には経済恐慌から一族の事業を守るため再度アルゼンチン旅行に出る。その事業旅行は、二ヵ月の予定が四年に及び、その間、政府に協力して税制改革に取り組み、一九三二年アルゼンチン初の所得税の導入に成功した。

しかし、ヒトラー政権の成立でアルゼンチンでも右翼民族主義者の動きが強まり、ユダヤ人で左翼のワイルは身辺の危険を感じ、一九三五年末にはアルゼンチンを離れ、ニューヨークに渡った。その地のコロンビア大学に移っていた社会研究所で働き、講義も持つが、それはアルゼンチンの社会経済問題の専門家としてであった。また、大統領フランクリン・ローズヴェルト（一八八二〜一九四五）への批判と結びついて反セム主義が高まる中で、一九四三年には社会研究所の共同プロジェクト「アメリカ労働者の反セム主義」が計画され、その立ち上げを援助した。一九四六年には三番目の妻と共に、三万ドルで購入した気候温暖で物価の安いロサンゼルスの家に移った。この頃には、アルゼンチンの事業をめぐる妹との訴訟もあって資産は減少し、収入を得る必要に迫られつつあった。そこで、公共財政問題の専門家としてロサンゼルスの自治体政策やカリフォルニア州の税制改革に関与し、また税制関係の論説を新聞雑誌に寄稿して収入を得た。

一九六八年には西ドイツのラムシュタイン米空軍基地の教育センターにおける少佐ランクの講師の仕事が見つかり、一九六九年からほぼ二年間、四番目の妻と共に同基地で暮らす。不動産関係や税制などの講義を担当し、米軍兵士の市民生活への復帰を助ける仕事であり、アメリカに戻る一九七三年まで続けられた。この時期は、ベトナム反戦運動と結びついた学生運動の昂揚期であった。長年にわたり社会研究所の所長を務めたマックス・ホルクハイマー（一八九五〜一九七三）は、学生運動への共感はなく権威主義への道として批判し、ベトナム戦争も自由と人権を守る戦いとしてアメリカを擁護した。ワイルも学生運動の暴力性や「異なる意見に対する不寛容」には批判的だったが、この問題とは別に、最後になってホルクハイマーと衝突する。ワイルの研究所設立の目的は「多元的マルクス主義」の研究にあり、精神分析に重きを置いたホルクハイマーの「批判理論」の方向性とは違ったからである。そのため、フランクフルト大学の政治学者イリング・フェッチャー（一九二二〜二〇一四）を通して、同研究所を当初の理念に引き戻そうと模索した。しかし、成功せずに終わり、アメリカに戻って二年後に亡くなった。

以上、グルーバーは従来のワイル伝記研究（特に学生時代やアルゼンチン時代など）を踏まえつつ、ワイルの自伝原稿と行方不明になっていた書簡類など重要史料を博捜し、史料批判の歴史実証主義に依拠しつつ関係者からの聞き取りも加味し、「極端な時代を特徴づける、欧州と南北アメリカにわたる変化の多いワイルの生涯」を克明に描き上げた[20]。そこに示されているのは、「極端な時代」の世界を生きた人間の姿であり、南の農業開発が北の高度工業化を支え、植民地的搾取の収益が北の労働者の福祉目的の研究作業にも転用される、二〇世紀史を貫く南北問題の歴史的構図であり、その存在拘束性を社会主義者の立場で生き抜いた知識人の生活経歴である。

一五歳年下のユンクの生涯も、比較的豊かなドイツユダヤ人一家に出自し、大西洋を越える生活圏を社会主義に魅かれながら政党には属さない自立的社会主義者の信条で、より人間的な社会の実現を目指して生き切ったこと、さらに、子どもは男子一人で、その子が心の支えになっていたことなど、ワイルと相似的な点が多い。しかし、ユンクの生涯はジャーナリストとして二〇世紀史の最も重要な社会現象と直接に対峙し、その高度科学技術化の人類史的危険性を世に問い続けたという点で、決定的に異なる。その生涯を追跡し、それら論説の問いかけを読み解く作業こそ、現代世界の状況を理解する指針につながると思われるのである。

第1章　二〇代前半の亡命と遍歴

はじめに

ロベルト・ユンクは一九三三年、ナチ政権に抵抗して亡命生活に入る。二〇歳前の年齢だった。同年生まれのヴィリー・ブラント（一九一三〜九二）と同様、社会主義の運動に与し、その延長線上で亡命から反ナチ抵抗への道を一直線に進む。

こうした歩みは、もちろんこの二人に限られない。社会民主党（ＳＰＤ）や共産党（ＫＰＤ）系の若者たち、またこの両者の中間に位置した左派社会主義 Linkssozialismus 諸派の共産党反対派（ＫＰＤＯ）、社会主義労働者党 Sozialistische Arbeiterpartei Deutschland（ＳＡＰＤ）、再出発 Neu Beginnen、国際社会主義闘争同盟 Internationaler Sozialistischer Kampfbund（ＩＳＫ）などの若者たちは、等しくテロ支配に直面し、亡命や抵抗の道を選んだ者もけっして少なくなかった。(1)

たしかにヒトラー政権の下、国内に残った政治的反対派は投獄か沈黙かの二者択一を迫られ、左翼青年の多くも沈黙と戦争協力への道を余儀なくされた。一方、ユダヤ人には亡命以外、生存の余地は消え失せていく。こうした政治的帰結への展開は、一九三三年一月三〇日のヒトラー政権成立から一九三九年九月一日のポーランド侵攻に至る、わずか数年の期間内に一挙に進行した。ナチ党独裁・テロリズム国家への暗転である。しかし、これはナチ政権のいわば裏の顔だった。表側ではこの期間、再軍備による生産拡大と大量失業の克服から、ヴェルサイユ条約の破棄と独墺合併・ズデーテン併合へ、ドイツ人の大ドイツ国家という大ドイツ主義国民国家の歴史的課題が実現されたかに見えた。まさしくヒトラーは、フリードリヒ大王（一七一二〜八六）、オットー・フォン・ビスマルク（一八一五〜九八）、パウル・フォン・ヒンデンブルク（一八四七〜一九三四）につぐ国民的名誉の救済者であり、しかも貴族ではなく民衆出身であって、社会民主党のフリードリヒ・エーベルト初代大統領（一八七一〜一九二五）をはるかにしのぐ最初の国民的ヒーローだった。新時代の到来を期待し、知識人を含めてドイツ国民の多くが、ヒトラー「総統 Führer」に喝采の声を上げたのである。(2)

こうした時代状況の中をユンクは、どのように生き延び、何を学び、どのようにして反ナチ抵抗ジャーナリズムへの道を切り開いていったのか。一九三三年三月五日の国会選挙の前日、ユンクはスキーの一行に紛れてチロルに入り、チューリヒからパリに向かい、ソルボンヌ大学の学生となって亡命生活を送った。しかし、一九三五年末頃にはひそかにベルリンの両親のもとに戻り、シュルツェ゠ボイゼンの「反対者」グループと連絡を取って抵抗運動に加わる。一九三六年一一月には、この活動が「国家秘密警察（ゲシュタポ Gestapo）」に捕捉され、その手が入る直前にプラハへ亡命する。両親もその後を追ってプラハに亡命し、プラハで通信社「今日の話題」を立ち上げ、ドイツ語記事の配信を始める。だが、一九三八年四月オーストリアのドイツ合併でプラハも危うくなり、同年五月にはチューリヒに移る。チューリヒで通信社の再開を目指すがかなわず、パリで新たに「世界通信 Mondial Presse」の開設を準備する。ユンクは、その年の秋にはチューリヒ大学の学籍を得て授業に出るが、翌年一月には海外向け英語通信社の設立を目指してロンドンに渡る。しかし、この企ては失敗して同年四月末にチューリヒに戻り、チューリヒ大学の学生として博士論文の作成に従事する。同時に、匿名の論説を寄稿し続けて逮捕・収監されたが、連合軍の反撃が始まって保釈され、最終的に中立国スイスで終戦を迎える。

以上が、ユンク自伝の記述に史料を突き合わせて得られる、第三帝国時代のユンクの歩みの概略である。その個々の局面を立ち入って検討することは、現在の史料状況では不可能である。プラハ時代からスイス時代に限り、親友ヘルマン・ゴールドシュミットとの往復書簡やペーター・ヴァイスの書簡、またスイスの外国人警察関係文書により、自伝の記述をより正確に跡づけることができる。そこで以下では、パリ、ベルリンの亡命期（一九三三年三月～三六年一一月）は、主に自伝によりながら特徴的な事柄を整理する（第2節）。そして、これに続くプラハ時代（一九三六年一一月～三八年五月）、チューリヒとパリの往還期（一九三八年五月～三九年一月）、ロンドン滞在期（一九三九年一月～同年四月）、さらに博論作成に着手して論説活動との二重の軌道を進む学生時代・前期（一九三九年五月～四二年一二月）に関して、上記の関連史料によりながらさらに立ち入って、亡命を生きる青年ユンクの困難な日々の歩みを詳しくたどる（第3～6節）。そして最後に、亡命学生ユンクに対するスイス滞在の法的な規制の措置を見る（第7節）。

もちろん、ユンク個人史の同時代史的な意味を理解するためには、亡命と抵抗に関する全体的な見取り図が前提となる。したがって、現段階の歴史研究に沿って、あらかじめこの見取り図を示しておきたい（第1節）。たしかに、亡命と抵抗というすぐれて政治的な主題は、戦後の冷戦体制下において、長らく歴史研究の本格的な対象とはなりにくかった。しかし、一九八〇年代以降、急速に研究が進展し、それぞれのテーマについて研究蓄積を整理したハンドブックが出されている。『ドイツ語を話す人々の亡命ハンドブック』（初版一九九八年、新版二〇〇八年）と『抵抗ハンドブック』（二〇一一年）である。[3] そこで最初に、ヴォルフガング・ベンツらの最近の抵抗史研究も参照しつつ、主にこれらハンドブックに依拠して亡命と抵抗の全体像を整理しておきたい。

1　亡命と抵抗の歴史的概観

（1）中欧におけるユダヤ系諸国民の亡命者

ナチ政権成立前のドイツにおけるユダヤ教徒人口は約五三万人であった。さらに、一九三五年九月ニュルンベルク法の規定に基づき、四人の祖父母の中に一人以上のユダヤ教徒の祖先をもつ非ユダヤ教徒の「ユダヤ人」も含め、ナチ政権下の一二年間に亡命できたドイツのユダヤ系人口は、ほぼ二分の一の二八万人と見積もられている。多くの人々はまず近隣諸国へ、そしてその地が安全でなくなるとさらに他の国や海外へと逃れていった。しかし、亡命はけっして簡単なことではなかった。単に既存の生活や地位を失うというのみならず、他国への入国には煩雑な手続きが立ちふさがっていた。身元証明書と財産証明書、受け入れ保証書などの書類を整え、出国許可証・通過許可証・入国査証（ビザ）など、国境を越える移動の許可をあらかじめ得ることが必要であった。支援組織、大使館、旅行社などの前に長蛇の列を作り、変わりやすい規則に振り回され、高額の手数料を支払い、相手国の入国許可を取得しなければならない。そうしなければ、非合法の出国となった。(4)

こうした困難にもかかわらず、ナチ人種政策による物理的危機に直面して、ユダヤ系ドイツ人の亡命の二つの大きな波が作り出された。第一波は、一九三三年ナチ政権成立からニュルンベルク法の影響を受ける一九三六年までの四年間であり、一〇万人以上の人々が国外に逃れた。ただし、一九三六年オリンピックの年は小休止となり、その影響は翌年の二・三万人という比較的少ない亡命者数に記録された。第二の波は、一九三八年一一月の「水晶の夜」を間にはさむ一九三八／三九年であり、一一～一二万人という最大規模の亡命者を記録した。開戦後は、移動規制が一層強化され、一九四〇年に一・五万人、さらに国外移動が禁止された一九四一～四五年の時期にも、この規制に抗して一・六万人が国外に逃れた。(5)

また、一九三八年以降にはオーストリア合併とズデーテン併合により、これらの地域からのユダヤ人亡命者が加わった。ユダヤ系オーストリア人約二〇万人の場合は、その三分の二、すなわち一三万人が開戦までの短期間に国外へ出た。ズデーテン地方では二・七万人のユダヤ教徒のうち、一九三八年一〇月のチェコスロヴァキア併合時にはすでに九割以上が居住地を離れていた。しかし、多くは同じ国内での移動で、国外に出たユダヤ系チェコスロヴァキア人の概数は四千人程度という推測が出されるにとどまっている。(6)

こうして、中欧地域からのユダヤ人亡命者の数は四〇万人前後の規模に達した。これと比べれば、政治亡命者の数は、その一〇分の一以下にとどまる。いずれにせよ、両者ともに、亡命地での生活事情の困難さに変わりはなく、どこでも同じように「庇護申請者 Asylbewerber」として、出国までの一時的な滞在を許可されるにすぎなかった。だが、その将来見通しにおいて、両者の間には基本的な違いがあった。ユダヤ人亡命者の大半は、自分自身の人種差別体験に深く傷つき、元の生活に戻るという希望や期待を失っていた。他方、政治亡命者にとっては、ナチ政権を打倒して元の生活に戻ることが、基本的な課題であった。

(2) 政治亡命者

開戦前の一九三三〜三九年における、中欧圏からの移住者合計は約五〇万人で、約四〇万人のユダヤ人亡命者(八割)に対し、政治的動機からの出国者は約三万人(六%)であった。

「マルクス主義との闘争」をスローガンとするナチ突撃隊(SA)の街頭テロは、一九三三年一月末の政権獲得とともに一挙に強化され、共産党弾圧に始まって社会民主党から自由主義者と保守主義者、さらには国民主義社会革命の旧ナチ党メンバーに至るまで、短期間に政敵の粛清が進行した。大量の逮捕者を出しながら反ナチ勢力は、国外に活動の拠点を移す。一九三八年まではチェコスロヴァキアが、政治亡命者の活動の中心地となった。同国政府の寛大な受け入れ政策のみならず、この国にはドイツ語住民からなるズデーテン地方があり、その地の労働者運動が政治亡命者を党派にかかわらず支援する態度をとっていた。ヒトラー政権のチェコ圧迫に対して、共同して闘う同盟者と見なされていたからである(7)。

一九三三年夏には社会民主党の亡命幹部会「ゾパーデ Sopade」がプラハに置かれ、ドイツとの国境線沿いに一〇ヵ所の「国境事務所」が設置されて、そのうち四ヵ所はチェコスロヴァキアにあった。共産党の亡命中央委員会はパリに置かれたが、ソ連との窓口がチェコにあった。一九三四年二月にはブルノに「オーストリア社会民主党国外事務所」が置かれ、同じく同年「黒色戦線」指導者オットー・シュトラッサー（一八九七〜一九七四）がプラハで機関誌『ドイツ革命 *Deutsche Revolution*』を発行した。その他、一九三三年に禁止された組織の多くが、拠点をチェコスロヴァキアに移した。

ベルリンからの外交的圧力により、一九三六／三七年以降に初めてチェコスロヴァキア政府は、ドイツ人政治亡命者に対し移動や活動の制限を加える。そして、一九三八年三月オーストリア合併と同年九月ミュンヘン協定によるズデーテン併合で、大半の亡命者は出国し、左翼諸組織の拠点はパリに移される(8)。

チェコスロヴァキアと並びフランスが、一九三九／四〇年まで政治亡命の中心地となった。すでに一九三五年一月の住民投票でザール地方がドイツに帰属し、その地に逃れていた多数の人々はフランスに移った。開戦前の亡命者数は、社会民主党員二千人、共産党員五〇〇〜一五〇〇人、その他の左翼グループやカトリック反対派など二〇〇〜三〇〇人と推測されている。共産党の亡命中央委員会は一九三五年にモスクワに移されるが、パリの指導部は一九三六年から、スペイン内戦を戦う国際旅団に大量の亡命者を送り出す。共産党員を中心とし、左派社会主義者を含めドイツ語圏の政治亡命者約五千人が国際旅団に参加し、うち二千人が戦死を遂げる。彼らにとり、スペイン内戦はファシズムと社会主義の代理戦争であり、両者の世界観衝突の第一段階だった。この戦いを生き延びた人々の多くは、フランスやイタリア、さらにバルカン諸国の武装抵抗運動に加わっていく。

プラハやパリに拠点を置いた政治亡命者は、開戦に至るまで完全に「ドイツに顔を向けていた」。国内に残る非合法活動家の支援と並び、ヒトラー独裁の情報の提供が、彼らの主要な課題であった。あまり見込みのない国内抵抗者の支援よりも、「真実の攻勢」が重視され、ヒトラー政権との闘いは「出版闘争」の形をとった。政党機関紙や著名な政治・文化雑誌の継承を含め、ドイツからの亡命者だけでも四〇〇を超える新聞雑誌を発行した。これら紙誌は互いに対立・競合し合った。社会民主主義者と共産主義者との伝統的な敵対関係を両極とし、両者の反ナチ統一戦線を求めた左派社会主義者の諸小グループを間において、左翼の内部でも四分五裂の状態であった。ヒトラー打倒の政治課題を共有しながら、ドイツ亡命政府への歩みは踏み出されなかった。

一九三六年二月にパリで、「ドイツの反対派」という超党派の集会が開催される。コミンテルンの第七回大会決定を受け、亡命共産党がいわゆる「ブリュッセル会議」（一九三五年一〇月にモスクワ郊外で開催された第一三回ドイツ共産党大会）で、「ヒトラーに対する人民戦線」を打ち出したことによっていた。この集会で作家ハインリヒ・マン（一八七一～一九五〇）を議長とするドイツ人民戦線準備委員会が設立され、共産党や社会民主党はじめ、著名な政治亡命者たちが委員に名を連ねた。しかし、伝統的な左翼内部の不信と対立は克服されず、統一戦線の企ては失敗に帰す。結果的には、共産党のヘゲモニー主義に対抗して、社会民主主義者と左派社会主義者が結束を固め、左翼の二陣営化をもたらした。この両者の分離線は、一九三九年八月の独ソ不可侵条約により決定的となる。左派社会主義者にとり、この条約は単に反ヒトラー連合を弱めるのみならず、社会主義への最終的な裏切りだった。この時点から、彼らにとってソ連は、もはや社会主義国家ではなかった。ソ連の影響下にある共産党との同盟の拒絶は、左派社会主義者と社会民主主義者の共同の原則となる。ヒトラーのソ連攻撃により反ヒトラー大連合が成立した後でも、この態度は変わらなかった[9]。

その他の隣接諸国への亡命については、選択の余地は少なかった。オーストリアでは一九三二年に首相に就任したキリスト教社会党 Christlichsoziale Partei（ＣＳＰ）のエンゲルベルト・ドルフース（一八九二～一九三四）が、ナチ党と共に左翼を排除していた。スイスは亡命者の政治活動を一切禁止していたため、一時的な経由国を超えることはなく、政党関係の亡命者は二〇〇〜三〇〇人程度にとどまった。イタリアもムッソリーニ（一八八三〜一九四五）の支配下で、特に一九三五年以降は経由地にすぎなかった。デンマークもドイツへの恐怖から受け入れは厳しく、ノルウェーはドイツから遠く、あまり意味を持たなかった。例外はブラントであり、ノルウェー労働者党と接触して社会主義労働者党の亡命拠点を作る。だが一九四〇年のドイツ軍の侵攻で、政治亡命者の多くはスウェーデンに逃れる。そのスウェーデンは開戦に至るまで、亡命者にとり関心のある国ではなかった。オランダには一九三三年、ライン・ルール地方から多数の政治亡命者が渡ったが、オランダ政府は難民の波を阻止すべく、ゲシュタポと協力して好ましくない政治亡命者を逮捕し、ドイツ側に引き渡した。ベルギーとルクセンブルクは、ともにフランスへの経由国にとどまった(10)。

かくて、開戦前夜にはフランスに、政治亡命者の最大部分が集結していた。だが、開戦後には、その大半が収容される。一九四〇年夏のフランス軍の敗北、そして占領地（北・西部フランス）と非占領地（南部フランス）への分割後には、非占領地のヴィシー政府とドイツ占領者という二重の脅威に亡命者はさらされることになった。名のある亡命者の引き渡しを、ヴィシー政府はドイツから義務づけられていたからである。こうした状況下、亡命者の多くが非合法にスペインやポルトガルから海外への脱出を試み、国際支援組織は主にマルセイユに拠点を置いて難民支援を行った。米国の「緊急救助委員会」（ＥＲＣ）は、ヴェリアン・フライ（一九〇七〜六七）指揮下の「アメリカ救済センター」を設置し、幾千人かの難民を海外に送り出した。しかし、だれもが脱出できたわけではなく、多数の人々がドイツ側に引き渡されたり、自殺を遂げた。その数の詳細は、なお不明である。

海外ではメキシコが、その寛大な受け入れ政策により政治亡命者の活動拠点となった。その他には、アルゼンチンとチリ、そして米国に大量の難民が入った。ただし、米国の場合は政治亡命者に厳しい態度をとり、共産主義者の受け入れは拒否され、著名な社会民主党員や社会主義者の数も少なかった。むしろ英国が一九三九年以降、政治亡命者の最大拠点となった。共産党の亡命中央委員会はモスクワにあったが、共産党亡命者の数が英国では、他の左翼の亡命者を上回った。これに対抗して、一九四一年三月に「イギリスにおけるドイツ社会主義諸組織の連合」が結成される。共産党を除外し、社会民主主義と左派社会主義の亡命者の統一戦線が成立し、戦後のドイツ社会民主党への基礎が与えられる。第二の中心地はスウェーデンであり、ここでも戦争末期、同様に共産党を除外する左翼の統一が進む。ナチ政権期に亡命したドイツ社会民主党員約六千人のうち、戦後の西側占領区に帰還したのは三千名足らずだったが、ブラントやヴィリー・アイヒラー（一八九六～一九七一）など旧左派社会主義諸派の帰還者も彼らと合流し、彼らが西側社会民主党の党幹部ポストの過半数を占め、戦後西ドイツの再建に決定的な役割を果たしていった。(11)

（3）国内の抵抗者

これに対して、ナチ党支配下の一二年間、ドイツ国内の政治囚の数は、政治亡命者の数をはるかに上回った。だが、共産党議長エルンスト・テールマン（一八八六～一九四四）のごとく監獄の中で抵抗運動が行われたとしても、政治囚が外部に政治的影響力を行使することはできなかった。国内での反ナチ抵抗運動は、常にこの収監や死刑の脅威の下、ゲシュタポの目を逃れての非合法活動だった。しかし、そうした非合法活動の準備は、まったくなされていなかった。ヒトラー首相就任に直面して、社会民主党も共産党も新政権が長続きするとは考えず、従前の政権同様、じきに崩壊すると確信していた。したがって、この新政権に対して、非合法闘争を共同で準備する措置は取られなかった。

他方、ナチ政権は政敵殲滅のテロ攻撃を実行し、一切の社会活動をナチ党の支配下に置く「画一化 Gleichschaltung」を実行した。多数の活動家が逮捕され、あるいは亡命し、党が解体された後に初めて、共産党と社会民主党は別々に非合法活動に入った。その際、共産党はなお各地に非合法の党組織・細胞を持つことができたが、その闘いの目標はヒトラー政権の打倒ではなく、ナチ党の宣伝の虚偽を暴露することにあった。社会民主党の場合は、幹部の多くは国外に亡命し、党員の多くはいったんは政治活動から身を引く。その後に、個人的つながりを通して個別に、小グループの秘密活動が組織された。いずれにせよ、このような左翼の抵抗運動は、ヒトラー崇拝が高まるなか、国民からは孤立し、ゲシュタポの手で繰り返し芽のうちに摘み取られた。(12)

ナチ党支配下の一二年間を通して、比較的まとまりのある抵抗運動として知られているのは、一九四一年末から一九四三年夏までに多数の逮捕者を出した「赤い楽団」グループと、国防軍の軍人たちを中心とする一九四四年「七月二〇日事件」である。

「赤い楽団」は、空軍大尉シュルツェ＝ボイゼンを中心とする「反対者」グループであり、ユンクもこれに属していた。雑誌『反対者』の編集部には、すでに一九三三年四月二〇日にゲシュタポの手が入り、シュルツェ＝ボイゼンは逮捕され虐待を受ける。釈放後、従順を装って航空省の情報部に入り、内面での抵抗を続けた。一九三五年から「反対者」グループの仲間を通して反ファシスト網を広げ、独裁反対のビラを密かに配布した。一九三八年にはハンス・コピ（一九一六～四二）ら共産主義者とも結びつき、英国の弱腰とヒトラーの成功を受けて、一九四〇年にはソ連に期待をかけて軍事情報を流し始め、ベルリンのソ連大使館とも接触を持った。一九四二年二月には、「今まさに行動を」という秘密ビラを発送するが、同年八月末に航空省の事務所で逮捕され、反逆罪で死刑判決を受けて年末に処刑される。このグループには特に女性が多数含まれ、非合法ビラを配布して、東部戦線での国際法に反する犯罪行為やユダヤ人殺害の情報を伝えた。また、ユダヤ人や政治亡命者の逃亡を支援すべく活動した。ソ連のスパイとしてゲシュタポは一三九人を逮捕し、「赤い楽団」と名づけて裁判にかける。男性三一人と女性一八人が処刑され、残りの大半は収容所送りとなった。(13)

一方、「七月二〇日事件」は、社会民主党員ユリウス・レーバー（一八九一～一九四四）らも加わっていたが、クラウス・フォン・シュタウフェンベルク伯爵（一九〇七～四四）など軍人・貴族を中心とする国民保守主義者のヒトラー暗殺計画である。この大規模なクーデター計画とその実行者の名誉回復を図って、一九五一年に旧西ドイツ首相コンラート・アデナウアー（一八七六～一九六二）により追悼祭「もう一つの、より良きドイツ」が催された。かくて、この反ナチ抵抗は戦後西ドイツの政治体制と国防軍の再建を基礎づける、最も重要な歴史遺産（ルーツ）となる。[14] このクーデター事件については、一九四五年五月のユンク論説があり、第6章で触れる。

（4）亡命と抵抗の全体像

以上のように、ナチ党支配の一二年間における亡命と抵抗の概略を見るとき、その全体像は以下のように整理しておくことができよう。

第一に、ナチ党支配下の亡命者は大半がユダヤ人だった。その数は四〇万人という巨大なものだったが、殺害された欧州ユダヤ人の総数と比べれば一五分の一にすぎない。ともかく、一九三五年九月ニュルンベルク法の人種規定によって、その出自により「ユダヤ人」とされた人々はイスラエル移住（約六万人）か、あるいは亡命する以外、生存の余地は基本的に残されなかった。それにもかかわらず、ドイツへの恐怖や反ユダヤ主義の国民感情から、ユダヤ人亡命者の受け入れに欧米諸国は完全に消極的だった。

第二に、政治亡命者の数は、ユダヤ人亡命者と比べれば一〇分の一以下の少数だったが、政治的にはきわめて重要な意味をもつ。ヒトラーの欧州制圧までは欧州大陸で、またその後は海外やスウェーデンで抵抗運動を続け、生き延びた亡命者の多くが戦後に帰還したからである。これら亡命抵抗者の大半は左翼勢力に属していた。彼らは四部五裂状態にあり、大まかには社会民主党と共産党、そして両者の中間に位置する左派社会主義諸派という三つのグループに分かれていた。この三グループはスターリンの独ソ不可侵条約で二大陣営に整理され、戦後のドイツ再建における左翼の基本的な政治勢力を用意した。西ドイツの社会民主党であり、東ドイツの共産党（また後の社会主義統一党ＳＥＤ）であり、オーストリア社会党（ÖＳＰ、現在の社会民主党ÖＳＰ）である。

第三に、亡命抵抗者に対して、国内に多数の潜在的抵抗者（ヒトラー政権成立時の社会民主党一〇〇万、共産党一八万の党員、それに左派社会主義者の数千人）が残っていたとしても、その行動は完全に禁圧され、政権打倒への道はふさがっていた。この状態を突破すべく、ヒトラーの排除が追求される。代表的な事例として、一九三九年一一月八日のゲオルク・エルザー（一九〇三〜四五）の単独での爆殺計画の遂行と「七月二〇日事件」があった。そうした暗殺やクーデター計画と並び、国内の抵抗は個別的かつ分散的に続き、なかでも「反対者」（赤い楽団）は政党外の代表的な抵抗運動であった。

以上のように、ナチ政権期における亡命と抵抗の歴史を、ユダヤ人亡命者、政治亡命・抵抗者、国内抵抗者という三つのタイプに整理できるとすれば、ユンクはこの三つのタイプを渡り歩いて二〇代の青年時代を送った。第一に、ユダヤ人かつ政治亡命者であり、第二に、国内に戻っての反ナチ抵抗者であり、そして第三に、再度の政治亡命と抵抗ジャーナリズム活動である。

2　パリ亡命からベルリン帰還期（一九三三年五月〜三六年一一月）

一九三三年二月二七日夜からの国会議事堂火災をヒトラー政権は共産主義者の仕業とし、「政敵」排除の全面攻撃に打って出る。三月一日付のナチ党機関紙『民族のオブザーバー *Völkischer Beobachter*』は、一面トップに炎上する議事堂の写真を掲載し、「もう十分だ！　今や容赦なき荒療治を」という見出しで、テロ攻撃を布告した[15]。この日の午前、一〇時からの授業に出る前に、ベルリン大学のホールにある学生諸組織の掲示板をユンクが見に行くと、そこには上記のナチ党機関紙が数多く張り出されていた。その前で、各グループの学生たちがたむろしているが、だれもまだ行動を起こしてはいなかった。それを見てユンクは、すぐに一枚一枚引きはがしていった。学生たちは議論に夢中で気がつかず、はがし終えたユンクは講義室に向かった。その時、私服の警官二人にていねいな言葉で

「一緒に来るように」と腕をつかまれ、大学から連れ出されて、アレクサンダー広場の警察署に連行された（Jungk, 1993, S.90）。

ベルリン警察はすでにナチ党の新長官ヘルマン・ゲーリング（一八九三〜一九四六）の下にあったが、この建物は一〇年間「ゾチ Sozi」（社会民主党）のものであり、なおその影響が個別の警察官には残っていた。取り調べの中心は、議事堂火災の犯人捜しであり、ユンクはポケットにマッチ箱を所持していたために、説明困難な状況に置かれる。しかし、拘置室に移される前に、家に電話をかけ、所在を知らせることを許される。電話に出て驚いている母に、小声で「すぐにスヴェンに電話を」と伝える。その一時間後、再び取調室に連れ戻され、記録に署名をしたうえで、若いナチ突撃隊の制服を着た若者に引き渡される。それが、「反対者」グループの仲間スヴェン・シャハト（一九〇二〜四一）[16]だった。彼は後の経済大臣ヒャルマル・シャハト（一八七七〜一九七〇）の甥で、「ドイツ社会主義」を信じる突撃隊員であり、激論を交わすがユンクの親しい友人だった。「この男は我々のメンバーだから、プロイセン官吏と話をつけなければならない」と言って、警察署からユンクを連れ出した、という（Jungk, 1993, S.92）。

ユンクは直ちに亡命の準備に入る。ドイツの旅券を持っていたが、警察のリストが回っている可能性があり、その使用は危ぶまれた。団体旅行の集団旅券で国境を越えられるという、母が小耳にはさんだ知識が解決策となる。彼女は息子をスキー・クラブに登録し、ユンクはスキー旅行の一員として三月四日に国境を越えてチロル地方に入る。ヒトラー政権はじきに倒れ、すぐに戻れる、という思いでの脱出だった（Ebd., S.93）。

チロルのホテルで一週間を過ごし、「映画監督」を夢みてフランスを目指す。ザルツブルクにしばらく滞在し、父の友人で若い新聞人アンドレ・ティーール＝ドーナティにチューリヒで会い、彼が寄稿する新聞への投稿を誘われたが、パリに向かい、サン・ジャック街一七番地の安宿「牧場のホテル」を居所とする。最初の稼ぎは父の同僚で脚本家のフレデリック・コーナー（一九〇五〜八六）[17]の秘書の仕事で、日程調整や訪問者の受け入れ、さらにアメリカからの訪問者をパリの夜の街へと案内することだった。この仕事でユンクは、ハリウッドへのつてを求めたが、それは実現しなかった（Ebd., 104f.）。

同時にソルボンヌ大学で社会学と心理学の授業を登録し、学業を再開する。学費を稼ぐほどの力はないから、両親からの仕送りに頼る。ナチドイツの法律で一ヵ月一〇マルクの国外送金の制限があったから、母親は友人たちの下で送金者を組織し、各人から一〇マルクずつ分散して送られた。送金額を知らせるために、検閲を恐れて母は「本」の暗号を使い、一九三四年二月「五冊」、五月には「誕生のお祝いに五冊半」と手紙で伝えた、という（Ebd., S.110）。

さらに生活費のために、ドイツ以外のドイツ語圏に配信する小さな通信社「ヨーロッパ通信 Agence Européenne de la Presse」に、文芸欄用の時論記事を書く。例えば、「セント・ヘレナ島のヒトラー」というタイトルで、「総統」の運命をナポレオンに重ねる短編などである。それは、「時事問題の小話」という新しいジャンルの試みだった。原稿料は少額で、他にも偶然の出会いでロシア人亡命一家ソプロウノフの二人の息子アレクとトーデクにドイツ語を教える家庭教師の仕事にありつく（Ebd., S.110f.）。

また、亡命者酒場でドイツ人記録映画制作者ルドルフ・バンベルガー（一八八八〜一九四五）[18]と出会い、その誘いでストラスブール大聖堂の撮影を、アルザス出身の映画配給社主ジャン・シモン・セールの資金援助を得て行う(Ebd., S.114.)。この記録映画の成功でセールは、さらなる制作を提案し、これを受けて「パリの不良」、「精神科教授の授業」、「パリへの食糧搬入」などの企画を立て、一部制作に入るが、セールの会社の資金繰りが破綻し、実現を見ずに終わる（Ebd., S.116ff.）。「ヨーロッパ通信」の仕事も、一九三四年三月オーストリアでドルフースの権威主義政権が成立し、亡命者の記事掲載が不可となって打ち切られる。加えて、「牧場のホテル」が改修のため閉鎖となり、また亡命芸術史家カール・アインシュタイン（一八八五〜一九四〇）[19]の娘との恋愛も破綻し、慢性の胃炎を抱えて不幸のどん底に落ち込む（Ebd., S.120f.）。

この一九三四年の夏、いくらかのフランを手に二一歳のユンクは、南を目指しヒッチハイクの旅に出る。この旅の最初に、ハンガリー貴族出身の男性と出会い、知り合う。彼は米国の石油財産相続人の女性をパトロンに、アレクサンドロス大王の遺産発掘事業計画をもち、その記録映画制作への協力をユンクに求めた。そこでユンクは旅をやめパリに戻るが、その後に連絡はなく、この話は立ち消えとなる（Ebd., S.122ff.）。それ以後、翌年六月までのパリ生活に関し、自伝の記録は空白である。

一九三五年六月には、カフェで知り合ったベルリン育ちの写真記者ヘルベルト・ゲール（一九一一～八三）[20]、および『ニューヨーク・タイムズ』の依頼を受けたミュンヘンのイラスト記者エゴン・レールブルガー（一九〇四～九〇）[21]とともに再び南へと向かう。カタロニアの建築家アントニ・ガウディの手になるバルセロナ司教座教会の撮影が目的で、この記録映画はカタロニア国家賞を獲得した（Ebd., S.126ff.）。そして、晩秋にはパリに戻るが、胃痛に悩まされ、ベルリンの実家に戻ることを決意する（Ebd., S.135）。

それも、旅券を所持していたからこそであった。パリに滞在して一年ほど後のこと、酒場の壁にかけていたコートから書類をすべて盗まれたとドイツ領事館に申し出、旅券の発行申請を行った。それを聞いた領事館の官吏は、何も言わず五年間有効の旅券を発行してくれた。市民権（国籍）はく奪の公示が出される数ヵ月前のことであり、領事館の中にも反ナチ抵抗者がいた、とユンクは回想している（Ebd. 1993, S.135f.）。したがって、非合法に出国した国境を一九三五年末頃に、合法的に越えることができた。もちろん、ユンク名を使うことはできない。のちに見るスイス外国人警察発行の「証明書D」の記録（同書二二頁の身元証明の項目でバウム名の「ドイツ旅券」の記載に消印）からも、そこには父の出生姓を用いてロベルト・バウムと記されていたことが確認できる。

以上、一九三三年春から一九三五年晩秋までのパリ時代、亡命者としてのアルバイト生活に始まり、一九三四年から旅券を持つ学生としてユンクは、移動の自由を有する比較的恵まれた身にあった。だが、経済的には厳しく、母からの仕送りに依存はできず、アルバイトを続けることが必要だった。そして、学業よりもむしろこのアルバイトが、二〇代初めの若者にとり、ジャーナリストとしての将来を方向づける大きな基礎を与えることになった。すなわち、第一は文芸欄用の物語仕立ての時論記事の執筆であり、第二は記録映画の制作であり、第三はドイツ人のみならずロシア人など、広く亡命者とのネットワークの形成であった。

さて、ベルリンに戻ったユンクは、外国留学から戻った学生のごとく、近所の人々から普通に迎え入れられる。警察への届を出さないままのベルリン滞在であったが、一九三六年にはベルリン・オリンピック（八月前半）があり、外国への体面から迫害の手はゆるめられていた。ユンクはシュルツェ＝ボイゼンと難なく会い、その抵抗運動に連なる（Jungk, 1993, S.139f.）。一つは伝令の仕事で、後にロケット発射場となるペーネミュンデ軍事演習場近くの灯台に密かに出かけ、その灯台守と連絡を取ったこともあった（Ebd., S.141f.）。

このことは、ベルリンに戻ったユンクが一歳年下の幼なじみヘルマン・ゴールドシュミットに送った最初の手紙からも確認できる。[22] その手紙（一九三六年三月一六日付）はクックスハーフェン発で、親友の父の葬儀へのお悔やみを述べつつ、「ここには二日間います。近いうちに灯台に行きます」「恐れることなく、新しい希望の始まりの中へと消えゆきます」と記す。[23] ドイツ国内での活動の余地が広がり、ユンクは反ナチ抵抗運動に大きな希望を見ていた。自伝によれば、この年の後半、ベルリンの「反対者」グループの通信社に文芸欄用と並んで体制批判の含みをもつ「二重底の論説」を寄稿する。ほかにも、後に『南ドイツ新聞 *Süddeutsche Zeitung*』の設立者となるヴェルナー・フリードマン（一九〇九～六九）[24] が編集する『時代報告 *Zeitberichte*』など二紙に寄稿し、一定の稼ぎを得ると共に、フリードマンから記事の書き方を学んだ、という（Ebd., S.143f.）。

しかし、同年一一月にはこの通信社に警察の手が伸び、匿名記事の執筆者が問われた。予測された事態であり、あらかじめ準備されていた電話による暗号連絡が入り、即刻ベルリンから出る。再びスキーの一行に混ぎれ込み、しかし今回はエルツ山地を越えてプラハへの脱出だった。すでに翌日には、警察が両親の家に来て家宅捜査を行い、これに驚き両親もすべてを残して息子の後を追った（Ebd., S.147）。

3　プラハ亡命期（一九三六年一一月〜三八年五月）

プラハは父マックスが青年時代を過ごした街であり、二人の兄一家も近郊の工業都市クラドノに住んでいた。父は兄たちのもとへよく出かけ、ドイツ語と並ぶ母語のチェコ語の回復に努め、脚本家としてプラハで再起すべく映画の制作に尽力して完成させた。しかし、その映画は上映はされず、またドイツの銀行に残してきた財産の没収というショックも加わり、一九三七年の夏には失意の中で感染症を病み亡くなる（Ebd., S.150）。

のちに見るチューリヒ州警察調書（一九四二年一〇月一二日）で母ゼリは、七月にドイツの役所から預金八・六万マルクの差し押さえ通知が届き、「これに失望して夫は一九三七年八月一日に死亡した」と語っている。また、プラハ移住時に夫マックスは一万クローネを支払ってチェコ市民権を再取得し、外務省とのつながりが強かったため同省からチェコの新聞への反ドイツ論説の寄稿を求められ、そこでチェコ政府の要請で通信社「今日の話題 Heute Aktuelle」を設立した、という（Selly, 1）。

その父とは異なり、息子ユンクにとって初のプラハ生活は、慢性胃炎による体調不良もあって、友人もなく孤独で落ち込んだ暮らしであった。そうした中で、先に触れたゴールドシュミットとの文通が心の支えとなり、二人の親交が深まっていく。ゴールドシュミットに宛てたユンク（ロベルト、愛称はボブ）のプラハ時代（一九三六年一一月〜一九三八年五月）の手紙一四通・葉書一通が残されている[25]。そこには、ゴールドシュミットとは対照的に揺れ動き続ける、青年ユンクの心の内がよく映し出されている。

まず、一九三七年の最初の手紙（一月二六日付）で、「この一ヵ月、もうずいぶん良くなっている」「雪と静寂で幸せ」「一度、早く手紙を書いてほしい」とゴールドシュミットに連絡を求める。そして、次の手紙（二月五日付）では、「すべてうまくいき、すてきだ」「僕は君を高速道路の停留所で待つ」と親友をプラハに招待し、二人は一緒に過ごした。二人の主な話題は小説を書くことや、チューリヒ大学への学生登録など、どこで、どのように、何を目指して生きていくのか、生存の問題に深くかかわっていたと思われる。この問題と共に、療養を兼ねてユンクは、五月末から八月初旬までの二ヵ月半、スイスのアスコナに滞在して保養生活を送る。アスコナ到着後の手紙（五月二五日付）は、「すぐに君を訪ねて相談したい」と伝え、次の手紙（六月二二日付）では、君がアスコナに来れないのは残念」と記している。この時期、ゴールドシュミットはチューリヒに滞在していたと思われる。そうした二人の相談からの当面の結論を、ユンクの手紙（七月二三日付）は以下のように記す。

一つは、「チューリヒは僕には寛容な生活環境とはまったく思えない。スイス人の疎遠な態度や心の冷たさ、頑なな他人行儀が僕にとっては、イタリア人やフランス人よりもなじみにくい。言葉は近くても、いつも敵意のある態度を取らなければならない。そのことは、君の方がよく知っているだろう」。

もう一つは、何を目指すのか、生き方の問題である。ゴールドシュミットは文学青年であり、小説の創作に没頭していた。したがって、一過的な現世利益の享受ではなく、普遍的な価値創造に自己の存在理由を求めていた。ユンクは文学青年である以上に政治青年であり、現世の問題により敏感だった。将来への「計画」を求める親友に対して、ユンクはこう記した。「計画、いったい計画なんて立てられるのか。予想もしていないことがいつも降りかかる。今はこの治療を終えて（八月九日）、世界博覧会に寄り道してウィーンからプラハに帰る。プラハに長くいることになるか、それはわからない。内面の確固たる立場がしっかりとし、健康になるなら（この二つは互いに関連している）、将来について確かなことを言えると思う」。

おそらく、父の訃報が届き、ユンクは治療を切り上げてプラハに戻ったと思われる。予期していなかった父の死で、その映画制作や通信社事業などをどうするか、後始末を考える多忙な日々が待ち受けていた。その様子を知らせる手紙（九月二九日付）は、「手紙を書く時間も余裕もないから、ほんの一言。当面はもう一度プラハに残り（多分、今年の年末まで）、手紙を出す。いくつかの映画の制作と、時間があれば本を書く」とし、もう一度プラハに来るよう親友を招待する。そこへ、その親友から最初の小説原稿[26]が届き、葉書（日付欠、一〇月中旬）で礼を述べる。そして一〇月二五日付の手紙で「君を毎日待っているが、来ないのでつらい。話したいことがたくさんある。君の作品、数日前に読んだ。しっかり、時間をかけて読む必要があったからだ。君は驚くほど成長している。まだ問題がある点については、直接話そう」とし、「もう一度君への招待を繰り返す。僕のところに泊り、食事をすればいい」と誘った。ユンクがペーター・ヴァイスと初めて会ったのは一一月三日であったが、その日に親友ゴールドシュミットもプラハに滞在していた[27]。

　年が明け、一九三八年の三月一一日にドイツ軍がオーストリアに進撃し、プラハ生活の危機感も高まる。自伝では三月一二日早朝、ユンクはベッドの中でこのニュースを伝えるラジオ放送を聞き、翌日バスでクラドノに向かった。そこで親族の話し合いがなされ、弁護士で信頼の厚い叔父のユリウスは、世界の諸国に対するヒトラーの戦争に勝ち目はなく、ヒトラーは狂人ではないから戦争にはならない、と述べた。これに対してユンクは、「いいや、彼は自分の決定と幸福を信じる狂人だ」と反論した。結局、「うろたえた若者」に惑わされずクラドノに残ろうという結論になる。そのため、このユンクの二人の叔父の一族は、英語を学ぶため夏の休暇を利用してイギリスに渡っていた二人の孫を除き、すべて帰らぬ人になった、という（Ebd., S.152f.）。

　しかし、この時点ではユンクも、なおプラハにとどまるつもりだった。それは、プラハでの生活が落ち着き、軌道に乗ったためであった。その間の事情を一九三八年三月二二日付の手紙が克明に伝えている。「僕はまだこの地にいる。ウィーンの事件でそちらに向かうことは、まだしていない。実際、再びもう一度、すべてを旅行カバンに詰め込んだが。……君も新聞を見ているだろう。旅立つべきだろうか」。そして、こう続ける。「この間、この地で、僕にとって喜ばしいことがいくつか生じている。最も重要なことは、新聞の仕事を始めたことだ。他の人が僕のために記事を書き、僕はただ「ヒント」を与えるだけだ。さらに、話す価値のある人たちと、やっと幾人か知り合えた。一人は非常に有能な画家、幾人かの精神分析家、一人の哲学講師。要するに、今はそれほど孤立感を感じない、がまんできる暮らしだ。最後に、重要なことで最も大きなこと。それは母のところを出て、イギリス人の女学生と一緒に暮らしていること。大きな愛ということではないが、僕に長らく欠けていた深い心の安らぎがある。計画していた旅立ちの直前に、こうしたことのすべてが生じた」。

「新聞の仕事」とは、通信社「今日の話題」である。週に八〜一〇本の論説を、なおヨーゼフ・ゲッベルス（一八九七〜一九四五）の支配下にないドイツ語圏に配信する（Ebd., S.147）、父が設立した通信社配信事業の継承であろう。画家とは三歳年下のヴァイスである（Ebd., S.145f.）。

そして、パリと同様プラハでも、政治亡命者は四部五裂の状態であり、細かなことで激しく対立し、いがみ合っていた。ユンクはそうした確執には距離を置き、ヴィルヘルム・ライヒ（一八九七〜一九五七）の著作『ファシズムの大衆心理』（一九三三年）に刺激を受けた小グループに参加する。政治とセクシュアリティとの密接な関係への関心である。この精神分析グループの集まりで、精神分析家や哲学者と共にマーガレット・サケット（一九一一〜九一、愛称はマギー）を知る。彼女は長年連れ添った左派社会主義「再出発」の活動家カール・フランク（一八九三〜一九六九）と別れたばかりだった。[28]サケットとの関係は急速に固まり、彼女は同居を望み、母と別居することになる（Ebd., S.150ff.）。

さらに、手紙は続く。「それで僕は、やっと仕事に。以前は、どんなに書こうとしても書けなかった」。このように、生活が落ち着き、二人をつなぐ最大のテーマである小説の創作に着手したことを伝えている。そして、「現在、最も著名なチェコ人の映画制作者と一緒に脚本書きの仕事をしている」が、映画制作の資金がまだなく、「これが実現できたら、それからスイス行きを考えたい」としつつ、「二つ目の小説を送ってほしい。僕の方からも、近いうちに何か送るから」と結ぶ。

ゴールドシュミットから二作目の小説原稿が届き、お礼の葉書（日付欠）を出したうえで、その感想と共に自分の小説の構想を手紙（日付欠、四月初旬）で伝える。「君の作品、前は本当に優れていたが、それと比べて少し幻滅した」。そして、パリ郊外を舞台に成長途上の若者たちの物語を書くという、自分の構想について長文の説明を行いつつ、「福音派はイエスを伝導してきた。僕たちは自分たちのファンタジーのメシアを創作しなければならない。そうすれば、そのメシアが現れる」と意気込みを記した。

最後に、ヴァイスのアトリエに毎週金曜日に集まる「小さなサークルのようなものを作ろうとしている」とし、「そこから実のある何かが出てくれれば、もう一度、冬の学期をこの地で過ごすことを考えてくれたまえ」。「僕の計画は差し当たり、僕が今いるこの地にとどまること。スイス行きについては、当面は考えていない」と結んだ。[29]

だが、四月一〇日、オーストリアのドイツ合併とヒトラーのズデーテン地方自治要求でプラハの事態も一変し、ドイツ系住民によるユダヤ人迫害が一挙に加速した。翌日の四月一一日付の手紙で、「今日は君のことを思い、君の誕生日に心からおめでとうを言いたい。しかし、今日のこの日を祝えるのか。この地を支配する破局の中で」「昨日、外に出かけたが、一人の婦人が首を絞められていた。もう、これ以上、耐えていくことはできない」。

そして、「どこへ行くのか。スイスに行きたいが、そこでは通信を続けることは、ほとんどできないだろう」「結論的に、合衆国が唯一残っている」。しかし、「親族がいないのに身元保証はどうして得られるのか。僕が五千ドルの預金口座を持っていれば、どうのこうの言わず「約束の地」へと僕は行くだろう。誰かが二、三ヵ月でもその額を貸してくれたら、アメリカに渡って、すぐに返せるだろう」。合衆国の近親者による身元保証か、あるいは持ち出し可能な五千ドルの預金通帳が、アメリカ移住に必要な条件であった。すでに親友のヴァインマン[30]に話してみたがそれほどの預金はなく、「今日アメリカの領事館員と相談してみる」と書き送った。

このユンクのアメリカ移住計画に対し、親友は明確に否定的で、欧州にとどまるべきと諭す。それゆえに、次の手紙（日付欠、四月下旬）でユンクは以下のように答える。やや長文の引用になるが、親友ゴールドシュミットとは異なり現実政治を見据えるユンクの焦燥感が、そこには鮮やかに表出している。

「君の手紙ありがとう。長い時間考えさせられた。だめだ。僕にはアメリカよりもましな解決はないと思う。それ以外で考えられるのはスイスだけだ。しかしスイスでは、僕には生活の可能性も将来の見通しも立たない。だから、僕にとって問題は、もう一度将来への地平を拓き、もう一度どこかに根を張ることだ。この地は自分を忘れ、人々はテロや恐怖の状態をあたり前のこととして受け入れている。そんなことを見なければならない現在のヨーロッパよりも、おそらく僕には記憶やあこがれから、もっと大切なヨーロッパのイメージがある。僕たちは半分しか息もつけず、僕たちのファンタジーは恐怖と抑圧から奇形児しか生まない。僕には、いわゆる幸せな戦前の時代のイメージがある。当時は話し方も今とは違い、自由に笑っていた。少なくともその時代の一断片を、生きて再び経験してはいけないのか。僕はたびたび見てきたが、生活環境 Milieu を変えることで、最も重い問題を解決できることもある」。「君が書いているヨーロッパは、僕たちすべてが学んだヨーロッパとは別物だ」「物理的抹殺の危険が魂の暗黒をもたらす地にとどまる必要を、僕はもう感じていない」「心の中でもう「約束の地」への旅券を自分に与えている――そのリスクをなお恐れてはいるが」。ここで言う「戦前」とは、ユダヤ系住民にとっての「戦前」であり、ヒトラー政権前の時代を指している。

ともかく、アメリカ移住のためには五千ドルの預金通帳が必要である。「この預金、どうにかならないか。君にしか頼めない」と、長文の事情説明を行ったうえで、「なんらかの可能性があるか、返事をお願い」と結ばれる。

その返事を得て次の手紙（五月一五日付）で、アメリカではなくチューリヒ行きの結論となる。「君が僕のために、君の親戚と相談してくれたこと、ありがとう。どうにもならないなら、アメリカ行きはあきらめなければならないが、それほどこたえはしない。そうなれば、僕が滞在する場所は、もちろんスイスしかない。僕たちは、もう一度同じ街にいることになる」「君の夏の予定を知りたい。また、君の大学での研究のことも」。以上のように、親友の勧めるチューリヒ行きを余儀なく決意し、母と同棲者を残して単身でチューリヒに向かった。自伝によれば、一九三八年五月二三日プラハ発の定期便のユンカー機であり、亡命ユダヤ人がよく利用する「飛ぶモーゼ」路線だった（Ebd., S.154）。

4　チューリヒとパリの往還期（一九三八年五月〜三九年一月）

自伝によれば、チューリヒ入りしたユンクは、通信社の営業許可を得るべく役所に出向く。ナチドイツに批判的な自由な報道は歓迎されると期待していたが、二人の官吏にレストランに連れ出され、ドイツ批判の報道は一切許さない誓約共同体の中立主義を、コーヒー一杯で教えさとされた、という。これはユンクの主観的な理解で、ドイツ批判の報道は言うまでもなく、おおよそ収入を得る稼得労働 Erwerbstätigkeit はすべて厳格に禁止されていた。それはともかく、ユンクは通信社のパリ移転を余儀なくされ、財政難から立ち直っていたパリのセールを訪問する。彼はユンクを温かく迎え、事務所を貸し与えるのみならず、役所への手続きを代行してくれた、という（Ebd., S.155）。

図 1-1　ライヒシュタイン館

夏にはチューリヒに戻り、ヴァイスもヘッセに会うべくスイスに移り、ユンクの下宿するライヒシュタイン館[31]（図1-1）でゴールドシュミットも加えて三人が一緒になった。三人は「大文字の仕事 das WERK」への夢を語り合って過ごし、モンタゴラ山荘のヘッセ巡礼の旅に出る。ワンゲルを楽しむ友人二人とは異なり、ユンクにとってはチェコスロヴァキアをめぐる英仏紙の報道に、怒りと危機感にさいなまれながらの旅だった、という（Ebd., S.156f.）。

そして、山岳行から帰って学業に入るが、すぐに中断する。その理由について、自伝は学位論文のテーマをめぐる確執を挙げている。ユンクはヴィルヘルム・ライヒの影響でライヒ（ヴァイマル共和国）崩壊に関する精神的な理由をテーマにしたいと考えていたが、カール・マイアー教授（一八八五〜一九五〇）から「それはライフワークでしょう。博士論文には、もっとつつましいテーマを探しなさい。そのテーマで特に史料調査を学ぶのです」と指摘されたのである（Ebd., S.163）。そのため、研究への夢がなえて政治の世界に戻り、パリの「世界通信」をより国際的な配信へと広げるべくロンドンに渡って事務所を開設する。つまり、始まったばかりの航空便を利用し、海外に欧州事情を配信する通信社であり、これを誘ったのは、ミュンヘンで雑誌を発行していた経歴を持つランダウアー博士であった[32]。しかし、国際情勢が急激に悪化し、戦争が始まれば航空便は停止されるという見通しにより、この計画はとん挫する。これに代わってランダウアーは、英国の支配圏のマスコミに連載漫画（コミックストリップス）を配信することを提案し、この事業を立ち上げた。しかし、ユンクはこれに満足できず、チューリヒに戻ることになった、という（Ebd., S.164f.）。

こうした自伝の叙述とは異なり、ゴールドシュミットとの手紙はユンクの内面的な葛藤や試行錯誤の軌跡をもっと鮮明に浮き彫りにする。二人の友人は通信事業の拡大など現生の利益ではなく、創作や学業など普遍的な価値に帰依する道を選ぶようユンクに迫り続けた。「大文字の仕事」である。以下、亡命という過酷な境遇に置かれた三人の青春時代の交流から、ユンクの揺れ動く心の軌跡を掘り下げて見てみたい。

まず、チューリヒ入り後の最初のユンクの手紙（一九三八年六月一九日付）はパリ発で、「息もつけぬ旅立ちからほぼ一週間、この一週間、チューリヒに暮らす決意は強まるばかりだ。どうしてかというと、パリは陶酔の街で、偉大なフランス人作家の多くが地方にいるのは偶然ではなく、パリにいるのは大衆劇作家だけ」「前にここで暮らしていたときは、常に僕はよくわからない恐怖の中にあったが、今、初めてその恐怖を理解した」「今では僕はもっと世知にたけ、成長しており、すべての危険に対処できる」と、三年半ぶりのパリ入りの感想を記す。最初に、昔いたホテルの部屋に行き、部屋は空いていて昔のままだったこと、そして部屋を出てから駅に向かい、駅で切符の紛失に気づいて大変だったことを細々と伝える。そして、「ペーター・ヴァイスは旅券を得た。夏の二ヵ月は彼のところで過ごす」と結ぶ。いずれにせよ、六月一〇日頃にはパリ入りし、「数多くの古い友人たちに会い」、通信事業の継続を追求したのであった。

次の手紙（八月一六日付）は、「君の手紙は二〇頁もある。しかし、葉書一枚でも、この手紙の内容の一部は、表面的な事実で示せる。君が言うには、地上にはすでに天国と地獄がある。チューリヒとチューリヒでの僕たちの生活は天国で、ロンドンは地獄。地獄でも不十分で、この地獄にはもっと新しい言葉が必要だ。悪魔の赤バスに支配された街」。「実際、キャリアのために僕はチューリヒにいることが必要だろう。僕の最新の子どもを見殺しにしてしまっては良くないから。それにもかかわらず……」。この手紙は一頁分だけで、二頁以下は残されていない。そのため、推測にとどまるが、この時期にユンクはすでにランダウアー博士と知り合い、ロンドン行きの誘いを受け、ゴールドシュミットに相談し、その回答が二〇頁の長文で、チューリヒ大学でキャリアを積むよう諭したと思われる。手紙にある「最新の子ども」は、書き始めた小説や学業のことであろう。ランダウアー博士については、自伝に説明がなく不明である。いずれにせよ、ユンクはパリに通信社用の事務所を確保したが、それはそのままにし、ランダウアーと共にロンドンで英語記事の通信社を立ち上げることを決意した。しかし、すぐにはロンドンに渡らず、八月にはいったんチューリヒに戻り、チューリヒ大学に登録して秋の授業に出たことは、後のユンクの書簡で確認できる。その間、プラハの情勢はさらに悪化し、一〇月に母ゼリはパリに、サケットはチューリヒに移る。

チューリヒに戻ったユンクは八月二五日、ヴァイスを迎えてライヒシュタイン館で「夏の夜の祭り」を催す。[33]ヴァイスとゴールドシュミットも親しくなり、三人は九月七日の早朝三時、モンタゴラ山荘のヘッセ訪問の旅に出る。ヒッチハイクをしながら翌日にはアスコナに着き、九月九日からほぼ一週間モンタゴラに滞在して周辺各地をワンゲルして回った。このモンタゴラ行については、ゴールドシュミットの日記が克明に記している。[34]以下では、ヴァイスの書簡も参照しつつ見ていきたい。

ヴァイスはそのままカラビエッタのオルガ・ジャック夫人（一八七八〜一九四九）の館にとどまって絵を描く。[35] その彼からの、チューリヒに戻ったゴールドシュミット宛の手紙（一九三八年一一月一五日付）は、「授業が君たちを満たしているだろう。僕もよく働いている」としつつ、ユンクについて以下のように記す。「彼にとってレーダ Leda はあまりにきつくなり、投げ捨てることにならないように。彼がどのような方向に進むか、どの面が彼の中で一層強化されるのか、僕は注目している。二つの生を生きる zwei-Leben-leben という彼の考えを僕は信用しない。僕が信じるのは、ただ一つの満ち足りて身をささげる労働だ。……彼は一つであるべきだ[36]」。「レーダ」はユンクが書いていた小説の表題で、ギリシャ神話に由来する女性の名前であり、この女性を中心にパリ郊外の若者たちの成長をテーマにしていたと推察される。「ドイツのドストエフスキー」を目指す壮大な構想だったというが、その原稿をなくしてしまったこともあり、ヴァイスが危惧したように進捗はしなかった。[37]

この手紙の最後にヴァイスは、「ボブ［ユンクの愛称］はロンドンで何をするつもりなのか。新しい会社か、世界映画か。南極か北極に住むつもりなのか」と記している。疑いなくユンクの最大の関心は、チューリヒ大学の授業や小説の創作というよりも、ロンドンでの通信事業の開設にあった。

ところで、次のヴァイスの手紙（一一月二五日と二八日付）は、九月に知り合った一人の女性Xをめぐり、ユンクとひと悶着が起きていることを伝える。それは、ヴァイスが彼の誕生日（一一月八日）前後の数日、チューリヒに滞在したときの出来事であった。この時、ライヒシュタイン館で仲間たちが集まり、ユンクとサケットが出かけた午後、ヴァイスはXとユンクのプレス用切符 Pressekart をもって劇場に行き、翌日もデートを重ねてカラビエッタに帰った。Xにも好意を寄せていたユンクに、自分はもうXに気はないと説明した後でのことであり、この密会を知ったユンクから「普通なら決闘もの」の激しい叱責の葉書が届く。結局、「君がいなかったら仲直りできることはありえなかった」（一二月八日付）とゴールドシュミットが二人の間に入り、ヴァイスの謝罪で決着がつけられた。[38] ゴールドシュミットとは対照的に、ユンクとヴァイスの多情な性分を示す事例である。

一二月一八日付の手紙でヴァイスは、聖夜をヘッセのところで過ごすとゴールドシュミットに伝える。[39] そして、「君はロンドンか」と。クリスマス休暇の時期をゴールドシュミットはロンドンで過ごした。ユンクはパリで母と共に過ごしていたと推測される。母ゼリはプラハの宣伝省大臣フーゴー・ヴァヴレチュカ（一八八〇～一九五二）の勧めで、彼が手配した政府委員用の航空切符を使って一九三八年一〇月二四日にパリ入りしていたからである(Selly, 1)。

さて、年が明けて一九三九年、ゴールドシュミットがパリのユンクに宛てた年初の手紙（一九三九年一月六日付）は、二週間のイギリス旅行から帰ったこと、ヴァイスがチューリヒに来ていることを伝え、「僕は君に明日六五〇スイス・フランを送る。利息はいい収入だ。銀行の利息は二・五％で、同じ利息を君からもらいたい。そうすれば、君の罪悪感もなくなるだろうから」とし、「今年に入ってもう一週間、君は何をしたいか、どんな計画を持っているのか。しっかり書いてくれたまえ」と結ぶ。この借金は、ロンドンで通信事業を広げるためだった。親友は利息を付けたが、「僕たちの内輪のことで、商売ではない方がいい。単純に、与えてもらう、もらって与えるということで」と付け足している。

次の手紙（日付欠、一月中旬）は、「僕の手紙と送金、受け取ってくれただろうか」としつつ、ロンドンでの事業に賛成できないことを、以下のように厳しく伝える。「僕はロンドンに滞在して、大半の人々の暮らしの気狂いじみた喧騒に目を見開かされた。そして、君は今、その只中にいる。ただ喧噪のみで、生命力や生活の喜びにはならない。君の永遠の火遊びは、単に事業の世界に触れるだけでなく、ペテン事業の世界に触れることだ」。ユンクの通信事業は「火遊び」で、ペテンの世界に身を置くことになる、という忠告である。さらに続けて、次のように言う。

「エアマッティンガー（一八七三～一九五三）のセミナーで、神の加護と社会主義に関する話があった。当時は社会主義が重要で、多くの人たちが社会主義のために闘った。現在では、神の加護と社会主義は同権のものとして語られる。そして、いつの日にか人々は神の加護のみを語り、あの時代の社会主義を忘れ去るだろう。そこで、僕は君に問いたい。神の召命よりも政治的課題が、現在の大きな政治的課題が神の加護に優先するだろうか。この現在の政治的課題を、僕たちはすでに現在、そしてきっと明日には忘れるだろう。たしかに、僕たちの時代、この時代の課題を放置することは許されないが、自分を時代のために放置することはもっと許されない。僕が何を言いたいか、君にはわかるだろう――その実現から僕自身がどんなに離れていても、ここに僕たちの使命がある、ここに、僕たちの居場所があると信じる」。

ここには、ユンクとは対立する二人の親友の立ち位置が明確に示されている。すなわち、時代に翻弄されて亡命を余儀なくされる中で、さらに時代に対抗的に寄り添ってもみくちゃにされるのではなく、時代を超越する普遍的な価値の創造に自己の存在証明を求める、親友たちの自己同定の方途である。

5　ロンドン滞在期（一九三九年一月～四月）

引き続き、ゴールドシュミットのユンク宛の手紙である。一九三九年一月二二日付の手紙は、「今日はまだパリで、明日は傘の国。それでいいよ。君はチューリヒよりも前に、しばらくイギリスにいると僕は自分に言い聞かせている」と書き出す。この文面からして、ユンクのロンドン行きは一月下旬のことであった。

そして、「前の手紙で書いたように、旅立ちの前に君は教授たちに書面であいさつしたか、まず知りたい。……ノーなら、すぐに君から手紙を出してくれ。ともかく、短い手紙でもいいから、フェージ、グリゼバッハ、マイアー、ユンクに早急に出してほしい。そうすれば、教授たちも喜ぶだろう」。すでに外国人警察から、ユンクの学業はどうなっているのか、所在の問い合わせが来ているとして、この問題の緊急性を親友は強調している。

その一週間後、ユンクの手紙（一月三一日付）がようやく「今週中に教授たちに書く」と伝える。この一九三八／三九年の冬学期の前半については、のちの親友の手紙（二月四日付）も触れている。そこには、「金曜日にフェージのゼミに出席。バウム＝ユンク氏はいない」などの記述があり、ユンクはフェージ（一八八三〜一九七二）の文学セミナーとグリゼバッハ（一八八〇〜一九四五）の哲学セミナーには親友と一緒に出席し、またマイアーの歴史学（近世史）セミナーとユング（一八七五〜一九六一）の分析心理学の授業に出ていたことが確認できる。また、名前は「バウム＝ユンク」を通称に使っていたことも。

その前日の親友の手紙（一月三〇日付）は、「昨日、マギーと君の残った荷物をライヒシュタイン夫人から受け取ってきた。家の戸を閉め、階段を二、三段降りたら悲しくなった。いったい、どんな希望があったのか。それを、どれほど実現したのか。少しだ。本当に、少しだけだと自問した。そして楽しかったことも。少しはね。君が出ていくせいで、ライヒシュタイン夫人は悲鳴を上げている。マギーも。マギーは君と一緒にアメリカ行きを夢見ている。……彼女は君と一緒に移民したいのだ」。ライヒシュタイン館で同居していたサケット（マギー）は、そのままチューリヒに残っていて、ユンクがロンドン入りした後でチューリヒを離れ、ロンドンで再び同居する。

ともかく、ライヒシュタイン館の部屋の処理など私的な事柄だけでなく、教授や外国人警察への対応など公的な事柄の後始末も、すべてがゴールドシュミットに委ねられた。のみならず、通信事業拡大の多額の資金もこの親友から借り受け、ロンドンで事務所を開設したのであった。

ロンドン行きのもう一つの要因として、ゴールドシュミットとは異なり、欧州情勢とチューリヒ滞在に対するユンクの危機感があった。ズデーテン地方のドイツ割譲で欧州戦争の危険は回避されたのではなく、むしろチェンバレン（一八六九〜一九四〇）の宥和政策はヒトラーを図に乗せ、欧州戦争の危機の中でチューリヒの生活は、かつてのプラハと同様に危うくなるという認識である。そのことをパリで実感しつつ、ユンクは同時にヒトラー打倒の欧州戦争のために通信事業を広げる意図を親友に伝えていたと思われる。この一月末の手紙でゴールドシュミットは、「チューリヒは今、不安で、画一化するに違いないと人々は恐れている。内政上は、遅かれ早かれそうなるに違いないと僕も思う。それでも！　君は今、身元保証を持っている。だから安全だ」とし、さらに続ける。大学の授業の後でヴァイスと会い、二人で額縁を買ってきてヴァイスの絵を部屋に飾り、そして二人でユンクの手紙を読んだ。[40]「ノー、戦争にはならないよ。戦争は終わり、ドイツが勝った。いつまでもというわけではないが」。つまり、オーストリア合併とズデーテン地方の併合で戦争は終わり、ドイツが勝利したという理解である。

さらに親友は続ける。「今はすばらしいことを夢見るのではなく、限りのない冷酷さの中で僕たちが認めなければならない、容赦なき運命のみにとりかかろう」「もう僕たちは、何も期待してはならない――この面では。だから、もはや待つのではなく、生きるのだ。今、この時を」と。ヒトラー打倒の欧州戦争の開始を夢見るのではなく、たとえ画一化が進むとしても、学生登録の更新で身元保証を確保できるチューリヒが安全であり、学業に戻ってほしいというゴールドシュミットの切実な思いである。

これに対してユンクの手紙（一月三一日付）は、「僕は真夜中に書いている。君の手紙と思い煩いで始まった夜だ」とし、ライヒシュタイン館で語り合った日々を回想しつつ、「僕たちの希望をどのように考えるのか」と、二人とは異なる立場を主張する。

「僕はディレッタンティズムを憎む。この現実世界を蔑視し、自分の想像力から世界を作り上げる強さを欠く書き手にすぎなくなることを」。「怒らないでくれ、君たちはまだ信用貸し Kredit で暮らしている。幸せなことに、まだ返済まで時間を与えられている。これは非難ではない。ただ、うぬぼれないでほしい。自分はきれいな手で、道路工夫はその汚い仕事に規定されているというようなペーターの文面は、僕には苦々しく思われる。僕のこの手紙、ペーターに渡してくれてもいい。まさしく、彼の作品には最も決定的な点として、愛と苦しみの現実への関係が欠けている」。「少なくともカモフラージュした形で言えることは、僕は悪魔と契約する。自分を悪魔で鍛え、それだけ強くなる」「これらのことは本来、ペーターの手紙に対することだが、君たち二人が僕に話す仕方は、まるで

「堕落した息子」に対する語り口だ」「僕は本当に気分が悪い」。「僕は自分の文筆活動が後になって正当化され、もっと重みのある業績として納得されるに違いないことを疑わない。この活動は生きた現実を作るものであり、それによって、どこをも輝かしくしていくから。しかし、その分、僕は自分の態度を恐れる。すでに現在、以前のようにオープンでも真面目でもなくなっている。金やチャンスに惹かれ、自分自身に不実になる。しかし、「悪の学校」に通って、善にとどまる一人になる」。

これに対してゴールドシュミットの手紙（二月四日付）は、「君の気持ちはよくわかるというか、僕も同じ気持ちだ。君の気持ちになって、君が世界と闘わなければならないのを痛々しく見ている。君と一緒にこの無意味な闘いを——しかし、避けられない闘いを——しなければならないだろう。そのことを、僕たちは何度も話し合った」。そして、「ペーターの手紙、僕は読まなかったが、そのバカげた考えには賛成しがたい」としつつも、以下のように指摘する。「ペーターの芸術や僕が、最も決定的なことからどんなにずれているか。つまり、愛することや苦しむことの現実性への関係を欠いているか。君が書いてくれたことは、僕たちの最も深い対立にかかわり、橋渡しできない問題だ」。

ゴールドシュミットはヴァイスが最良と思う作品を買い取っていた。スウェーデン行きの資金が不足して困っているヴァイスを救うためだった。その絵は額縁をつけてゴールドシュミットの部屋に飾られた。その絵の写真を送るとし、絵についての詳細な解説を付けたうえで、親友はユンクに反論する。「業績とは何なのだ。これは市民的世界からの言葉だ。もちろん、僕は千年の時に耐える一つの詩の方が、新聞のために書かれた一年や一〇年しか持たない論考よりも大事だと思う。しかし、それらはすべて死すものであり、僕たちも死す」。また、「僕たちは信用貸しで生きている？　そうだ。最後の息を引き取る日まで、僕は自分に満足しないだろう。この命という贈り物は、たとえ十分に大きな業績であれ、それによって返済できるとは思わない」。以上のように、市民的業績を志向するユンクに対し、真善美の普遍的価値を志向する自分たちの立場の違いを重ねて指摘した。その上で、現実の問題に返り、外国人警察からユンクの居所の問い合わせが何度も来ていること、また大学の授業の様子などを伝えた。

ユンクは葉書（二月一〇日付）で、「今は忙しいので、葉書で」とし、「すてきな部屋に移った」として住所を知らせる。快適な部屋に移ってサケットを迎え、「今週はほとんど大英博物館にいた」ことや「昨日からマダム・タッソー（一七六一〜一八五〇）の仕事を始め」「フランス革命の中のスイス人について読んでいる」と記す。[41] 同じく二日後の葉書（二月一二日付）で、感冒にかかっていること、「マダム・タッソー」とコミックの原稿書きをしていることを伝える。

二月後半に入り、ゴールドシュミットの手紙（二月一九日付）は、「セミナーが終わり、次のセミナーの登録には身分証明書に捺印が必要」と伝える。この時期に、ユンクのエアメール通信の計画は宙に浮いた。日付欠（二月一九日頃）のユンクの手紙は失意の中にあり、「ここでは苦々しく辛いことが多いが、毎日何回も自分に頑張れと言い聞かせている。コミックの原稿を続けることが、僕の気持ちを解放してくれるから。これ以外に、僕はすることがない。この不名誉を払いのけたら、チューリヒに行き、未来を求めようと自分に言い聞かせている。けれども、そこで別の声が「どんな未来か」とささやく」。そして、「僕は本当に何でもやっている。話題を探し、事実を集め……、やたらと走り回っている。良いイラストレーターを見つけるのは本当に大変だ」。ロンドンの事業は連載物コミックの配信へと変わり、その作業に追われる日々が始まっていた。

次のユンクの手紙（三月一二日、日曜日付）は、「どうしようもなく困り切っている。木曜日に君に長い手紙を書いたが、完全に気が滅入っていたので出さなかった。生きるためにする嫌な仕事から、どうしたら離れられるのか。わからなくなり、意気消沈していた」「僕はすべてをカバンに詰め込みたいけれど、そんなことをすればランダウアー博士をひどい事態に置くことになる」。そして、「チューリヒに向かうべく、カバンに荷物を詰めるのか。しかし、君は僕をどのように受け止めてくれるだろうか。挫折者として行くことになるのか。ごめん、これ以上は書けない」。

その二日後のユンクの手紙（三月一四日）は、「夜の間にすべてがはっきりした」と書き出す。前の手紙は、ランダウアーとの話し合いで二、三年はロンドンにいなければならないことを求められ、ビザが六ヵ月で切れて「不法労働者 Schwarzarbeiter」になるのかと気落ちして書き、午前二時半に投函した。そして、「目を覚ましたときには、何をすべきか、まったくすっきりしていた」。「次の学期に間に合わせるには、いつ行けばいいのか。最終の日付を急いで知らせてほしい。同時に、僕はイギリスの新聞の通信員のポストを探す。外国紙の信任状を持つジャーナリストとしてチューリヒにいるならば、僕の旅券が切れた後でも、追い出すことはできないから」。以上の文面から、パリで得た旅券がユンクの移動生活を支えていたこと、そしてようやくチューリヒ大学の学業への復帰を決意したこと、同時にジャーナリストの仕事も継続しようとしていたことが確認される。

続いて、反省の言葉がつづられる。「ともかく、僕には事業を進めるのに必要な冷静さも安定性も欠けていることが、よくわかった。そのことが本当によくわかるには時間がかかったが、今は理解し、金と力への夢を断念する。ただチューリヒのことを考えているだけで僕がいかに幸せか、君にはわかるだろう」。ユンクのロンドン行きは、親友が最初に忠告していたように「火遊び」だったと言ってよいだろう。最後に、「僕の日々は毎日単調」でイラストレーターと打ち合わせ、その合間に「新聞街のフリート街」や大英図書館に出かけている、と伝える。

これに応えて親友の手紙（日付欠、三月二〇日頃）は、「君の最後の手紙、君を引き離す決定で喜んでいる」「君は自分を解放しなければならない――挫折ということは、まったく問題外だ。むしろ、そうすることが勝つことになるだろう。例えば、君の金持ちのプラハのおじさん。いま、彼は無一文だ。後でもう一度という生は無意味になる。後になれば、思っていたことと事態は変わってしまうから。唯一の真の生は、今日、現在の生だ。君の最後の期限は五月一〇日。少なくともその一週間前に来るように」。今は金を稼いで、というユンクのロンドン事業への思いを断つ一言である。

続いて、「通信員ポストは非常に良い考えだ。ただし、あまり多くの仕事にならないように。いま君に必要なのは、なによりも休息だから」とし、ユンクの通信事業に触れる。「新しい相手方はどうなっているのか。君のお母さんは、それで暮らせているのか。そして、当地のドゥーカス夫人との関係はどうなっているのか。彼女が君にあまりに多くを求めるようであれば、君が到着する前に僕は彼女を殺すだろう」。

最後に、「もう一度、君の手紙に目を通した。ランダウアー博士は君をきちんと処遇していない。最初は一週間、次いで一ヵ月、そして一年と君に要求した」。さらに、「マギーによろしく」と、サケットがユンクの決意の障害にならないか、懸念を示す。

ユンクの手紙（三月二五日付）は、「前の手紙ありがとう。僕に勇気を与えてくれる」とし、ランダウアーに書状で伝えて話し合い、「彼は二人で始めたことが成果なしに終わることを恐れている」が、「ともかく通信員のポストで働く」とする。そして、スウェーデンの父の捺染工場で見本作成などで働くことになったヴァイスから、「二、三年は絵描きの仕事を断念して、下らぬことをするつもりだ、金を稼ぐために、……娼婦みたいなものだ」という手紙が届いたとし、「僕はもう毎日がそんなものだ」として以下のように記す。「どうして、そこから抜けたいか、君にはわかるだろう。この虫けらどもの上に立つのは、ただ二つの人間類型のみだ。聖者と悪魔だ。ペーターは悪魔に、悪魔以外の何ものでもない存在になるつもりだ。同じことを僕も試みたが、哀れな悪魔以外のものにはならず、現在ではもう完璧な非道徳主義者や人を操る人間になることは、僕にはできないことがわかった。だから敗北なんだ」。

最後に、サケットについて、「君はマギーが僕をとどめるのではないかと疑っているが、そうではない。僕は彼女を愛してはいない。彼女の活力と自然なところを気に入っているだけだ。それ以上ではなかったし、今もそれ以上ではない。彼女は実際、危険な場所で生きるには悪魔的な意地悪さが足りない。……たしかに、僕は自分が結婚した小市民のように思える。マギーは料理をし、節約し、洗濯女のように働く。だが、こんな「必要悪」に僕は満足しない。いつの日か天上への階段を見つけることを望むだけだ」。

これに対してゴールドシュミットの手紙（三月二八日付）は、「今回は少し僕のことを記す」とし、「今は休暇ですてきな日々、午前は生産的に、夕方は受け身で眠ったり、小話や詩を書く。また、多数の哲学書を読み、博士論文を考えている」「大きな題目（周知の中心的な問題）で、ヨーロッパのニヒリズム、とりわけフリードリヒ・ニーチェ（一八四四〜一九〇〇）と批判哲学によるその克服だ」と書き出す。そして、「ペーターについて君が書いてきたことは驚きだし、悲しい。彼は魂を売る計画ではないと思う」。また、サケットについては、「ただ、小市民生活や事務所生活に根を置かないように。より正しく根を置くように」とする。

四月に入り、再度、ユンクの思いは揺れ動く。三月一五日のドイツによるチェコスロヴァキアの保護領化から自由都市ダンツィヒの割譲要求と四月一日のイギリスによるポーランド独立の保証へ、欧州の政治情勢は戦争の瀬戸際へと動いていた。ユンクの不安は募り、チューリヒで身の安全を保てるのか、四月一日付の手紙で親友に強く訴える。これに応えてゴールドシュミットの手紙（四月三日付）は、「木曜日の夕方、春のすてきな夕方に君の手紙が届いた。静かで平和だ。そして、鐘がなり始めた」「戦争が始まり、スイスに画一化の脅威があるとは思われない。スイスへの侵略やその主権を脅かすことは、世界の大国が［中立を］保証しているから世界戦争を意味する。そうした事態が迫っているのか——そうは僕には思えない」。同じ木曜日、夏のロンドン旅行のためイギリス領事館に行ってビザの申請をし、発行には一〇〜一二週かかるが、「問題はない」と記す。

そして、「あらためて僕は次の格言を自分に言い聞かせている。変えられることのみに腹を立てろ——そして、それに腹を立てるのではなく、変えろ。うまく言えないが、ともかく僕はここに残る。僕は繰り返し一八〇〇年頃のドイツの状態を考えている。フランス人がベルリンを占領していたからといって、クライスト（一七七七〜一八一一）は書くことを止めたか。……イェナの砲撃音を聞いて、ヘーゲル（一七七〇〜一八三一）は現象学の仕上げを止めたか」。「僕は君にはっきり告白するが、命を失うことはたしかに僕にとって早すぎるけれど、不快にすぎるということはない。僕は現に生き、死をなじったのだから。もちろん、すべてを誇張して書いている。僕は殺されることに何の価値も置かない。もちろん、まったく穏やかではないが、多分、不精なだけだ――ともかく、そんなことで、僕は何の備えもしない。穏やかにいるのみだ。いま何が起きるのか、侵入があるのかないのか、戦争になるかならないか、そんなことはチェンバレンやヒトラーと同様に僕にもわからない。だから、この三人のだれに聞いても無駄で、君の行動と計画にとって最善と思うことを信じたまえ」。

そして、通信員ポストが見つからず、チューリヒ滞在の資金を心配するユンクに対し、「……僕には毎月四〇〇フランのまとまった金（僕たちのもの）がある。銀行の代わりに君に、毎月二〇〇フラン渡すことができるなら、本当に意味のあることだ。僕は個人的に、所有は盗奪だと強く確信している（特に稼いだものでなく、自分のものになるものは）。だから、その額だけ君が僕の負担を軽くしてくれることは良いことで、僕の良心にかなうのだ……」。

最後に、夏の二週間のロンドン旅行で、ユンクがまだロンドンにいるなら「どんな場合でも君を連れ帰るつもり」であり、またパリに三日間滞在し、「君のお母さんを訪ねる」と記す。

それでも、なお逡巡するユンクに対して四月九日付の手紙は、「君はもう君の魂と未来を救うのに三週間しか時間がない。今まで、つい最近まで、君がロンドンの鎖から解き放たれることを疑わなかった。たしかに、君は正しい。この地の滞在は、少し危険があるようにも見える。しかし、君がこの時を逃してしまうと（僕はそんなことは考えたくないし、考えられないが）、結びつきの糸が切れてしまう……」。「いったい僕には、君の状態に立ち入る権利がどうしてあるのか。結局は、問題になっていることを見逃せないからだ。君がまだ決めていなかったときに、イギリス行きはやめるように話していたことを君は知っている。君が決めたときには、自分を慰めようとした。君がイギリスで幸せを見つけるならば、僕は黙り、君と一緒に暮らす喜びをあきらめようと思った。しかし、君はイギリスで幸せを見つけられなかった。安全も、幸せに代わるものも。だから、僕には抗議する権利がある。君自身が僕に、正しい場所にいないと書いている。だから、自分を救いたまえ。時間がまだあるのだから、自分を救いたまえ。君の学期登録を延長するか更新するか、五月には戻ってきて、ともかく自分を救いたまえ」。

そして、三年前に始まる文通を振り返る。一年前にはプラハでユンクは、「残っているのはアメリカ合衆国だけだ」と記していた。だが、「わが友よ、君は今やアルノルド・キュンツリ（一九一九〜二〇〇八）[42]の身元保証書だけでこちらに来ることができる。僕を引っ張り出すだけで、ここで暮らせるのだ」とし、「一週間後には学期が始まる」と結ぶ。

ユンクにとっては、相対的に安全と考えるロンドンでサケットとの「市民的生活」にあるなか、ゴールドシュミットとの一蓮托生を期してチューリヒに戻る（大文字の仕事に向かう）という選択は、容易なことではなかったと思われる。それでも、結局は通信員ポストを得られないまま、一九三九年夏学期の開始に間に合わせてチューリヒに戻ったのであった。

かくて、ユンクのロンドン滞在は三ヵ月余の短期間に終わった。しかし、このロンドン滞在で、ジャーナリストとして自立する重要な基礎を与えられたとユンクは記している。第一は、ロンドンの新聞街フリート・ストリートで、『ニューズ・クロニクル *News Chronicle*』や『オブザーバー』の編集部、あるいはBBC放送などに出入りし、メディア関係者とのつながりを得たこと。第二は、海外の読者を対象とする原稿配信のため、大英博物館の図書室で世界各地の新聞を読みとおし、欧米からアジアや中南米へと、政治と社会に関する知識を押し広げたこと。そして、第三に、イギリスの小さな通信社「エクスチェンジ・テレグラフ Exchange Telegraph」を通して、チューリヒのロッテ・ドゥーカス夫人の知己を得、彼女の通信社を「世界通信」のスイス代理店とし、そこから匿名で論説を配信することが可能になったことである（Ebd., S.168）。

6　チューリヒ大学の学生時代・前期（一九三九年五月〜四二年一二月）

一九三九年四月末にチューリヒに戻ったユンクの夏学期について、詳細は不明であるが、おそらく中断した授業を再度受講したと思われる。夏学期後の七月半ばに、ユンクとゴールドシュミットはそれぞれ旅に出る。親友の手紙（七月一六日付）は、「どうして君は手紙をくれないのか。君はいったい、どこに隠れているのか。君が旅立った後の昨日、戻った」とし、「君のお母さんから手紙が来ている。君のアドレスを待っている。先に僕の方から書いておく」と伝える。そして、ユンクの住所について、「午後、ライヒシュタイン夫人のところに行った。彼女は非常に親切で、君のアドレスを知りたがった。彼女の階にある別の部屋を、彼女は君に貸すつもりだ。……この部屋は前から空いているから、君はいつでも、つまり七月末には入居できる」。この文面からして、ユンクのライヒシュタイン館への再入居は、旅から戻る七月末のことで、それまではペンション暮らしだったと推測される。この手紙と前後してユンクから、ジュネーブ発（七月一七日付）およびチャンペ発（七月一八日、二一日付）の三通の詳細な旅便りが親友のもとに届く。

たしかに、ライヒシュタイン館にユンクが落ち着いたことは、ヴァイスの手紙（八月末と推定）で確認できる。「親愛なるボブ。君の手紙、僕には大きな喜びだ。君が再び今、君のテラスに座っていることは、まったく不思議な感じだ。この北の地で書く僕の手紙が、そこに、失われたパラダイスに届くのだ。すばらしいことだ。すべては過去のことであり、永遠に失われてしまったことを知ることは、時に耐えがたくなる。僕が今送る二重生活――きっと僕は持ちこたえるだろう[43]」。以上のように、ライヒシュタイン館での一九三八年夏の語らいを想起しつつ、亡命地スウェーデンの父の捺染工場での作業と、その余暇の創作活動という孤独な「二重生活」への思いをユンクに伝えている。そして「追伸」で、「君のスイスの滞在許可はどうなっているのか」と問う。

実際、この点が問題で、その詳細は後のユンクの「稼得労働」禁止違反に関わる逮捕関連の資料からうかがうことができる。まず、警察局長ロートムント署名の文書「連邦司法警察省警察局の検討」(一九四三年五月二四日付)である。この文書は、第一段落で以下のように記している(以下、出典は巻末に掲載した史料の番号を付す)。

「無国籍のロベルト・バウム、一九一三年ベルリン生まれ、ジャーナリストで学生、一九三七年から一九三八年一二月までチューリヒに滞在した。この長期滞在の後、必要なビザなしに再び一九三九年四月二七日に戻っており、労働禁止を伴う滞在許可を得た。しかし、ジャーナリズム活動のために罰金処分を受けたから、連邦外国人警察は彼の出国期限を決定した。戦争の勃発が彼の出国を妨げ、そのため彼に寛容許可が発行された。その際、稼得労働の禁止があらためて言い渡された」(Baum, 2)。

一九三七年のスイス滞在は、すでに見たように実際には五〜八月のアスコナ保養滞在であり、一九三八年は五月および八〜一二月のチューリヒ滞在であった。一九三九年の経緯は、警察局長ハインリヒ・ロートムント(一八八八〜一九六二)の一九四三年八月七日付の文書(Baum, 15)で確認できる。すなわち、一九三九年七月二五日付でチューリヒ州警察司法課から、ユンクは無許可の稼得労働のため二五フランの罰金処分を受けた。つまり、ロンドンでスイスへのビザを取得することなく戻ったユンクは、労働禁止を条件とする学業のための滞在許可を得ていたが、この条件に違反して罰金を支払い、さらに国外退去を命じられた。しかし、開戦で出国ができなくなり寛容許可が与えられた、という経緯である。

ここで処罰の対象とされたユンクの「ジャーナリズム活動」は、『アールガウ日刊新聞 *Aargauer Tagblatt*』およびベルンの日刊紙『同盟 *Der Bund*』への記事の寄稿と推測されるが[44]、詳細は不明である。いずれにせよ、ユンクはこの処分で寄稿を控え、マリー・タッソー物語を仕上げつつ、学業に専念することになったと思われる。

この時期から翌年にかけてのユンクとゴールドシュミットの動向は、ヴァイスの手紙からうかがうことができる。一九三九年九月の欧州戦争勃発後、ヴァイスはゴールドシュミットに次のように書く。「六五フランとチューリヒからの挨拶ありがとう。旅行のための貯えと君は言うが、それはもう不可能だ。入国許可がこの先ますます難しくなる。……君は僕が何をしているか問うけれど、君たちが何をしているか教えてほしい。君たちは新しいハイマートに滞在できるのか、そのハイマートに何か貢献できるのか、それとも多くの心労だけか。君たちは一人か、恋人がいるのか。どこに、どのように住んでいるのか。ボブの危機は解消したのか。要するに君たちの日々の概観だ」（一九三九年九月二〇日付）[45]。ゴールドシュミットは一九三九年一月に買い取ったヴァイスの絵の代金を送り、一年前のように三人が一緒になることを期待したが、状況は大きく変化し、国境を越える移動は困難になっていた。さらに一一月七日付の手紙で、ヴァイスは一年前の出来事を回想して、「ボブ、僕の古い罪の思い出を忘れてほしい」と記しつつ、ゴールドシュミットの博士論文やユンクのマリー・タッソー物語の作業に触れている[46]。

そして年が明け、ヴァイスの手紙（一九四〇年二月二三日付）はゴールドシュミットに、「どうしてクリスマス以後、君たちから手紙が来ないのか。君には一回、ボブには三回、手紙を出したのに」。「いったい、何があったのか。君たちは無気力になっていないか。君のことは心配していないが、ボブは心配で、……深い気持ちの落ち込みが感じられる」「もう二ヵ月、彼は閉じ籠ってしまっているのか」。そこにゴールドシュミットから雑誌『方舟 *Die Arche*』第一号が届き、事情が判明する。二人はこの雑誌の発行を思い立ち、キュンツリらと共にその創刊作業に従事して多忙だった。

ゴールドシュミットの手紙（三月一七日付）はヴァイスに、「昨日の夕方ワンゲルから帰った。……そう方舟だ。たとえ時代は破壊の力に支配されていようとも、仲間たち、同じ志の人たち、多くの孤独な人たちに勇気、創作の楽しみ、創造的活動への信頼と信念を与える雑誌だ」としつつ、発行部数は二五〇部で、第二号のテーマには「未来像」を考えていると伝える[47]。その第一号にユンクは序文を寄せ、ゴールドシュミットは先に見たモンタゴラ行の旅日記を掲載したが、西部戦線の開始で事態が緊迫し、稼得労働ではない文芸活動も禁止されて続かなかった、という（Jungk, 1993, S.170）。

一九三九／四〇年の冬学期が終わり、一九四〇年三月七～一五日にユンクとゴールドシュミットは再び一九三八年九月と同じコースでモンタゴラへの旅をする。上記の手紙によれば、ゴールドシュミットはチューリヒに戻ったが、ユンクはルガーノなど周辺での史料調査も兼ねてジャック夫人館にとどまった。そのジャック夫人からタイプライターを借り、この一年間を振り返ってユンクは、長文の手紙（一九四〇年三月二五日付）をゴールドシュミットに送った。

まず、前日の日曜日にミサに参列した帰り道に、「一年前の復活祭のことを思い出していた。早すぎたロンドンの春、狭い裏庭に僕たちは座り、ランダウアー氏は青ざめていた。もうこれ以上、一緒にやることはできないと僕が話したからだ。そして、その夕、中国レストランに行き、ほとんど最後の僕たちの持ち金を使った」「その夜のことを、この静かで美しく満ち足りた今年の復活祭と比べていた」。「どれほど君の世話になったことか、僕が忘れるとは思わないでくれたまえ。ロンドンで、もうすでにどれほど内面的に降伏する用意をしていたことか。また、どれほど強く君が僕の背中を押してくれたことか。君にはわからないだろう。だから、もう一度、君に感謝する」。

そして、近況を細々と伝える。まず、学業のことで、「僕は教授のペシミズムを受け入れ、もうこれ以上怒りはしないが、本来考えていたことよりも関心をもてるのか」と記す。これは、おそらく先に見た自伝の中のマイアー教授との会話の件である。自伝の記述とは異なり、むしろこの冬学期にマイアー教授の指摘があり、のちに見るカール・ヴェーバー（一八八〇～一九六二）の授業にも触発され、また指導教授ハンス・ナープホルツ（一八七四～一九六二）のアドヴァイスで、一八二〇年代スイスの出版・言論史という主題に向かって史料調査を始めていた、と見てよいだろう。

さらに、サケットについては「彼女は多数の翻訳作業で満足しているようだ」とし、母については「資金をもって参加する人々の二つの申し出を得た」とする。詳細は不明であるが、パリで「世界通信」は配信業務を着実に広げていたと推測される。そして、D（ドゥーカス）夫人について、「彼女は支えが必要だ」が、「この地でテーマを集めて論説を提供することが僕にできるとは感じられないと彼女に書いた。それでも、二、三の論説が持ち込まれた」と記す。ロンドンでの面識からドゥーカスは、本格的な論説の執筆をユンクに依頼したと推測されるが、学業を抱えるユンクは明らかにしり込みしていた。しかし、ドゥーカス通信社のために、ともかく「二、三本」の論説を引き受けたと推測される。その論説は半年をかけて練り上げられ、第2章で見る一九四〇年一〇月と一二月のA・S論説に結実し、それがF・L論説への糸口になる。この点については、またのちに触れたい。

最後に、ペンションの支払いが予算オーバーで、不足分は母に頼り「スカンディナヴィアからの金を当てる」、「それにもかかわらず、四月一日には君の金が必要だ。ライヒシュタイン夫人に三月の家賃三五フラン、そしておそらく（誰かがこの間に借りていないなら）四月分の六五フランを支払わなければならない。合計一〇〇フランで、四月一五日から五月一日までに必要だ。だから、一〇〇フランを送ってほしい。それ以上この地で必要な金は母に頼むが、君にも頼む」と訴える。この時期、ユンクのチューリヒ生活が、まさしく母とゴールドシュミットからの「信用貸し」で成り立っていたことは明らかである。しかし、その「信用貸し」に頼り、一九四〇年の四月から翌年の三月までに、精神的かつ経済的な自立への道が開かれる。

それから一年間、大学生活を共にする二人の間で、書簡のやり取りは中断する。一年後の次の手紙（一九四一年三月二〇日付）は、この一年間がユンクにとり大きな飛躍と方向定置の期間であったことを示す。この手紙はジュネーブ発で、「汽車の中で行き先を変え、ベルンではなくローザンヌに向かうことにした。その地に、博士論文のための多数の史料があることに気づいたから。個人が所有している往復書簡があるようだ。それを見ることができれば、すばらしい」「僕にとって、この仕事は完全に楽しみになり始めている」「政治的自由主義の歴史を史料で研究できるから」とし、ジュネーブで図書館に通ったのち、「さらに何日かローザンヌに滞在する」と記す。

そのローザンヌ発の手紙（三月二四日付）は、「ナープホルツ教授にもう一度手紙を書き推薦状を頼んだ」こと、熱があるが単なる風邪で安心していいこと、史料調査のため無条件にベルンに行く必要があり、「この問題は僕が考えていたよりもはるかに興味深く、はるかに多くの一般的な視野を与えてくれる」ことを述べ、ベルンの中央郵便局気付で手紙を出してくれるよう親友に伝えた。

ベルン発の手紙（三月三〇日付）は、「休暇が終わるまで、まだ大きな作業プログラムが僕の前にある。今週末では、当地にとどまりたい。それから来週はルツェルンに行こうと考えていた。しかし、すでに復活祭で、ルツェルンはカトリック都市だから、木曜から図書館は閉まるだろう」「……木曜から復活祭の月曜日［四月一四日］まではワンゲルをする。この期間は君の誕生日と重なる。君が新たに「属している」女性の許可は、この期間、得られるだろうか。困難が大きそうなら、もちろんあきらめる」。

ゴールドシュミットはすでに博士論文（以下、博論）を完成し、恋人との親しい関係を築いていた（ただし、一時的なものに終わる）。その親友への誘いであるが、まさしく親友が博論を仕上げる作業を横目に見ながら、この一年間でユンクは、自らの研究課題を完全に自分のものにした。ジャーナリストの現場取材にも似て、歴史の現場（スイス各州の州議会や新聞社）とその記憶をとどめる文書館・図書館を訪れ、関係史料を収集する作業である。カール・ヴェーバーのスイス言論史の枠組みの中で、一八二〇年代のスイス・ジャーナリズムの歴史的意義を史料で跡づける作業に没頭していく。このベルン発の手紙は最後に、「君がこの週末の前に中央図書館に行くなら、『アペンツェル新聞 *Appenzeller Zeitng*』がいつからあるか教えてほしい。僕の知る限り一八三〇年からだが、一八二八年からかもしれない。そのいずれか、僕は知りたい」と記している。

一九四一年には、六月の独ソ開戦から一二月の日米開戦へと、欧州戦争は文字通り世界戦争へと拡大した。こうした世界情勢の展開を前に、博論作成の作業を進めながら、同時にユンクは匿名の政治批評家として経済的にも自立する。前年のA・S論説二本に続き、『世界週報』の五月三〇日号に始まるF・L論説である。同年末までにその数は一七本に達し、同紙の「ドイツ」欄は、ほとんどF・L論説の独断場となった。

七月には「電撃戦」論説に始まり三本を掲載し、その後に休暇を取ってサンモリッツへ出かけ、葉書（七月二九日付）で旅の様子をゴールドシュミットに伝えた。また、ジュネーブの国際連盟図書館で注文しておいた本を「斜め読み」し、ベルンに向かう途次の手紙（一〇月三日付）で、午後からベルンの図書館で作業をし、翌日の夕方にチューリヒに着いてそのまま劇場に行きたいから、「僕に三〇フランを用立て、中央図書館近くの洗濯屋によって青色の洋服を取ってきてほしい。そうすれば、劇場で着替えられるから」と親友に頼む。

この年の年末に出されたロートホルン発の手紙（一二月八日付）は、「葉書、ありがとう。君が誠実に規則的に書いてくれるのは驚きだ」「僕のことについていえば、この環境と状況の中で気分良く暮らせているはずが、かなり正反対のことが多い。ちょっとした熱が常に続いている。盲腸が痛み、汗が噴き出る」「この一、二年の孤独な日々を、走り回っていた行動と混乱の日々と比べても、この病気から逃れようとする努力から来ていたと思う。社交の中にあるならば、夜の眠りに簡単につける。労働するならば、痛みの箇所を忘れる。こうした小さな苦しみにとらわれる前には、僕は一人でいることが好きで、よくそうしていた。しかし、今ではそうしたいとは思わない。ともかく、僕はできるだけ眠るようにしている」「僕が持ち出してきたローマ史の多くの書、これまでほとんど読めていない」と記す。

博論の課題が定まり、さらにF・L論説の成功で「気分良く暮らせているはず」のところが、体調不良が続いており、胃の痛みを忘れるために働いているというゴールドシュミットへの訴えである[48]。事実、このロートホルンでの「午後の九時から朝の一一時ころ」まで眠る休暇の時期にも、三本のF・L論説が書かれている。それら『世界週報』論説の内容については次章に譲り、ここでは最後に、ユンクのチューリヒ滞在の法的な措置を確認しておきたい。

7　スイス滞在の法的な規制措置

先に見たように、ユンクは亡命後もドイツ旅券を持っていた。ユダヤ人J印なしの旅券で一九三九年四月末にスイスに再入国し、チューリヒ大学の学生登録を更新して「滞在許可」が得られた。しかし、その許可は一九三九年七月の処分で取り消され、国外退去の処分が出される。ところが、戦争の勃発で出国困難となり、亡命者として認定され「寛容許可」が出される。遅くとも一九四〇年一〇月には「寛容許可」の措置が取られていることが、残された史料から確認できる。所有者「ロベルト・バウム」署名の「寛容許可を持つ外国人の証明書D」（図1‐2）である。以下、この寛容許可証明書を見ていきたい。

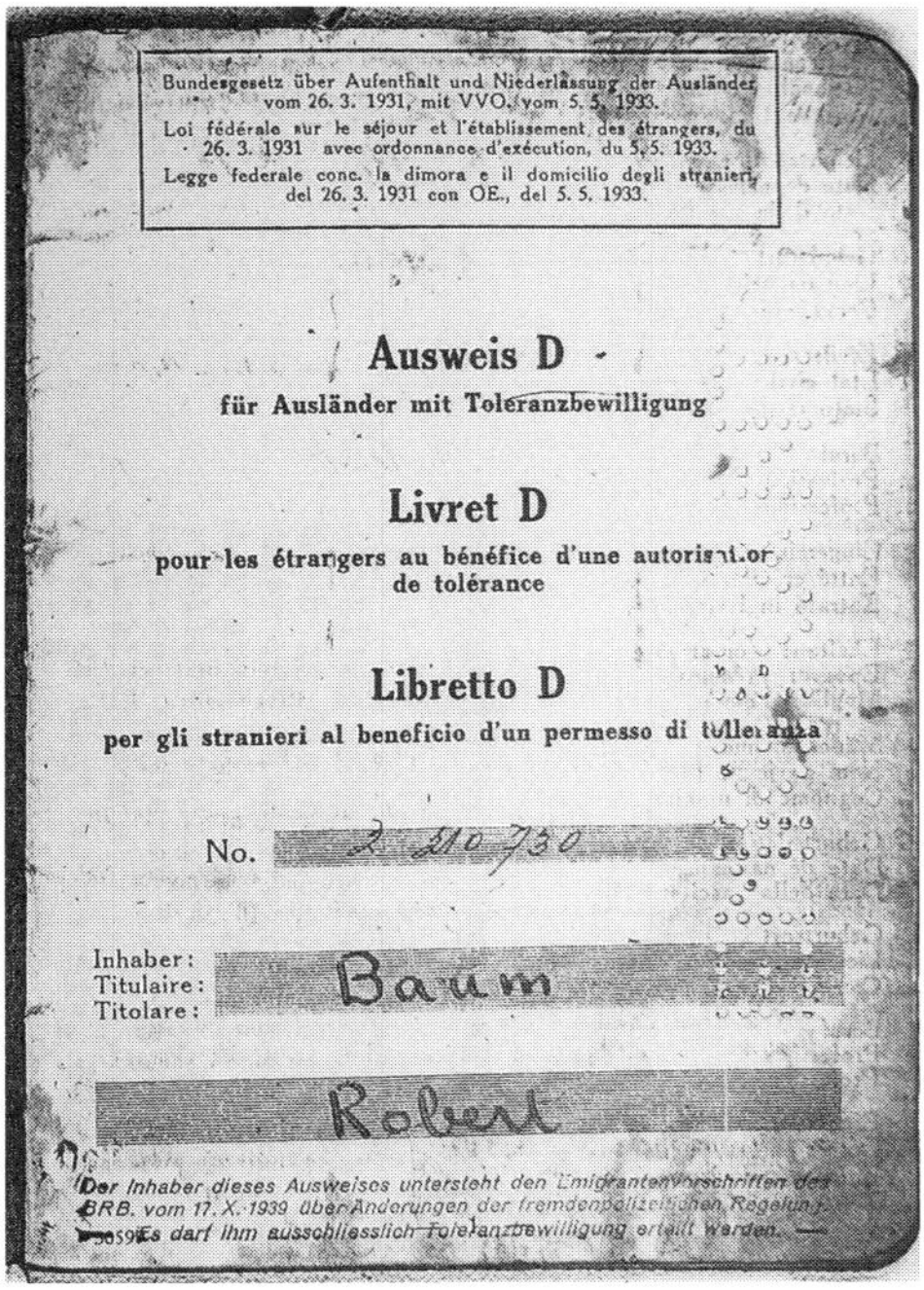
Bundesgesetz über Aufenthalt und Niederlassung der Ausländer vom 26. 3. 1931, mit VVO. vom 5. 5. 1933.
Loi fédérale sur le séjour et l'établissement des étrangers, du 26. 3. 1931 avec ordonnance d'exécution, du 5. 5. 1933.
Legge federale conc. la dimora e il domicilio degli stranieri, del 26. 3. 1931 con OE., del 5. 5. 1933.

Ausweis D
für Ausländer mit Toleranzbewilligung

Livret D
pour les étrangers au bénéfice d'une autorisation de tolérance

Libretto D
per gli stranieri al beneficio d'un permesso di tolleranza

No. 2 210 730

Inhaber: Titulaire: Titolare: Baum

Robert

Der Inhaber dieses Ausweises untersteht den Emigrantenvorschriften des BRB. vom 17. X. 1939 über Änderungen der fremdenpolizeilichen Regelung. Es darf ihm ausschliesslich Toleranzbewilligung erteilt werden.

図1‐2　ユンク（バウム）の「寛容許可を持つ外国人の証明書D」

　表紙には、「一九三一年三月二六日付外国人の定住と滞在に関する連邦法」が上段に、「この証明書の所持者は、外国人警察規則の変更に関する一九三九年一〇月一七日付け連邦議会決議の亡命者規定に服する」と下段に記されている。一九三一年連邦法は、直接には外国人被用者を想定する法規であり、政治的および人種的理由に基づくアジール申請を考慮したものではなかった。したがって、受け入れ決定に際して許可官庁は、「精神的および経済的な利益、また州の外国人過剰 Überfremdung の程度を考慮する」とされていた。そして滞在の許可には、①無制限定住、②期限付き定住（滞在許可）、③寛容許可の三種類があり、①と②の定住には、有効な受け入れの身元証明書（身元保証人）が必要であった。身元証明書を持たない者は、すべて③のカテゴリーであり、期限付きで延長許可を繰り返す必要があった。[49]

この連邦法が、一九三三年ヒトラー政権の成立による難民流入に直面して、同年五月五日付施行法により一九三四年から実施される。さらに、一九三八年三月のオーストリア併合によるオーストリア・ユダヤ人の大量流入に対して、オーストリア旅券での入国にはビザが義務づけられる。同様にドイツの旅券にもビザを義務づけようとしたが、これはドイツ側に受け入れられず、それに代わってユダヤ人を特定するＪ旅券制が一九三八年一〇月四日付で導入された。すなわち、ユダヤ人の旅券にはＪが捺印され、Ｊ旅券にのみビザが義務づけられた。Ｊ旅券制度によりスイス当局は、ナチドイツからのユダヤ人を同定することができ、滞在許可を持たないユダヤ人の入国を国境で阻止できた。事実、その数は少なくとも二万四五〇〇人以上と見積もられている。[50] 開戦後の一九三九年一〇月一七日、連邦議会決定は「亡命者にとりスイスは稼得労動を行わない通過国にすぎない」とし、（資産を持たない）亡命者を受け入れる意思はないことを重ねて宣明した。

ユンク（バウム）の「証明書Ｄ」は、一九三一年連邦法を掲載したうえで、以下のような書式を取っている（以下、スタンプや手書き部分をカッコ書きで示す）。まず、「チューリヒ」州の寛容許可であり、「一九四〇年一二月一五日」まで有効の「スイスからの移住のための期限の延長」であり、条件として稼得労動が禁止され、「移住準備」のための滞在とする（S.4）。さらなる条件として、無給の見習い生、実習生、助手としての就業なども一切禁止され、唯一、「チューリヒ大学での学業が聴講生として許可される」。手数料は「二九フラン」で、「一九四〇年一一月五日付」「チューリヒ州外国人警察」のスタンプが捺されている（S.5）。六頁に本人の写真（図1-3）が貼られ、延長申請は期限切れ前の二週間に、連邦外国人警察に行うこと、ただし、その同意措置は滞在許可を意味するものではない、とする（S.7）。八頁以降は、この期限延長措置の記録である。

以上、最初の寛容許可は、一九四〇年一一月五日から一二月一五日までの一ヵ月余である。その後は、延長許可を継続的に取得しなければならなかった。期限切れ二週間前に、連邦外国人警察（ベルン）に出向いて延長申請を

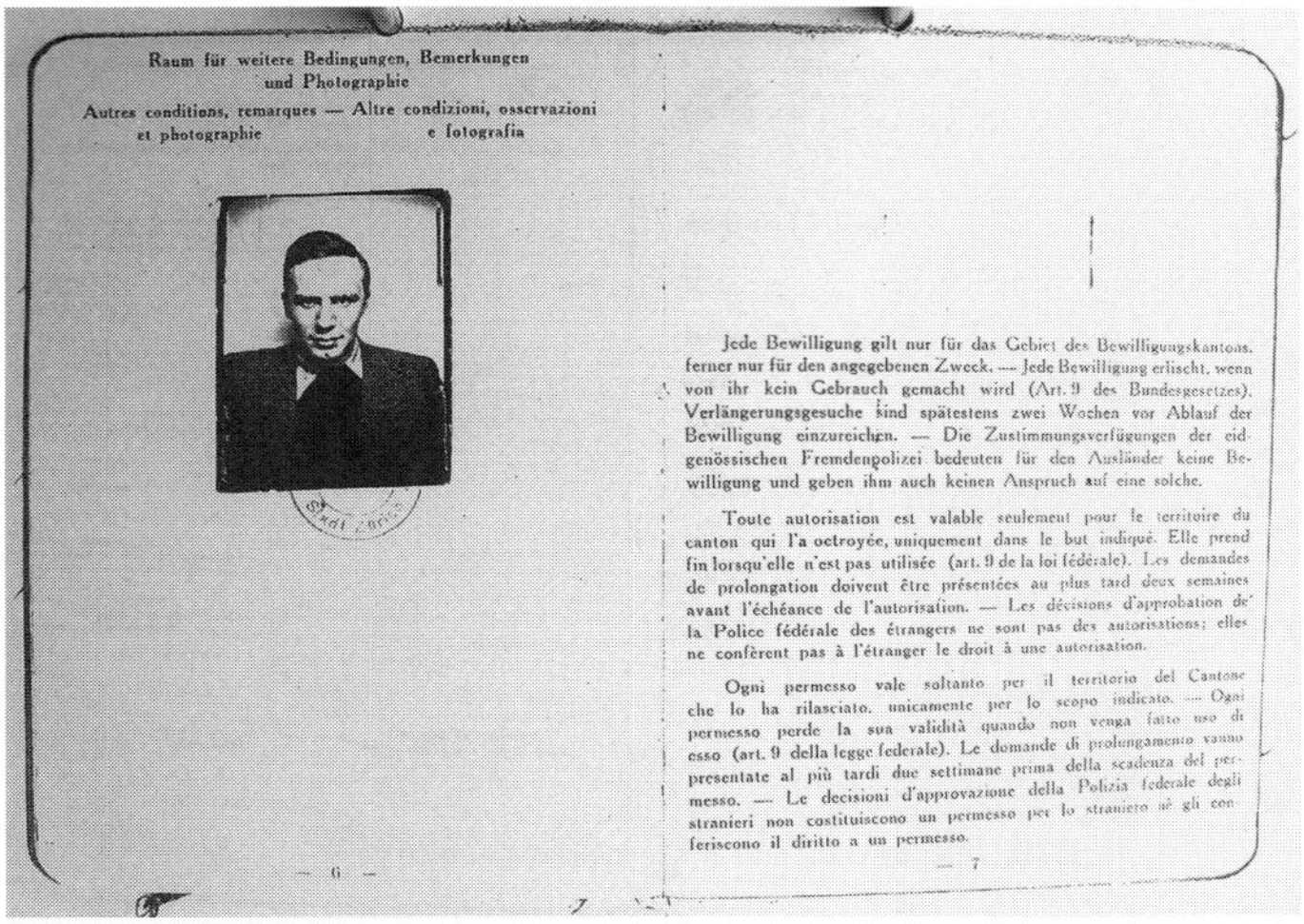

Raum für weitere Bedingungen, Bemerkungen
und Photographie
Autres conditions, remarques — Altre condizioni, osservazioni
et photographie e fotografia

— 6 —

Jede Bewilligung gilt nur für das Gebiet des Bewilligungskantons, ferner nur für den angegebenen Zweck. — Jede Bewilligung erlischt, wenn von ihr kein Gebrauch gemacht wird (Art. 9 des Bundesgesetzes). Verlängerungsgesuche sind spätestens zwei Wochen vor Ablauf der Bewilligung einzureichen. — Die Zustimmungsverfügungen der eidgenössischen Fremdenpolizei bedeuten für den Ausländer keine Bewilligung und geben ihm auch keinen Anspruch auf eine solche.

Toute autorisation est valable seulement pour le territoire du canton qui l'a octroyée, uniquement dans le but indiqué. Elle prend fin lorsqu'elle n'est pas utilisée (art. 9 de la loi fédérale). Les demandes de prolongation doivent être présentées au plus tard deux semaines avant l'échéance de l'autorisation. — Les décisions d'approbation de la Police fédérale des étrangers ne sont pas des autorisations; elles ne confèrent pas à l'étranger le droit à une autorisation.

Ogni permesso vale soltanto per il territorio del Cantone che lo ha rilasciato, unicamente per lo scopo indicato. — Ogni permesso perde la sua validità quando non venga fatto uso di esso (art. 9 della legge federale). Le domande di prolungamento vanno presentate al più tardi due settimane prima della scadenza del permesso. — Le decisioni d'approvazione della Polizia federale degli stranieri non costituiscono un permesso per lo straniero nè gli conferiscono il diritto a un permesso.

— 7 —

図 1-3　同前の写真頁

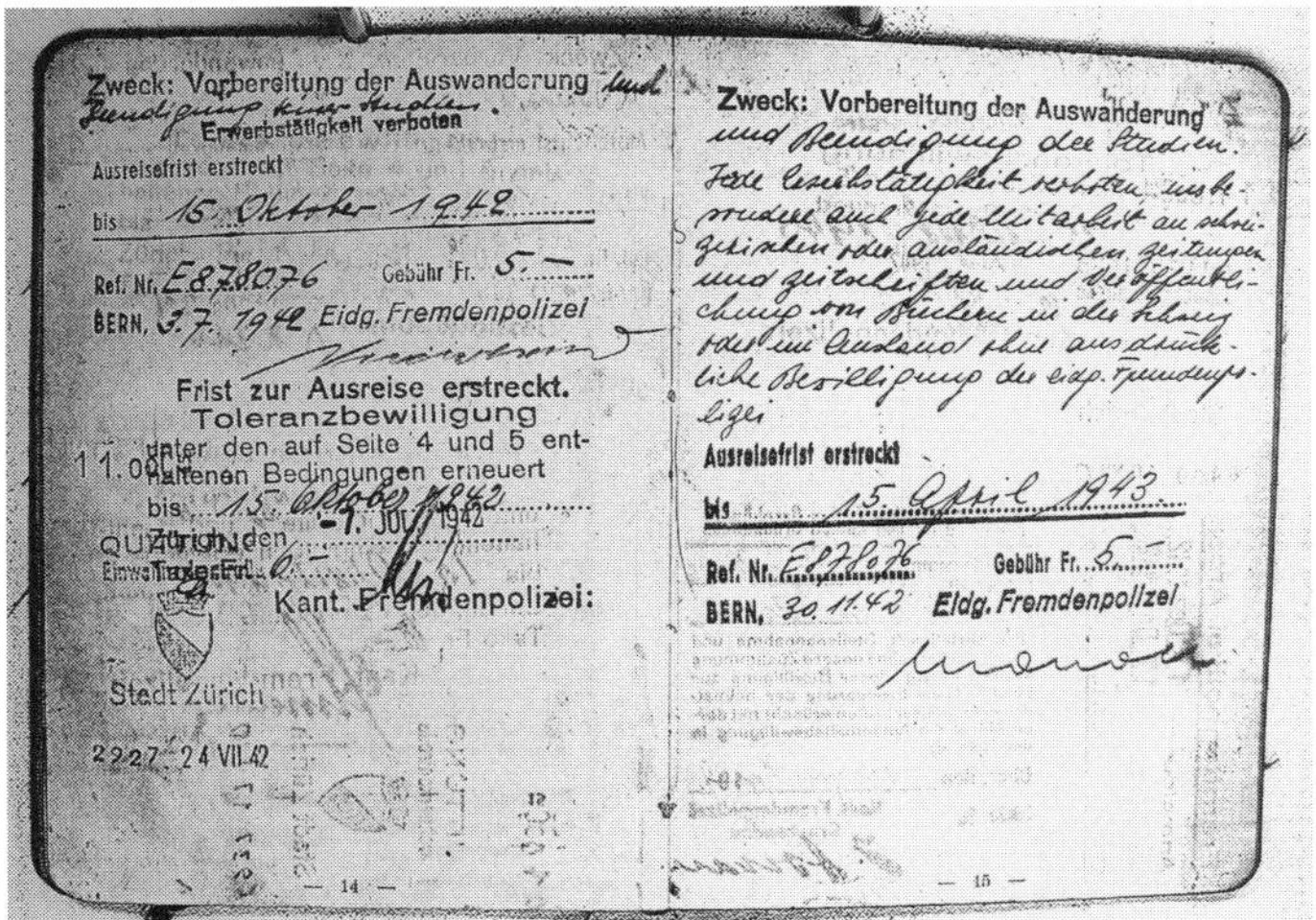

Zweck: Vorbereitung der Auswanderung
Erwerbstätigkeit verboten
Ausreisefrist erstreckt
bis 15. Oktober 1942
Ref. Nr. E878076 Gebühr Fr. 5.—
BERN, 3.7. 1942 Eidg. Fremdenpolizei

Frist zur Ausreise erstreckt.
Toleranzbewilligung
unter den auf Seite 4 und 5 enthaltenen Bedingungen erneuert
bis 15. Oktober 1942
Zürich, den -7. JULI 1942
Taxe Fr. 6.—
Kant. Fremdenpolizei:
Stadt Zürich
2227 24 VII 42

— 14 —

Zweck: Vorbereitung der Auswanderung
Ausreisefrist erstreckt
bis 15. April 1943
Ref. Nr. E878076 Gebühr Fr. 5.—
BERN, 30.11.42 Eidg. Fremdenpolizei

— 15 —

図 1-4　同前の最後の滞在許可延長頁

行う。おそらく、「証明書D」を預託し、代わりに仮証明書をもらう。延長措置の連絡が一〜三ヵ月後にあり、再び連邦外国人警察に出向き、新規の延長期限を付した「証明書D」を受け取る。これを持ってチューリヒ州外国人警察に出向き、同警察のスタンプを得る。ここで許可が下りないこともありうる。ともかく、連邦と州との二重の手続きが必要であった。その一覧は以下のとおりである。

連邦外国人警察		チューリヒ州外国人警察
発行日付	許可期限	発行日付
一九四〇年一〇月五日	一九四〇年一二月一五日	一九四〇年一一月五日
一九四一年一月二二日	一九四一年五月一五日	一九四一年一月三〇日
七月一一日	一〇月一五日	七月一四日
一二月一九日	一九四二年四月一五日	一二月二二日
一九四二年七月三日	一〇月一五日	一九四二年七月七日
一一月三〇日	一九四三年四月一五日	一二月一日

延長申請の手数料は、連邦外国人警察で五フラン、チューリヒ州外国人警察で四〜八フランであった。また、滞在「目的」について連邦外国人警察は、一九四一年七月一一日付の許可で、「出国準備と学業の終了」と書き加える。さらに一九四二年一一月三〇日許可（図1-4）では、これに加えて、「とりわけスイスや外国の新聞雑誌、そして書籍刊行への協力も、……連邦外国人警察の明確な許可なしには禁止される」(S.15) と追記される。第3章で見るように、これは母ゼリの事情聴取後の時期のことであり、明らかにユンクの論説活動に対する当局の最終警告であった。

おわりに

一九三三年三月初めの出国から一九四〇年三月の博士論文テーマの確定に至るまで、一九歳末から二六歳末に至るユンク（ロベルト・バウム、ボブ）の青年期の歩みは、まさしく経済的にも精神的にも不安定な、時代の波に翻弄される亡命と変転の日々だった。自伝の叙述では、パリでの「時事評論の小話」に始まり、ベルリンでの「反対者」グループの通信社への寄稿、チェコでの通信社「今日の話題」の立ち上げ、それをパリに移転しての「世界通信」事務所の確保、さらにロンドンでの海外の英語圏向け「エアメール通信」事業計画へと、反ナチ抵抗ジャーナリズムの一直線の軌跡が提示されているが、実態はむしろ試行錯誤の繰り返しであった。このロベルト青年の亡命・遍歴時代の特徴は、以下の諸点にまとめられる。

第一に、両親の友人関係のネットワークに支えられての亡命であり、また原稿の寄稿や家庭教師などアルバイトによる収入はあっても、経済的には両親からの援助に依存していた。そして、パリ時代からプラハ時代まで、主要な関心は純粋文芸というよりも、記録映画や脚本書きなどの映画制作および時論記事にあった。つまり、両親の家庭で養われた大衆芸術と政治への関心である。

第二に、この青年ユンクの現実志向はプラハ時代からチューリヒ、ロンドン時代へと、ゴールドシュミットおよびヴァイスとの濃密な親交によって、両者の純粋文芸・学術志向と激しくせめぎ合うことになる。有産市民出自の青少年が「最初の文学的習作を見せ合って」批評し合う作家夢想は、セバスチャン・ハフナー（一九〇七～九九）の回想記にもあるように、この時代のモードだった。[51] ゴールドシュミットやヴァイスとの親交を深め、彼らに対抗してユンクも一九三八年には「ドイツのドストエフスキー」を大言壮語し、小説「レーダ」の構想を固めたが、その進捗は滞った。通信事業を拡げて資金を稼ぐことが、ユンクにとってはより切実な関心だったからである。

第三に、一九三八年三月にドイツ軍がオーストリアに侵攻したとき、ユンクはプラハでサケットと同棲しており、なおプラハにとどまるつもりだった。しかし、四月一〇日の前後にはプラハ脱出を決意し、単身でアメリカに渡ろうとした。おそらく、後で母やサケットも受け入れる計画だったと思われる。しかし、そのために必要な五千ドルの資金を準備できず、断念を余儀なくされた。それでも、アメリカ行きがユンクにとっては当面の最大の課題であり、パリでランダウアー博士と一九三八年の夏に出会い、彼のロンドンでの事業計画「エアメール通信」に飛びつく。反ナチ抵抗とも結びつくこの事業で資金を稼いで、アメリカ移住を果たすつもりだったことは明白である。

しかし、国際情勢の緊迫でエアメール通信が困難となり、この事業は失敗した。結果、ユンクは政治性を欠く単なるコミックの配信事業やサケットとの平凡な市民生活には満足できず、ゴールドシュミットの救いの手でチューリヒに戻ることになった。

第四に、この間のユンクの時論記事の数と内容が問題であるが、自伝では一例が示されているだけであり、詳細は不明である。寄稿がなされた時期は一九三三年夏~三四年一月、一九三六年春~同年一一月、一九三七年末~三八年四月初め、一九三九年五月~同年七月といった期間で、とりわけ一九三六年以降はフリードマンに学んだという記事執筆の手法を生かして断続的に書き続けられ、ユンクの政治的関心が一貫して維持されていたことは疑いない。文筆活動の成果としては、一九四〇年に刊行された『蠟人形——スイス人女性マリー・タッソーの生涯物語』がある。「スイス印刷・出版社」の依頼により、アルノルド・ドゥ・シュテール名で刊行されている(本章の註41を参照)。たしかに、タッソー夫人の年代記を追う作業により、一八世紀後半のスイスの統治システムやフランス革命期の欧州情勢に関する知識が得られ、後の博士論文につながる研究上の基礎が与えられたと思われる。

第五に、本格的な論説活動への道は一九四〇年三月にドゥーカス夫人から持ち込まれた「二、三の論説」の原稿依頼に始まる。この時からの一年間がユンクにとって、青年期の決定的な転換期であった。それまでは、亡命という先行き不透明な暮らしの中で文芸作品か通信事業か、思いの定まらない精神的に不安定な時期だったが、この一年は政治論説と博士論文という二重の課題の準備作業に集中した。その間の具体的な足跡を示す史料も自伝の記述も残されていないが、そのことは先に見たゴールドシュミット宛の手紙から明らかである。

一九四〇年三月、ユンクはドゥーカスから論説の執筆を依頼された。疑いなく、ナチドイツをテーマとする論説であり、ユンクはその準備がないと逡巡したが、それでも「二、三の論説」を依頼された。このユンクのためらいは、欧州情勢の急変で一変したと思われる。この手紙（三月二五日付）の二週間後には、ドイツ軍のデンマークとノルウェーへの侵攻が始まり、五月一〇日にはオランダ、ベルギー、ルクセンブルクからフランスへの侵攻が開始され、英仏軍はダンケルクに追い詰められ、六月二二日にフランスは降伏した。さらに、ヒトラーは七月一六日に英本土上陸作戦を宣言し、激しい空爆を試みたが制空権は確保できず、英独が対峙する中で年越しとなる。

いずれにせよ、欧州大陸の西側はヒトラー（とムッソリーニ）の手に落ち、スイスは完全に孤立し、スイスのユダヤ人は生存危機の緊張状態に置かれた。この危機感の中でユンクは、ドイツとスイスの新聞雑誌を日々克明に読み込み、ドイツ軍の侵攻過程とその軍人像を追いながら、同時にヒトラーの絶頂期をもたらしたドイツ社会の構造的な特質を探り、そのイデオロギー装置に政治批評の最初の焦点を定めていった、と見てよいであろう。というのも、ユンクは材料を集めて直ちに文章化するというよりも、少し間を置いて材料を温めておき、まとまった時間を取って一気に書きあげる執筆スタイルをよく取っているからである。次章で見るナチ・イデオロギー論説に続く「電撃戦」関係の論説も、ユンクはこのドイツ軍の侵攻期からその材料を集め始めていたと思われる。

そして最後に、次章のユンク論説（9）が示すように、ドイツではジャーナリズム活動（新聞の記事や論説）は男性の仕事としては卑下される傾向にあり、親友の二人も基本的に同じ態度で、ユンクに「大文字の仕事」を常に求めていた。これに対して、ユンクは反発しながらも確信を持てなかったが、ようやく博士論文のテーマを「一八二〇年代スイス・プレス（出版・報道）史」に見定め、その作業に入る中で言論活動が有する歴史的意味を把握した。これにより、博論作業と並行して論説活動へと全力で立ち向かうことができたと思われる。この博士論文の意義については、第5章で立ち入る。

以上、ユンクは迷いの多い時期を乗り越え、一九四〇年三月から集中的に準備作業を行って、同年一〇月と一二月にA・S論説を仕上げた。これを起点に、緊迫した欧州情勢の只中で一九四一年五月末からF・L論説を掲載し、「第三帝国」の構造とその問題性を総合的に浮き彫りにしていく。次の補論2に続く第2～3章では、その内容を見ていこう。

補論2　ヘルマン・ゴールドシュミットのニヒリズム論

ユンクのニヒリズム理解は、いち早く仕上げられた親友ゴールドシュミットの学位論文『批判哲学の光の中のニヒリズム』（一九四一年刊）[1]に依拠していた。この論文は、「ニヒリズムの歴史」「ニヒリズムの由来」「ニヒリズムの本質」「ニヒリズムの克服」という四章構成で本文八三頁、註五頁よりなり、四〇点ほどの文献リストが添えられている。ここで、この論文の要旨を見ておきたい。

ゴールドシュミットによれば、ニヒリズムという用語は、一九世紀の前半には反対のために反対する相手側の無内容を批判する用語であった。そして一九世紀の後半に入り、イワン・ツルゲーネフ（一八一八～八三）の『父と子』（一八七三年）で、社会主義や無政府主義と並ぶロシア革命運動の潮流の一つとして、医学生バザロフにニヒリストという言葉が与えられた。それは、「物質主義者で反権威主義者、ザッハリヒで非感情的、しかし同時に純真で禁欲的で勤勉」という人物像だった。このニヒリスト像を、フリードリヒ・ニーチェ（一八四四～一九〇〇）も継承する。ただし、ニーチェが名づけたヨーロッパ・ニヒリズムは、先行するニヒリストすべてと異なって、その立場の全体性 Totalität を特徴とする。すなわち、一つの世界観を否定するのではなく、すべての世界観を否定する、否定の全体性である。このニヒリズムの全体性を最初に把握したニーチェは、「現代の精神的世界に発するニヒリズムは、我々の精神的発展の必然的道程として避けることはできず、――それを克服するためには――肯定するのみという結論を果敢に引き出した。しかし、彼はニヒリズムを克服したのではなく、その四人であった」とする(Goldschmidt, 1941, S.14)。

そして、この点をゴールドシュミットは以下のように論じる。「我々の時代が他の時代と異なるのは、一つの問題に複数の回答があり、多様な哲学者、モラリスト、科学者、宗教者が彼らの回答に真理を要求すること、そのこと自体にあるのではない。そうではなく、それぞれが真理を主張するから、すべてが間違いと思われることにある。……もはや、いかなる超人間的な権威も存在しない。ニヒリズムが生じるのは、我々の現存在が疑わしくなっているからではない。我々の現存在の、これまでは自明だった諸前提が疑わしくなっているからである」(Ebd., S.36f.)。

この時代状況に即してニーチェの『権力への意志』は、キリスト教の信仰や啓蒙の認識などの諸々の価値という自明の諸前提を検討し、それらの内容の空虚さを見て取り、「すべての信仰内容・認識内容・価値を虚無に帰す意志」にたどり着いた(Ebd., S.45)。しかし、この虚無は色に喩えれば、すべての色を脱色する無色透明化ではなく、ありうる最後の色としての黒色である。むしろ、黒色の教条主義で世界を染め上げる積極性に、ニヒリズムの決定的な重要性があり、もはや中途半端ではありえない、現代の根本的に深刻な状況がある。

この状況に対して、ゴールドシュミットは以下のように論を進める。「ニヒリズムの克服は唯一、……責任を自覚した良心的で批判的な実りある懐疑によってのみ与えられる」(Ebd., S.80)。すなわち、一切の教条主義や「イズム」を排除する批判哲学であり、「我々は、もはや高すぎるところにある果実を取ろうとはしない。もはや普遍的に妥当する信仰内容・認識内容・価値の可能性を信じない。それゆえ、我々の信仰内容・認識内容・価値の限界を経験することは、もはや一切の真理の疑念へと我々を突き落としはしない。……我々は疑いながら、しかし絶望することなく、今や初めて現実に生きることを始める。もはや我々は神々ではないが、人間たちである。神々と思われることを止めたがゆえに、人間であることを始めることができる。今や初めて共同性 Gemeinschaft、会話、友好関係が可能になる」(Ebd., S.83)。

一九一八/一九年冬のマックス・ヴェーバーのミュンヘン大学講演は、「神々の闘争」というニーチェ以後の時代状況を、現実に目の前に見ていた[2]。しかし、それからわずか二〇年余、ゴールドシュミットの目の前には、すべての神々を放逐した国民社会主義の黒色の唯一神が立ちはだかっていた。この現実を前に、否定の教条主義に陥ったニーチェ哲学とニヒリズムを克服する道は、個別の信仰・認識・価値を絶対的な高みへと押し上げたり、あるいは絶対的な高みから他を全否定することではなく、それら多様な立場の具体的な内容を吟味し、批判的に継承する個々人相互の対話の営みにのみありうる、というのである。いわば、「神々の闘争」から「人間の寛容と対話」へと、現代ニヒリズム克服の哲学的課題を提示したのであった。

この学位論文の作成過程において、二人の親友の間でどのような議論が交わされたのか。それを示す史料は残されていない。しかし、濃密な会話が日常的に行われ、この親友の考え方をユンクも共有していたことは、のちに見るラインハルト・ハイドリリヒを取り上げたユンク論説(14)や、ニーチェの徒と称されるエルンスト・ユンガー(一八九五〜一九九八)を批判したユンク論説(31)からも明らかである。同時に政治的にも、共産党反対派や「再出発」グループなど特定の党派と結びつくそれまでの行動様式から、自由に多様な潮流と関わる、明確に個人主義に依拠する批判的多元主義の立場に移ったことも確かである。

第2章 「無敵の怪物」を探る

──一九四〇／四一年の「第三帝国」論──

はじめに

晩年にユンクは、一九四〇〜四六年の『世界週報』論説の中から四八本を取り出し、著書『外から見たドイツ──非合法の時代証人の観察』（一九九〇年）を刊行している。全体は三部に編成され、第一部「無敵の怪物」（一九四〇／四一年）、第二部「終わりの始まり」（一九四二年）、第三部「逃した再出発」（一九四五／四六年）よりなる。その序文でユンクは、欧州全域へと拡大した第三帝国の支配下にあって、真実に忠実な批判的報道は中立国にのみ可能であり、スイスの刊行物には最高の報道価値が期待され、その期待に応える言論がいくつかはあったとし、その一つがカール・フォン・シューマッハー（一八九四〜一九五七）の『世界週報 *Die Weltwoche*』で、欧州大陸がヒトラーの支配下に入った「一九四〇年七月より後の時期でも、彼は第三帝国と前線の出来事に関する私の批判的な記事を掲載してくれた」と記している（Jungk, 1990, S.8）。(1)

この一九九〇年の著書とは異なり、『世界週報』の論説は大半が一頁分の紙面に掲載され、イラストや顔写真を配して同時代の臨場感を際立たせている。(2) 以下では、この『世界週報』の論説に立ち返り、著書に非掲載のものも含めて、第一部の時期から見ていきたい。

最初に、『世界週報』編集長シューマッハーの世界情勢に関する基本認識を確認しておく（第1節）[3]。その上で、ユンクのこの時期の合計二二本の論説を、それぞれの時期の論説の重点に即して、第三帝国の相談役《メンター》と兵士たち（第2節、一九四〇／四一年冬）、電撃戦とその宣伝（第3節、一九四一年五～九月）、戦争の指揮官とドイツ外交（第4節、一九四一年一〇月）、戦争三年目の冬を迎えて（第5節、一九四一年一一／一二月）、と順次見ていく。ロシア戦の始まった一九四一年まで、戦局が動いたのは春から秋にかけてであり、冬場は戦闘準備に費やされた。上記は、この戦局の動きとユンクの執筆状況に照らしての時期区分である。また、個別論説の主題について、関連する朝日新聞記事がある場合には、同時代の意識を理解する一助としてそれも参照していきたい（引用文は現代仮名遣いで表記する）。

1　一九四〇年の欧州情勢

一九三九年八月二三日の独ソ不可侵条約から独ソのポーランド侵略とその分割、そしてソ連のフィンランド侵攻とフィンランド側の抵抗へ、欧州は戦争状態の中で一九四〇年の年明けを迎えた。その年頭のシューマッハー編集長（K・v・S署名）の論説「一九四〇年の見通し」（一九四〇年一月五日）は、以下のように始まる[4]。「ヨシフ・スターリン（一八七八～一九五三）のもくろみがフィンランド人の激しい抵抗によって阻止されたという見方は、その二ヵ月前、西側諸国が交渉に応じなかったために、ポーランド制圧後のアドルフ・ヒトラーの講和の計画が阻止されたという事実と同様に疑いないだろう」。

そして、以下のように今後の見通しを示す。この不快な現実を前にしてロシアの独裁者は、自分の政策のために新しい道を求め、方向転換しようとしている。その政策は場当たり的で揺れ動いているが、ただ一つの目的は「全世界をボリシェヴィズムに導くこと」であり、そのためフィンランドでの敗北でスターリンは、これまで以上に第三帝国との緊密な結びつきを強いられる。ヒトラーも、西側による講和条約の拒否で同様の状況に置かれている。それゆえ、独ソの不可侵条約は現実の軍事同盟に、すなわち共同の戦争遂行に行き着く可能性がある、と。

この見通しを、シューマッハーは同紙のロシア担当ニコラウス・バセヘスの一九三七年一一月の論説「モスクワと第三帝国」で裏付け、同論説を再掲載している。[5] この論説は、「ヒトラーとスターリンが互いにボリシェヴィズムとナチズムを世界の敵ナンバーワンと宣言したとき」、「この二つの独裁権力の敵対的関係は戦術的マヌーヴァーにすぎず、遅かれ早かれ再び外交的友好関係が続くだろう。その時、彼らは自分たちを現実的政治家であると言うに違いない」と、すでに二年前に独ソ不可侵条約を予言していた。バセヘスは、「一九二八年以降モスクワの革命中枢は民主制世界の絶滅を目標」とし、「第三勢力」の国民社会主義者は「民主制のために長い間教育された欧州のプロレタリアートから「民主制の幻想」を消し去り」「民主的諸勢力を絶滅する」運動であるとして、両者の共通性を指摘していた。

こうした年頭の見通しをはるかに越えて、この年の秋までに欧州大陸は独ソによって制圧される。春の到来とともに、ドイツ軍の新たな矛先は北と西側へと向かい、四月にはデンマークとノルウェーを攻略し、五月にはマジノ線を突破してベルギーとオランダを占領し、六月には英軍のダンケルク脱出を許したものの、パリを攻略してフランスを占拠した。七月にはロシアがバルト三国を併合し、八～一一月にはドイツ空軍のイギリス猛爆が繰り返された。

こうした事態のなか、同年秋の編集長論説「戦争の拡大」(一九四〇年一〇月二五日)は、「ローマとベルリンで常に繰り返し宣告されたドイツのイギリス侵攻はなされないままになっている」とし、「戦線の膠着」を見通す。[6] すなわち、一ヵ月でドイツ軍はオランダ、ベルギー、フランス全土を制圧し、ドーバー海峡とピレネー山脈にまで達した。ピレネー山脈を越えるにはジブラルタルの要塞(英軍のパースンズ・ロッジ砲台)の制圧が必要であり、そのためにはスペインの援助が不可欠であるが、イギリスの海上封鎖を恐れるフランシスコ・フランコ（一八九二〜一九七五）に援助を期待することはできない。また、イギリスはスエズとアレクサンドリアに軍隊を派遣して強化しており、イタリアを支援すべくドイツは、北アフリカを主戦場とせざるをえなくなる。つまり、英本土の直接攻撃は遠のき、戦争は長期化していくと見通した。

2　第三帝国の相談役と兵士たち

このような独ソ不可侵条約とポーランド分割による、独ソによる欧州大陸の二分割という新たな欧州情勢の下、翌年の春までに、以下の三論説を出発点としてユンクの匿名の第三帝国報道が開始される。この時期の署名はA・SないしA・Bであり[7]、論説の対象は二人のイデオローグと兵士の心理である。以下、それらの論説を見ていく（番号に続いて示すのは見出しである。カッコ内は掲載日・署名・掲載欄。ただし、F・L署名とドイツ欄は省略）。

(1)　カール・ハウスホーファー　日本条約の精神的父：ベルリン・東京・ローマの三角形　一九二三年の記憶将軍が教授に　「生存圏」概念の発見者（一九四〇年一〇月四日 A・S）

本論説（図2-1）は、一九四〇年九月末に日独伊三国同盟が成立し、個人主義の民主制に対抗して全体への奉仕を優先する、枢軸国側の政治的権威が絶頂期に達した時点に出される[8]。

「生存圏 Lebensraum」確保を目指すこの日独伊枢軸の構想は、見出しが示すごとく、ユンクによれば一九二三年にハウスホーファー（一八六九〜一九四六）がミュンヘン大学の教壇で講じていた地政学に基づく。この時期、ハウスホーファーはランツベルク刑務所に収監されたヒトラーとルドルフ・ヘス（一八九四〜一九八七）に招かれ、

図 2-1　本論説：写真はハウスホーファー

毎週水曜日に地政学を講じた。三人は世界に思いをはせ、中国革命の可能性を計り、南アフリカの蜂起の帰結を検討する。その後、この水曜日訪問は慣例化し、ハウスホーファーはヒトラー外交の専門的な相談役となったのである。

本来、国民経済学者の父と同様、ハウスホーファーは自分も大学でのキャリアを希望していた。しかし、兵役期間の間に軍隊が気に入り、将校勤務に就く。さらに一九〇八年、何の準備もないまま参謀将校として極東に渡り、駐在武官として日本に勤務する。その間、極東の地理的特徴に関する科学的観察を重ね、また地理学者フェルディナント・フォン・リヒトホーフェン（一八三三〜一九〇五）の文献を研究する。そして、「インド・太平洋圏」の面積は七分の一にすぎないが、そこには人類の二分の一以上の暮らしがあり、これら「モンスーン諸国」を同盟者となしうるものが世界の支配権を得る、との結論に至る。この圏の中心は日本であり、日英関係の弛緩を観察した彼は、ベルリンの外務省に自分の結論を伝える。インド洋と太平洋に艦隊基地を確保し、これまでの盟友イギリスと決定的な利害対立をきたすに違いない日本と、最も緊密な協力関係を結ぶべきだ、と。

だが、この提案は受け入れられず、本国に帰った彼は健康上の理由も手伝って、一九一二年に軍から期限なしの休暇を取った。その後、戦争になり、連隊および旅団の司令官として勇ましく戦うが、彼自身はこの四年間を通じて、ドイツが勝利できないことを意識していた。戦後、将軍としての彼には、義勇兵とともに行動に出る機会が与えられた。しかし、彼はそうしなかった。休暇中に始めた学業に戻り、ミュンヘン大学の教授資格を得たのである。彼の見解では、ドイツはその世界政策の未熟さゆえに敗れたのであり、これを取り戻さねばならなかった。

この思いは一〇年後に実を結ぶ。彼が設立したセミナーと『地政学雑誌 *Zeitschrift für Geopolitik*』に同志たちが集まり、世界のあらゆる地方の状況について、情報を集積し記録し分析した。ハウスホーファーのグループは、敵の世界帝国の動静や弱みについて、敵方以上に正確な知識を積み上げていた。このグループの包括的で正確な政治知識を利用して、ヒトラーは外交と軍事攻撃のもたらす作用を、最大限の正確さをもって計算できた。それゆえ、「ここでは真実、直観に委ねられたものは何もなく、長年にわたる集中的な地政学者たちの小さな作業が、国民社会主義の政治的実践者たちに初めて、外見的には大胆かつ準備抜きに見える彼らの行動を最終的に可能にしたのである」とユンクは結ぶ。

本論説でユンクは、初戦の圧倒的な勝利によるヒトラー畏怖の高まりに対して、政治決定の主役はヒトラー個人ではなく、それを支える知識集団にあることを明確に示した。ドイツの外交・軍事行動の成功は、極東滞在によって文字通り世界政策へと視野を広げたハウスホーファーの存在にある。彼は、第一次大戦の敗北への反省をバネに、世界政治の知識を集積し分析する、いわば強力なシンクタンクを一〇年の歳月をかけて作り上げた。この科学的な頭脳集団によって、周到に準備された世界知識の上に、ヒトラー政権の政策決定があった。ナチドイツの緒戦の成功は、ヒトラーの政治的直感や本能とはかかわりのないことであり、この事実を知らせることは、ヒトラーへの恐怖や崇拝を打破し、とくにスイス軍人のヒトラー傾倒を阻止するために、重要な意味を有していた。

（2）カール・シュミット：広域圏の理論家（一九四〇年一二月六日 A・S）

つぎに、国民的な議会民主制の政治体制を時代遅れと批判し、独裁制を肯定して帝国主義的「生存圏」支配を正

当化する、国際法学者カール・シュミット（一八八八〜一九八五）の広域圏論が取り上げられる。(9)

ユンクによれば、シュミット国際法学の特徴は、国民国家の主権という国際法上の法原則を否定することにある。この法原則を基礎づけたのは、多民族からなる多彩な領土を統治し相続した君侯の法（主権）に代わり、国民の法を主張したフランス革命であった。そして、第一次大戦末期に米国大統領ウッドロウ・ウィルソン（一八五六〜一九二四）の綱領的宣言によって、もう一度その決定的な表現（民族自決権）が与えられた。しかし、現実には持てる大国に小国は依存し、小国の独立性は幻想である。それゆえ、シュミットは国民の法に代えて帝国《ライヒ》の法を持ち出す。帝国とは、「指導的かつ持続的な強国であり、その政治理念を特定の広域圏に放射し、この広域圏への外部勢力の介入を排除する強国」である。この地理学から規定される「広域圏」の法が、君侯や国民の法に代わる国際法の基礎とされる。

シュミットによれば、その最初の事例は一八二三年のモンロー宣言である。これに次いで、ドイツ軍の勝利の後にアジアとヨーロッパ・アフリカのモンロー宣言が現れ、ワシントン、東京、ベルリンとローマが世界のセンターとなる。しかし、帝国の「広域圏」はいかなる範囲か。その境界をどこに置くか、シュミットは語らない。現在のところ、諸大陸が閉じた広域圏と見なされるが、技術と経済の発展はこの境界を吹き飛ばす。かくて、シュミット理論の地平線上にあるのは、「永久戦争を宣伝する怪物的巨大帝国の闘い」であり、「国民戦争の時代に続く大陸紛争の恐ろしい時代」である。

しかしながら、このシュミット広域圏論は、経済理論家によって主張されてきたことを政治の分野で取り戻すものである。「彼が予見する征服広域圏の時代は、大コンツェルンによる征服資本家の時代に照合する」「そこには真実の核心が含まれている、未来の経済的および政治的諸組織は、従来のものよりもはるかに広域の圏域を包摂するに違いない。そのことに疑問の余地はない。そうした展開は、現代技術の進歩だけでも必然である」。だが、「既存の諸国家を踏み固め、その代わりに画一化された広域圏を置くことは、いかなる意味でも健全な進歩とは言えない」。

例えば、アテネやフィレンツェといった零細国家は、かつて存在したいかなる大国よりも歴史的な輝きを放っている。諸国家の大半は、そうした過去から歴史的に生成した組織単位であり、そこには実りある固有の豊かな生活が息づいている。それを破壊することは許されない。シュミット広域圏論が有意味たりうるのは、「この広域圏政策を実行する者が必要な配慮を払い」「小さな国家や民族の利益を考慮する場合だけである」とユンクは結ぶ。

本論説でユンクは国家規模の広域化と帝国の形成を、経済と技術の進歩による現代社会の必然的傾向としながらも、それが真に進歩たりうるのは、既存の小国家や民族の利益に抵触しない場合のみであると主張した。第三帝国の欧州大陸支配という現実の中で、第三帝国によるスイス侵攻の口実を与えないよう配慮しつつ、シュミット広域圏論と第三帝国による小国の併合という不当性を、最も基本的な点に限って指摘したものといえよう。それは、経済と技術、とりわけ交通の進歩に伴う政治的単位の広域化の必然性よりも、歴史的に生成した多様な地域・民族文化の継承・発展を優先させる、政治・経済価値に対して人間・文化価値を上位に置く、近代ヒューマニズムの原則的な立場の表明に他ならない。

この年の年末、ヒトラーは陸海空軍将兵への年頭メッセージを発している。それを朝日新聞記事（以下、朝日記事と略記）「〝本年こそ勝利完結〟　独総統将兵に告ぐ」（一九四一年一月一日）は、以下のように伝えている。「新なる年を迎えるに当り忠勇なるドイツ無敵将兵に告ぐ。余は諸氏の英雄的行動と軍事的能力によってのみ解決さるべき重大任務を課した。諸氏はよくこれに応えてドイツ軍の不遇なりし英雄的闘争とコンピーニュの森の屈辱を、僅か数ヵ月の間に一転して赫赫たる勝利をもたらしたのであった。……民主主義の戦争屋およびユダヤ資本家の操る人形によって開始された今次大戦において、彼らは……いままで失敗に終わった枢軸国の屈服を企図せんとしている。しかしながら、いまやわれらの準備は完了した。この新しき年においてわれらの武装はまったく完備し、いまだ見ざる域に到達した。……ドイツ国防軍の全将兵よ、一九四一年こそは大ドイツの最後の勝利の輝く年であることを銘記せよ(10)」。

このヒトラーの年頭メッセージは、シュミットの「広域圏」論とハウスホーファーの「生存圏」論に大衆的な支持を得る思想的基盤を有していた。すなわち、生産・交通システムの発展に伴う先の大戦の欧州大陸におけるヘゲモニー国家としての「中欧 Mitteleuropa」構想を継承しつつ、敗戦によるヴェルサイユ条約と「コンピーニュの森の屈辱」を晴らし、一層強力な世界強国 Weltmacht の覇権を打ち立てる「大ドイツ」国家イデオロギーに他ならなかった。

(3) ドイツ兵士の手紙 (一九四一年三月二八日 A・B)

それではドイツの兵士は、「大ドイツの最後の勝利」をめざし、広域の「生存圏」や「帝国《ライヒ》」の理想を背負って戦っているのか。ドイツ兵士はいかなる気持ちで戦場にあるのか。一九四一年春の攻勢を前に、本論説は以下の一文に始まる。「つい先ごろ、この数ヵ月ほど多数の手紙が各地からドイツに送られたことはないと、ウィーンの雑誌が注意を促した。前線と故郷との最強の絆は手紙である。ポーランド、ノルウェー、オランダ、フランス、ベルギー、バルカン半島とシチリア、そしてアフリカの灰緑色服の兵士たちは、一九一四年から一九一八年にほとんど常に死線にあった彼らの父たちよりも、戦場から家に手紙を書く時間と余裕を一層多く持っている。この手紙の洪水には、もう一つ別の理由がある。マスコミや文学における個人の意見の閉塞である」。「すべてが、まさしく完全に規制された方向へと流され、硬直した柵の中では個性を発揮し、思いのたけを渦巻かせ、精神をはじけさせることが許されないから、手紙が個人的な発話の媒体として二重の意味をもつのである」。たしかに、手紙も検閲の下にあるが、手書きの大量の手紙の検閲は新聞・雑誌のようにはいかず、検閲をすり抜けて個人の思いが示されるケースも多い。以上の前置きに続き本論説でユンクは、兵士の家族たちによって公開された手紙に示される、その個人の思いや心情の特徴を次のように見ていく。

まず、手紙の多くが個人の無事と並んで報道機関の標語を単純に繰り返しているが、この「新国家への信仰告白を忠実に語るのは二五歳から三五歳までの年代である」。三五～四五歳の男たちは、新国家以前にすでに世界観を形成しており、また二〇～二五歳の男たちには「国民社会主義国家はすでに確立した当局」であり、すべての若者世代と同じようにまずは一定の反対的立場からこの当局を見ている。

若い世代のこの皮肉な態度は、国家に限らず、教会や民主制などすべてに及び、すべてを皮肉な態度で「見通す」ことに満足し、なんらかの信仰や理想を持つことをしない。そのため、「自分を指導してくれる者に単純に心服し、まさしく自分の側にいる者と仲良くする。そこで今や、直属の上司や僚友が際立った重要性を持つことになる」。大半のケースで部隊指揮官が「狂信的に讃えられ」、「将校と兵士の距離は縮小している」。そして、「敵」に対する軽蔑的な表現も見られず、報道機関よりもはるかに分別があり、占領地の住民の「豊かで楽しい生活への驚き」が数多く語られている。

つまり、兵士たちの関心は現在の存在と良き僚友たちのみであり、理由や原因を問わず、ただ現在の義務を尽くすことのみである。そこでは、「もはや世界観や道徳に根を張ることがなくなり、義務遂行という日々の行動に埋没すること」がすべてである。ポーランド占領軍の中にいる若い詩人の以下の一文に、こうした態度を理解する手がかりがある。

「君は知っている。僕は一三歳でパンを買う列に並んだ。本当にいろいろなことがあった。僕たちは孤独と無秩序から抜け出すことにあこがれた。どこに立っているのか。何をすべきか。僕たちは知ろうとした。他の諸国民は、人間と価値の秩序を早く作ることができた。僕たちドイツ人は、それを軍部ないし軍事組織の中でのみ得ることができた。この戦地で僕は、家にいるよりも戦場を好む多くの人々を知っている。彼らはやっと自分がどこに属すかを知ったのだ」。

前年の電撃戦の圧倒的な勝利の余韻の中で冬を越し、新たな春の戦闘を控えた兵士たちの心理分析である。この論説の最後をユンクは、以下のように結ぶ。「報道機関はしばしば「革命的」とか「新秩序の運搬者」とか呼んでいるが、そんなことは［彼らドイツ兵士には］ほとんどどうでもよいことである。この道が、兵士たちをどこに導くか、兵士たちは知りえないし、また知ろうともしないが、来るべき決定的な攻勢の歳月に示されるに違いない」。「来るべき決定的な攻勢」はどこへ向かうのか。春から始動する戦争三年目のドイツ軍の動きをユンクは、英本土上陸作戦というよりも、地中海域および北アフリカでのドイツとイギリスの対決、また欧州大陸二分割後の独ソ関係に重点を置いて注視していた。

3 電撃戦と宣伝戦

一九四一年はヒトラーの絶頂期であり、同年五月のロンドン大空襲とグライダー部隊によるクレタ島攻撃、そして六月二二日のロシア攻撃（バルバロッサ作戦）の開始で欧州の戦況は新局面を迎える。これを受けて、七月四日付の編集長シューマッハーの論説「領域 Raum に対するドイツの戦争」はスウェーデンのカール一二世（一六八二〜一七一八）、大ナポレオン（一七六九〜一八二一）、エーリヒ・ルーデンドルフ将軍（一八六五〜一九三七）を例に、「全ロシアの巨大な領域は、これまで侵入した軍隊を文字通りに解体し飲み込んだ」ことを想起させつつ、六月二二日のヒトラー演説は勝利の保証にもかかわらず、むしろ憂いを漂わせたこと、逆にウィンストン・チャーチル（一八七四〜一九六五）は、「ほとんど喜びが爆発したかのごとき歓迎を表明した」と、両者の対照的な態度を伝えた。[11] この時期に、以下のシュトゥーデント論説で初めてユンクのF・L署名が登場する。これに続く電撃戦論説が機縁となり、反ナチ地下組織のみならず新たにチューリヒのドイツ副領事ハンス・ベルント・ギゼヴィウス（一九〇四〜七四）という貴重な情報源を得て、『世界週報』のドイツ欄はほとんどF・L論説の独壇場となっていった。[12]

以下、五月末〜九月掲載のF・L論説七本を要約して見ていく。

（4）シュトゥーデント将軍の「航空戦隊」（一九四一年五月三〇日）

一九四一年五月二〇日にドイツ軍の空挺大部隊がクレタ島攻撃を開始する。カイロ特電二〇日発に始まり朝日新聞は、連続して関連記事を掲載している。「独軍落下傘部隊出動　クレタ島攻撃を開始　まず飛行場に巨弾の雨」（五月二一日）、「滑空機で奇襲　独軍、クレタ島上陸　兵力一万　英希の大軍を脅かす」「風の如く襲う脅威　やったぞ、独のグライダー作戦」（五月二二日夕刊）、「クレタ要衝全滅……」（五月三一日夕刊）と、ドイツ軍によるクレタ島の制圧を伝える。ただし、ロンドン特電二九日発の記事「クレタと英本土攻略に難易の差」（五月三一日夕刊）は、クレタ攻防戦でむしろ英本土上陸作戦へのこうした作戦の適用の危険性が明らかになった、とする。クレタ島でドイツ軍は、三、四の飛行場の制圧で制空権を確保したが、英本土攻撃で制空権を確保することは困難である。したがって、ドイツ軍は英本土上陸作戦を企てず、爆撃と潜水艦作戦でイギリス国民を疲弊させる作戦をとるだろう、と。

ユンクの本論説の関心も、こうした空挺部隊・グライダー部隊によるクレタ島攻撃の成功を眼前に、この作戦の英本土上陸作戦への適用可能性にあった。しかし、まずもってそうした空挺部隊の成立過程が問題であり、「昨年の西部攻撃でドイツの落下傘部隊が大量に投入されたとき、それは全世界に衝撃を与えた」に始まり、そこに至るドイツ航空戦隊の形成史を、クルト・シュトゥーデント将軍（一八九〇〜一九七八）の個人史を軸に描いていく。(13)

シュトゥーデントは騎士領所有者の家庭に生まれ、陸軍幼年学校から軍人のキャリアを歩む。先の大戦で飛行部隊の指揮をとり、二度負傷し、終戦の直前に墜落を経験した。しかし、戦後も国軍 Reichswehr（一九一九〜三五年。一九三五年ヒトラーの再軍備宣言で国軍は国防軍 Wehrmacht に改組）にとどまる。順次昇進し、一九三三年九月に旧知のゲーリングの招へいで航空省に入り、飛行士の訓練を管轄する。この部署で彼は、心理技師と協力して新しい訓練方法を実施する。とりわけ落下訓練であり、軍事理論家の主張に反し、落下後のショックはまれであることを自らの体験で確信する。一九三七年から何回も落下訓練を繰り返し、一九三九年三月に高官たちを前にベルリンで「航空戦隊」の演習を初めて披露した。そして一九四〇年五月、五〇歳の誕生日を彼は落下傘兵士たちと共にオランダ降下で祝った。

この戦いで彼は負傷したが、ドイツ軍の最高栄誉である騎士鉄十字章 Ritterkreuz des Eisernen Kreuzes[14] を得た。回復後には、さらに空挺部隊を加えた「航空戦隊」の大規模演習をポーランドで繰り返す。輸送機ユンカース・ユー52 Junkers Ju 52（一機に兵二五名）の両翼にグライダー（各兵一〇名）を配し、落下傘部隊に続いて二五機の輸送機で八千名の兵士を上陸させる戦法である。

これは、もちろん机上の計算であり、降下する兵士やグライダーは地上防御砲弾の格好の餌食となる。この損失を避けようとシュトゥーデントは、夜間の降下訓練や別地点におとり部隊を降下させるカモフラージュ作戦を考えだす。「航空戦隊」の兵員規模は軍事機密であるが、クレタ島攻撃は、これまでシュトゥーデント将軍が行った最大の作戦である。

以上、シュトゥーデントに即してドイツ航空戦隊の形成と展開の歴史をたどりつつ、最後は以下のように結ばれる。クレタ島の地形は見通しが悪く、ひそかに降下しやすく、損失を少なくすることができた。「このクレタ島の経験を、大部分が平地で比較にならないほど防御に有利なイギリス本島に移すことができるのか。そのことは、数ヵ月以内に示されるに違いない」。事実、三週間後に、その結果が示される。ヒトラーの矛先は英本土ではなく東部へと向かい、広大なロシア戦線が開かれる。

（5）電撃戦の方法：新しい戦争遂行形態の成功と危険（一九四一年七月四日）

ヒトラーのロシア攻撃開始のほぼ二週間後に出された本論説（図2-2）は、ゲッベルス宣伝相の喧伝するドイ

Zürich, 4 Juli 1941 DIE WELTWOCHE

DEUTSCHLAND

Blitzkriegmethoden

Erfolge und Gefahren einer neuen Form der Kriegsführung

F.L. «Wieder ist alles ganz anders, als es im Frieden gelernt wurde. Wieder bestätigt es sich, dass niemand voraussehen kann, wie ein kommender Krieg aussehen wird. Wieder behält der General der Kavallerie von Langenbeck recht, der der Ausbildung des zweiten Korps zu Anfang des Jahrhundert den Grundsatz voranstellte: „Weil niemand die kommenden Forderungen voraussehen kann, so will ich Offizier und Mann dazu erziehen, dass sie gewöhnt sind, unerwarteten Lagen mit raschem Entschluss zu begegnen."»

Diese Sätze stehen in einer Sammlung von Kampferlebnissen deutscher Soldaten im Westen, die augenblicklich in mehr als hunderttausend Exemplaren bei der deutschen Wehrmacht verbreitet ist. Den Leser dieser Berichte, der gewohnt ist, die deutsche Armee als ein nach genauesten Plänen ganz exakt mit unerhörter Präzision arbeitende Maschine anzusehen, erstaunt es, zu lesen, wie viel Raum eigentlich doch der Improvisation gegeben ist, wie ratlos diese scheinbar doch so sichere und ihrer Aufgabe gewisse Truppe häufig vor Aufgaben stand, die ihr niemals auf dem Exerzierplatz eingedrillt worden war. «Blitzkrieg», diese heute in der ganzen zivilen wie militärischen Welt diskutierte Form moderner Kriegsführung ist eine Taktik, die sich erst im Lauf der verschiedenen deutschen Feldzüge herausgebildet hat und gewisse deutliche Charakteristiken entwickelte, aber noch nicht zu festen strategischen Formeln verdichtet werden kann. Ja, gerade die Ungewissheit, der Wechsel, das Verzichten auf bewährte strategische Grundsätze, häufig sogar die Missachtung aller Regeln ...

einmal vernichtet, weil der französische Generalstab eben immer noch im alten «Terrain»stil dachte und das Gros der deutschen Armeen näher bei den Spitzenreitern vermutete, als es der Fall war.

Schnelligkeit, ganz gleich mit welchen Mitteln sie erreicht wird, bestimmt das Wesen des «Blitzkrieges». Hören wir dazu einen deutschen Offizier. Er schreibt in einem «Das deutsche Heer

gandakompagnien zeigen, wie diese Weisung befolgt worden ist. Vom Einmarsch in Polen: «Abend des 31. August. Dunkelheit! Leichter Regen.... Nun ist es soweit.... Die Bereitstellung ist eingenommen. Zäune werden zerschnitten damit sie im Morgengrauen den Angriff nicht aufhalten.... Minuten verrinnen! Näher rückt der Zeiger auf 4.30 Uhr. Noch 3 Minuten.... 2 Minuten... noch 1 Minute... Sekunden. Vier Uhr dreissig! Kein

Panzerkrieg.

図 2-2　本論説：図版は戦車戦

ツ軍の新戦術「電撃戦」について、その特質と同時に、それに伴うこの戦法の危険性と限界を示そうとする。ユンクによれば電撃戦とは、「ドイツの戦場の展開の中で初めて形成された戦術である。この戦術はたしかに明白な特徴をもつが、固まった戦略的定式へと煮詰まっているわけではない。まさしく不確実性と変化、保証された戦略的諸原則の放棄、さらにしばしば用心と守備の一切の無視が、この戦争形態の特徴である」。一般的には、長期戦を回避する短期決戦の軍事戦略であり、一九四〇年春の西部進撃に際してエーリヒ・フォン・マンシュタイン将軍（一八八七〜一九七三、本書の第3章註42を参照）が構想し、ヒトラーが採用して大成功を収めた戦法である。

まず本論説は、フランス軍のあっけない敗北に関する、ドイツ側の見方を紹介する。すなわち、電撃戦の第一目標は敵の陣地ではなく、機先を制しての敵軍の打破にあり、「一秒を争う戦い」である。それへの対応を取れず、フランス軍は最高指揮官を戦いの最中で交代させ、四日間の空白をつくるという取り返しのつかない誤りを犯し、「第二のマルメー」には至らなかった、と。つまり、ドイツ軍の新しい「電撃戦」法に対してフランス軍は古い「陣地戦」で対応し、まったく勝負にならなかったとして、この戦法の特質を示す[15]。

それは、何よりも敵の機先を制する奇襲で第一撃を仕掛け、敵の命令中枢を攻撃して作戦の指揮系統を麻痺させることにある。これと結びついて、その第二の特徴は通信制度の役割である。無線通信、偵察機、照明弾、バイク伝令、信号設備によってつくられたドイツ軍の通信組織は、マース川を越えて無傷のままで機能した。これに対し、フランス軍の通信制度は機能せず、しかもドイツ軍はフランス軍よりも、ほぼ一二倍の熟練通信兵を抱えていた。それゆえ、「情報サービスによって引き締まった軍隊と、情報結合の攪乱によって指揮を失った軍隊」との「まったく不平等な戦い」となったのである。以上のように、速度、空の優位、通信制度、換言すれば戦車操縦士・飛行士・通信士という熟練技術者の組織的配備こそ、ドイツ電撃戦の成功の秘密であった。

しかし、「この新しい戦争遂行の形態は冒険的で危険なものであり、現代的に考える装備のしっかりした敵であれば、電撃戦の攻撃軍を打ち破ることができる」。ドイツ側自身が「電撃戦」法の危うさを指摘し、「薄い織物のように見えたかもしれない。おそらく、［仏軍総司令官］マキシム・ウェイガン将軍（一八六七〜一九六五）は南から反撃し、この織物を切り裂くことができただろう」と述べている。この指摘を紹介しつつユンクは、電撃戦のこれまでの経緯とともに今後を次のように見通す。

ウェイガン将軍はこの「南からの反撃」というチャンスを生かせなかった。「個々のドイツ軍の緩やかなつながりを断ち切ることができず、先に飛び出してきた戦車の前衛部隊を包囲しなかったことは、ポーランド軍と同じであった。西部戦場でのエルヴィン・ロンメル将軍（一八九一〜一九四四）の突進は、――この軽率さを利用する敵軍がそこにいたなら――いかに軽率であったことか」。機械化電撃戦部隊の前進深度は非機械化部隊の六倍であり、他の部隊は遅滞し、また戦車、衛生車、輸送車、弾薬車の混雑が不可避的に生じていた。「このドイツ軍の進軍する道路で、ドイツ軍の空中支配を破ることだけでも達成されていたなら、「電撃戦」は壊滅的なものとなっていただろう。しかし、これまでドイツ軍の敵はいずれも強力な対抗力を持たず、現実の反撃を行わず、攻撃と成功に慣れたドイツ軍部隊に守りを強いたことがない。ドイツ軍の進撃に対して、強固な第二の防衛線を築くことができたところはどこにもない」。

したがって結論的に、「電撃戦の方法は、まだいかなる深刻な試練にもぶつかっていないのである。そうした試練は、ロシアの戦場にあるだろう。巨大な空間があり、ロシア軍は時間要因による損害を少なくして、大きく退くことが可能であり、自らを再編成し、敵の大きく長く伸び切った前進ラインに、効果的な反撃を新たな地点から加えるゆとりが十分に残されているからである」とユンクは結ぶ。

自伝によれば、すでに一九三六年にベルリンでユンクは、ヒトラーの将官たちのソ連攻撃に関する恐怖心を、外務省の高官から伝え聞いていた（Jungk, 1993, S.172)。彼らもナポレオン軍の二の舞となることを恐れ、「全ロシアの巨大空間」に立ち向かうことに不安を抱いていた。

独伊の対ソ宣戦布告を報じた朝日記事（一九四一年六月二三日）は、ベルリン特電二二日発で「ドイツ軍一八〇個師団と赤軍一四〇個師団の対立」、しかし「実力は二対一と見られ」「独軍軍事専門家多数の意見は一ヵ月ないし二ヵ月をもってドイツ軍の勝利を予想」と伝えるとともに、モスクワ特電二二日発でヴァチャスラフ・モロトフ（一八九〇～一九八六）ソ連外相放送「ナポレオンの運命　ヒ総統、想起せよ」という警告を報じている[16]。また、国際電話によるベルリン支局守山特派員談は民衆の反応について、「今まで独ソ関係については良好な風に報じていたドイツ側の新聞報道を国民大衆は信じていた」から、「呆気にとられた形」と伝えている[17]。西部進撃の延長線上で東部「電撃戦」を夢想したヒトラーと、ナポレオンの例を知る軍指導部や国民大衆との間には明らかに意識のずれがあった。

(6) ドイツの第二軍：被征服地はどのように組織され管理されるのか（一九四一年七月一一日）

「より遠くの新しい戦線の形成が進むほどに、ドイツの部隊は彼らの本国から遠く離れることを強いられ、征服地を再組織し占領し続ける任務を背負う部隊の意義が増す。今日すでに、戦闘を行う兵士一人に対して、武器で奪い取った土地を固め守る兵士の数は少なくとも三人である」。この一文に始まる本論説でユンクは、占領後の進駐軍と統治組織の再建過程を描きつつ、同時に占領地における宣伝戦の役割に触れる。[18]

まず戦闘部隊に続くのは、破壊された道路・橋梁等の修復・整備などに当たる「トット機関 Organisation Todt」で、彼らは軍隊と同様貨物車で来るが、制服を着ていない。ついで、軍に編成されている「建設中隊 Baukompanie」が続く。制服に黒襟を付けた黒襟部隊である。また、徴発による食糧供給を担う食糧部隊「ナチ民族奉仕団 NS-Volkswohlfahrt」のトラックである。ナチ民族奉仕団は宣伝活動にも従事し、住民統治のためのポスターを張りめぐらす。ついで、ナチ親衛隊メンバーを中心とする警察部隊であり、隠れている敵を検挙し、治安維持を図る。その任務の危険性は前線部隊に劣らないと、この部隊の重要性を親衛隊の指導者ハイドリヒは強調している。実際、この部隊のメンバーが「服務中に死亡」した記事は、新聞によく見られる。

続いて民間行政部門であり、「ドイツ人は占領地の旧行政と一緒になって仕事を進めようとする。しかし、そうした協力は同時に危険をもはらむ」。次に来るのが経済の専門家で、関税の問題や工場の再建などを、たいてい旧大使館の商務官などが担当する。

問題は、こうした広範な業務を支える行政の専門家不足である。ドイツ労働戦線は五つの学校を設立し、それらを行政アカデミーに統合して国民学校修了後の一年半、技師・医務員・法律家の即席教育を行い、行政の専門家として配置する計画である。だが、こうした措置では不十分で、工場の管理者などの不足は深刻で、「ドイツが管理する領域が拡大すればするほど、占領地を組織する人員の欠乏がそれだけ一層深刻になる」とユンクは指摘する。

ユンクの本論説が示したのは、西部から東部へと電撃戦の広域化に伴い、第三帝国が抱え込む困難である。すなわち、ドイツの占領地が東方に一気に拡大するとともに、占領地を管理する行政の専門家が完全に欠乏する。そのため、戦闘で荒廃した占領地の行政・経済の再建作業は進まないだろう、と。換言すれば、西方の占領地以上に、東方の占領地住民の生活破壊は、一層苛酷なまま続くだろうという見通しである。

ヒトラーの東部占領について、朝日記事は「純軍事行動は月末に片づく　独、占領地工作重視」（七月二一日）に続いて、ストックホルム特電「〝植民地域工作〟独のソ連占領地域工作」（八月九日）で、明確に「植民地化」政策を指摘している。[19] すなわち、ヒトラーの『わが闘争』に見られる大ロシア、ウクライナ、コーカサスなどへのソ連分割案、またビスマルク流の親独統一国家案という二案が対ソ開戦前には競合していたが、ロシア人を通して占領地を支配するのは不可能で、現在のドイツはソ連植民地化の政策を取りつつある、というのである。ただし、本論説の関心は、そうした占領地政策の性格規定というよりも、占領統治の具体相を示すことに置かれていた。

（7）兵士世代のポートレート：ドイツの前線兵士（一九四一年七月二五日）

「何百万の軍隊が戦ったロシアの戦闘のさなか、ドイツの新聞は大見出しで、大尉メルダースが一〇一機を撃墜したと個人の戦績を祝賀した。この記事には、若い細面の飛行士の写真と略歴が添えられている。ドイツの最高軍人表彰、剣とダイヤモンドをあしらった柏葉付騎士鉄十字章を最初に得たこの軍人の経歴は、現在前線で戦っている戦後若者世代の典型的なイメージをいくつかの点で与えてくれる」。このメルダースの受章は朝日記事「撃墜一〇一台の新記録」（七月一七日）[20] でも報じられているが、ユンクの本論説の主眼はメルダースの略歴と共に、戦後に育った兵士世代が直面している、機械化された戦争の心理的負担の問題にある。[21]

ヴェルナー・メルダース（一九一三〜四一）はギムナジウム教師の息子として生まれ、二歳になる前に父を西部戦線で失う。父の遺族年金に支えられ、「栄光ある戦前の時代」を語る教師の下で育ち、一九三一年に実科ギムナジウムを卒業する。ドイツは大量失業の時代であり、体育の成績がクラスの中で最も優れていた彼は国軍に入る。一九三四年に歩兵部隊から空軍に移り、スペイン出征で一四機の敵機を撃墜した。そして西部攻撃から東部戦線へと配属され、「スターリン・ラインの突破戦争」で一〇〇機越えの撃墜記録を達成した。

だが本論説は、自分と同じ二八歳のこの国民的英雄の写真に、大きな疲労の影を見る。そこには、異常な緊張と深刻な運命の表情が浮き出ている。先の大戦の兵士は、軍服に隠された民間人であり、戦場の悲惨の大半を飲み屋や自分の家族の中で話すことができた。しかし、一九四一年の前線兵士は、飲み屋や家族について知ることなく、戦争の中で暮らし成長しているように見える。

当時、ドイツの前線で最もよく使われていたのは「一撃的 schlagartig」という言葉であった。東部から帰還した前線兵士の報告によれば、何週間も待機して比較的軽い軍務を果たしたのち、一定の期間、戦車・飛行部隊は休養のため山中に送られ、その後に「一撃的」攻撃に出動した。一四日間ほとんど眠ることなく、平均睡眠時間は三、四時間で、最も神経を消耗する戦いであった。緊張は限界にまで達し、ときには限界を越えて陶酔状態になる。「彼らは機械の兵員であり、機械は最高に危険な瞬間にも理解の冷静な明晰性を要求する」。戦車兵・飛行士・高射砲兵などは、最も危険な瞬間が迫るまで、常に彼のマシーンを正確に計算する主人でいなければならない。かつての戦闘における「凶暴な怒り」という感情表現とは異なり、常に彼には「冷静な陶酔」が求められ、そこには神経の酷使による深い疲労が伴う。

この「冷静な陶酔」のために、ドイツ軍指導部は化学的刺激剤を使用した。これまであまり注目されていないが、この前線兵士の「ドーピング」によって、まさしく超人的な軍事的成果が得られたという。しかし、ドイツの医師グループからは、兵士の「過剰化学づけ」を警告する声も聞かれた。

スポーツを引き合いに出すなら、現在の前線兵士は一〇〇メートル競争の「スプリンター型」であり、先の大戦の兵士は長距離走者であった。たしかに、ドイツの前線兵士にこれまで強いられたのは、短期間の緊張にすぎなかった。電撃戦は一週、二週、三週、せいぜい五週間で終わった。だが、ロシア戦線は今やまったく新しい状況にあり、より長期化する緊張を兵士は強いられている。前線のみならず占領地も同様であり、「一撃的」行動から長引く陣地戦へ、ドイツの兵士は完全に困難になったこの戦争の運命に直面している、とユンクは結んでいる。

短期決戦で極度の緊張を強いられる電撃戦は、前線兵士の間に「ドーピング」を蔓延させ、精神興奮剤の手を借りて超人的な軍事的成果を得た。しかし、ドーピングの危険は医師の側からも指摘されていた。しかも、ロシア戦は短期で終わらず、長期化する陣地戦の様相を呈し、前線兵士はさらに長期の精神的緊張という困難に直面する。このように本論説でユンクは、電撃戦の裏にドーピング問題が潜んでいることを指摘し、極度の精神的緊張と薬物使用という、高度に機械化された第二次大戦特有の問題をも明るみに出した。

（8）宣伝戦の司令官（一九四一年八月一日、視線欄）

すでに一九四〇年九月末からドイツ占領下のベルギー向けＢＢＣ放送（ラジオ・ベルギー）が、ベルギーからの亡命政治家ヴィクトル・ド・ラブレー（一八九四～一九四五）らによって開始され、翌年一月、彼は勝利と自由を意味するＶサインを使おうと呼びかけた。[22] この呼びかけに応え、七月にはＶサインの象徴的な使用が全欧州へと広がっていった。そうした状況を受け、ユンクの本論説は宣伝・心理戦を担う双方の主要人物を取り上げ、次のようにドイツ側から見ていく。

一般に、「宣伝」という言葉はゲッベルス博士を引き合いに、もっぱら「民間人の問題」とされがちだが、それは軍事作戦の一環であり、まずドイツ側から大攻勢が仕掛けられた。エーリヒ・フェルギーベル将軍（一八八六～一九四四）やブラウ大佐などが指揮官であり、ブラウ大佐は『武器としての宣伝』を著し、対国内・対敵国・対中立国という「三次元理論」に基づく「全体的宣伝戦」を主張している。[23] そうした理論により、ドイツ側は総合的な宣伝戦態勢をとっている。

これに対して、イギリスは遅れを取った。しかし、イギリスこそ先の大戦で小説家のＨ・Ｇ・ウェルズ（一八六六～一九四六）などによってビラ戦争の報道キャンペーンを組織した実績があり、そのことはヒトラーも認めている。そして、ようやくイギリスでも大臣エリック・ドラモンド・パース卿（一八七六～一九五一）の下に、九九〇人の部下を配して情報省が設置された。[24] 情報の遅れや平和愛好者の非民主的抑圧で情報省は非難の的になったが、それでも最終的にアメリカの世論を味方につけ、人々の戦争嫌悪を爆撃の最中で克服した。さらに、Ｖキャンペーンでドイツ軍占領下の住民からも大きな反響を得つつある。

Vキャンペーンの発明者はド・ラブレーであり、彼の同僚で元ベルギー情報相のアルテュール・ワウタース（一八九〇～一九六〇）は、一日に一四時間イギリス情報省で働いている。ワウタースの導きの言葉は、「ファンタジー、ファンタジー、加えて素早さと頻繁な繰り返しが決定的原則」であり、連合国軍側の最もアイデア豊かな宣伝家である。かつてチャーチルの私設秘書であった新情報相ブレンダン・ブラッケン（一九〇一～五八）の下で、イギリス参謀部は今や国外に向けて、単に情報提供だけでなく破壊活動を呼びかける「アクション宣伝」を進めようとしている。[25]

以上から、ユンクは双方の宣伝戦の特徴を対比し、「きわめて精確な、広い視野での理論的準備作業に基づくドイツの宣伝に対して、イギリスは今回も実践からより多くを得ている」とする。そして、イギリスは「敵の「心理的潜在力」をますます強化された攻撃によって決定的に打ち砕こうと望んでいる」が、その成否はイギリス情報省が、かつてのウェルズらと同様の有能な「チーム」を持っているか否かにかかっている、と結論づける。

（9）タイプライターと機関銃を持つ新聞人：ドイツ宣伝中隊の試み（一九四一年八月二二日）

イギリスのVキャンペーンに対抗する、ドイツ戦争報道陣の特殊な編成と共に、ジャーナリズムにおけるジャーナリストと報道対象との関係性が本論説の主題である。ユンクは第一次大戦期までドイツの報道界は皇帝や軍部に蔑視されていたことを確認しつつ、まず次のようにミリタリズムに伴うドイツ特有のジェンダーバイアスを示唆する。

「国民社会主義は周知のごとく、ヴィルヘルム時代よりもはるかに大きく、あらゆる形態の報道 Publizistik の価値と効用を確信している。同時に、……あらゆる形態のジャーナリズム活動が高く尊重されるロマン語およびアングロサクソン諸国とは異なり、ドイツでは現在でも新聞に書くことは、それだけでは本来一人の男子が名声を博す、あるいは単に名誉を得るためにも十分ではないという意見が優勢である。こうした立場から、ドイツの宣伝中隊Propagandakompanie（ＰＫ）は作られている。ここでは報道陣は、もはや「単なる」カメラマン、ラジオアナウンサー、レポーターではなく、同時に他の兵士と同じ戦闘員であり、……自ら攻撃に参加して新鮮な戦闘体験を世論のために得るのである」。

宣伝中隊の記事にはＰＫの署名があり、ゲッベルスもかつての新聞記者への不信感とは異なり、宣伝中隊員PK Mannはまさしく「正規の戦闘者」であると誇っている。[26] たしかに、これによって直接に兵士の困難を共有し、体感して理解するという利点はある。しかし、「新聞の最も重要な役割は常に世論の名において批判すること」であり、無条件かつ絶対服従の軍隊の一員としての記者には、その役割が見失われてしまう。

以上のように、基本的な問題点を指摘した上で、宣伝中隊の編成とその動向が示される。宣伝中隊は主に二〇〜二五人の宣伝要員からなり、大尉クラスの編集隊長Schriftleiterが率い、この隊長にはできるだけ先の大戦の経験者が望ましいとされる。これら多様な宣伝家Propagandistに、安全確保を担当する「単なる」兵士や技師が加わって中隊が編成され、宣伝家たちはときに砲撃手となり、ときに落下傘兵となり、ときに戦車と共に戦場で命をさらして戦争報道を行う。

その結果は、多数の著名なジャーナリストの戦死である。そうした犠牲への疑念は、ドイツでも高まっている。同時に、「余りにも接近した直接的関与」は、「意味づける楽しみと能力の喪失」を招き、記者たちは破壊と残酷シーンの単なる羅列に疲れてしまっている。こうした過剰報道に対し、ギュンター・ハイジィヒやリッター・フォン・シュラム（一八九八〜一九八三）などの宣伝中隊員は距離を置こうとしているが、それは「武器を持って戦場に入ることのなかった「古い形態」の戦争報道である」。[27]

したがって最後に、「精神的労働者はただ「書く」のみであり、彼が書く出来事の中に力強く入り込まないという誤った理解が、宣伝中隊というジャーナリズムの「ダイナミックな形態」をもたらした。しかし、そうした形態によって報道や広く書き言葉の歴史が形作られることは今後ともないだろう」と結ばれる。

ヒトラー政権の宣伝・心理作戦の重視は、銃後の混乱が敗北の原因になったという第一次大戦の経験に基づいている。そのため、対敵宣伝よりも国内向けの宣伝が重視され、前線の緊迫感をそのまま銃後に伝える、銃後の戦意保持が宣伝・心理作戦の中心課題となった。そこから、単なる従軍記者ではなく、戦闘に参加する国防軍所属の「宣伝中隊」という特殊な形態の戦争報道が組織化された。このダイナミックな参戦体験報道は、批判的機能という報道の本質からの逸脱であり、そうした逸脱の背景として本論説でユンクは、特殊ドイツ的な男性性の観念的伝統を指摘した。

(10) 東部戦線における冬季進軍を前に(一九四一年九月一九日)

ロシア侵攻中央軍集団の五個軍団は、のちに見る空軍元帥アルベルト・ケッセルリング(一八八五~一九六〇)と陸軍元帥フェードル・フォン・ボック(一八八〇~一九四五)の指揮下、ロシアの奥深く侵攻し、八月末にはモスクワへ二〇〇キロメートルの地点に迫っていた。この中央軍集団の指導部は一気にモスクワ進攻を目指していたが、この時点でヒトラーは四個軍団を北方(レニングラード)と南方(キエフ)に割き、ロシア「冬将軍」の制覇を約束した。この約束は実現されるのか。本論説でユンクは、シェーンアイヒ大尉の『軍事週報 *Militär-Wochenblatt. Unabhängige Zeitschrift für die deutsche Wehrmacht*』論文「我々は東部の軍団を必要とする」を引照しながら、ドイツ軍の冬季戦態勢の問題点を描く(28)。その要旨は、以下のとおりである。

すでに半年前の論文でシェーンアイヒ大尉は、東部では四月から九月末までは運動戦を展開できるが、九月末からは雨で道路がぬかるみ自動車は使えず、機械化部隊を馬引部隊に組み替えねばならないこと、さらに、一二月からの冬季の進軍には、防寒装備からスキー部隊まで厳寒対策が必要であることを指摘していた。たしかに、国防軍の科学者による防寒資材の開発など、冬季戦対策が急がれている。しかし、ドイツ軍部の全面的再建はヒトラーの政権掌握から二、三ヵ月後に開始されたが、冬季戦準備はこの二年間のことにすぎず、完全に不足している。

その上、ドイツ軍は冬季戦をノルウェーでごく短期間経験しているにすぎない。これに対して、ロシアはフィンランドと「現代的冬季戦の価値ある力試しを繰り返し行った」。フィンランド戦はロシアにとって、人員・資材・威信の点で大きな損失となったが、他方で装備の欠陥や「戦術的行動における戦略的誤り」を理解する機会となった。

このように、冬季戦の準備と実戦経験の不足という問題点を抱えたまま、ドイツ軍は冬季戦に突入しようとしている。その結末を見通しつつ、本論説は以下のように結ばれる。「一〇〇万軍団の装備と武器を冬季戦用に変更する困難は恐ろしく大きく、たとえ雨と寒さの季節の前にレニングラード［現サンクトペテルブルク］、キエフ［キーウ］、オデッサ［オデーサ］を征服しても、この点では何も変わらないだろう」と。

以上、ユンクはドイツ軍の冬季戦の準備不足という戦略的誤りを指摘しつつ、たとえソ連の主要都市を制圧できたとしても、首都モスクワを占領して「冬将軍」を打倒することはできない、と冬季戦の先行きを見通した。

4 将帥と外交

一九四一年一〇月七日未明、ドイツ軍のロシア中央部大攻勢が開始される。ベルリン特電九日発朝日記事「本年最後の大会戦　敵を撃破、殲滅せよ　独総統、全軍に布告す」（一〇月一〇日）は、「敵は来るべき冬季の前に殲滅されねばならない」という総統布告を一面トップに掲載している。[29] この月の『世界週報』には毎号、F・L論説が掲載される。ロシア戦線の中央軍を指揮する空・陸軍の元帥および保安警察の長官というトップの分析と、「電撃外交」の成功から欧州の軍事的制覇という段階でのドイツ外交の見通しを主題とする以下の五本の論説である。

（11）ドイツ航空戦略のナンバーワン：ケッセルリング元帥（一九四一年一〇月三日）

本論説は、「キエフ戦に関する国防軍の報告では、アルベルト・ケッセルリング元帥の名前が際立っている。彼は東部戦線の中央部におけるボック元帥旗下の空軍の元帥として、今回も特別に目立った働きをし、彼の戦法がドイツの包囲作戦の成功に重要な役割を果たした」に始まる。ユンクは以下、先に見たシュトゥーデント空将の場合と同様、学校教師の息子で陸軍幼年学校から軍人のキャリアを歩んだケッセルリングの個人史に即しつつ、ドイツ空軍の新戦法の経緯とその成果、そして現在の問題点を次のように照らし出していく。[30]

ケッセルリング元帥（一八八五〜一九六〇）は現在五五歳である。一九三六年六月に空軍の軍令部長となり、のちに「ローラ作戦」と呼ばれる戦闘機攻撃の新戦法を打ち出し、「エリート飛行士」の抵抗を乗り越えて、個人的な空中戦から集団的な包囲戦への戦術の移行を進めた。そしてポーランド戦で、彼はこの戦法の有効性を確信する。「地上戦への一種の「空飛ぶ砲兵」としての航空機投入の有効性」が「絶対的な新事実」として証明されたからであった。エルンスト・ウーデト（一八九六〜一九四一）が推進した「急降下爆撃」という手法の開発も、ケッセルリングの進言によっていた。

そして、ポーランドから西部へ、ケッセルリングの指揮の下、ドイツの航空戦隊は連合軍の空軍力を驚くほど簡単に撃破していった。それは「まさしく飛行士狩り」だったが、ダンケルクから撤退する英軍機攻撃の際に、初めて空中での組織的な抵抗に出会った。英空軍「ロイアル・エアー・フォース Royal Air Force」（ＲＡＦ）がケッセルリングの戦法を採り入れ、「空での「チーム・ワーク」を即興で試みた」からだった。これにより、ダンケルクからの英仏軍三五万兵士の撤退がカバーされた。

この撤退の成功は、戦争の転換点となった。イギリス派遣軍の大部分が救出されただけでなく、イギリス側が敵の空軍戦法を認識し、対処法を自覚したからである。ケッセルリングの戦法はもはや目新しいものではなくなり、ロンドン攻撃に一千機、レニングラードでも同規模の航空機が投入されたが、一九四〇年春の西部戦線のようにはいかず、ドイツ空軍機は大量の集中砲火と迎撃機に迎え撃たれている。今や空中戦は、大量の航空機消耗戦へと移った。

そのため、空軍機と飛行士の大量損失という困難が生じている。特に後者が深刻であり、飛行士の養成には二年を要し、ドイツ側ではロシア戦場での酷使によって飛行士が消耗・枯渇しつつある。他方、イギリス側の飛行士には十分な休暇など余裕が与えられている。その上、イギリス側はカナダで毎年五万人の予備飛行兵を訓練することができる。

ロシア戦線からの報告では、現在、ドイツは大量飛行編隊の出撃をおさえ、ロシア戦勝利後のイギリス戦に備えようとしている。ケッセルリング元帥の現在の第一の戦略も、空の優位を確保するに足る航空戦隊を維持することにある。この夏に空軍力の優位で一気にイギリスをたたこうとしたが、海軍と陸軍の準備不足で実行できなかった。バルカン戦からロシア戦へと、大量消耗を強いられているからである。

以上、ドイツ航空戦隊が新戦法によって一方的に勝利した一九四〇年はすでに過去のこととなり、英空軍も同じ戦法に出て、戦争三年目は航空爆撃戦法による相互の航空機消耗戦に移っていた。そのため、問題は戦闘機の補充というよりも飛行士の養成にあり、それには二年の期間を必要とする。この点で、拡大するロシア戦で消耗するドイツ空軍飛行士に対して、イギリス側は絶対的に有利な立場にある。また、そのイギリス攻撃のためにドイツ空軍は、今やロシア戦線での航空機投入の抑制を強いられ、ロシア戦線での攻撃能力も落ちるであろう。このように本論説でユンクは、南方軍集団と北方軍集団の進撃でロシア戦線が大きく拡大し、中央軍集団のモスクワ進撃を控え、ドイツ軍の圧倒的優勢という状況にもかかわらず、もはやドイツ電撃戦はその初期の成果を望めず、消耗戦に陥り、破綻をきたしつつあることを示唆した。

(12) ドイツの外交戦線(一九四一年一〇月一〇日)

本論説は、ハウスホーファー論説に続きドイツ外交を主題とし、開戦前までのヒトラー「電撃外交」の成功の舞台裏、並びに開戦後の外交の制約を描く。ユンクは、先の大戦期にルクセンブルクの首相やヘンリー・フォード(一八六三〜一九四七)など、中立諸国や仲介者を通して「外交の大戦争」が繰り広げられたことを確認しつつ、第三帝国の外交の制約を以下のように描いていく。[31]

第三帝国は武器と同じように外交戦もしっかり準備し、外務省の新部署や「リッベントロップ事務所 Büro Ribbentrop」を設置した。[32] こうして開戦前に、従来の規則に縛られない「ヴィルヘルム街のダイナミックな新外交」を進め、独ソ不可侵条約に至る外交的成果を次々とあげていった。

この「電撃外交」を推進した外交家たちは同時に学者であった。ハウスホーファー教授の影響と息子アルブレヒト(一九〇三〜四五)の指導でドイツ政治大学 Deutsche Hochschule für Politik(DHfP)が拡張され、さまざまな外交の研究組織がつくられた。ナチ党の外交部署であり、ドイツ外交政策研究所や地政学作業グループである。また、大規模に拡張されたハンブルクとケルンの世界経済研究所であり、ベルリン大学に設置されたフランツ・ジックス教授(一九〇九〜七五)の外国学科である。[33] 新しい外交部署の外交家たちは、そうした研究組織の学者たちだった。

彼らの新しい外交に対して、外務省の職業外交官たちには反発もあったが、その成功に啞然とし、それに自分たちを合わせていく以外にはなかった。そして現在、軍の場合と同様、職業外交官が再び発言権を強めている。というのも、ドイツの外交状況は開戦前と大きく変わったからである。開戦前には、ロシアを孤立させ、日本、イタリア、スペイン、ハンガリーを味方にし、アメリカ合衆国を紛争の外に置くというダイナミックな外交作戦があった。しかし、現在ではドイツの外交的攻勢の場所は、「電撃外交」の成果の結果、リスボンとアンカラに限られている。なかでも、「高級外交一派の指揮官フランツ・フォン・パーペン(一八七九〜一九六九)が駐在する」トルコのアンカラが、平和攻勢の場所となっている。

もう一つ、外務省にとって重要な活動分野は、占領下の諸国をドイツの政治体制に取り込むことである。最近の最もよく聞くヴィルヘルム街の標語は、「ドイツの政治的秩序の細胞から新しい欧州を」である。しかし、ここでも外務省は抵抗にぶつかっている。先の大戦期と同様、ドイツに対する不信の根から来る抵抗であり、この根を断つことはできない、とユンクは結ぶ。

(13) フェードル・フォン・ボック：皇帝からヒトラーの高級幕僚へ（一九四一年一〇月一七日）

一〇月七日に中央軍集団の総司令官ボック元帥はモスクワへの進撃を再開し、ロシア軍二〇〇万を撃破して一〇月一七日には六六・三万のロシア兵を捕虜にし、モスクワへの距離一一〇キロメートルの地点まで前進する。しかし、この戦いでは中央軍の損失も大きく、しかも目前に寒期が迫っていた。本論説でユンクは、ケッセルリング空軍元帥に続き、ボック陸軍元帥の個人史を見る。

ただし、冒頭の一節は「苛酷なヴェルサイユ条約に、それに続く時代の不幸の原因がある、とよく言われている」に始まる。この点について、たしかに経済的には苛酷であったが、「プロイセン軍国主義の根絶」という協商国側の戦争スローガンからすれば、軍事的には「驚くほど目の粗いものだった」とする。すなわち、軍指導者に関する規定は盛り込まれず、たしかに兵力は一〇万に削減されたが、その中に「皇帝の参謀本部のメンバー全員が、勝者の許可をもってそのまま軍人の職を継続し」、「彼らは敗北を越えてプロイセン・ドイツ軍の伝統を救出し、連合国の監視の下、その許可を得て最新の兵器と作戦の研究に従事した」。しかも、「これらの将校たちは不快な状況の中で一層結束し、愛国的反乱の精神を鍛え、その精神が後には政治的大衆運動へと反響を広げていった」。このような、プロイセン・ドイツ軍国主義からヒトラー政権と協力するドイツ国防軍へという、ドイツ軍国主義と国民社会主義の結節点にいたのがボック将軍である。

ボックは古くからのプロイセン軍人一族の出身で、一八八〇年に（ノイマルクの）キュースティン要塞に生まれ、陸軍幼年学校から戦争アカデミーを経て一九一三年に参謀本部入りし、皇太子付きの幕僚となって、ヴィルヘルム二世（一八五九〜一九四一）の第一皇太子との親交を現在まで保っている。一九一八年一一月九日、ヴィルヘルム二世が将軍たちを集めて退位の問題を相談したとき、ボックは上官と共に同席した。そして、退位派と反乱鎮圧派に意見が割れたとき、ボックは「現在と同様の冷たい度胸をもって「赤い反乱者を容赦なく片付ける」ことを求めた」。しかし、迫りくる協商国軍を前にヒンデンブルクやルーデンドルフには内戦を戦う用意がなく、この主張は阻まれた。その後もボックは、ハンス・フォン・ゼークト（一八六六〜一九三六）の国軍の中で最も狂信的な共和国反対派であり、一九二三年に秘密裏の再武装でブルノ・ブーホルッカー（一八七八〜一九六六）が告発されたが、彼はボックの手下にすぎなかった[34]。

ボックはその後も昇進を重ね、一九三五年に「チェコ司令官」と呼ばれていたドレスデン国防管区の司令官となる。ナチ政権下でも、彼は君主主義者の立場を公然と表明した。そのため、クルト・フォン・シュライヒャー（一八八二〜一九三四）亡き後、ヒトラーに対抗する国軍指導者になるだろうと言われていた。しかし、これは間違いであり、「彼は皇帝の旧将校たちと同様に、ドイツ軍の再建を貫く政治家としてヒトラーを認め、ヒトラーへの忠誠を誓約している」。彼ら旧将校たちとヒトラーとの結びつきは、一九三五年一〇月の「ドイツ戦争アカデミー Deutsche Kriegsakademie」再建の日にはっきりと示された。

ボックは進軍の際にしばしば訓示を行う。そこにあるのは、「忠誠と自己犠牲への信仰のみ」であり、彼の軍隊はワルシャワを破壊し尽くし、モスクワへの最初の突進をフォークのような形で行った。この突進は阻止されたが、常に攻撃命令を繰り返している、とユンクは結ぶ。

(14) ラインハルト・ハイドリヒ（一九四一年一〇月二四日）

国防軍のトップに続いてユンクは、ナチ親衛隊 Schutzstaffel（ＳＳ）の保安部 Sicherheitsdienst（ＳＤ）を率いて「国民社会主義革命」の先頭に立つハイドリヒを取り上げる。本論説は同時に、メルダース論説（7）に続くドイツの若い兵士世代の世代論でもあり、最初に、先の大戦後世代の生育環境について敗戦国と戦勝国との間の対照性を指摘する。すなわち、戦勝国側では基本感覚として安全と豊かさが残り、市民的世界の建物がしっかり立ち並んで、その中での良い暮らしがあった。しかし、敗北した諸国では、戦前にあったものすべてが動揺に陥った。基本感覚は不安、貧困、不幸であり、公然たる内乱や激しく敵対する「主義者」たちの争いは、国民的、社会的な不穏を隠す覆いにすぎなかった。この環境の中で、細身でハングリー、貪欲なタイプの若者が成長する。彼らは感情の栄養不足を病み、錯綜する立場の闇を切り抜けようと「ダイナマイトの中の居心地」を選ぶ若者たちであり、その一人が一九〇四年生まれのハイドリヒだった。[35]

ハイドリヒは学校時代、チェロとバイオリンを演奏し、音楽にしか関心のない夢見る少年だった。才能豊かなギムナジウム生徒ハイドリヒは、一五年前なら間違いなく職業音楽家になっていた。しかし、ドイツの大地は揺れ動いており、室内音楽にふさわしい場所ではなかった。ハイドリヒは一九二六年、自分の運命を最も揺れの激しい場所、海洋に託して海軍に入る。じきに海軍大尉に昇進したが、一九三一年、二七歳のときに海軍のキャリアを放棄し、親衛隊全国指導者ハインリヒ・ヒムラー（一九〇〇〜四五）のミュンヘン本部に入る。

この、何ものにも尻込みしない絶望からくる決断は、ハイドリヒのみならず、彼と彼の世代の多くがもつ心情である。この心情は、いかなる政治集団も見いだしえなかった飛躍と目的追求を、彼らと彼らの党に与えた。すなわち、ハイドリヒとその仲間たちがシャレコウベの徽章を黒色の帽子に付けたとき、それは単なる徽章ではなかった。この徽章の下、彼らは死を身近に生き、生の苦しさや楽しさを意識しようとはしなかった。

彼らは本来、市民的教養を享受した若者たちだった。だが、焦燥した思考のすべてを捨て去り、混乱する思想の多様性から逃亡して無条件服従の「規律」を選んだ。この規律に一九三三年、ハイドリヒが二九歳のときに、ミュンヘンの政治警察を指揮する「権力」が付け加わる。三年後にハイドリヒは保安警察全体の長官となり、ゲシュタポの全組織を指揮する権限を与えられ、「これによって彼はドイツ政府の最重要キーマンになった」。ハイドリヒの指揮下にある黒い軍団は、国民社会主義の意志の担い手であり、約三〇万人のメンバーが警察・監視所・大使館・新聞・出版社に配置されている。さらに、軍隊の中の特別部隊として「武装親衛隊 Waffen-SS」が編成され、占領地行政はほとんどもっぱら親衛隊によって指揮されている。この「聖騎士軍」のメンバーは、「ニヒリズムを吸い込んだ国内闘争時代からの攻撃精神」を堅持し、「自由主義の資本主義時代」を一歩一歩終わらせる「一〇〇年単位の変革の担い手」と見なされている。それは、文化・個人主義・寛容といった「中立的価値」に代わり、権力・英雄的行為・不寛容といった「ドイツ的価値」を実現する部隊である。この「ドイツ革命」に「キリスト教的ヒューマニズムの理想の否定」を見る者は、すべて苛酷に排除される。こうした黒い軍団の役割は、世界観闘争が激しくなるほどに成長していくであろう、とユンクは見通す。

(15) 平和の試み：一九一四〜一八年と現在（一九四一年一〇月三一日）

本論説は、三週間前の外交論説の続きである。ユンクは、「この戦争はいつ、どのようにいったんは終結されるのか。この問題をあらゆる諸国の人々が、まさしく開戦三度目の冬を迎える今、一層集中して考えている。この状況はいくつかの点で、一九一六／一七年の冬と似ている」とし、同じ戦争三年目の冬入りの時期における欧州の平和回復への状況を比較して示す。まず、先の大戦についてである。

一九一六年一二月、ドイツの宰相ベートマン・ホルヴェーク（一八五六〜一九二一）は講和交渉を進める独墺の二国同盟側の用意を発表した。これを受けてウィルソン米国大統領は戦争当事国と中立国に覚書を送り、戦争当事国の双方が戦争目的を公表し、中立国が仲介することを提案した。この提案を受けて、まずスイス、そしてスカンディナヴィア三国の国王も仲介の努力に賛意を表明する。しかし協商国側は、二国同盟の提案は会議の目的を定めておらず、マヌーヴァーにすぎないこと、また協商国の戦争目的は周知のことであると主張し、二国同盟の動きに応じなかった。

ここに至るまで、すでに開戦当初からスペイン、スカンディナヴィア諸国、スイス、アメリカなど中立国を舞台に、平和再建の努力が多様な立場や職業の人々によって行われてきた。とりわけ、ドイツ軍の占領下に置かれたルクセンブルクの老首相パウル・エイシェン（一八四一～一九一五）は、ベルギーやスイスを回って仲介を説いた、「まさしく平和のドン・キホーテ」だった。他にも国際機関や一九一五年五月ハーグ国際女性会議、また欧州労働運動の左派グループ、フリーメーソン、ヴァチカン、プロテスタント教会の牧師らの尽力や、フォードが一九一六年の初めにストックホルムで行った平和会議など、一九一六年一二月の平和攻勢に先行する多様な努力があった。

ユンクによれば、これと比べ今次大戦では平和交渉の試みは大きく後退している。この両陣営の間を支配する「没交渉」の最大の理由は、戦争の性格の変化にある。「前の戦争は、たしかに戦い合うが、その全社会構成においてそれほど変わらない諸国の間での争いだった」。キリスト教会、貴族、社会主義者、議会人、銀行家、フリーメーソンといった国際的利益共同体が双方に存在し、「塹壕を乗り越えて和解の試みを追求できた」のである。これに対して、「今回の戦争は二つの異なる社会形態の間での戦争である」。ドイツでは貴族は敵扱いされ、教会は遠ざけられ、フリーメーソンは禁止され、議会人は排除され、和解提案のありうる担い手として残っているのは、経済と外交のグループのみである。外交グループの活動余地は、すでに見た（論説12）ごとく限られている。

さらに、第二の障害として、「連合国はドイツの戦争指導者に対して、前の戦争よりもはるかに断固たる敵対者であるという事実」がある。ヴィルヘルム二世は協商国から激しく攻撃されたが、講和の条件に退位が出されたことはなかった。ドイツ皇帝とイギリス国王、またロシア皇帝も親族であり、この姻戚関係が敵対緩和の大きな要因だったかもしれない。そうした結びつきは、もはや英・独・露の指導者や交渉者の間に存在しない。この裂け目が、経済専門家の散発的な努力で架橋されうるとは考えがたい。

したがって、「密かな交渉による平和の可能性はまったくない。今回の戦争も、敵対する一方が消耗し尽くすまで遂行されるに違いない。その時点はいつ来るのか。おそらく我々が予測するよりも早いだろう」とユンクは結ぶ。

この時期、なお両陣営が伯仲していた一九一六／一七年の冬とはまったく異なり、フランスは降伏し、ロシアも西部の大半がドイツ軍の占領下にあった。軍事的にはまさしくヒトラーの絶頂期であった。それでも、平和交渉の手掛かりがなく英露両大国との消耗戦となった現状では、ドイツが力尽きる日は遠くないだろうとユンクは見通した。たしかに、平和交渉の余地は完全に狭まっていた。この論説からほぼ一ヵ月後には米国が参戦し、そのほぼ一年後の一九四三年一月二三日、カサブランカ会談後の記者会見で米国大統領フランクリン・ローズヴェルト（一八八二～一九四五）は、英米の戦争目的は「枢軸諸国の無条件降伏」にあるとし、戦争目的を無限定化する「全体戦争」戦略を布告して、平和交渉の余地は完全に排除される。(36)

5　戦争三年目の冬を迎えて

一九四一年一〇月末までにロシアに侵攻した北方軍集団はレニングラードを包囲し、南方軍集団は九月末にキエフ占領に成功していた。しかし、ロシアの大地はすでに雨期から寒期へと入り、機甲部隊の行動は困難になっていた。そのため、南方軍および北方軍の総司令官はヒトラーに、攻撃戦から防衛戦への転換を進言した。しかし、中央軍集団の総司令官ボック将軍は、道路が凍結すれば進撃できると攻撃作戦に固執した。かくて、防寒装備を欠いたまま中央軍は、一一月一五日、モスクワ進撃を再開する。そしてクレムリンまで三〇キロメートルの地点に達したが、一二月六日、スターリンの大規模な反撃で前進は阻まれた。その直後の一二月八日、大日本帝国陸軍がマレー半島に上陸した直後に、海軍がハワイの真珠湾に奇襲をかけ、日本と英米との開戦で枢軸国と連合国とが全面対決する、文字通りの世界大戦へと突入した。この展開に沿って、以下に見る七本の論説が一九四一年一一／一二月に掲載される。

(16) 戦争三年目におけるドイツの軍備（一九四一年一一月一四日）

本論説は、ポーランドから西部戦線、そしてロシア戦場へと展開したドイツ軍の軍備を支える、軍需産業に目を向ける。しかし、軍備は軍事機密であり、各種兵器などの数値を示すことはできない。そこで、「間接的な推論を通して」、「機械化時代の最初の数十年とのみ比較されうる徹底性をもって、今この瞬間に世界の相貌を変えている強力な産業変容過程のイメージ」を示そうとする。

ユンクによれば、ヒトラー政権下における軍需産業の、急激な発展のひずみが顕著になっている。開戦前には、「軍需産業やその支援産業のすべてが一九三四年から経験した嵐のような上昇の後、本来、今や一定の休止に入るべき」という論調が支配的だった。しかし、「休止」ではなく戦争となり、「より多くの大砲、飛行機、爆弾を製造する速度のみが決定的」となって、ドイツ国内の軍需産業は過剰な酷使による疲弊状態に陥っている。

だが、「このドイツの工場や機械全体の消耗によって生じる損失の、少なくとも一部は埋め合わせることのできる要因」がある。それは、ドイツが占領地で接収し使用している工場群であり、例えばオランダのフォッカー工場、フランスのルノー戦車工場、チェコとポーランドのスコダ工場群などである。さらに、「ドイツの軍旗が立つところ、常に経済の専門家たちがその国を改造している」。ノルウェーの水力発電は一五〇〇万キロワットから九〇〇万キロワットに引き上げられ、穀倉地帯のバルカンもしだいに工業化されている。二ヵ月前には、占領したソ連の工場を接収してヘルマン・ゲーリング直属の「東部」鉱業・製鉄会社が設立された。

問題は、こうした工場群の拡張によって、労働者不足が生じていることである。ドイツの軍事経済学者によれば、前線に一万機の航空戦隊を配置し、修理と損失回復で維持していくためには二〇〇万人の就業者が必要である。ドイツ航空産業の就業者数は開戦前に四〇万人で、現在はその二倍程度と推定され、大幅に不足している。この労働者不足を補うのは、外国人の補助労働者や捕虜の使用である。ポーランド人、オランダ人、チェコ人、セルビア人、クロアチア人などの協力的民族をドイツ軍の兵士として使用することは断念され、代わりに民間部門に投入しようと追求されている。したがって、これらの諸民族や、さらにノルウェー人やフランス人の働きが、ドイツの軍備にとって死活問題になっている。

さらに、戦前からドイツの「最も痛い点」とされていた石油不足の問題がある。この問題について、ドイツは褐炭の処理方法を開発して大規模に合成石油を製造し、連合国の予測を覆した。一九四〇年の生産高をイギリスは三五〇万トンと見積もり、英空軍は製造工場群に集中的な爆撃を加えていた。しかし現在、ドイツが保有する石油の総量は一二〇〇万トンで、一ヵ月一〇〇万トンの生産である。だが、それでも、かつて西部戦線では三週間に一〇〇万トンの石油を消費した。これと比べ、より大規模で広大な東部戦線では、少なくとも一ヵ月に一五〇〇万トンは必要である。さらに軍備を支えるため、関連工業に一ヵ月当たり五〇〇万トンが必要である。したがって、一ヵ月に一〇〇〇万トンの不足である。それゆえにドイツは、「石油不足の脅威をコーカサス石油地帯の占領によって対処できると期待する」とユンクは結ぶ。

(17) 冬将軍に対抗する下士官シュミット(一九四一年一一月二一日F・C)

本論説は、カール・フォン・クラウゼヴィッツ(一七八〇~一八三一)の「戦争の要件の中でも、その使用の警戒基準を設定しえないのは主に兵士の身体の緊張である」という指摘の引用に始まる。前回の工場や設備の疲弊に続き、兵士の緊張・疲労が本論説の主題である。そのため、ユンクは「下士官シュミット」という一兵士を設定する。下士官シュミットは、ポーランド、フランス、ロシア戦線と常に最前線に立ってきた。彼にとって、身体的な辛苦という点ではフランスの戦場が最も過酷だったが、フランスでの激しい戦火の日々は、現在続く日々よりもはるかに快適だった。たしかに敵との遭遇はまれだが、冬季が迫るロシア戦場は苛酷である。その過酷さを、ユンクは「下士官シュミット」に託し、新聞記事の長文の引用をつないで次のように描いていく。

まず、雨期の到来であり、「湿った集中砲火」である。『民族のオブザーバー』(一一月八日号)は行軍の様子を、次のように描く。「疲労は大きく、弾薬は重く、食糧は二倍の重さとなり、銃は首を絞めつけ、機関銃は石炭袋よりも重く、ののしりとうめき。冷たい雨にもかかわらず、ほとばしり流れ出る汗。……湿った雪片が降り続ける。雪は死者たちの上につもり、その目を閉ざす(37)」。

さらに、冬将軍はドイツ兵を切り刻み、消耗させる。水道管は凍結し、水の確保が困難となる。寒さから身を守る、宿営の場所を作らねばならない。その場所で、「小さな持ち運び用ストーブで暖を取り、休んでいるとき兵士たちは、どのように時間を過ごすのか。前線には何百万部の本や雑誌が送られている。そのうえ、木製兵営の多くにはラジオもある。しかし、過酷な冬将軍の指揮下では、ただ眠ることのみである」。

そのように疲弊する兵士の様子を、引き続きユンクは、多数の新聞に掲載されている報道中隊員ハンス・ハフスキー(一九一三〜七八)の記事を引用して克明に描く。そして最後に、『民族のオブザーバー』紙に掲載された先の大戦の事例を引きつつ、冒頭のクラウゼヴィッツの言葉に立ち返る。すなわち一九一五年、ヒンデンブルク将軍のロシア攻撃提案を、エーリヒ・フォン・ファルケンハイン将軍(一八六一〜一九二二)は兵士の疲弊を考えて差し控えた。それゆえ、「ファルケンハインはクラウゼヴィッツの命題を悲観的に査定したが、現在のドイツの指揮官たちは逆に楽観的に解釈した。……この果敢な試みが実現するか否か、その結果はじきに示されるに違いない」とユンクは結ぶ。

(18) アルフレート・ローゼンベルク：ドイツの東部占領地大臣(一九四一年一一月二八日)

中央軍集団総指令官ボック将軍のモスクワ進撃が再開され、その動向が注目されるなか、本論説はナチ党イデオロギーの最重要人物として、反ボリシェヴィキ・反ユダヤ人思想家のアルフレート・ローゼンベルク（一八九三〜一九四六）を取り上げる。

ユンクは最初に、「暴力には暴力を、不法には不法を、残虐には残虐を、は歴史の冷酷な法則である」とし、加害の側の忘却に対して、被害の側の怨念に注意を促す。というのも、ロシア革命の時代に幾十万のロシア人難民が欧州に逃れ、「国民社会主義思想の発展やロシア大帝国との闘争へとドイツ人を導いたナチ党の形成に、彼ら白ロシア人の難民が及ぼした影響は、大規模な個別研究の価値をもつ」からである。ローゼンベルクもその一人で「ドイツ国民主義とロシア神秘主義との思想的展開の最も明確な結節点」であり、ヒトラーもミュンヘン時代にロシア難民から影響を受けたとし、ローゼンベルクの個人史から見ていく。

ユンクによれば、ローゼンベルクは二六歳の夏にヒトラーの知己を得る。(38) 彼の関心は青年時代からヒトラーと同じ方向にあった。一八九三年にレーヴァル（エストニアの現タリン）に生まれた彼は、本来は建築家志望でリガ工科大学に入り、戦争による同大学のモスクワ移転と共にモスクワに移って、学位記 Diplom を取得した。建築と並んで、絵画と歴史が彼の主な関心事だった。その彼にとり、ボリシェヴィキ革命は単なる流血と混乱であり、これが彼にとっての決定的な体験となる。ユダヤ人出自のボリシェヴィキ政治委員が、広大な帝国を混乱の渦に投げ込んだ、と。この一九一七年の「事実」で、ローゼンベルクの世界観が固められる。ボリシェヴィキとユダヤ人はほとんど同一現象であり、彼の神秘的な人種主義の秩序イデーに敵対する「悪魔」とされ、したがって「ローゼンベルクの思想的展開は哲学というよりも、むしろ狂信的な宗教であり、最初から「地獄のソヴィエト・ロシア」に対する十字軍を目指すものだった」。

一九三五年に彼は「ナチ党と関係団体の精神・世界観教育の全体を統括する指導者代理」に任ぜられ、「ナチ文化連盟」や『ナチ月刊誌 *NS-Monatshefte*』を主宰し、かつては『民族のオブザーバー』の編集長も務めた。こうして、際立った影響力をもっているが、彼の周りに白ロシア人は見当たらない。東部占領地大臣（一九四一年七月設置）の彼を支える三人の人物、経済の専門家アルフレート・マイアー博士（一八九一～一九四五、ゲッティンゲン人）、オストプロイセン大管区指導者エーリヒ・コッホ（一八九六～一九八六、エルバーフェルト人）、「北方協会 Nordische Gesellschaft」のハインリヒ・ローゼ（一八九六～一九六四、ホルシュタイン人）と共に、ローゼンベルクは今やロシアの占領地を管理する「理論から実践に入る」。十字軍の夢の第一段階は終わり、東部入植実験の第二段階である。(39)

しかし、この実験の困難はすでに明らかになっている。たしかに、イタリア、ルーマニア、ブルガリア、ロシアと協定を結び、これら諸国からのドイツ人の帰還を助成して、合計六八万四一〇〇人のポーランドへの移住を実現した。だが、「国境地帯から差し向けられたこの約七〇万人の人々だけでは、東部のゲルマン化は遂行されえない」。例えば農業大臣リヒャルト・ヴァルター・ダレー（一八九五～一九五三）は一九四一年、オランダやデンマークの農民のウクライナ移住を促している。

東部移住へのドイツ人自身の意欲は高いようには見えない。ポーランドだけでもゲルマン化には、なお一二万から一三万の農民家族の入植が必要であり、加えて官吏や商工業者が必要である。

この入植者不足を訴える声は、ドイツの紙誌から聞こえてくる。「かつて国民社会主義者が彼らのイデーのために訴えた言葉は、「土地なき民 *Volk ohne Raum*」であった。(40) それが現在は「あり余る土地をもつ民」であり、これが新ドイツ東部行政の頭を悩ませている」。「どのように東部を有能な商人で埋められるのか。帝国の商業が目立った人員余剰を与えてくれることは、ほとんど期待できない」とする、『ドイツ一般新聞 *Deutsche Allgemeine Zeitung*』の訴えでユンクは本論説を結ぶ。

（19）第三帝国と欧州（一九四一年一二月五日、欧州問題欄）

本論説は、モスクワ戦でソ連軍の反撃が始まる前日に出されている。第三帝国の支配圏が欧州大陸の全域へと広がった時点であり、ユンクは一年半前のフランス制圧後からドイツで「欧州」スローガンが登場するとし、最初に欧州国家構想の歴史に触れる。

ユンクによれば、一七三二年のシャルル・ド・モンテスキュー（一六八九〜一七五五）の周遊記の一節に、「欧州における事態の状況はこのようであり、すべての諸国は相互に依存する」とあり、この言葉が「全欧州意識の最初の夜明け」である。その数十年後にJ・G・ヘルダー（一七四四〜一八〇三）は、欧州支配の要求を掲げる民族の登場を予感し、「地上のいかなる民族にも生得的な高貴さを理由に、他の民族への支配権は与えられない。いわんや剣や奴隷用の鞭は与えられない」と警告した。

だが、勢力均衡の時代に個別の民族が支配権を握ろうとし、欧州は破壊の困難を経験してきた。「中央から指導される全欧州組織を作ろうとしたナポレオン、メッテルニヒ、皇帝ヴィルヘルム二世の試み」である。そして、それらの失敗の後、「我々は現在、もう一度、一つの国家の優位の下で単一の欧州を創る試みを経験している。この試みは、すでにどこまで進行しているのか」とし、第三帝国の欧州国家構想の問題点を探っていく。

まず、「新欧州」の内部における諸民族間の対立である。ルーマニアとハンガリー、クロアチアとハンガリー、ブルガリアとギリシャといった東欧・バルカン地方の典型的な不和であり、チェコとドイツの対立も「総督代理ハイドリヒの任命で明白」になり、チェコとハンガリーの間にも障害がある。また、北欧ではドイツ側の三国（ノルウェー、フィンランド、デンマーク）が中立国スウェーデンと対立しているのみならず、これらドイツ側三国の間にも不和がある。西欧ではオランダ人とフランドル人の争い、さらに南欧の同盟国イタリアとドイツの間にも、スロヴェニアをめぐって確執がある。

こうした現状を指摘した上で、ユンクはさらに「新欧州の組織原理」へと論を進める。それは、ヨアヒム・フォン・リッベントロップ（一八九三〜一九四六）の言う「不平等者の調和」であり、「欧州の諸民族は人種の世界秩序に服する」。ゲルマン諸国民、ラテン諸国民、スラブ諸国民という序列である。この原理に基づいて作られる「将来の欧州では、どこにも独立は与えられないが、精神文化の領域での自治だけはある」と、オーストリア人のアルトゥル・ザイス＝インクヴァルト（一八九二～一九四六）の演説が語っている。[41] 他の重要人物たちも、等しく欧州諸民族の文化的精神的自治を尊重し、「欧州のゲルマン化や全体化 totalisieren を望むものではない」と主張している。しかし、現実はそうではない。一九二五年にミュンヘンに設立された「ドイツ・アカデミー」は、ドイツ文化の宣伝機関へと拡張されて、「言語と文化のあらゆる問題でドイツへの欧州の適合」を押し進めている。そのように、「政治的かつ精神的に厳格に中央から統治される欧州は、そもそも欧州精神をもちうるのか」、問題であろう。かつての欧州は「ペルシャ・アジア的全体国家」に対して、「個人の自由と多様性、諸民族の自由と多様性という原理」にその特有の存在を基礎づけられていたが、そうした欧州の精神的原理がこの新欧州では妥当しえないからである。

さらに、ドイツの欧州計画は、「ドイツが導く欧州は広大なロシア領域の平和的開発に尽力し、また他の諸大陸との争いを確実に回避する道を見つけていく」と約束しているが、この約束も疑わしい。というのも、一九四一年四月の教育省大臣ベルンハルト・ルスト（一八八三～一九四五）[42] の演説は、「この地上が戦場となることは創造者の意志である。戦争の遂行が神の掟であり、この掟を満たす民族のみが天意の祝福を期待できること、ヒトラーの心底からの確信である」と述べているからである。このヒトラーの確信により、「戦闘的で好戦的な行動が法則となり」、欧州にとどまることなく世界へと、「絶滅闘争」は「唯一の権力者が完全に支配圏を掌握するに至るまで」続くに違いない、とユンクは結ぶ。

ベルリン守山特派員による四日発の朝日記事「欧州統一に曙光　独総統、「力の政治」を推進」（一九四二年一月五日）は、ヒトラーによる「ヨーロッパ統一」について以下のように論じている。[43] 諸民族が混在するヨーロッパ五・五億の「文明人」を八千万のドイツ人で統治する困難さは無比で、現在のドイツの民族政策はすべて臨時の措置である。西部では軍事的考慮、バルカン半島の後始末にはイタリアとの政治的考慮が優先し、東部でのみドイツの徹底した民族政策の一端をうかがわせるが、それもスラブ民族に対する究極の方法とは考えられない。開戦当初のヒトラー総統の「ドイツ民族千年の安泰のために」という言葉は、今では「ヨーロッパ千年の平和のために」という合言葉に置き換えられている。この「ヨーロッパの統一」という大事業は、目下のところドイツの「強さ」による以外にはない。「膨大な周囲の占領地がかつては敵国であった事実」からして、「力」による以外「ヨーロッパ新秩序の建設」はない、と。それにもかかわらず、同記事は欧州連邦国家構想の登場を夢想するが、F・L論説の主題は以後、そうした「力」による支配の実相とこれに対する抵抗の報道に重点が置かれていく。

（20）ドイツの自己批判（一九四一年一二月一二日）

本論説（図2-3）の主題は、ドイツ国内に派生しつつある不安と不満の声であり、まずロシア戦場から故郷に戻った休暇兵士たちの思いに触れる。彼らは、「戦場から何千キロメートルも離れた背後で生き続けている、外見的に安定した変わりなさへの怒りとさげすみ」から、「批判を行い」「もはや疑念や異議をささやき声にはしない」。たしかに、クリスマスの飾りに彩られた街に戻った彼らは、数日もすれば「故郷の人々に対してより寛大で公平になる」が、批判の声は沈黙せず、前線兵士の家族は誰もがそうした「批判的疑念の言葉」を聞いている。しかし、その声を再現することはまだできない。そこで、この声を反映し、「国家が操作する世論機関」においてさえ「一般的な自己批判の声」が見られるとし、ユンクは以下、政権側と世論の風向きの変化をえぐり出していく。

まず政権側について、ゲッベルス博士は戦争が近いうちに終了するという今年初めの予想を撤回し、戦争の終了は「いつ」ではなく「どのように」が問題であるとした。同時に、この「いつ」という問題が、ドイツ民族の中でいら立ちをもって出されていることを認めた。そして、この批判の波をそらそうと、ユダヤ人迫害をもう一度先鋭化させた。しかし、「このドイツ民族の中の不快感、怒りや憎しみの感情すべてを、あのすでに明白に力を奪われて比類なく打ちのめされた小グループに向けても、けっして満足はさせられない。なぜなら、自己批判の波は口から口へと、そして公共の紙誌でも続いているからである」。

たしかに、「最も先鋭な規律の集団的イデーにすでに何年も仕えることを強いられている九千万人の国家」では、

「人間的感情とはまったく無縁なロボットが生きている」と見る向きもある。しかし、現実はけっしてそうではない。「いかなる反論もなく、自動機械のごとく行動するドイツ人という神話は、誤った危険な一般化である」「ドイツ人が一九三三年から制服に立ち返っているという事実から、直ちに全ドイツ民族の「内面的制服化」を結論づけるなら、単に未来への道に誤りを用意するにすぎない」。

事実、第三帝国に対する人々の最も目立った攻撃材料として、「欠乏」の問題がある。たしかに、配給は「まずまずの状態」だが、時計や靴を修理に出しても戻ってこない、食器が手に入らないなど、手工業者の不足が生じている。ナチ親衛隊機関紙『黒い軍団 *Das Schwarze Korps*』は、欠乏の原因の一つとして貿易の問題を挙げ、家庭用食器の不足を指摘している。同誌は「若者の誇大妄想」をも指摘し、親方に対する徒弟の態度など、年長者に対する若者たちの無遠慮な態度を戦争が助長していると警告している[44]。

また、「国民社会主義世界観の反知性主義の旗印によって支持された、大学の教育研究の遅れ」が指摘され、医師や技術者はともかく、将来的に法律家や教育者が大幅に不足するとドイツ労働戦線の機関誌は主張している。

こうした自己批判は、ロシアでの前進が止まり、一層強く戦争の負担が感じられるようになってから表われた。この批判の動きを許容するのか、あ

Selbstkritik in Deutschland

negativer Art in der Oeffentlichkeit radikal unterdrückt wurden, und jenseits der deutschen Grenze hat man daraus den Schluss gezogen, als lebten nun von der Maas bis an die Memel und von der Etsch bis an den Belt eine Art Roboter, denen alle menschlichen Gefühle, die sich im Miteinander der Menschen herausbilden wie Angst, Aerger, Schmähsucht, Hass etc. fremd seien. Nun, das war in Wirklichkeit niemals so. Die Legende vom Deutschen, der ohne jede Gegenfrage pariert und wie ein Automat handelt, ist eine falsche und gefährliche Verallgemeinerung. Wer aus der Tatsache, dass die Deutschen seit 1933 zur Uniform zurückgekehrt sind, gleich auch auf die «innere

図 2–3　本論説の図版：わら帽子から靴を・「親方，この帽子をわらの靴に仕立て直せませんか」

るいは抑圧するのかが、政権側が直面する問題であり、心理戦の遂行が緊急の課題になっている、とユンクは結ぶ。

（21）日本はどのように太平洋戦争を準備したか（一九四一年一二月一九日、日本欄）

「太平洋戦争における日本軍の緒戦の大成功は、ポーランドや西部におけるドイツ軍のすばやい勝利にほとんど劣らず世界を驚かせた。再び、もう一度、全面的に決断した敵を過小に評価する傾向が支配していたのであり、最近の変化に注目すること、あまりに少なかったのである」。この一節に始まる本論説でユンクは、著名なアメリカ人の日本専門家たちによって日本の戦争準備が見過ごされてきたことを指摘した上で、一九三七年から二〇〇億円の軍事費を投じて急激に遂行された空の電撃戦態勢への日本の努力の足跡を描く。

ユンクによれば、「厚いヴェールが掛けられ、スパイ防止は最も厳格で、一部ではまさしく笑えるほどこせこせした形を取って」、軍需産業が拡張された。したがって、その正確な数値は不明であるが、一九四一年五月のドイツ参謀本部報道官の発表で、日本の艦隊は四〇〇以上の部隊で四千機以上の艦載機をもつと公式に伝えられた。そうした軍備拡張の基礎は軍事経済であり、過去五年間に「私的経済形態から国家経済形態への置換が強力に進められた。その第一の歩みが輸出入の国家統制であり、消費財の輸入を抑制し、外貨を軍備に振り向けるものであったが、その規制が広く商品・資本の国家統制へと拡張されている」。

とりわけ、日本の戦争遂行にとって決定的な石油の、「国家干渉」による備蓄である。一九三八年の法律で、石油の年間販売量の二分の一を日本の領土内に備蓄するとされ、アメリカは日本に年間三〇〇万トンを輸出しているが、うち一〇〇万トンは備蓄されてきた。そして開戦で、外国の石油備蓄を差し押さえ、さらにサハリン、海南、北シナなど占領地での石油採掘が進められている。同様に、輸入に頼っていた鉱石の採掘も、強力に進められている。

さらに、「別の前進は軍需産業自体にも示される」。一九三七年以降、軍需工場は爆撃に備えて分散化され、「日本の傀儡国家である満洲国に特別に重要な役割を与え」、五ヵ年計画が遂行された。そこでは、ドイツ・ライセンスの飛行機工場が建設された、と伝えられている。もちろん、自国製の新装備も開発され、とりわけ注目すべきはAT27海軍機（ゼロ戦）であり、ハワイおよび英戦艦「プリンス・オブ・ウェールズ」攻撃で驚くべき成果をあげた。

一方、艦隊建設に関する正確なデータはないが、ドイツの戦艦「ビスマルク」の改良型と見られる、巡洋艦と戦艦の混合機能をもつ一・五万トン級艦船を多数建造して艦隊を一新し、航空母艦も一一隻へと拡充されている。数人の乗員が乗り込むだけで、非常に安価で速く製造できる、新兵器のポケット潜水艦も呉で大量生産されている。

そして、「自殺志願者の操作で正確に目標に向かう人間魚雷」がセンセーショナルに語られる。それは、「一九三二年に爆弾を背負って突っ込んだ、聖者とあがめられた三人のパイオニアの例」に従うものであるという。「今次大戦および以前のすべての戦争で、日本人に魂を吹き込んだ無条件的な死の蔑視という精神は、常になお日本人の最も危険な武器と見なしうるだろう」。パールハーバーの米戦艦に突入した八人の（特殊潜航艇）兵士は、「著名な江田島の海軍学校で学んでいた」「こうした教育施設の精神は変わらず継続しており、西洋の基準ではまったく測ることのできない戦闘者を作り出すことの証明である。西洋の文明の影響は、日本の若い世代を軟弱にしていると考えられていたが、ここでは道徳的武器が根を張っており、その最初の結果を我々は見ている」。

以上のように日本の戦争準備の足取りを見た上で、ユンクは最後に、この空の電撃戦の限界を次のように指摘する。「たしかに、日本の原料基盤が拡大されていること、軍需産業、とりわけ航空兵器の前進が果たされていること、そしてまさしく最新の出来事が示すように軍隊の「武士道」精神が本質的に保持されていること。こうしたことは確かである。だが、連合したアングロサクソン諸国に対する最終的な勝利を、このような改善は保証しうるものではない」「東京自体でさえ最終的な勝利を確信はしていない」。「マレーシアやインドネシアの原料資源の征服で日本が持ちこたえうると信じる長期戦において、日本の見通しはまったく有利なものではない。電撃戦の方法にとり、太平洋の巨大空間はまさしくその規模のために不適当なこと、陸地での電撃戦にとってのロシアの巨大空間と同様である」。

たしかに、朝日記事の「夢見る砲声と軍歌　危機を覆う深雪　必死に防ぐモスクワ」（一二月七日）が示すように、日米開戦前夜の日本国内では、モスクワは陥落寸前で防戦一方という認識が一般的であった。しかし一二月六日、ゲオルギー・ジューコフ将軍（一八九六～一九七四）率いるソ連軍の総反撃が開始されていた。まさしくその直後に、ロシア戦場とは比較にならない広大な太平洋で、ソ連とは比較にならない米国の生産力を相手に、「ゼロ戦」の奇襲で空からの電撃戦が仕掛けられた。この皇国日本の神がかりの盲目性と軍人精神を、本論説は突いていた。

(22) 軍司令官としてのヒトラー（一九四一年一二月二五日xxx）

冬季戦の装備を欠く中央軍集団のモスクワ進撃は挫折し、一二月六日にロシア軍の総反撃が始まる。ドイツ軍は後退を余儀なくされ、一二月一九日、ヒトラーは陸軍総司令官ヴァルター・フォン・ブラウヒッチュ将軍（一八八一～一九四八）を解任した。後任は置かず、ヒトラーが自ら陸軍の総指揮権を掌握した。すでに同じ一二月六日、心臓病で疲弊していたブラウヒッチュ将軍は辞任願いを提出していたが、モスクワ戦の不首尾を問われての罷免となった。

本論説の主題は、ここに至るヒトラーと国防軍との関係であり、政治家というよりも軍司令官へのヒトラーの道のりであって、同時にその意味するところを示すことにある。最初に、「宿敵フランス」を打倒した軍事的勝利の立役者として、「今年のヒトラーの誕生日に関するドイツの報道は、まったく新しいトーンを帯びていた。政治家というよりも軍司令官としてヒトラーが祝されたのである」とし、軍司令官ヒトラーへの歩みをたどる。

ユンクによれば、第一のステップは「軍隊の保守勢力に対して国民社会主義者の立場を強化した、一九三四年六月三〇日の事件」（国軍に取って代わろうとした突撃隊幹部を粛清したレーム事件）である。第二はヴェルナー・フォン・ブロムベルク将軍（一八七八～一九四六）を解任し、「慎重な政策の代表者ヴェルナー・フォン・フリッチュ（一八八〇～一九三九）将軍」を辞任させた一九三八年の事件であり、このときにヒトラーは、「今より全国防軍の指揮権を私が直接個人として行使する」と宣告した。(45)

それ以来、ヒトラーは自分自身を政治家というよりも兵士と見なし、兵士の制服姿で登場している。そして、彼の個人秘書官でナポレオンの伝記作者フィリップ・ボウラー（一八九九～一九四五）と共に「この大コルシカ人の出征の全局面を学習し尽くし」、ナポレオン同様に政治家かつ軍指揮官となっている。(46) また、ナポレオンの弱さと誤りは、ナポレオンに欠けていた「大規模な技術的装置の助け」で克服できると信じている。

これに対し、「国防軍グループの中では当初、総統のこの大きな意図と戦略的革命的計画には懐疑が抱かれていたこと、よく知られている。それは、すべての専門家たちがこの素人に振り向けた疑念だった」。だが、歴史は繰り返す。大胆な一撃でゴルディオスの結び目を断ち切ったアレクサンドロス大王の例があり、一九三六年三月のラインラント占領で「将軍たちではなくヒトラーが正しかったのだから、今より彼らは総統に対するとき、自分たちを疑い、不安になった。そして、常に新たな成功によってヒトラーの魅力は高まるばかりで、ヒトラーの権威は一層完璧になっていった」。そのため将軍たちは、「彼らの心配を余計なものとして脇に置くことを知り、この新米の男に屈服した」のである。

それでも、開戦前までは軍事専門家の懸念が表明されていた。とりわけエーリヒ・マルクス中将（一八九一～一九四四）であり、彼は『軍事週報』（一九三九年四月一四日）に補給路や兵士の精神的疲弊の問題など、現下のロシア戦線の事態を見通す指摘を行っていた。(47)

事実、「ロシアの特殊条件」により、「近代化され機械化された攻撃部隊の速度」という「ヒトラー戦術」の一部は不可能になっている。この戦争遂行の責任はヒトラーにあり、彼は東部戦線に近い移動司令部で強大な部隊の進撃を指揮している。もはや「外交は第二ランク」となり、ゲーリングやゲッベルスに代わって彼の周りにいるのはナチ党総統官房長ボウラーであり、武装親衛隊将軍ヨーゼフ・ディートリヒ（一八九二～一九六六）と砲兵隊将軍アルフレート・ヨードル（一八九〇～一九四六）である。[48] いずれにせよ、ヒトラーが軍の最高指揮官を引き受けたことにより、「政党政治家から国民の指導者へ、さらに偉大な政治家から軍司令官へとヒトラーの長い道のりは、これをもって表向きは終わった。それと共に、彼の運命は無条件に兵器に依存すること明らかである」と結ばれる。

おわりに

以上、一九四〇年一〇月から一九四一年末に至る、ヒトラーとナチ党の絶頂期に書かれた合計二二本の論説を要約しつつ見てきた。それらは、系統的に計画をもって書かれているわけではなく、その時々の状況や情報に応じて書かれており、多様なテーマが分散的に取り上げられている。その内容を掲載順に単一のキーワードで示せば、①地政学、②広域圏論、③兵士の世代論、④航空戦隊、⑤電撃戦、⑥占領地管理部隊、⑦戦後世代の兵士、⑧宣伝戦、⑨宣伝中隊、⑩冬季戦の準備不足、⑪独英の空中戦推移、⑫和平工作、⑬国防軍とヒトラーの関係、⑭武装親衛隊「黒い軍団」、⑮和平の不可能性、⑯軍需産業の労働者不足、⑰冬将軍下の兵士、⑱東部入植、⑲欧州支配計画、⑳国内の不安、㉑太平洋戦争の開戦、㉒軍司令官ヒトラー、である。

これらの論説の特徴として、第一に注目される点は人物論の比重であり、人物を見出しに掲げた論説が九本を占めている。取り上げられているのは、三人のイデオローグ（ハウスホーファー、シュミット、ローゼンベルク）、四人の軍人（シュトゥーデント、メルダース、ケッセルリング、フォン・ボック）、国民社会主義革命の二人の頭目（ヒトラーとハイドリヒ）と、この時代を代表する人物たちである。その場合、特徴的なのは、成育歴にさかのぼる個人史の追跡であり、その個人史から時代状況に迫る方法である（ただし、ヒトラーを除く）。いわば演劇的な描写の手法であり、舞台に立つ多様な人物たち一人ひとりの背景描写を通して、時代状況という舞台自体をヴィヴィッドに示そうとする方法と言ってよいであろう。人物を見出しとしない論説の場合も、しばしば人物の履歴を通して状況の描写がなされている。

これと結びついて、現状を過去にさかのぼって歴史的に理解する方法が第二の特徴である。大半の論説が「先の大戦」にさかのぼって、それとの比較で「今次の戦争」をめぐる諸テーマを論じている（第一次大戦および第二次大戦という表記は、のちに見る一九四二年論説以降に登場する）。その場合、最初のハウスホーファー論説が明確に示しているように、第二帝政期の「世界強国」への挑戦という「先の大戦」の失敗を教訓に、そこから学んでの再挑戦が「今次の戦争」であるとする理解が基軸に置かれている。第二帝政から第三帝国へというドイツ史の連続性の視点が中心にあると見てよいであろう。

先に挙げた九名の代表的人物に即していえば、ローゼンベルク、メルダース、ハイドリヒを除く六名は、いずれも第一次大戦の参戦者である。オーストリアを代表するザイス＝インクヴァルトを含め、彼ら戦争世代の個人史は、敗戦の体験とヴェルサイユ条約の下で「大ドイツ」「世界強国」を復権するという意識が一層強化され、この国民的課題への再挑戦にそれぞれの分野で身を呈していったことを示している。例えば宣伝戦の重視も、一九一六／一七年の「カブラの冬」（食糧不足）に始まる国内の不穏が敗北を導いたという彼らの敗戦体験に基づき、再挑戦には強固な国内戦線の統一が絶対的な要件と思われていた。そのために、国内向けの宣伝戦が重視され、報道者が兵士となって戦争体験を直接に伝える「報道中隊」が組織されたのであった。同様に、食料の確保も至上命題とされていたのである。

個人史への着目から、さらに第三の特徴として世代論が挙げられる。伝統的価値を保持して「世界強国」を目指す戦争世代に対して、戦争体験を欠き、戦後の価値観の混乱の中で生育した戦後世代に、ユンクは独自の心理・精神状況を見た。すなわち、時代の状況によって規定される世代心理である。それは、上記のメルダースとハイドリヒの個人史に象徴的に示される。有産市民家族と市民文化の中に育ちながら、継承すべき伝統的な価値観も新しい価値観も持ちえず、よりどころを失って結局は「自分を指導してくれる者に単純に心服」し、軍隊や軍事組織に身を投じ、そこに居場所を得た若者たちである。彼らの「何ものにもしり込みしない絶望から来る決断」が、「いかなる政治集団も見出しえなかった飛躍と目的追求」をナチ党に与えた、とする。

以上、ユンクの論説の方法的な特徴は、個人史、歴史的視野、そして世代論という三つの視点にあり、またこの三つの視点から多様な主題を取り上げる、包括的な時代描写への志向にあった。そうした方法的な基盤の上に、まさしくヒトラーの「電撃外交」「電撃戦」の成果の絶頂期に、その結果としてすでに外交の余地は失せ、電撃戦もロシアの大地で失敗に終わり、ドイツの戦局は英露との消耗戦へと移り、ドイツ国内の「欠乏」もすでに一部生じており、勝敗の先行き見通しは定まったことや、その上、日米開戦に連動してドイツは米国をも敵に回し、三大国との消耗戦を戦う事態に陥り、もはやその崩壊は時間の問題にすぎないことを、一九四一年一二月のユンクの論説はすでに見切っていた。したがって、これに続く一九四二年、ユンクの論説の主要な課題は、戦局報道と並んで消耗戦を戦うドイツの占領地支配と搾取、とりわけテロ支配の激化、またドイツ本国の統制と疲弊の様相を追うことに置かれていく。

第3章　「終わりの始まり」を見通す

――一九四二年の「第三帝国」論――

はじめに

一九四二年の年初、『世界週報』編集長（K・v・S）の巻頭論説は、トルストイの小説の題名「戦争と平和」を掲げた。(1)この小説の舞台はナポレオン戦争であり、現在と二重写しになるが、この表題に込められた、どんな冬（戦争）であっても春（平和）は来るという希望のメッセージを伝えたい、と。そして、独ソ戦および太平洋戦争の開始により、欧州の独裁制と民主制の戦いは、世界の支配権をめぐる戦争に変化したことを指摘する。

すなわち、英国のアンソニー・イーデン外相（一八九七～一九七七）はソ連のスターリン首相およびモロトフ外相と会い、緊密な政治的協力関係をもてると確信した。これに対して、ヒトラーの誤りは「彼の国で彼が国民社会主義者であることではなく、彼の国の中にとどまらず、世界を支配しようとすることにある」「自由で独立的な諸国民の存続を許容できないことにある」。

たしかに独英の間でも、統治形態は違っても一九三三～三九年の期間には正常で、ときに友好的な関係があった。しかし、当面は英米とソ連との間で、平和関係の保持が一層容易である。なぜなら、英米露は同じように「持てる国」であり、既存の富を正しく搾取し配分することが、外に向かって新しい富を求めることよりもはるかに重要だからである。この点で、一方の側は、現在の基盤の上で世界を新しく秩序づけようとし、他方の側は既存の基盤を根底から崩そうとしている。まさしく、「持てる国」と「持たざる国」の内的論理に基づき明確な戦線が引かれた、と。

このように編集長の論説は戦争の新たな段階を、独露の欧州分割戦争から「持たざる」諸国の「持てる」諸国に対する挑戦、世界の領土再分割戦争への展開として示した。そして、この戦線においていずれの側が勝利するのか、それを語るのはまだ困難としつつ、いずれの側であれ、勝者が長きにわたり世界の主人公となり、安定した秩序と現実の平和を保障できることは確実だ、と結んでいる。

一九四二年の戦況は枢軸諸国の占領地拡大の報に彩られ、戦争の結末を見据えることはなお困難だった。この年の前半、日本軍は一月の米国統治下のマニラ占領、二月の英国統治下のシンガポール攻略からオランダ領のジャワ、スマトラ、ティモールを占領し、北はアリューシャン列島、南はミャンマーからニューギニア・ソロモン諸島に至る広大な領域を支配した。ドイツ軍は反撃に出たソ連軍を五月にハリコフ（現ハルキウ）で撃退し、六月にクリミア半島最後のソ連軍拠点セヴァストポリを占領し、秋にはスターリングラードおよびコーカサス山脈地帯へと侵攻した。北アフリカでもロンメルの戦車部隊がエジプトに迫る勢いであった。

このグローバル化した戦争において、ドイツの戦略は四つの戦場で進行していく。第一は東部戦線であり、とりわけ南ロシアのヴォルガ、コーカサスからペルシャ、インドへと抜ける大石油地帯への進出である。第二は北アフリカであり、スエズ運河に進出し、中近東のアラブ世界と結びつくルートである。第三はUボート作戦で英米の連携を断ち、イギリスを疲弊させる大西洋戦線である。第四はロシア戦線と結びついて、ユダヤ人絶滅・スラブ人奴隷化の秘密の戦場である。さらに付け加えれば、労働力の調達やパルチザンの殲滅など占領地支配、そして軍需産業に国民を総動員する「国内戦線」がある。ヒトラーの支配圏はロシアの奥深くまで、ほぼ欧州大陸の全土を覆う最大規模に達していた。

しかし、東部戦線における電撃戦（モスクワ占領）が失敗し、長期化する物量戦・消耗戦の世界戦争へと戦局が変化した以上、「持たざる」側に対して「持てる」側に分があることは自明の理であった。この確信に基づきユンクの論説は、物量戦・消耗戦を戦うドイツの兵士たち、およびドイツ本国と占領地はいかなる状況にあるのか、その困難な様相をドイツ側の文書から克明に描き出していく。すなわち、確実に崩壊に向かっている第三帝国の占領地と本国において、苛酷化する支配の実相を示すことが一貫した課題であった。以下、前章と同じように四つの時期に分け、世界戦争に向かって（第1節、一九四二年一～五月）、ハイドリヒとロンメル（第2節、一九四二年五、六月）、東部戦線の夏季攻勢と強制移送（第3節、一九四二年七、八月）、崩壊への序曲（第4節、一九四二年九～一一月）と、上記六つのドイツの戦略に即して展開されたユンクの第三帝国報道を、引き続き通し番号で見ていく。

1 世界戦争に向かって

先の年初論説に続いて編集長（K・v・S）の巻頭論説「日本、ロシア、ドイツ」（三月二〇日）は、この三ヵ月間の東アジアでの日本の戦果は一九四〇年夏のドイツと比較できるとしつつ、以下のような見通しを示す。問題は日露関係であり、ロシアは軍事力をドイツに集中するため、また日本は東インドやインドネシアに進出するため、ウラジオストックにあるロシア軍拠点の脅威など潜在的な緊張はあるとしても、両者の中立条約は維持されるだろう。そうであれば、「第二次世界大戦の決着は、ロシアの戦場で決せられると確信する。枢軸国がロシアの戦場で敗北すれば、すでに一九〇四／〇五年の日露戦争で世界の驚嘆を呼び起こしたあの勇気をもってしても、この極東の島国民族の小さな兵士たちがこの間に勝ち取った成果を維持できるチャンスはない」。こうした理解は英米の側も同じで、両者の戦いの重点は欧州にある。

欧州大陸でドイツが敗北するなら、未来の世界を秩序づけるのはロシア人および中国人と共にアングロサクソン人である。逆に、「ドイツがロシアで勝利し、さらに日本と共にアングロサクソンを彼らの島々やアメリカとオーストラリアで敗北させる力をもつなら、枢軸諸国が彼らの計画にしたがって世界を再組織するだろう」。

いずれにせよ、「ロシアの戦場で世界の運命が決せられる」。これまでのところ、冬季戦の勝利でロシア軍がドイツ軍に大きな損害を与えている。しかし、その戦果のためにどんな犠牲が払われたかは不明である。この点に、今後の成り行きがかかっている。ドイツ軍は強力な軍勢の再整備を急いでおり、時機を見て再び攻勢に出ること確実であり、「ロシアの戦場の帰趨について語るのは今は早すぎる」と。

一九四一年一一月〜四二年三月の冬季戦において、ソ連軍のみならずドイツ軍も多大な損害を受けていた。動員した兵士三〇〇万の内の九〇万人を死亡や負傷で失い、補充できたのは四五万の兵士のみであった。装備も大量に失われ、その数は戦車二三四〇輛、トラック・自動車七万四二〇〇輛、航空機八千機以上にのぼった[2]。しかも、すでに一九四一年七月半ばにヒトラーは、ロシア戦早期勝利を見通して冬季戦の準備をしないままに、軍需生産を英米向けの海空軍の装備用に振り向けていた。一九四二年の年初、軍需生産の重点を再び陸軍向けに戻すとともに、大西洋でのUボート作戦が開始される。そうした状況を受けて、この時期、ユンクは初めて「第二次世界大戦 Zweiter Weltkrieg」（本書では引用文中を除き、第二次および第一次大戦と略記）という言葉を用い、戦争の世界的広がりに着目しつつ、月二回のペースでドイツの戦いの特徴的な諸側面を示していった。

(23) ドイツにおける全体戦争の影響（一月九日）

ユンクによれば、「全体戦争 Totaler Krieg」という言葉は使い古されて、「全体」という言葉が有する「恐ろしい強烈さの中にある現実の事態を見えなくさせている」。それは、戦時の食糧事情からくる身体の「抵抗力の衰退」

であり、「この内部からゆっくり進む弱体化を、すなわち敵民族の生物的基礎への攻撃を、封鎖と対抗封鎖は意図してきた」。実際、「先の戦争」での一九一六年末からの「カブラの冬」（冬季飢餓）は、「正当にも「世界戦争の決戦場」として示されている」。このように「全体戦争」の特質と同時に、冬場の飢餓から生じた民衆暴動と敗戦へという第一次大戦の体験がドイツの教訓となっていることを指摘しつつ、ユンクは次のように現在の食糧事情と健康状態を見ていく。

たしかに、「第三帝国の政府は民族生物学的に非常に進んでおり」、開戦当初から十分な食糧の保持に努め、ドイツの兵士は健康手帳を携行し、ヒトラー青年団員は衛生の基本法則を学び、軍民ともに健康のコントロールは高い水準にある。それにもかかわらず、「開戦三年目の冬を迎え、飢餓と疫病という不倶戴天の敵はゆっくりと表面化しつつある」。

『ミュンヘン医学週報 *Münchener medizinische Wochenschrift*』最新号のザイフェルト博士の講演記事は、東部の軍隊における発疹チフスの危険性とその克服を述べているが、同時にジフテリア・しょう紅熱・赤痢の顕著な増加を示している。この感染症の危険は、今後一層強まる。なぜなら、現在の兵士たちは一九二五〜三一年の「平常の年」に成長期を送り、持久力を有しているが、その前後の世代は欠乏の時期に成長している。これから入隊してくる新兵は、「欠乏の年月によって生物的に損なわれ、初めから抵抗力を弱体化されている」からである。

さらに、高度に技術化された戦闘と労働は一層大きな緊張を要求し、疲労の問題は四年間の「世界戦争 Welt-krieg」を戦ったかつての前線兵士や労働者よりもはるかに深刻である。疲労は十分な休養によってのみ回復されうる。出撃の際の興奮剤の使用が広がっているが、精神錯乱や麻薬使用につながるから避けるべきと空軍医官は指摘している。

なお一層大きな問題として、ドイツでは前線でも銃後でも、医師や薬品の不足の問題がある。それゆえに、ドイツの指導部は全線戦を見渡して、戦闘の犠牲のみならず健康の犠牲をも考慮して訴える。「すべてのドイツ人が最後の力をふりしぼり、もう一度耐えなければならない犠牲である」と。

以上のように本論説は、論説（3）の世代論や論説（7）のドーピング論を継承している。一九二〇年代後半生まれの新世代は、一九三〇年代の経済恐慌時代に成長期を送り、ナチ政権への忠誠心のみならず、身体的にも弱いという指摘である。この見解は妥当か、なお検討の余地が残されるが、ここでは「全体戦争」の概念に係わる指摘が重要であろう。すなわち、国民の総動員（総力戦）という側面のみならず、敵国民の「生物的基礎への攻撃」という戦争方法の問題であり、「総力戦」概念を超えるより包括的な「全体戦争」概念の提示である。[3]

（24）国防軍と武装親衛隊（一月一六日）

ユンクによれば、ドイツ国内では、「アメリカ合衆国の参戦や東部戦線の危機もドイツ民族を揺さぶることはできない」、と「国内戦線」の問題が集中的に議論されている。同時に、「国民社会主義の中核部隊」親衛隊（SS）の台頭が目立つ。ヒトラーが、「まさしく新年に当たって親衛隊の最古参将軍ヨーゼフ・ディートリヒに柏葉付騎士鉄十字章を授与した事実は、民衆の中でも軍隊の中でも綱領的な行為として、また新しい重大な年一九四二年への示唆として受け止められている」。以上の指摘に続き、「本来の軍隊と並ぶ第二の、ほとんど独立的な軍隊への親衛隊の発展」を、本論説でユンクは次のように概括する。

もともと親衛隊は一種のナチ党の警察にすぎなかったが、一九三八年二月の事件（国防軍トップの更迭、本書一三五頁参照）でナチ党が国防軍へのより大きな統制力を得てから、戦争部隊への編成が可能になった。ただし、こうした軍隊化への端緒そのものは、すでにナチ党の政権獲得の時期から始まっていた。そしてヒトラーの政権獲得後、プロイセン内務大臣の地位に就いたゲーリングの指示で、「特別使用の警察部門」が設置され、重火器で武装した。そして、一九三五年にドイツの再軍備の布告でゲーリングは航空大臣に就任したが、その後もこの部隊を保持し、最初は落下傘部隊に編成し、一九三八年には「ゲーリング将軍連隊 Regiment General Göring」へと昇格させた。

これと並んで、「アドルフ・ヒトラー近衛部隊」が設置され、このヒトラー個人の護衛隊をディートリヒが大隊から連隊へと拡張し、西部戦線から東部戦線へと幾度も出動させた。前年の一九四一年の後半から一層の拡張が図られ、一九二二〜二四年生まれで身長一メートル七八センチ以上の若者が募集され、その兵士の給与や昇進条件は国防軍よりも恵まれている。

さらに、ヒムラーに服属する第三の連隊がある。ベルリンの守備連隊から生まれ、毎年全州の中隊からかき集められる、いわば「大ドイツ連隊」であり、一九三九年に設立されて最低一二年の長期勤務が要求されるが、ここでも昇進は国防軍よりも恵まれている。

また、いわゆる「親衛隊特務部隊 SS-Verfügungstruppe」が設立され、それは最も機械化された部隊で、主に戦車部隊と機械化偵察部隊よりなる。ロンメル将軍によれば、この部隊は「前線の背骨」である。その将校たちは大半が国防軍の幼年学校ではなく、ナチ党やその「騎士団城」（幹部養成学校）の育ちであり、国防軍の将校団とは異なる急進的な軍団精神をもつ。

最後に、「親衛隊どくろ部隊」がある。他の親衛隊と異なるのは、どくろを黒色の軍帽だけでなく上着の襟章にも付ける。彼らが、保安警察長官ハイドリヒに服属する占領部隊やゲシュタポの中核をなしている。ハイドリヒの下には、「内部の敵」を監視する「保安部」（ＳＤ）という、一種の政治的な刑事警察も属している。それ以外にも、「国内戦線」向けに、かつて強力であった突撃隊（ＳＡ）に属す二つの部隊がある。「突撃隊警備連隊将軍廟」であり、また一九三四年六月三〇日事件（レーム事件）で出動した機動憲兵隊 Motorisierte Gendarmerie である。

ここでは、このように党と国家の二元主義が際立った形で示される。「この並立は、今や対立へと進んでいるのか」。いずれにせよ、ドイツ軍の内部的なダイナミズムを判断するためには、「ドイツの多様な武装特殊部隊の知識が不可欠である」とユンクは結ぶ。

本論説は、ナチ党の軍事組織としての武装親衛隊について、その概観を示した。中心は武装親衛隊（論説（14）

を参照）であり、親衛隊（SS）は一九二五年に突撃隊（SA）傘下の党本部護衛組織として発足した。一九二九年にSS全国指導者ヒムラーの任命で独立の情宣組織として小部隊を編成し、一九三一年にハイドリヒの採用で軍隊スタイルの諜報局（後の保安部）を設置し、一九三二年には黒い制服を導入して隊員は五万人を数え、一九三三年にヒトラーの首相就任で隊員数は二〇万人に膨張した。一九三四年にはヒムラーが全国の政治警察を、ゲーリングがプロイセン内相に就任して設置した秘密国家警察（ゲシュタポ）をハイドリヒが掌握して親衛隊の基盤とし、強制収容所の設置を開始するとともに親衛隊の諸武装組織を一本化して親衛隊特務部隊を軍部に認知させた。一九三六年にはこの特務部隊と強制収容所の監視隊からなる「どくろ部隊」に内務省の予算措置を行い、一九三九年のポーランド戦出動後に師団編成、そしてフランス戦勝利後の一九四〇年一一月には公式に武装親衛隊の名称を得る。ただし、国防軍の圧力を恐れ予算措置は、一九四二年まで内務省の警察予算の費目であった。[4] 本論説でユンクは、国防軍とは異なる武装親衛隊の急進的な軍団精神と共に、両者の間の確執、すなわち党と国家の二重の軍事組織という、ナチ政権特有の二元主義に着目している。いわば、ソ連型の党の軍隊と欧米型の国家の軍隊との並存形態である。

(25) 大西洋の戦い（二月二日）

ユンクによれば、ドイツは前年（一九四一年）の一一月と一二月、そしてとくにこの年の一月に海の戦いで再び大きな成果をあげた。とりわけ、Uボート指揮官ラインハルト・ハルデゲン（一九一三〜二〇一八）[5] のアメリカ沿岸での戦果をドイツの新聞は書き立てている。太平洋戦争の開始以来、Uボート戦の重要性が高まっており、Uボートの攻撃で英米艦隊は地中海と大西洋にくぎ付けにされ、日本の艦隊は本国から遠く離れた海洋へと進出している。現下のボート作戦も、「日本艦隊にとっての負担軽減作戦」と考えられる。アメリカの大西洋艦隊が太平洋に現れることは、日本の恐怖であるに違いないからである。以上の冒頭に続き、本論説でユンクは、Uボート戦の経緯とその問題点を次のように示す。

すでに一九一八年の春に、ドイツのUボート六隻がアメリカ沿岸に進出し、大きな成果をあげた。これに驚愕した高齢のトーマス・エジソン(一八四七〜一九三一)は、潜水艦の接近を探知する聴聞器を発明し、アメリカ商船は「Uボート対応」になった。こうした防衛措置の強化でUボート作戦が壁にぶつかるなか、一九四一年の初頭、新戦術を採用したドイツのUボート作戦が大きな成果をあげた。それは、従来の個々のUボートによる分散攻撃ではなく、六〜八隻まとまっての「群狼戦術 Rudeltaktik」である。

この新戦術の「発明者」は副総督カール・デーニッツ(一八九一〜一九八〇)[6]であり、ドイツでは「Uボートの父」と言われている。彼は他のドイツの指揮官とは異なり、公開の場に登場することがきわめてまれである。むしろ、彼の部下たちの方がよく知られている。だが、デーニッツの役割は空軍兵器開発のゲーリングに匹敵し、一九三五年に独英艦隊条約でドイツがUボート建造のフリーハンドを与えられたときに、公式に「Uボート兵器整備責任者」に就任した。当時、彼はすでに長いキャリアをもっていた。一九一〇年に海軍に入り、一九一六年一二月にUボートに転属、一九一八年三月以降はUC25の指揮を執る。そして、ジブラルタル海峡の海洋封鎖を突破して地中海に進撃し、幾千トンの船舶を海底に葬った。

このデーニッツの「向こう見ず」は限界を知らず、猪突猛進であり続け、「群狼戦術」の採用以降Uボートの損失は大きく拡大している。個別分散行動よりも、集団行動では敵の反撃を受けやすく、多数の潜水艦のうち一、二隻は敵の水雷を受けて沈没するからである。

敵の反撃というこの危機的瞬間に、Uボートの中はどのような状態になるのか。宣伝中隊員アルノルト・プロコープは『民族のオブザーバー』に詳しく記している。そのプロコープのボートは幸運にも脱出できたが、最も功績のあった艦長ギュンター・プリーンや海軍大尉シェプケなどの海戦死が伝えられている。イギリスは撃沈したUボートの数を一一五隻としているが、海軍本部からの公式の見解は示されていない。またイギリスには、ほとんど無傷のUボートとその乗組員を拿捕して連行したケースが一つあり、「この価値ある獲物により、ドイツUボート兵器の最新の設計秘密を知ることができた」ことは確かである。

ヒトラーは最新の演説で、ドイツの大規模なUボートの損失を、新しい船舶の建造で埋め合わせると強調している。英空軍の攻撃という困難な条件のなか、たとえ建造できたとしても問題はUボート兵器の人員の損失である。戦闘機や戦車の操縦士、そしてUボート乗組員は、数少ない身体的エリートから選抜され、訓練されて配置される。せいぜい八、九万人の若者が候補である。だが、これらの兵器群では特に損失が大きく、後継者にふさわしい若者を見いだすことが難しくなっている。また、彼らを訓練する余裕もなくなっている。Uボート乗組員の「トップクラス」は、ほとんど常に戦闘の中にあることを求められているからである。それゆえ、「現下のドイツのUボート戦の成果には、再びドイツUボート兵器の活動が制約される比較的静かな時期が続くことは確実である」とユンクは結ぶ。

対米宣戦布告でドイツのUボート作戦は完全に解き放たれ、同時にアメリカ艦隊を牽制して日本艦隊の行動の自由を確保する、日本支援策という新たな役割を得た。そのことを確認しつつ本論説は、第一次大戦にさかのぼってUボート戦を概観しつつ、その新しい特徴を示した。それは、無線通信を駆使するデーニッツの「群狼戦術」であり、現在の戦果は目立つが、大きな犠牲も出ている。このUボート乗組員の犠牲の凄惨さを、ユンクはプロコープの体験記事の長文の引用で克明に示した。

そして、この苛酷な勤務に耐えうる、長期の訓練期間を必要とする乗組員の消耗が問題であり、それは簡単には補充できず、潜水艦作戦はもはや長続きはしないとした。事実、群狼戦術に対抗して英軍は探知装置を開発し、敵の位置を探知して哨戒機や駆逐艦で魚雷攻撃を加えたため、Uボートの被害は一層増大していった。この英軍の探知能力にドイツ側は、ようやく一九四三年五月に気づき、群狼戦術は終わりとなる。

（26）春季攻勢への準備（二月二七日）

「かなり確実視されていたモスクワ制圧が、前年の一一月末、もはやほとんど事実とはなりえないことが示されたとき、ドイツの人々は開戦以来初めて現実の危機的ムードに耐えた。その心理的に信じられないほど絶妙に仕組まれた瞬間に、極東での日本の攻撃が開始された」。それ以降、第三帝国における希望のバロメーターは、再び未来の「好天」へと上向いている。春の攻勢が語られ、その進路についてさまざまな議論が出されている。だが、「正確に見れば、すでにドイツは春季攻勢の中にある。現在、ドイツは春季攻勢の産業的局面を耐え抜いている」、「ドイツ産業の大攻勢が全面的に進行中である」。

以上の指摘に続いてユンクの本論説は、軍需生産を担う「ヒトラー経済参謀本部」の新たなトップの体制を以下のように伝える。すなわち、「この危機の数ヵ月間、ドイツ工業の参謀本部における変化は、前線指揮官の変化よりもおそらくもっと徹底的」だった。新聞の情報欄にはあまり登場せず、それゆえ「中立国の読者に知られていない名前」であるが、「この二、三ヵ月間の大規模な人事異動によって、全面的な支配権をもつトップの地位にヴェルリン、マンスフェルト、フィッシュベークが昇進した」。

ヤーコブ・ヴェルリン（一八八六～一九六五）[7]は、ヒトラーによって「自動車部門総監査官 Generalinspektor der Abteilung für Kraftfahrwesen」に任命され、「総統に直接責任を負い、もっぱら総統から命令を受け」、戦車・自走砲車などを生産する自動車部門を統括する。また、「国家の最も責任あるポストの一つである、労働動員事務所を率いる労働省の重要人物であったフリードリヒ・ジールプ博士（一八八一～一九四五）は、ドイツの報道によれば突然重い病気にかかり、エッセンの産業法律顧問ヴェルナー・マンスフェルト博士（一八九三～一九五三）[8]に交代した」。さらに、価格・賃金統制を実施する価格設定総監 Reichskommissar für die Preisbildung には、ヨーゼフ・ヴァーゲナー（一八九九～一九四五）に代わり四ヵ年計画局からゲーリングの協力者ハンス・フィッシュベーク博士（一八九五～一九六七）が着任した。

これら新しい経済指導者の中でも、マンスフェルト博士が産業攻勢の枠内における最も重い責任を負い、「経済の全部門にあてがう人員を提供しなければならない」。その下で、いわゆる「死の委員会」が工場ごとに労働者を軍需産業へと「櫛削る」。

マンスフェルトの指揮下、一九四二年の復活祭には五〇万人の若者が学校から駆り出され、各産業に割り振られる。すでに一一万七千人の徒弟が農業に、さらに建設業、化学工業、金属産業、鉱山業に徴用されている。この労働動員について、これまでの戦時の歳月と異なるのは、「なお常に理論的には自由な職業選択に対して、国家が行使する圧力の強化」という点にある。とりわけ、「最新のドイツの報告によれば、外国人労働者の数は約二一〇万人に達しているが、これまで以上に、はるかに強力にドイツの職場を引き受けるよう、彼らを動員する働きかけがなされている」。

最後に、軍事的な春の攻勢に先行する産業攻勢の最も決定的な部門として「鉄道輸送システムと結びついた製造業」、航空産業、弾薬工場が挙げられ、そこでは、「全力での労働」が求められ、「いかなる犠牲を払っても決定を強行しようと極端なことがなされている」とユンクは結ぶ。

ベルリン特電八日発朝日記事「トート《ママ》独軍需相殉職す」（二月一〇日）にあるように、この論説の数週前にトット軍需相が飛行機事故で死亡し、それに関連して大規模な人事異動が行われた。この事故死は親衛隊による作為と推測されている。トット軍需相は、全軍需生産への監督権限を拡大しつつ、同時に分権化と企業の自主管理による軍需生産の効率化を図ったが、ロシアと分離講和を結んで軍事力を強化しなければ、経済的にドイツの敗北は避けられないと主張したからであった。トット軍需相の後任には三七歳の建築家アルベルト・シュペーア（一九〇五〜八一）が指名された。その下でトットの方針を継承して新たな布陣で軍需生産の効率化が進められ、一九四四年八月までにドイツの軍需生産は三倍化される。(9)

その際、最大の問題はロシア戦の継続による労働者の減少であり、労働力の確保にあった。その職責を負ったのがマンスフェルト博士だったが、同博士も八月には重病で休職し、代わって古参ナチ党員のフリッツ・ザウケル（一八九四〜一九四六）が労働動員全権委任者 Generalbevollmächtigter für den Arbeitseinsatz の職に就き、シュペーア軍需相の要請に応じて占領地から数百万人の外国人労働者をドイツに連行して使役した。さらに、数百万人の捕虜も使役された。本論説が指摘するように、軍需生産の維持・向上には、この「労働動員」の役割が重要だった。それは、奴隷的労働の強要であり、ザウケルはニュルンベルク裁判で戦犯として死刑宣告を受ける。(10)

(27) ドイツの前線休暇兵（三月一三日）

ユンクによれば、前線から郷里に戻る休暇兵の気分は、一年前とはまったく異なっていた。「彼らは「万歳」で迎えられるわけでも、贈り物や花で迎えられるわけでもない。目立たないで駅に着き、……長い航海から戻った船乗りのように、いささか不安げにたたずみ、大声で笑ったり、静かに話したりする。彼らを取り巻く縁者たちは、こっそり心配げな視線を投げかける」。以上の指摘に続き本論説でユンクは、主に『黒い軍団』紙の記述によりながら、休暇兵の状況と思いを次のように追っていく。

まず、同紙の最新号は、「鉄十字章を付けていようといなかろうと、君たちが出会う休暇兵の背後には、何ヵ月もの間、あらゆる道筋に白樺の簡素な十字架が立っていたことを考えてほしい」と訴える。「外地」で戦う者と、「内地」に暮らす者との裂け目を恐れての指摘である。

前線からの休暇兵は、「外地」のことを話さない。「どのように、また何ゆえか知ることもなく共演しなければならなかった、苦しいばかりの緊張する劇を演じていたごとく」、できるだけ忘れたいと思う。人々から愛国の長広舌を求められても、彼らはそうした新聞用語を拒否する。「ボリシェヴィキのペスト」「赤い怪物」「ソ連の地獄」などではなく、簡素に「ロシア野郎」「ボルンス」「イワンス」と語る。

休暇兵が口を開くときには、激しい動きに満ちた過去よりも、未来について語る。「どうして戦争なのか、という大きな問題がこの春には、昨年の春よりもはるかに頻繁に出されている。敵の個人的な悪意はほとんど信用されない。なにゆえに、互いに生存をそのように困難にしあうのか、兵士たちは問う」。それは、ものごとを根幹からつかもうとする深い疑問の念であり、そうした思いが「戦争の底なし感」から呼び起こされている。

そのような風潮から、兵士の間で教会や宗教への関心が一層強くなっている。カトリック教会への信仰告白に至ったメルダース（論説（7）を参照）がその顕著な例であり、彼のもとにはかつての同僚たちから多数の手紙が届いている。

さらに、第二の疑問は社会的であり、だれのための征服か、戦争でだれが利益を得ているか、内地帰還兵は自分の観察から疑問を深めている。これに対して『黒い軍団』（二月二六日）の記者は、「外部の圧力」を排除することでドイツ民族は、その経済を「我々にとって適合的で快適に仕上げられる」と指摘する。しかし、何が「適合的で快適か」という問いには、「国民社会主義の大きな秘密は、それがまったく非教条的であり、ひねくり出すことなく、生存自体と同様に成長していくことにある。すなわち、生存する生存の学であることにある」とする。しかし、この回答では内地帰還兵の疑問の渇きは癒されない。彼らはもっと知りたいと思い、「私は、いかなる生存を与えれているのか」問うだろう。

この疑問には、まだ答えられていない。また、「外部の圧力」からの解放も、まだ間近ではない。再び戦場に戻った兵士は、「彼に与えられた義務を遂行するだろう。しかし、彼はもはや集中に集中を重ねて問うことを止めないだろう。答えが明らかになるまで」。

以上、本論説はほぼ一年前の論説（3）に続いて、兵士の心理状態を取り上げ、一年前とは大きく変化したことを示した。一年前には、電撃戦の連続的な勝利の余韻が漂うなか、兵士たちは所属部隊に強い帰属意識をもち、集団的な連帯感の中にあった。しかし、予期しなかったロシア冬季戦と大量の死傷兵を前に、部隊再編の連続でもはや集団的な連帯感は消え失せ、同僚の死傷によって「何のための戦争か」自らに問い始めている。そうした兵士の心理状態の変化を、ユンクは親衛隊機関紙の記事から読み解いている。[11]

(28) インドと西南アジアをめぐる枢軸国の努力(三月二七日、東方問題欄)

本論説は、三ヵ月の長期にわたり中近東を旅したという、「炯眼のトルコ人ジャーナリスト」からの以下の引用に始まる。「現在、インド洋、西南アジア、そしてロシアが戦場となっている。これら三つの戦闘地域は、おそらく今年のうちに単一の戦場へと融合するだろう。日本軍が地中海へと進撃し、ドイツ軍がヒマラヤの山腹で戦い、ロシア軍がシリアで、アメリカ軍がペルシャで中国同盟軍とともにイタリアを撃ち、同時にイギリス軍もイタリアを攻撃する状況を見るだろう。迫り来る二つの枢軸国軍との間にある広大な防壁、すなわちインドと西南アジアを連合国側が維持できないなら、これまで世界が経験したことのない、このような未曾有の戦争が展開するだろう」。はたして、この見通しは妥当するのか。ユンクは本論説で、インドと西南アジアという連合国側の「広大な防壁」をめぐる攻防を見ていく。

まず枢軸国側では、ドイツ軍の情報機関を率いるヴィルヘルム・カナリス海軍大将(一八八七〜一九四五)[12]によって作成された、日本との情報交換計画が今や実施段階に入っている。アテネを出発点にして、ビルマおよびインドに進出した日本軍陣地とつなぐルートであり、連合国艦隊の動静など機密情報を日常的に交換するためである。これまで、ドイツと日本の参謀本部は「もっぱらドイツの大無線基地ナウエンと東京との間の無線交信」に頼ってきたが、無線電信は敵側に傍受される。また、判読されないコードは存在しないということも明らかである。これを避けるため、カナリスは「多数のキャラバン・リレー」を計画し、ビーム・アンテナを使って非常に弱い電波で送信し、敵の無線センターに傍受されることなく日独をつなごうとする。

この計画が明らかになったのは、二月初めに偶然、カブールとインド国境の間でインドの警察が、昆虫研究者のオーバーデルファーと植物学者のブラントを検挙し、二機の超現代的発信機を発見したためであった。カナリスは自分の配下だけでなく、アラブ人など原住民の協力を得ようと、アテネに大規模な教育施設を開設した。その先頭に立っているのが、イラクの反乱指導者ラシッド・アリ（一八九二〜一九六五）であり、彼は最近トルコで同志を得ている。[13] もちろん、重点はペルシャとトルコであり、シリアに隣接するトルコ領のアレッポに領事館を開設し、多数の中東専門家が送り込まれている。

インドについては、三月七日に欧州に暮らすインド人がベルリンに集まり、イギリスに対する戦いを呼びかけた。しかし、ここでは日本がイニシアチブをもち、インド国民会議派の元指導者スバス・チャンドラ・ボース（一八九七〜一九四五）を保護している。[14]

こうした枢軸国側の動きに対して、連合国側も防衛措置を取っている。枢軸国側のトルコへの進出を阻止すべく、イギリスはトルコ国境沿いに、いわゆる「ムッソリーニ線」に沿って強力な防衛線を構築し、また西南アジアの全沿岸部で道路・鉄道を整備し、北アフリカから西南アジアへの部隊派遣が容易になっている。インドでも、米軍の支援で英軍は、日本軍の進撃に対抗できる装備を整えている。こうした対抗措置により、冒頭のトルコ人記者の見通しは現実には至らないだろう、とユンクは結ぶ。

本論説は国防軍情報部長のカナリス海軍大将による、日独の情報連絡網やインドと西南アジアを標的とする諜報作戦を詳細に示した。この「広大な防壁」に迫る西側のルートはコーカサスと北アフリカであり、ベルリン茂木特派員二六日発朝日記事「コーカサスへ集中　独春季攻勢　大東亜戦争に呼応」（三月一日）も、ドイツの春の攻勢の主要ルートは「コーカサスからイラン方面」と見られており、「イランを押さえることは、英米の対ソ援助を断ち、ソ連に圧力をかけ、豊富な石油資源を確保し、併せて大東亜戦争の進展に呼応するという大きな三つの収穫」があると指摘する。問題は英国の防衛措置やトルコの出方であり、三週間後のチューリヒ特電一九日発記事「独土関係は明朗へ　春季攻勢に全力　欧戦局　春とともに微妙」（三月二一日）は、アンカラのパーペン大使の外交工作で独土関係は良くなる見通しにあるが、イタリアの海岸線は脆弱で、連合国軍がイタリアに侵入すれば、シリアからインド洋に至る全地域と地中海からスエズ運河の全水域を押さえることになるというチューリヒの新聞の観測を伝える[15]。

このように、「西南アジア」の支配権が世界戦争の焦点であり、コーカサスと並んで地中海・北アフリカでその戦局が決するという理解は、大方の見方であった。事実、その二ヵ月後の五月、ドイツ軍の春の攻勢はコーカサスと北アフリカで開始された。しかし、東からの挟撃という「大東亜戦争の呼応」はなく、日本軍のインド侵攻（インパール作戦）は二年後にずれ込む。

(29) ドイツへの爆撃（四月一〇日）

本論説でユンクは、最初に英軍機によるドイツ爆撃の経緯を示し、ロシア戦の開始期および最近の数週間に爆撃の強度が高まっていることを確認しつつ、爆撃に対するドイツ側の反応を追い、その影響を次のように見定めようとする。

まず開戦の時期、敵機の攻撃は公式の国防軍報告において一、二行記されているのみであった。例外は唯一、一九四〇年秋のイギリスへの空爆攻撃の直前に、「ブリテンの野蛮な爆撃」についての詳細な記述が登場する。それは、「イギリスに対する将来の「報復飛行」を心理的に準備するもの」であった。

その後は再び敵の爆撃を小さく扱う時期が続いた。そして最近になって、被弾した家屋の写真シリーズやホームレスになった人々の目撃談など、爆撃による被災の報告がイギリス同様、ドイツの新聞雑誌でも詳細に報じられている。「このまったく新しい率直さは、危機的な食糧事情が語られる大胆さと同じであり、それゆえ例外ではなく、今や世論の指導者たちが急ハンドルを切ったことを示している」。だが、それはいかなる理由からか。

一つは、爆撃被害の強烈な描写は一九四〇年の夏と同様に、「国民の中に一〇倍の報復の叫び声を呼び起こし、エネルギッシュで手厳しい自軍の新たな空の攻撃への前哨戦」となるからである。しかし、もっと決定的な理由がある。それは前線で、内地への不満が生じていることにある。ゲッベルス博士は最近、「……戦争遂行はもっぱら兵士の問題であり、内地はいわば観客の役割にある、という立場に立つことはできない。そうした立場では、当然兵士は不快になる」と記している。この「内地と前線との間の裂け目は、もはや先の大戦のときのように、あらゆる種類の制約によって民間人が払っている犠牲を示すことでは架橋されない」。それでは一方の負担が重すぎ、つり合いが取れない。軍需工場の労働者も単に飢餓という抽象的な敵のみならず、最新兵器の破壊力に立ち向かっていること。つまり、「全体が前線であり、レニングラードの同僚と同じようにエッセンの男性も敵を直接に感じている様子を、前線の兵士にはっきりと示さなければならないのである」。

第三の理由は、戦争の困難さを公然と示すことにより、新しい強力な持久戦の意志を国民に与えるという思惑である。ナポレオン戦争以降、ドイツの心臓部に戦争の廃墟が見られることはなかった。先のゲッベルス博士の指摘は、「この安全と不可侵の誤った感情を解消し」、勝利への確信を堅持する試みである。実際、イギリスに対する爆撃の恐怖は役に立たなかった。逆に爆撃は、イギリス国民の無気力を鞭打って目覚めさせ、状況の困難さを自覚させた。はたして、ドイツでも同じことになるのか。

そうはならない、とイギリス側が信じるならば、そうした想定の支えになるのは、この二つの国民の心理の差異である。つまり、ドイツ人の性格は熱狂の中ではともかく、困難の中では持ちこたえるのが難しいという理解である。いずれにせよ、爆撃にあっては物理的側面よりも、心理的側面の影響が一層大きな問題である。「イギリスの爆撃の影響は偵察飛行の写真で確定できるものではなく、終戦後に初めて正確に測定することが可能になろう」とユンクは結ぶ。

以上、空爆の被害報道に潜むドイツ側の思惑の解説である。この年の二月、英空軍は空爆の目標を軍事施設から都市攻撃に切り替え、市民の士気（モラル）をくじく「ミレニアム作戦 Operation Millennium」を決定し、その皮切りに三月に古都リューベック、四月にロストックに爆撃を敢行した。これに対抗してドイツ側も、イギリスの古都爆撃に乗り出す。こうした動向を受けてユンクは、都市被害の報道は住民の戦意高揚と結びつくのか、あるいは英独の間には国民的な心理の違いがあるのか、その回答を保留しつつ、都市住民を攻撃目標とする空爆の心理的効果に一定の疑念を提示した。しかし、一般市民の殺害のみならず、歴史・文化遺産と生活空間の破壊という空爆の重大な問題点には触れられなかった。

(30) 再びフランスが戦場になるか（四月一七日）

ユンクによれば、「昨年の春にはノルウェーおよびフランス海岸線からの［ドイツ軍の］イギリス進攻が予測され、今年の春には英米連合国軍の［フランス］進攻が戦略上の可能性として語られている」。この二つを比較するなら、歴史が示しているように、後者の方がはるかに容易である。イギリス海岸の白亜紀の白い岩礁に対して、フランス海岸の平坦な地形は、障害物がなく防衛がより困難であり、例えばエドワード三世（一三一二～七七）は一三四六年、またヘンリー五世（一三八七～一四二二）は一四一五年、進攻に成功している。両者ともセーヌ河口とシェルブールの間への上陸であり、この海岸線は現在も軍事地形上、ドイツ西部戦線の最も危険な場所である。以上の指摘に続き本論説でユンクは、フランス北部の海岸線をめぐる軍事的動静に立ち入り、以下のように「第二戦線」を展望する。

まず、ドイツ軍の動向であり、すでに何ヵ月来、幾万人かのトット機関の労働者がフランス北部海岸線沿いの防御線構築に従事している。トットの後任シュペーアも数週間前に西部戦線を視察し、さらに二〇〇キロメートルに及ぶノルマンディ寄り防御線の強化を指示している。かつて、フランスの敗北後に「マジノ線はいったいどうなるのか」と、よく問われた。その回答がここにある。今やマジノ線の銃砲の大半が大西洋岸にあり、イギリスに向けられている。もちろん、最新の経験により、固定したものではなく可動式の、幾重にも対抗できる防衛線である。『ドイツ一般新聞』の編集者は、多数の中小バンカーの間にそびえ立つ中世の城塞のような要塞を視察し、

「……そびえ立つのは巨大な建築ブロック……。すでに現在、砂漠のピラミッドのごとく、一時代の記念碑となる運命にあるように見える」と記している。「このドイツの編集者にとり、トット機関の労働収容所の事前訪問で、こうした比較が身近になったことはありえないことではない。征服された諸民族がファラオの記念建造物を最も過酷な労働で建設しなければならなかったように、ここではフラマン人、オランダ人、チェコ人、フランス人が、ドイツ軍によって守られる巨大なコンクリートの武骨な防塞を造っている」。ノルウェーでも同様であり、ドイツ軍の名づける「ファルケンホルスト線」の構築に、一・五万人の労働者が従事させられている。

「そうした労働テンポの投入」で、実際、ドイツ軍の防衛システムが強固に築かれ、フランス海岸線の軍事地理的な形状の弱みは、少なくとも部分的に克服されている。しかし、別の問題がある。それは、ドイツ軍の数量的な弱さである。この冬の間、在フランス部隊全体のうち、前衛部隊は一・二万人にすぎなかった。ロシア戦が相変わらず、ドイツ軍の全勢力を必要としているためである。これに対して、ブリテン島には「すぐに出航できる」三〇〇万人の軍勢とよく訓練された一〇〇万人のアメリカ兵が控えている。

この劣勢に対して、ドイツ軍は軍勢を集結して自動車師団に編成し、速度で量の不足を補おうと期待している。たしかに、一九四〇年のように、イギリスの攻撃艦隊が洋上に立つ前にドイツ空軍が大量爆撃する可能性があるならば、目下の劣勢でも西部戦線を維持できるだろう。しかし、東部戦線の負担でドイツ空軍は、「この戦略的に不可欠な攻撃的防衛行動の実施は困難であると感じている」。

さらに東部から西部へのドイツ師団の移動について、現在の交通事情からすれば二日で回せる。それゆえ、英米の進攻は成功したいならば、独軍の移動が困難なときに火ぶたを切り、全機が同時に大陸に出現して空から奇襲攻撃をかけることになろう。「現在すでに連合国側が、ドイツの西部戦線に対してそのような突撃を敢行する用意が十分にあるならば、現在予想されているよりもはるかに早く、戦う両者の一方の勝利と他方の敗北が最大級の確実性をもって決せられるだろう」とユンクは結ぶ。

ソ連軍の反撃のさなかのこの時期、チューリヒ特電三一日発朝日記事「第二戦線の企画　到底不可能　スウェーデン軍事評論家の指摘」（四月二日）にあるように、「連合国側の第二戦線設置説」がよく語られていた。この記事は、「独軍の沿岸防備が堅固」で不可能とする見方を伝えたが、本論説でユンクは、その防塞建設の実態（奴隷的労働）とともに、東部戦線の負担で手薄となった西部戦線の備えの弱さを指摘し、ありうる第二戦線設置の形を示唆した。

2　ハイドリヒとロンメル

一九四二年の五月と六月、F・L論説は毎週掲載され、その時々の主要なトピックに即して第三帝国の動向と状況が克明に追跡される。それらの論説は、論説（36）を除きすべて「ドイツ」欄の掲載であり、春季攻勢準備から ケルチやハリコフの陣地戦、レジスタンスの台頭と抑圧、ロンメル軍団の再進撃、ケルン都市爆撃、ハイドリヒ暗殺事件といったトピックである。なかでも焦点は、ロンメルとハイドリヒにある。この時期、この二人はまさしく対照的な形ではあるが、時代の表舞台を最も強く彩った人物だった。それだけでなく、ユンクはこの二人に、戦前世代と戦後世代を代表するドイツ的人間類型、換言すれば戦士化した教養市民層のドイツ人にとっての理想型を見ていた、と思われる。

この二人の人物を中心に置くこの時期の論説には、個々のトピックの報道というよりも、より掘り下げて普遍的な問題提起へと結びつける、ユンク政治批評の特徴的な手法が一層鮮やかに示される。この点に注目しつつ、以下、ドイツ軍の春季攻勢が目立った時期であるが、むしろ長引く物量戦に直面したドイツの困難を洗い出すこの時期の論説を見ていく。

ユンクによれば、ロシア戦の継続でドイツの軍需産業は「能率向上」のスローガンのもと、「急げ、急げ、もっと急げ」の鞭で労働強化が図られている。「国民社会主義の変革の前夜、来るべき人間類型としての労働者像をユンガーが構想したとき、一九一四〜一八年の前線兵士であった彼は、新しい労働者類型の戦士的厳格さをみごとに示し、大砲を扱う人間と機械を扱う人間の本質的な類似性を明らかにした」[16]。しかし、「一九四二年の労働者は、ユンガーが描いたような木彫りの厳格さ、冷静さ、武骨さをもった人間ではない。……しばしば大あくびをする人間であり、興奮した彼の邪魔をすれば神経質に叫び声をあげる人間である」。

このように本論説は、エルンスト・ユンガーの労働者（＝戦士）英雄化を取り上げ、それがドイツのみならずロシアの「プロレタリア文化 Proletkult」にも見られることを示唆しつつ、その上でドイツの軍需産業労働者の実態に迫っていく。

まず、一九三九年の法律で、戦時中は労働時間の制限措置をすべて停止するとされた。戦時には、内地のだれもが兵士であり、作業場は戦場であるから、と。しかし、両者の間には無限の違いがあり、開戦から数ヵ月後には工場に不幸や不満があふれ、そのため三ヵ月後に政府は以前の状態にほぼ完全に戻したのであった。

だが、「弓の張りすぎを警告する現場の声」に対して、再度、「ユンガーに教育された理論家たちが対立」し、また外的な事情にも迫られて、昨年の冬の始まりから彼らが主導権を取り戻した。「穏健な労働者動員」派の国務次官ジールプ博士や、その後継者のマンスフェルト博士も数ヵ月で去り、三週間前に元大管区指導者で党人のザウケルに労働者動員が託され、「労働者英雄」路線が再度取られている。

軍需大臣トット博士の後継者シュペーアは、「能率向上」を旗印に産業経済の再編を図り、軍事的に重要でない経営を整理しつつ、軍需省の経営技官がドイツの全工場を回って生産工程の合理化を推進している[17]。

しかし、「まさしく人間を使う点にこそ、……戦争を進めるドイツが計算すべき決定的な難点がある」[18]。疾病による労働者の欠損が開戦の年には三～五％であり、それが現在、個別経営から知られる数値で二〇～二五％である。事故も恐ろしく増加している。『フランクフルト新聞 *Frankfurter Zeitung*』によれば、経営事故全体の八五％は「人の不注意」により、多くが早朝に生じている。通勤での交通困難、食料品店での行列、党の催しへの義務的参加などで、労働者の睡眠時間が削られているためである。

そして、ドイツの軍需労働者の大多数は、もはや戦前からの専門労働者ではなく、他分野からの転入者であり、女性の就業が広がり、また外国人労働者の比率は四分の一に達している。「これら未熟練労働者に一〇〇％の労働能率を要求することはできない」。したがって、かつての開戦時の三ヵ月間のように「ネジを締め上げること」は、もはやできない。それにもかかわらず、「連合国側の巨大な生産力」を前に、ドイツの軍需労働者は「断固たる合理化と極端な能率要求の下に置かれる」。この両者のズレが「将来どのように作用するか、その時が待たれる」としつつ、「ともかく間断のないイギリスの空爆は、全体主義国家の要求と、この国家に仕える人間のほとんど機能不全になった力との間の裂け目を一層広げるのに格好の手段である」とユンクは結ぶ。

本論説は論説（26）の続編であり、人口と生産力で圧倒的に勝る連合国に対し、ドイツはじり貧状態にあることをあらためて示した。一九三二年秋に刊行されたユンガー『労働者——支配と形態』は機械技術を駆使した第一次大戦の戦闘体験に基づき、チームワーク編成に基づく戦後の労働者の知的な技能労働を、伝統的な個人の賃労働や手工業から本質的に区別し、「全体的な労働」として現代戦を戦う兵士の戦闘行動と同一視した。しかし、そうした技能労働者は戦場に駆り出され、ドイツの軍需工場は未熟練労働者や強制労働者の酷使に依存せざるをえない現実を、皮肉を込めて示した。同時にユンクは、このユンガーの「労働者」論が提示した技術労働者の「類型」論から、戦う兵士の「人間類型」論への示唆を得る。のみならず、ユンガーのこの技術者チームワーク論は、後のユンクの「テクノクラシー」論や「全体主義原子力国家」論の着想への出発点に位置する、と見てよいと思われる。

(32) 東部戦線での危機的な春(五月八日)

「哀調を帯びた言葉で「時間の樽に一日一日がしたたり落ちていく……」と、宣伝中隊員ヴィリー・ヴィーンヘーファーの報告が始まる。数日前に『民族のオブザーバー』に発表された記事である。[19] これはみごとな一文である。このように単純明快な文章で、ドイツ前線兵士の過ぎ行く時間感覚がすべて表現されている」。この一文に始まる本論説は、「熱気に満ちた進撃が比類なき挫折」に終わり、広大なロシアの苛酷な冬の大地に「溶けて消え去る日々」を生き延びて春を迎えた前線兵士の様子を描きつつ、ユンクはロシア進撃の再開を以下のように展望する。

雪解けとともに、雪の下に埋もれていた兵士たちはようやく大量墓地に埋葬される。だが、泥土と化した雪解け水は敷地や壕に流れ込み、兵士たちは逃げ場から追い出され、軍指導部は目下、行軍にとって最も重要な宿営の問題に直面している。

その様子を宣伝中隊員は、「兵士たちは首まで水につかり、冷たい水の中で動けない」と伝えている。一度泥水に浸かった兵士たちは、今やその打撃を知ったがゆえに、ロシアの春を歓迎するよりも呪う。補給の問題も、新たな危機に直面する。冬の間に木々を切り倒し、いわゆる「渡し道」を維持していたが、今やほとんど通行できず、「霜が降りる前に輸送部隊が超人的な努力で運び込んだ備蓄」でしのいでいる。

交通路が泥をかぶり、ロシア全土に散在する駐留地では孤立の感情が呼び起こされている。この孤独な待機の長い昼夜、交わされる会話のトーンは楽天的ではない。『黒い軍団』(四月三〇日)の記事には、兵士たちの戦後への不安が読み取れる。「常なる死の危険の中で、彼らは恐怖を知らない。しかし、もう一度入り込まなければならない市民生活を前に、妻子を養う使命を前に、資格試験を前に、失われた歳月を取り戻す必要を前に、それらを前に彼らは恐怖をもつ」。それは、ドイツの兵士を襲っている「もどかしさ」であり、「ロシアの時間と広さの無尽蔵という新たに得られた体験に直面しつつ、これとは正反対へのあせり」である。

しかし、こうした内面的緊張で気持ちがなえるのではなく、むしろ捨て鉢の気分に火がつく。宣伝中隊員の報告や兵士の手紙によく登場する言葉は「憤怒 Wut」である。そして、この苛酷な歳月に兵士たちの間にたまった「憤怒」のすべてを、ドイツ軍の指導部は赤軍に向けようとしている。

この深くため込まれた衝動の突進力と重さを、過小評価することはできない。一九一八年のドイツ軍の強力な攻勢「ミヒャエル作戦 Michael-Offensive」は、そうした怒りの決然たる精神で前進への突破口を開き、もう一度、ドイツがほとんど勝利する事態を招いた。[20] だが、その進撃もパリへ一〇〇キロメートルの地点で止まり、連合国側の反撃が始まった。そして、再び勝利が遠のいたと思われたとき、「兵士たちはより抵抗のない戦線へ、すなわち故国へと向きを変えたのであった」。「この一九一八年の失敗した戦いと似た気分で、一九四二年の決定的な突撃が行われる。それが成功するか否かは二、三ヵ月後に示されるだろう」とユンクは結ぶ。

ベルリン守山特派員二日発朝日記事「ヒ総統の進撃命令は何時！　十余ヶ国兵火を交ふ　欧州未曽有の大会戦」（五月四日）は、ドイツ人のだれもが「この夏こそ天下分目の決戦だ」と感じ、いつヒトラーの進撃命令が下るか待ち望んでいると伝える。[21] ヒトラーはすでに四月五日、コーカサス山脈を越えてバクー油田を占拠する南方作戦（青号作戦）を国防軍に指示し、その前哨戦として五月のハリコフ防衛とケルチ奪回作戦があり、六月の初めにセヴァストポリ要塞の攻撃が始まり、六月二八日に「青号作戦」が開始された。

ユンクは本論説で、春の攻勢に始まるこの夏季作戦を、いわば最後の火花が散って終わった一九一八年の「ミヒャエル作戦」と重ね合わせ、その結果を見通した。すなわち、越冬戦を耐えた兵士のたちの気分は、長期の塹壕戦を耐えた一九一八年の兵士と同様に「憤怒」の感情であり、この感情が敵に向かえば、一九一八年と同様の強力な突進力となりうること、しかし、この突進が成功しなければ一九一八年と同様の結末になるだろう、と予想した。

（33）「第三戦線」での戦闘激化（五月一五日）

「なお世界がドイツの攻撃を緊張して見つめている間に、枢軸国の占領下にある諸国では、この戦争の他のいか

Verschärfung an der «Dritten

General von Falkenhorst

F.L. Während die Welt noch gespannt das Losbrechen der deutschen Offensive erwartet, hat die Auseinandersetzung an der «dritten Front» in den von der Achse besetzten Ländern eine Schärfe angenommen, die sich mit keinem anderen Zeitabschnitt des Krieges vergleichen lässt. Besonders in Westeuropa haben sich die Erschiessungen von Geiseln in erscheckender Weise gehäuft. Im Vergleich zum entsprechenden Zeitabschnitt des vergangenen Jahres hat sich die Zahl der von den Deutschen Sicherheitsbehörden offiziell bekanntgegebenen Hinrichtungen um das Dreifache erhöht. Diese energischen deutschen Massnahmen geben einen Begriff von dem wachsenden Gegendruck, den die besiegten Völker auf die Sieger ausüben. Der Druck ist nicht nur quantitativ gesteigert, indem breitere Bevölkerungsschichten an der subversiven Arbeit teilnehmen, sondern, was noch wichtiger zu sein scheint, qualitativ. Das heisst, es wird heute an dieser unheimlichsten aller Fronten mit neuen, verbesserten, in den nunmehr zwei Jahren der Illegalität erprobten Waffen gekämpft. Parallel zu der Aufrüstung der Staaten, die gegen Deutschland im offenen Krieg stehen, ist hier eine Aufrüstung der verborgenen Gegner des Dritten Reiches vor sich gegangen.

So berichtet die norwegische Regierung in London über die ganz aussergewöhnliche Entführung des norwegischen Küstenschiffes «Galtesund», das zur Ueberraschung der britischen Behörden kürzlich in einem englischen Hafen eintraf. Eine Gruppe junger Norweger hatte beschlossen, koste es, was es wolle, die Ausreise nach England anzu-

durch bemerkenswerte Personaländerungen zu begegnen. Diese Umstellung wird durch die Reise des bekannten SS-Führers und provisorischen Reichsprotektors von Böhmen, Heydrich, nach Westeuropa angezeigt. Heydrich hat nach einer viertägigen Konferenz mit Himmler, an der auch die hohen SS-Führer Nebe, Huber und Müller teilnahmen, die ausschliessliche Uebernahme des Polizeiapparates durch die Gestapo durchgeführt. Die SS-Formationen der deutschen Wehrmacht werden von nun an der «dritten Front» zu wachen haben. Nicht mehr die Militärkommandanten,

Reinhard Heydrich,
provisorischer Reichsprotektor von Böhmen

und Degrelles
nisse hier komp
willigung König
rung noch imm
und der Eingri
nisse unterblieb
hungen um die
prozentig ergeb
in Paris in ein
tenen Stadium
Die Entwickl
sonders in West
Heydrichs zeigt
men. Weder der
noch die zusätz
der ideologische
deutsche Besatz
verstärkten ill
mussten Spezial
eingreifen, um d
und Härte, dere
ist, zu halten. D
weiter der oben
des illegalen Wi
Sprechen wir
und Verbreiteru
Deutschen West
grosse Masse so
an irgendeine R
mals wurde die C
nur von ganz kl
gen. Dann kam
Krieges, die deu
der Kriegseintri
Dingen etwas, d
Bedeutung wir
werden abschätz
lich schnelle und
der Klassenunter
Die Herabdrücku
höheren Bürgert
hältnisse ist nich
dern auch in den

図 3-1　本論説：写真はファルケンホルスト将軍とボヘミア・モラヴィア総督代理ハイドリヒ

なる時期とも比べものにならないほど「第三戦線」の対立が先鋭化している。とりわけ、西ヨーロッパで人々の射殺が恐ろしいほど頻繁に生じている。昨年のこの時期と比べ、ドイツの保安本部が発表した処刑の数は三倍に増加している。……第三帝国の隠れた敵の武装が始まっているからである」。この一文に始まり本論説（図3-1）は、占領下の諸国民の抵抗の高まりとドイツ側の対応という、「第三戦線」の動向を見ていく。

ユンクによれば、つい最近もノルウェーの青年グループによる、ドイツの沿岸運航船乗っ取りや発電所爆破などの事件が伝えられた。また、バルカン戦線でのイタリア軍の損失はロシアや北アフリカ戦線の場合よりも各段に増加し、抵抗運動は各地に広がっている。

これに対して、ボヘミア・モラヴィア総督代理のハイドリヒが西ヨーロッパに派遣された。ハイドリヒはヒムラーとの会談で、占領諸国の治安責任を第一に親衛隊将校が負うことを確認し、五月初めにパリに出向いて、その任に親衛隊のカール＝アルブレヒト・オーベルク警察隊少将（一八九七～一九六五）を当てた。[22] これと時を合わせ、反ドイツのオランダ人七二名が処刑された。

親衛隊による占領地管理の全権掌握は、すでに一年前から追求されていたが、この親衛隊・保安警察の権限拡大をよくは思わないグループがドイツ参謀本部には存在していた。占領下ノルウェーの国防軍司令官ニコラウス・フォン・ファルケンホルスト将軍（一八八五～一九六八）であり、駐留部隊と警察措置を削減し、ノルウェー・ナチ党のヴィドクーン・クヴィスリング（一八八七〜一九四五）[23]一派ではなく、「声望ある保守的人士」からなる独立政府を置くよう求めていた。しかし、そうした「リベラルな考えへの譲歩」に、親衛隊の指導者は強く反対した。そして、ボヘミア・モラヴィア保護領における反ドイツ陰謀の発覚により、同保護領の総督代理にハイドリヒが就任し、これを契機に親衛隊による第三戦線の指揮権掌握が始まり、強硬措置が取られた。ゲシュタポの長官アウグスト・マイスナー（一八八六〜一九四七）はクヴィスリングのノルウェー首相への任命を準備し、またオランダとベルギーでもゲシュタポの活動が強化された。[24]

そして今や、ハイドリヒの旅行が示すように、第三戦線は新しい転機にある。「敗北諸国の古い警察組織も、イデオロギー的近親者たちの監視部隊の追加も、ドイツ占領軍の部隊でさえも、非合法闘争の高まりに対応できないのであり」、ゲシュタポ要員の直接介入で、他の部隊では不可能な苛酷さと強靭さをもって第三戦線を維持しなければならないのである。

それでは、この新しい抵抗の動きの特徴はどこにあるのか。「ドイツが西ヨーロッパを席巻したとき、レジスタンスを考える余裕はなく」、人々は打ちのめされ、小規模の「狂信的グループ」が抵抗したにすぎなかった。その後、困窮、戦争の長期化、ドイツ軍のロシアでの後退、アメリカの参戦が続いた。その結果、「多分、その十分な評価はのちにしか得られないであろう事態が生じた。すなわち、被占領国における階級差の驚くべき急速かつ広範な水平化である。中間層、さらに上層市民層のプロレタリア生活状況への下降が、占領下の東部のみならず西部でも事実である」。

こうして、利害関係が接近し、対立が消え去り、解任された将校や貴族と同様に共産主義者が指導者と認められ、Vサインが彼らの影響力を強化してほとんど神秘的な絆で人々を結びつけ、「行動的になった住民が繰り出す幾百万の針の一突き」が突き出された。

だが、そうした住民の「一突き」だけでは、ほとんど成果には結びつかない。これよりも、ハイドリヒが察した危険な動きは、フランス、オランダ、ベルギーのかつて活動的だった将校たちが、目下、行方不明になっていることにある。「彼らはどこにいるのか。戦線の形成を担うのか」。この敵をドイツ側は、国内戦線の敵よりも恐れている。

それは、「なによりも国民的な独立と生活様式の再建という、積極的な目標が元の将校たちにより追求される」からである。「そうした目標がどれほど大胆な力を与えるか。そのことを、一九二三年のルール闘争の時代から合流した国民社会主義者はよく知っている」。それゆえに、「ありうるすべての「第三戦線」での反撃に対して、早めに先手を打とうと攻撃を始めている」とユンクは結ぶ。

この「第三戦線」という表現は、ユンクに固有のものである。この用語で、東部のみならず西部の占領地におけるレジスタンスの高まりとその背景が示された。すなわち、階級差の平準化による、旧将校を含む国民的な抵抗運動の広がりである。同時に、ハイドリヒ国家保安本部長指揮下の親衛隊と保安警察が西部占領地の管轄権を掌握し、かつてのルール闘争の経験を反面教師として、抵抗者の早期摘発・抹殺に乗り出していることを明らかにした。抵抗運動の広がりに対して、かつてドイツ国内の反対派を制圧したハイドリヒ指揮下の情報・保安機関のテロ支配が、占領地で一層厳しく実施される一種の内戦状況である。「第三戦線」という言葉はその後は使われず、「第二戦線」の一部分として記述される。

(34) 石油へのドイツの攻勢 (五月二二日)

ロシア戦二年目の春を迎え、五月一五日、ドイツ軍のコーカサス作戦が始まる。本論説の主題は、繰り返し取り上げられている石油問題である。「首都モスクワへの威信攻撃に代わり、最初にコーカサス攻撃がスタートしたのは気候が理由というだけではない。ドイツは戦車と戦闘機のガソリンを必要とする。この「モーターの血液」が以前にもまして必要になっている。ロシアへの進撃は、そのほぼ一年を前にしてすでに、コーカサス油田の確保を絶対的な条件にしている」。ユンクは、このように指摘してロシア戦の新局面に触れつつ、次のようにドイツ軍が抱える石油問題の深刻さを浮き彫りにしていく。

まず、フェルディナント・フリーデンスブルク（一八八六～一九七二）の著作『世界戦争の中の石油』を引照して、石油の量だけではなく、質の問題が指摘される。[25] すなわち、主にアメリカで生産される「高オクタン価ガソリン」であり、オクタン価一〇〇ないしそれ以上が英米戦闘機の通常の燃料である。同種のガソリンを枢軸国が使用している兆しはなく、ロシアにつかまったドイツの飛行兵は、ガソリンの質が悪くエンジンの機能が良くないと語っている。

もちろん、量の問題が一層切迫していることは明白である。ドイツの経済界は一致して、この八月を「危機の時期」とし、それまでに年産二二〇〇～二四〇〇万トンのコーカサス油田の占領を、と主張している。現在、ドイツの最も重要な石油供給地は年産六〇〇万トンのルーマニアであり、ポーランドの五〇万トン、スロヴァキアやハノーファーなど各地の一〇〇万トン、そして合成石油三五〇万トンほどで、「持ち分」はせいぜい一二〇〇万トンどまりである。戦争遂行には一五〇〇万トンが必要で、生産ノルマは一八〇〇万トンとされている。

しかし、それさえも机上の計算であり、ルーマニアの生産高は落ち込んで、「共産主義分子」のサボタージュが疑われ、合成石油工場は英軍機の激しい空爆の下にある。たとえロシアの石油地帯を占領しても、ドイツは豊かな石油をもつ連合国と対等ではない。したがって、ドイツの石油をめぐる戦いは、まずUボートによってアメリカ石油の輸送タンカーを破壊することにある。そして、すでにロシア戦開戦の直前にドイツの雑誌『石油と石炭 *Öl und Kohle. Zeitschrift für d. gesamte Gebiet d. Kraftstoffe, Mineralöle, Bitumen, Teere u. verwandten Stoffe*』が記していたように、「西南アジアの石油地帯へと向かう」ことにある。すなわち、「最大の消耗戦後に油田を多く獲得して敵と張り合おうとするならば、何よりもこの敵から彼らの持ち分の他の半分を奪い取ることが使命になるだろう」とユンクは結ぶ。

英米の豊富な石油（北アメリカと西南アジア）と張り合うためには、ロシアとの消耗戦を乗り越えてコーカサスの油田を確保しても、それだけではまだ不十分である。一方では、米国の石油の欧州への輸送を阻止し、他方では英国の手にある西南アジアの油田を押さえなければならない。戦争継続のためには石油の確保が絶対的な条件であり、この点でユンクは論説（16）を引き継ぎ、ドイツの置かれた絶望的な状況を重ねて浮き彫りにした。

（35）電撃戦から陣地戦へ（五月二九日）

かつて、「西部の大規模な戦争からの宣伝中隊員の報告には、まれでなくスポーツの報道のような調子が見られた」「東部戦場からの報道も、もともとはそうした調子のものだった」。しかし、戦争が行き詰って事態は変わり、ケルチへの突撃のごとく狭められた戦場での失地回復戦など、「人々は一九四二年の地獄を不安げに見つめる」。以上のように指摘して本論説は、戦争報道を通して戦場の様相の変化を追い、併せてその戦場体験の戦後への影響にも触れる。

ユンクは、まず『ライヒ *Das Reich*』に掲載されたヒトラーの個人報道官リッター・フォン・シュラム大尉[26]の一九四一年三月一六日付の記事を引用する。それは、「損失の大きい正面攻撃」を回避する、機動力による現代戦の様相に関する詳細な叙述である。しかしハリコフで、またそれ以上にケルチでは、「ドイツの参謀本部がいかなる犠牲を払っても避けたいと思っていた戦いの戦術を、ロシア側はドイツに強いることに成功している。すなわち、正面攻撃、大量攻撃、塹壕戦である。ドイツの将軍たちは一九一八年の敗北後、「二度と塹壕戦はしない」と誓約していた。なぜなら、塹壕戦は人と物資を貪り食い、人口数や生産能力がより強大な敵に対しては勝ち目がないからである」。

現に、ロシア戦場での春季攻勢は、先の大戦の絶望的攻撃を想起させる様相を呈している。しかも、宣伝中隊員フランツ・ゲッツ[27]の『ハンブルク外事報 *Hamburger Fremdenblatt*』の五月二四日付の記事が示すように、戦慄の点では先の大戦の最も激しい戦闘をもしのぐ様相を呈している。火を吹く戦車や急降下する爆撃機を前に、時間の休みも空間的な保護もない兵士の凄惨な戦闘風景である。

そうした緊張の中でも、「ぞっとする笑いに事欠かない瞬間があった」。爆発の圧力でロシア兵が吹っ飛び、自分のリュックサックの上で「ブロッケン山の悪魔のごとく」うなり声を発している光景である。その時、ドイツ兵の異常な緊張は切れ、ものすごい笑い声となった。それは、「地獄の笑い」である。合理的計算という拘禁服の中へと追放したつもりの悪魔の根源力を、まったく唐突に再び技術が解き放ち、精確に計算される精神的機械が魔女の安息日に手を触れ、「啓蒙された人間」として忘れていた闇の力への恐怖が兵士たちを包む」。

この現代戦の経験は、この戦いを生き延びた人間にいかなる影響を与えるのか。ドイツおよびロシア双方の戦闘参加者の顔つきは、中世の聖堂彫刻を想起させる「破滅の表情」である。「現代的戦闘は自然科学を学習した者の悪魔との再会として、その名を精神史の中にとどめたとしても驚くにはあたらない」。

そうした推測はともかく、「現代的戦闘が人間に与える影響」を考えるべきである。スポーツ報道のような即物的な戦争報道は、もはや戦場の実相とは無縁である。アングロサクソン側は「再び塹壕戦となって以来の戦争の恐ろしい様相に関する知識から、すでに一九四二年の終戦を追求している」とユンクは結ぶ。

本論説は前年のロシア攻撃とはまったく異なり、ドイツ軍の春の攻勢は凄惨な陣地戦に移っていることを、戦場報告の長文の引用をつないで直截に示した。朝日記事「開戦以来の独ソ戦局　大勢決して決戦持越　ソ軍冬季反撃も空し」（五月一八日）は、八日にドイツ軍はケルチ半島で大規模な攻撃を開始して一六日にケルチ市を占拠し、他方、ソ連軍はハリコフ方面に攻撃を開始しているが、「ヒトラー総統はこの冬越で一八一二年のナポレオンの轍を踏まなかった」から、「その天才的深謀が再び世界を驚倒させるであろう」として、独ソ戦の経過を振り返っている[28]。

これに対してユンクは、一九四二年の戦闘はもはやヒトラーの「深謀」が通用しない陣地戦に移っていると見た。そして、その陣地戦は機械化の進展によって第一次大戦よりもはるかに凄惨な様相を呈し、そこでは時に兵士の間でニヒルな笑いの突発があることなど、戦場の人間模様を追跡しつつ、この高度機械技術に支配された戦争体験が人間の魂に与える影響の問題に目を向けた。

(36) ロンメルの秘密：アフリカ軍団の強さと弱さ（六月五日、キレナイカ欄）

ユンクによれば、新たなリビア攻撃を前に、ロンメル将軍が北アフリカからロシア戦線に配置換えされるとのうわさが広まっている。ロンメルは「秘密」をもち、ロシア戦線の困難を打開するから、と。それでは、「ロンメルの秘密」とは何か。このような一文に続いて、本論説は次のようにロンメルの強さの秘密を述べつつ、同時にその弱さをも示す。

ロンメルの強さは、その戦略的な思考の新しさにある。アフリカ砂漠の景観は、フランドルやハンガリーのような広大な平地ではなく、海を想起せしめる果てしなき荒れ地であり、ロンメルはそれに見合う戦略を適用した。すなわち、陸戦というよりも海戦の戦略であり、一定の土地の効果的な占領ではなく、全海域の領有に決定的な意味をもつ特定の戦略的な拠点を、移動性の高い戦車で計画的に支配したのである。昨年一一月の「戦略的撤退」でもロンメルは、しんがり部隊の「海の戦車」で徹底抗戦し、彼のアフリカ軍団の大部分をトリポリに退却させた。艦隊が拠点に帰還し、新しく弾薬と燃料を補給するように、アフリカ軍団は再び準備を整え、ベンガジを急襲しても う一度勝利を収めたのである。

ロンメル戦車軍団の装備も、海戦を陸に持ち込む形に徹底されている。海戦では、船の速度と火器の射程・貫通力が決定的である。ロンメルは戦車の最重量部である丸屋根を取り外し、戦車砲に替えて砲兵用火砲を据えつけた。カモフラージュされ外見は戦車に見えるが、五キロメートルの射程距離をもつ「走る火砲」であり、イギリス人も天才的と認めている。

これ以外にも、キャタピラー走行車に取り付けられた野戦砲をもつ移動性の高い新兵器がある。そして、良き騎兵将軍が「馬の本能」を知らねばならないように、ロンメルは「モーター本能」をもつ。「彼はマシーンに対して、ほとんど「愛情」と言ってよい感情を育んでいる。常に自分で野戦自動車を修理し、油を差し、ガソリンを詰めることに執着している」「この外見的には命のないメカニズムに、彼はまったく独自の関わり方をしている。血肉をもつ生き物のように愛護し世話をしてのみ役立つと、彼はそれらの機械を見ている」。したがって、ロンメル戦車軍団は世界の他のいかなる戦車軍団よりも一層完璧に、機動的に整備されている。アフリカ作戦に備え、いわゆるオリエント幕僚の技術委員会が砂漠での事故防止措置を研究しており、ロンメル戦車軍団は修理用の道具を携帯し、車両の故障への備えもなされている。

そして、もちろん「辛苦」に耐える身体能力がロンメル軍団の「秘密」であり、熱暑の砂漠の苛酷な生存条件は、宣伝中隊員エルンスト・バイアーの記事が克明に伝えている。

だが、この苛酷さは、同時にロンメル軍団の弱点を示す。不慣れなアフリカの気候に驚くほど強靭に耐えてきた、当初のロンメル軍団一〇万の兵士のうち、なお残っているのは三・五万人にすぎない。はたして、エジプトから西南アジアへという遠大な目標で戦い続ける兵士を、ロンメルは得られるのか。イギリスは熱帯慣れした植民地の支援諸国民、さらにインド人やアラブ人の軍隊で対応できる。たしかに、彼らはドイツ人のような万能の戦士ではないが、そこにはほとんど無限のリザーブがある。

これに対して、ドイツのアフリカ戦闘者は埋め合わせが効かない。アレクサンドロス大王の範に倣い、枢軸国の勝利の進軍がインドまで通じるならば状況は変わるが、その兆しは見られない。したがってロンメルは、不利な気候の土地で無尽蔵の敵と対面しなければならない。あるインタビューでロンメルは、「名声ほど怖いものはない。有名な人物に世間は、しばしば過大なことを要求し、彼の限界を踏み越えることを求める」と答えているが、「おそらく、この重大な意味をもつ発言を思い出す日が後に来るだろう」とユンクは結ぶ。

本論説は、論説（25）の潜水艦の中の兵士と同じように、砂漠で戦う戦車の中の兵士の凄惨な現存在を、宣伝中隊員の記事の長文の引用によって提示している。この戦車部隊を率いる、「砂漠の狼」と称されたロンメル将軍[29]は、第二次大戦期のドイツ軍の司令官の中でも最も著名かつ人気のある将軍だった。第一次大戦中の奇襲攻撃で名をあげ、一九二九年からは歩兵学校の名講義で知られ、一九三七年刊行の『歩兵は攻撃する』は四〇万部を超えるベストセラーとなり、ヒトラーに気に入られて総統護衛部隊の指揮官を務め、論説（5）にあるように一九四〇年の西部進撃では機甲師団を指揮して一気に海岸線まで突進し、その戦車部隊は「幽霊部隊」の異名を得た。一九四一年二月にはアフリカ軍団の司令官に任ぜられ、以後一九四三年三月までスエズ運河の占領を目指して連合国軍と激しい戦車戦を繰り広げた。自動機械と一体化した彼の姿には、彼が率いる戦車部隊のエートスとパトスが結晶化されていた。そこにこの軍団の強さがあるとともに、前年からの消耗戦の展開でこの軍団の主力兵士は三分の一に減じていた。本論説でユンクは、トブルク西部防衛線への攻撃を開始した枢軸国軍の東方進撃の再開に当たって、ロンメル軍団の中枢兵士の欠損に対し、連合国軍が補充できる兵力の圧倒的優位性を示した。

(37) 爆撃はドイツにどのような影響を与えているか（六月一二日）

「だれかが蟻塚を足で踏む。すると直ちに小さな働き者たちが群がり、あらゆる方向から集まって埋め立てを始め、……生活が継続される。ドイツの諸都市に轟音を放つ最近の大量爆撃の作用は、そうした蟻塚への一撃と比較されるだろう」という指摘に始まり、本論説は空爆にさらされた都市住民の様相を描きつつ、同時に密住都市という近代的な生活様式の問題性に触れる。

ユンクによれば、都市への爆撃の作用についての考察はすでにイギリスでなされている。しかし、ドイツの場合は一層破壊的である。というのも、英軍機による爆撃の規模の拡大のみならず、都市居住の構造に違いがあるからである。イギリスでは一列に並ぶ一、二階建ての家に、それぞれ一、二家族が住む。ドイツは四、五階、さらに六階建ての借家アパートの国であり、しかもこの借家アパートは居住ブロックにまとめて建てられている。したがって、ケルンの労働者街区への爆弾は、カンタベリーの労働者街区への同じ規模の爆撃よりも一〇倍以上の人々をホームレスにする。

そのため、ドイツの役所は一層大きな困難に直面している。まだ暗い夜明け前から消防や片付けの要員が救出・整理の作業に当たり、緊急避難場所のポスターが張り出され、「災害倉庫」に備蓄されていた食料が運び込まれ、配給される。

被災者はまず警察に駆け込み、被災カードを与えられて郊外に寝場所を得るが、ケルンやエッセンのような密住地帯では、宿泊場所は遠隔地にしか得られない。そして、「戦時緊急出動局」に召集された手工業者たちが、電気・水道・建物の修繕と点検整備のために街に繰り出していく。

被災者は最初のショックを乗り越えると、「戦争被災局」に出向いて損害を申告し、確定すべき補償額の前払い金を受け取る。いくつかのドイツの都市では、各人が何を所有しているか、あらかじめ正確に記録するようにしている。また、価値の高いものは写真を撮り、価額評価しておくよう推奨されている。しかし、現在のドイツの欠乏状態では、保険金や補償金を得ても再調達は困難で、衣服や靴のクーポン券が与えられても、現物は配給されず、市場から消えている。

かくして、「人々は技術と自然の厳しさを克服したと信じたが、単に主人を替えたにすぎないことがはっきりと証明される。たしかに、人はもはや自然の暴力の服従者ではないが、その代わりに技術と組織の装置という複雑な構造に服従している。この繊細に組み立てられた機構に一撃が加えられると、この構造の問題性も立ちどころに顕わになっている。この爆撃の結果から、都市の将来的建設と社会関係の新しい形への最終的な結論を引き出すなら、それは拙速にすぎるだろう」。

それでも、「いくつかの推測を試みておきたい」。蟻塚を想起させるようなドイツの借家アパート街区に対して、イギリスの分散居住の方がすばやく再建できるし、「例えば庭付き住居は、被災後も野菜や卵などで一定期間暮らしていけるだろう」。このように、「誤った文明化に対する神の審判を思わせる破局から、人間の欲求と規模により良く適合する未来への計画を引き出すこともできるだろうと確信する。もちろん、この未来への夜明けはまだ始まっていないのだが」とユンクは結ぶ。

本論説は論説（29）の続編であり、五月三〇／三一日の英軍機一〇四七機によるケルン爆撃と独軍機による六月一日のカンタベリー報復爆撃を受けてのものである。ケルン爆撃では〇時一五分に空襲警報が発せられ、七〇万の市民は防空壕に退避し、〇時四七分から一時間半にわたり焼夷弾一千トンと爆弾五〇〇トンがさく裂し、死者四九〇人、火災二五〇〇ヵ所、建物全壊三千、四・五万人が焼け出され、朝になって多くの人々が市外に逃れた。[30] 本論説でユンクは、被災と救援の現場を詳しく描写しつつ、低層か中層かという英独の都市集合住宅システムの違いに着目し、より安全な都市居住の方式として低層に利があるとした。後のユンクの主要な概念の一つである、「脱集中 dezentral」のコンセプトが、すでにここに萌芽している。

（38）ハイドリヒ暗殺後（六月一九日）

「五月二七日に……ドイツのボヘミア・モラヴィア保護領の総督代理に対する手りゅう弾が爆発したとき、プラハではまさしく音楽の週間が始まっていた。この暗殺事件にもかかわらず、音楽の催しは中断されなかった」という一文に始まり、ユンクは主にプラハの新聞『新しい日 *Der Neue Tag*』[31] の記事によりながら、以下のようにハイドリヒ暗殺後のチェコの動向を見ていく。

まず、大臣エマヌエル・モラヴェッツ（一八九三〜一九四六）[32] がブルノで演説し、ドイツへの忠誠をどんなに誓おうとも「総督代理の暗殺者が探し出されない限り、……チェコ人民にとって何の助けにもならない」と密告を呼びかけた。しかし、六月一三日までに情報提供はなく、六月一八日まで情報の提供期限が延期された。それまでに届け出れば報酬を与えるが、「この届け出義務に背いた者は家族ともども射殺される」という布告であり、総督代理カール・ヘルマン・フランク（一九〇〇〜四六）[33]の名前で出された。

すでに三〇〇名を超える人々が検挙され、厳しい脅迫を受けている。しかし、「同じ時刻にプリマトーレン通り［暗殺遂行場所］に居合わせ、自転車で逃げる実行者を見ていたに違いない通行人のだれ一人として、目撃証言を行ってはいない。……すべての人々が口を閉ざしているように見える。彼らが語るのは、ただ言い訳のみである」。そうした敵意に満ちた不気味な雰囲気の下で、ドイツ占領軍のなかには平和なボヘミアから前線への配置換えを求める兵士や、心理的圧迫から自殺に走る者も出ている、とチェコの亡命者新聞は伝えている。「それゆえ、問われるべきは、この圧迫は多数の人々の射殺で緩和されるのか。抵抗する国民的闘士の射殺は恐怖をもたらし、彼らの破壊活動を減少させるのか」という問題である。「この問題に、歴史が与える回答はだれもが知っている。否である。それでは、現在への答えはどうか」。

ドイツの進出後、プラハから約四〇キロメートル離れた工業都市クラドノで、二人のドイツ人監視兵が射殺された。報復として絞首刑が執行され、この町全体に高額の罰金刑が科された。この厳しい処罰でテロ行為は阻止されたのか。否である。その地の労働者村落の一つリディツェ村がハイドリヒ暗殺の準備に加わったとされた。プラハのラジオ放送によれば、見せしめのために村の男たちは射殺され、子どもたちは強制収容され、すべての家が灰塵に帰したという。

この措置の実行者は、ハイドリヒの後継者クルト・ダリューゲ（一八九七〜一九四六）[34]というよりもK・H・フランクである。フランクはドイツ軍のプラハ進駐前、「党首コンラート・ヘンライン（一八九八〜一九四五）の第一代理としてズデーテン・ドイツ党における国民社会主義路線の最も先鋭な闘士」だった。「やせこけ、神経質で、あまりにも強烈な熱狂主義に熱くなっている男、これがこの男から受ける第一印象」である。フランクはライプツィヒの民族主義出版社に入り、反セム主義の出版物の校正を行い、チェコに戻ってカールスバードの近郊で出版社を開いたが、借金に浸かり、政治に脱出口を求めた。ヒトラーのプラハ進撃後、ドイツの総督コンスタンティン・

フォン・ノイラート（一八七三～一九五六）の下に入ったが、ノイラートの措置は軟弱と思われ、ハイドリヒへの交代を進言して成功し、ハイドリヒの下で細部の処理を一手に取り仕切った(35)。そして、この暗殺騒ぎの「清算」もフランクの手の中にあり、本来のチェコの「専門家」ダリューゲの下でチェコ内閣の閣議を主宰し、統制強化を図ろうとしている。

すでにチェコの大学は閉鎖され、ギムナジウムの多くは存在せず、ユダヤ人の大部分はテレージエンシュタットに移されているから、教授・教師・高級官吏を特別法の下に置こうとするだろう。そして、重要なのは工場のサボタージュに対する規制強化であり、ドイツの戦車の七〇％を生産すべきというスコダ工場群の統制である。かつて、一九一七年五月二五日にもスコダ工場群の爆薬工場が爆破され、二〇〇人の死者を出した。そうした事態を避けつつ、軍需生産の能率向上を図ることがドイツの至上命令である。それゆえ、ここでも「第二戦線」が成立し、「チェコの抵抗は連合国軍から高く評価されている」とユンクは結ぶ。

先の論説（33）で見たように、チェコから西ヨーロッパへと抵抗運動の広がりに対して、占領地支配のトップに立ったハイドリヒは、連合国軍の主要な攻撃目標の一人であった。彼は六月四日、ロンドンのチェコ亡命政府が派遣した四人の工作員の襲撃を受け、重傷を負って死亡した。六月九日の国葬に合わせ、ヒトラーは報復を命じ、同日リディツェの町は工作員支援の嫌疑で廃塵に帰し、大量殺害が行われた。そして、この虐殺行動は見せしめとして大宣伝された(36)。本論説は、論説（33）の占領地ノルウェーにおけるクヴィスリングに続き、占領地チェコにおけるフランクに焦点を当て、一九二〇年代からドイツの国外で国民社会主義運動をけん引した闘士たちが占領地支配の中心にあることを示した。同時に、「第三戦線」（レジスタンス）は、すでに国民的抵抗の内戦へと、すなわち「第二戦線」へと先鋭化していることを示唆した。なお、クラドノはユンクにとって、なじみのある町だった。

(39) ロンメルとドイツの「南部計画」(六月二六日)

「現在、再びエジプトの門前にロンメル元帥が立っている。彼はナイルの地にすでに一度、しかも兵士ではなく旅行者として来ていたことは、ほとんど知られていない」。「南部計画」の立案と準備のためであり、この作戦計画は一九三七年、ブラウヒッチュ将軍[37]のローマおよびリビア訪問でしっかりした形を得た。その随行者の一人がロンメルであり、彼はイタリアの参謀将校を伴って北アフリカの道路や砂漠を観察し、「きわめてやっかいな平原の地誌を熟知し、気象条件にも特別の関心を注いだ」。以上を前置きとしてユンクは、戦争の経過の中で拡張と変遷をたどるロンメル南部作戦の軌跡を次のように描く。

南部計画は、現在では中東のみならず、「枢軸国の戦略目標を包摂」する。ある地政学者の言葉では、ロンメルの位置は「枢軸国の戦略的転轍機」であり、この位置から第一に、インド洋の沿岸沿いにケープタウンまで進撃する。第二に、メソポタミアの河川流域を通ってペルシャ湾へと進撃する。この二つの方向で、独伊の軍事力は日本の軍事力と手を取り合うことができる。第三は、トルコを抜けて南ロシアへの進撃である。

開戦以来、南部計画の支持者たちは、ドイツが全力でこの作戦計画を実行することを求めてきた。この計画により、アキレス腱であるイタリアを防衛し、同時に英軍を二分して欧州と極東で別々に打ち砕けるから、と。実際、一九四一年五月には、南部計画で枢軸国の勝利が得られるかのごとく見えた。

すなわち、クレタ島占領後、キプロスとシリア、そしてエジプトに進撃し、トルコを制しつつコーカサス油田地帯への道を開く作戦である。しかし、ドイツに先じてイギリスが防衛線を敷き、「トルコの前でかんぬきを閉めた」ため、ロシアに対するドイツの圧力は削がれた。一九四一年六月にポーランド・ロシア国境のみならず、トルコ・シリア国境からも枢軸国軍が展開していたなら、スターリンはドイツの要求に屈し、「ドイツの強力な戦争マシーン全体が「南部計画」の実行へと稼働していたであろう」。しかし、加えてエジプトでも英軍がロンメルの機先を制したため、ヒトラーは南部計画を切り上げ、「結果がどうあれ、「東部計画」に着手しなければならなかったのである」。

ユンクによれば、それでも南部計画の主張者は相も変わらず、この作戦計画のみが枢軸国に勝利を与えるとし、北アフリカ、トルコ、南アフリカで危険な活動を行っている。ドイツの諜報部員がモロッコ、アルジェ、テュニスで活動していることは公然の秘密であり、北アフリカの民族主義指導者の抱き込みを図っている。南アフリカでは、ドイツ系の大臣を通してブーア人組織との結びつきを得、多様な「民族運動」に資金を提供している。他方、「トルコをめぐるドイツの動きは最も見通しが難しい」。ロシアとイギリスの方面軍下にあるこの国に、南部計画の成否がかかっているからである。ソ連を犠牲に北方への領土拡張を望むトルコ人グループへの地下工作が重要であり、パーペン暗殺未遂事件の背景も、「この闇の中の闘争」との関連でもっと多くを語れる日が来るだろう(38)。

このように、南部計画の準備は続いているが、サウジアラビアやシリアにおけるイギリスの地位は揺るがず、ロシアの排除も達成されていない。これを実現しない限り、南部計画の最終的な成功は見込めない。「ロシアの抵抗がこの戦争の決定的な事実になっていることと同様に、これまでの枢軸国の戦略計画はどんなによく考えられ準備されていようとも、常に繰り返しその実行において弱められ、麻痺していることが重ねて証明されている」とユンクは結ぶ。

ユンクは論説(28)に続き、スエズ運河から西南アジアの油田地帯を制圧して独伊と日本をつなぐドイツ側の作戦計画を再確認しつつ、前年五月に続き再びエジプトの門前に迫ったロンメル軍を三週前の論説(36)に続いて取り上げ、その進撃計画も連合国側の防衛態勢の強化で成功の見通しはないとした。

ストックホルム特電二一日発朝日記事「トブルク、バルジア占領　独ソ開戦一周年　独伊、エジプト国境へ殺到」(六月二二日)は、ロンメル将軍麾下の独伊軍がトブルク要塞の大部分を制圧して二・五万の英軍を捕虜とし、さらに遁走する英軍を急追してバルジアを占領したと伝える。そこからさらにエジプト領内への遊撃が可能になるとし、枢軸国側は戦勝に湧いた(39)。しかし、この作戦を構想した陸軍総司令官ブラウヒッチュ将軍自身、前年一二月にモスクワ攻略の失敗で解任されていた。本論説は、ロンメルのこの度の戦果もいわば一時的なものにすぎず、独軍の戦略計画は英軍の防衛線の前で破綻していることを示唆した。

3　テロ支配の先鋭化

引き続き一九四二年の七、八月、『世界週報』のドイツ欄は毎週F・L論説で占められる。さらに、七月三一日には視線欄にもF・L論説が登場する。この二ヵ月間に合計一〇本の掲載である。

その焦点は、もちろんハイドリヒ暗殺後の第三帝国の動向にある。ハイドリヒは国民社会主義運動の理想的な人間像であり、その殺害の報復としてヒトラーは、国民社会主義運動の一層の徹底を図る。すなわち、ドイツ民族の敵を殲滅し、ユダヤ人を絶滅することである。事実、リディツェとレジャーキの虐殺に引き続き、プラハでは夏場を通して大量のチェコ人が逮捕され、一三二七人に死刑判決が下されて国内の抵抗運動は壊滅する。(40) また、七月までにポーランドに五つの絶滅収容所が設置され、七月一五日のオランダの収容所を皮切りに、西部からユダヤ人を東方に移送する事業が組織的に進められた。他方、戦況については北アフリカ戦線は膠着状態にあったが、東部戦線ではクリミア半島の占領に引き続き、ドイツ軍はロシアの南方軍集団をA軍団とB軍団に二分し、A軍団のスターリングラード（現ヴォルゴグラード）進撃を開始した。

そうした状況の下、この時期の論説の最大の焦点は、ドイツの刑事司法と強制移送の問題にあった。ただし、この敵を殲滅し抹殺する国民社会主義のテロ支配の報道は、ゲッベルスのスイス報道界への介入を避けるために、疑いなく慎重さを求められていた。そのため、ユンクは抵抗運動の側からの情報を持ちながらも、それを取り上げたのは論説（40）と（45）の二度に限ったと推測される。

その他の論説は、一見、東部戦線におけるドイツ軍の攻勢が継続していても、その足もとの態勢は崩れつつあることを示唆していた。軍指導部の顔ぶれの交代、航空部隊の疲弊、ヒトラー司令部のメンバー、予備役の劣勢、食糧事情の悪化、三年間の戦争スローガンの変遷といったテーマである。そして、より一般的な問題として、戦車軍団を例に高度技術化と人間類型という、戦後を展望する問題提起が行われる。以下、集中して執筆されたこの時期のユンクの論説を見ていく。

(40)「……破壊し尽くされ」：ドイツ刑事司法の占領地での原則と実行（七月三日）[41]

「ドイツ占領当局による旧チェコスロヴァキアの……町の「抹殺」は、単にドイツが戦争している諸国のみならず、中立国の人々の心を深く揺り動かしている。だが、この殺戮は偶発的な報復行為とは見なされない。ドイツ管理当局の、彼らの指導者ラインハルト・ハイドリヒの殺害に対する一時の怒りというよりも、それ以上に、持続的に定着した特殊な法観念の表明として説明されるべきものである」。この前置きに続きユンクは本論説で、国民社会主義の刑事司法の特質を以下のように描き出す。

まず、国外からの非難に対して親衛隊全国指導者ヒムラーは、「国民社会主義者は、我々の内部で実行した法を抜きに、暴力を抜きに活動しているわけではない。……他の人々が「法の侵害」と嘆くか否かは、ドイツ民族の生死が問われている現在、まったくどうでもよいことである。……我々は、我々の活動によって、ドイツ民族の生存権という新しい法への基礎を置くのである」と応じている。

この「新しい法」の作成を担ったのがハイドリヒであった。ハイドリヒの死に当たり、『ドイツ一般新聞』（一九四二年六月一三日）は、「警察法は「規則」の総和であるという……自由主義の原理と断絶し、民族の生存と対立するいかなる公式の規則も存在しえないという原則を持ち出した」と彼の功績を賛えている。その「攻撃的警察法」の精神で、ゲシュタポは体制の敵を国家敵対行為で取り押さえる瞬間を待つのではなく、そうした行動が予測される者すべてを予防的に拘束（保護拘禁 Schutzhaft）することができる。これにより、「知的扇動者や黒幕」と見なされた者すべてを拘束し罰する根拠が与えられた。

この新しいドイツ法は占領地で全面的に適用され、「予防司法」の考え方で、ほとんどすべてのポーランドの知識人が拘束され、クラクフ近郊の収容所に監禁されて、そこでの処刑の数は八ヵ月で三千人に達した。そうした一斉手入れと大量拘束が占領下の各地で行われ、大量処理の必要からドイツの裁判官には大きな権力が与えられて、「法をつくる自由」が広範に認められた。

さらに、そうした国家敵対行為を前もって捕捉する予防司法に加え、今や占領地では後から捕捉する司法が追加されている。例えばポーランドのグラウデンツ（旧ドイツ領西プロイセン州）の特別裁判であり、一九三三年のドイツ人クラブ襲撃事件でポーランドの裁判所は一人に死刑判決を下して結審していたが、ドイツの司法当局が再審にかけ、捜査に当たった警官一人を含め新たにポーランド人四人に死刑判決を下した。

すでに一九三六年の『ドイツ法 *Deutsches Recht*』誌上でハイドリヒは、「歴史的な時空間から見れば、国民社会主義は国家の敵の打倒に成功する場合にのみ永続的に貫徹され、その理念を全国民の中に確保し保持することができる。この闘争は、反対者が持続的に闘争能力を失い続ける場合にのみ成功する」と現在進行形の事態を示していた。それゆえにユンクは、「チェコの二つの町に対してなされた報復行為は例外現象ではなく、国民社会主義の新しい法に深く根ざしている。ドイツ司法は、反対者を持続的に闘争不能とする戦争の道具になっている。これによりドイツ司法には、人類史の全経緯の中で他のいかなる裁判とも比較できない役割が割り当てられている」と結んでいる。

論説（38）のリディツェに続く六月二四日レジャーキの住民虐殺で、欧米の各地で非難の声が沸騰していた。その最中、本論説はそうした住民虐殺は第三帝国の刑事司法それ自体の特質であり、それは内外の反対派に対する国民社会主義運動の暴力的実践に発し、今や予防司法に再審司法をも加えて、なんでもありで反対派を弾圧するテロ支配の道具と化していることを、ナチ当局者の言説に即して示したのである。

(41) ドイツの戦争遂行の新しい顔ぶれ（七月一〇日）

「有能な将校団を有することが、交戦諸国双方の最も緊急の問題であること明白である。最近の経緯に照らすと、イギリスで不足しているように見えるが、より少なからざる厳しさをもってこの問題でドイツが苦しんでいることは間違いない。そのことは、ロンメルやマンシュタイン[42]の成功でごまかせるものではない。今回の戦争は、先の戦争よりも比較にならないほど急速に、将校を消耗させてしまうからである。軍の司令官は、もはや一九一四〜一八年の戦争のように遠くの司令部から電話で指揮を執ることはできない。前線から前線へと常在し、できるだけ自分の目で見て決定しなければならない。こうした苛酷な、身体と神経の負担に耐えられるのは、少数の将校にすぎない。そのため開戦以来、すべての軍隊で司令官の漸次の交代が見られる」。この指摘に続き、ユンクは本論説で次のようにドイツ将校団の消耗と新顔の登場を見ていく。

まず、ドイツ軍の報告から、ヴィルヘルム・リスト（一八八〇〜一九七一）、ヴァルター・フォン・ライヒナウ（一八八四〜一九四二）、ヴィルヘルム・フォン・レープ（一八七六〜一九五六）、ブラウヒッチュ、ハインツ・グデリアン（一八八八〜一九五四）といった司令官の名前が消えている、代わって、新しい司令官としてマンシュタインがセヴァストポリ征服後に元帥に昇進し、彼が目下前面に出ている。プロイセン砲兵大尉の一〇番目の息子で、早くに両親のもとを去り、ポツダム近衛兵連隊の少尉から先の戦争で参謀将校のキャリアを積み、そのエネルギーと強靭さで注目された人物である。戦後も国軍に残り、昇進を重ねていったが、それでも前任のオイゲン・フォン・ショーベルト将軍がゲリラとの戦いで戦死しなければ、元帥の地位に就くことはなかっただろう。

同様に、レープに代わり、東部戦線で北方軍の司令官になったゲオルグ・フォン・キュフラー（一八八一〜一九六八）が目立つ。彼も元帥に昇進し、レニングラードを制圧して北からモスクワに進撃する、新しい大きな任務を与えられていると推測される。

この二人と並んで、ドイツで聞かれる新しい軍人の名前は、敵機の撃墜数を競うハンス・フィリップ（一九一七～四三）一一〇機、ヘルベルト・イーレフェルト（一九一四～九五）一〇一機、ハンス・マルセイユ（一九一九～四二）一〇一機、ホフマン・フォン・ヴァルダウ（一八九八～一九四三）であり、またロシア軍による包囲を何週間も持ちこたえたテオドール・シェーラー（一八八九～一九五一）とヴィルヘルム・ハッセ（一八九四～一九四五）である。フィリップはメルダース（論説（7）を参照）の一一五機撃墜記録に迫っている。イーレフェルトはポンメルンの農業労働者の出身で、一九三七年に戦闘飛行士になる目標を達成し、撃墜数を急速に積み上げて一九四一年六月、ドイツ軍の一六番目の将校として柏葉付騎士鉄十字章を得た。しかし、特に人気があるのは現在二二歳のマルセイユで、ベルリンのユグノー家系の出身であり、彼の撃墜記録はすべて北アフリカの英軍機である。その戦闘方法は激しく、すでに自身も四回墜落を経験している。[43] 次はどうなるのか、ドイツの将校たちは自らを酷使している。

「本欄でも、すでにしばしばドイツのエリート兵士は、ロシアと北アフリカの戦場を覆う苛酷さの中で一層数多く倒れていると示唆してきた」。最近の七月三日には一日だけでも騎士鉄十字章の受章者の中で、オスカ・ラートヴァン大佐、アルフレート・シュナイダー大尉、ヘルベルト・ナウエ大尉、ヴィリ・ブルーメンポート軍曹の戦死が報じられている。「現下の戦いはドイツに大きな成果を与えているが、それには最も厳しい損失が伴っている。特に軍指導者の損失が重大であり、引き続きドイツ軍の中心問題となるだろう」とユンクは結ぶ。

本論説はトブルクの英軍守備隊の降伏に続き、クリミア半島最大のソ連軍要塞セヴァストポリ（黒海艦隊の母港）の七月四日陥落という独軍攻勢の中で、東部戦線の指揮を執る司令官の新たな顔ぶれを示すとともに、その戦果の陰にあるエリート兵士の大規模な消耗を示した。事実、「アフリカの英雄」として宣伝されたマルセイユは、すでに同年九月末、五回目の墜落で落下傘が開かず死亡する。フィリップ空軍中佐とヴァルダウ空将も、翌年に墜落死を遂げる。戦場の花形は戦闘飛行士 Jagdflieger に移っていたが、そのことは次の論説で論じられる戦車戦術から爆撃機戦術への、攻撃戦術の変化とも結びついていた。

(42) 東部戦線での戦術の変化(七月一七日)

「東部では現在、この戦争最大の物量戦が展開されている。そこではある程度、戦争の長期化と共に兵器の数がますます増大していった第一次世界大戦の経験が繰り返されている」(『フランクフルト新聞』)。この一文の引用に始まる本論説でユンクは、「陣地戦(ケルチやセヴァストポリ)と物量戦(ハリコフやドン川付近)は、ドイツ電撃戦理論家の計画では過去のものであり、回避されるはずのものであったが、現在ではこの陣地戦と物量戦がドイツの認める事実になっている」ことを確認しつつ、ドイツ国防軍はどのように「運動戦と陣地戦、突破戦と物量戦の妥協を進めるのか」、ドイツの戦術変化を以下のように見定める。

問題は、戦車戦術である。「第一次世界大戦」で、戦車は機関銃に対抗する革命的兵器として開発され、歩兵のテンポに合わせて歩兵部隊を先導した。戦後、対戦車砲が開発され、戦車に未来はないと思われたが、歩兵と切り離して独立部隊として行動する新しい方策を、シャルル・ド・ゴール(一八九〇~一九七〇)らが見出した。速度のある戦車部隊に機動歩兵隊と砲兵隊を付け、敵の前線を突破する「戦車のくさび」戦術である。この戦車戦術でドイツは、西部、バルカン、そしてロシアの緒戦で成功したが、重火器を装備した現在のロシア軍防衛システムの前に、突破を阻まれている。第一の壁を破っても第二、第三の壁があり、多数の塹壕線を制する一層広大な「くさび」、すなわち歩兵部隊を伴っての行動が必要だからである。

そうした戦術変化で生じる問題は、第一に最前線への機械と人員の投入の膨大な増加であり、第二に敵の反撃の砲火を浴びやすくなることであり、第三に不意打ちの可能性が極度に減少し、攻撃のテンポが遅くなることである。こうした事態を受け入れることはできないから、ロシアの防衛線で阻まれた電撃戦をドイツ軍指導部は、なんらかの方策で救い出そうとしている。その試みの一つが、「戦車先頭」に代わって「シュトゥーカス先頭」で、敵集結部隊の攻撃のために爆撃機シュトゥーカJunkers Ju 87 Stukaを集中的に投入する新戦術である。何段かの敵の防衛線を爆撃機が打ち砕き、その後に戦車・機動歩兵隊・砲兵隊が突進する戦術である。この新理論の支持者は、空軍司令官ヴォルフラム・フォン・リヒトホーフェン（一八九五～一九四五）であり、彼の航空戦隊は戦争の開始期から独立した攻撃部隊として、必要に応じて出動する特別任務を果たしてきた。[44] ロシア戦開始後は、レニングラード、ケルチ、セヴァストポリをめぐる戦いを支援している。

たしかに、この「シュトゥーカス先頭」の最初の試みはトブルク、セヴァストポリ、そしてドン川付近の戦いであり、新たな電撃戦への戦術展開が示された。しかし、かつてドイツ戦車部隊が最初に登場した時とは異なり、ロシア側にも備えがあり、不意打ちはできず、決定的な勝利は得られなかった。それでも、連合国側の武装能力が勝っていることは明白だから、「ドイツ軍指導部は早期決着のみが勝利につながることを正確に知っている」とユンクは結ぶ。

本論説で初めて、「第一次」および「第二次世界大戦」という表現が登場するが、この年の五月、ドイツ東部戦線の南方軍集団はハリコフ奪回を目指した赤軍部隊をせん滅し、またクリミア半島東部の要衝ケルチを再占領し、七月初めのセヴァストポリ占領でクリミア半島を制圧した。これ以降、ヒトラーの指令で同軍団は引き続きコーカサス油田を目指すA軍とスターリングラード占領を目指すB軍に二分割され、二正面作戦に移る。もはやコーカサスへの道に、大きな抵抗はないと思われたからであった。

この時期、ブエノスアイレス細川特派員一五日発朝日記事「火急の救援悲鳴に足踏み」（七月一七日）は、「ソ連戦線における独軍の圧倒的進出によりドイツは既にドン川作戦を完了し、一気にモスクワおよびヴォルガ作戦に移っている」とし、モスクワは英米による第二戦線の結成を「干天の水を待つがごとき心境」で期待しているが、英米は応えられる状況にないと伝える。[45] たしかに、戦車部隊に代わって航空戦隊が電撃攻撃の先頭を切るリヒトホーフェン空軍司令官の新戦術により、北アフリカおよびドン川流域からクリミア半島でドイツ軍は新たな勝利を得た。しかし、それは物量戦で完全な劣位にあるドイツ軍の、「早期決着」に賭けたあがきにすぎない、とユンクは見ていた。

(43) ヒトラー司令部 (七月二四日)

「ナポレオン時代の直後ほど、備忘録が書かれた時代はないであろう」「疑いなく我々も、この戦争後にそうした備忘録の氾濫を予想する。例えば、モスクワを目前にドイツの攻撃が押しとどめられたとき、ヒトラー指令部はどのような状況になったのか、……知ることになるであろう。現在は、そうしたことを予測できるのみである。ヒトラー指令部は、なお秘密に覆われている」「確実なことを報道しようとするならば、……いま可能なことは、この部隊のドラマを演じる役者を挙げることである」。たしかに、「枢軸国では国家と軍隊の頂点に集まるグループの構成を、宗教に求められるほとんど秘教的な秘密にしておこうとする世界観的な理由づけ」があり、簡単なことではないが、「総統司令部の人的構成は多少とも公然の秘密」である。以上の前置きに続いて、ユンクは本論説(図3-2)でヒトラー司令部の陣容を克明に示す。

まず、キーマンはヨードル将軍(第2章の註45を参照)であるが、彼はほとんど報道されず、伝記的情報も出されていない。司令部の場所は、ドイツの攻撃作戦の重点移動に応じて動き、ミンスク近郊からスモレンスク直近地、そして冬季攻勢期には再び後方のミンスク近郊に移された。現在の場所はもちろん秘密だが、キエフ近郊と思われる。

司令部には現在、五〇名のスタッフが詰め、それを警備部隊が警護し、他に約二〇〇人のサービス要員が属す。工兵、料理人、技術要員(映画設備だけでも一八人)、通信員などである。こうした人員は全員、政治的信頼性に関する厳格な審査後に司令部に送り込まれている。

ヒトラー側近にも、開戦以降、一定の変化がある。イギリスに亡命した「総統代理」ルドルフ・ヘスに代わり、その地位を親衛隊全国指導者ヒムラーが引き継ぎ、彼のもつ強大な権力手段によって一層大きな役割を演じている。変わりがないのはヒトラーの個人的要員で、取り巻きの突撃隊大将ヴィルヘルム・ブリュックナー（一八八四〜一九五四）と親衛隊中将ユリウス・シャウプ（一八九八〜一九六七）、運転手の突撃隊少佐エーリヒ・ケンプカ（一九一〇〜七五）、飛行機操縦士の空軍大佐ハンス・バウル（一八九七〜一九九三）、長距離パイロットの二人の親衛隊指導者ヴュンシェとヴェルニケ、そして担当医師のカール・ブラント博士（一九〇四〜四八）とテオ・モレル教授（一八八六〜一九四八）、さらにチフス対策で二人の伝染病の専門家が入っている。(46) 女性は二人の秘書、ゲルダ・ダラノフスキー（一九一三〜九七）とクリスタ・シュレーダー（一九〇八〜八四）のみであり、ヒトラーの聞き取りはたいてい録音機からの速記でなされている。

In Hitlers Hauptquartier

he sind so viele Me-
en, wie unmittelbar
ischen Aera. Da gab
Subalternen, mochte
mmerdiener gewesen
ungen veröffentlichte
iskretionen vom Hof
des «Empereur» mit-
e Geschichtswissen-
eiten Hälfte des neun-
bildete, hat für diese
hen Histörchen nicht
aufgebracht und die
und 1840 einfach als
e können wir wieder
Begeisterung, ja Gier
n Drucke Napoleons
stum sich haargenau
leinsten Intrigen be-
stenz man bis dahin
ommen hatte.
uns nach dem Ende
chflut der Memoiren.
fahren, wie es im
, als der deutsche
blieb, was in jenen
eifelten Stunden ge-
Hitler in einer seiner
der deutschen Russ-
phe drohte. Heute
nur erahnen. Ueber
gt noch der Schleier
nig kennen wir den
ichen Gespräche, die
l, im Weissen Haus,
alazzo Venezia und
Downing Street 10
rt werden. Wenn
der anonym bleiben-
eporter der «Frank-
Illustrierten Zei-
Woche für Woche
für Wort berichten
önnen glaubt, wie
erbrook auf den
lammten Cripps» ge-
t habe, welche Wut-

griffsaktionen, in Tagesfrist von einem Teil der gewaltig langen deutschen Front an den anderen verbracht werden kann. Bis zur Rückeroberung von Mohaisk durch die Russen befand sich, wie man jetzt zuverlässig weiss, Hitlers Hauptquartier in der unmittelbaren Nähe von Smolensk. In jenem wohl kritischsten Zeitpunkt der russischen Winteroffensive musste das Hauptquartier nach rückwärts verlegt werden; es wurde in der Nähe von Minsk wieder aufgebaut. Wo sich das Haupt-

Hitler in seinem Hauptquartier mit Generalfeldmarschall Keitel und General Jodl.

wandfrei feststellen, weil
verschiedenen Kompeten
mando der deutschen We
unmittelbar Beteiligten –
deutig klargestellt werde
eine Frage der Auslegung
hier von einem Miteinan
einander verschiedener K
will.
Ziemlich unverändert
Stab»
Begleit
engste
bleibt
Kriegs
meiste
führer
Grupp
gleichf
schon
am Ob
lers u
zu fin
Felde
fen.
Sturml
musste
einer
vergift
ist abe
des fel
den. D
Jahren
Flugka
jetzt
schmit
seler-S
als Ve
junger
Mölder
Ordonı
sönlich
weite
Fronta
die H
fungier
beiden

図 3-2　本論説の写真：ヒトラー司令部のヒトラー，カイテル元帥，ヨードル将軍

　軍事的事項について、ヒトラーはまず「個人的スタッフ」に相談する。ルドルフ・シュムント大佐（一八九六〜一九四四）、ニコラウス・フォン・ベロウ大尉（一九〇七〜八三）、ゲアハルト・エンゲル大尉（一九〇六〜七六）であり、そこで攻撃計画を練り上げる。その上で、総統司令部の中で軍を代表する「本来の軍事スタッフ」に提案する。ヴィルヘルム・カイテル元帥（一八八二〜一九四六）、フォン・フォルマンとクロスターマンの両大佐、コルベット艦の艦長

K＝J・フォン・プットカマー（一九〇〇〜八一）と航空隊のカール・ボーデンシャッツ将軍（一八九〇〜一九七九）であるが、真の「黒幕」はヨードル将軍である。

「軍事スタッフ」と並ぶ「政治スタッフ」として、リッベントロップとハンス・ラメルス（一八七九〜一九六二）が出入りし、公使館参事官ヴァルター・ヘーヴェル（一九〇四〜四五）と情報局部長ヨアヒム・シュタッハ大佐（一八九六〜一九四五）が常駐している。(47) シュタッハ大佐の下には六〇名の要員からなる電報・電信センターがあり、一日に二万件の電話通信と一五〇〇〜一六〇〇件の電報の送受信が行われている。

攻撃命令がどこまでヒトラー個人やその側近から出ているか、それは明確ではないが、ヨードル将軍と並び参謀総長フランツ・ハルダー（一八八四〜一九七二）が全作戦行動の決定的な指揮者の一人であることは間違いない。(48) ハルダーはすでに四年間、陸軍参謀総長の地位にある。彼は開戦の直前に、すべての兵種の緊密な協力を実現すべく、陸海空軍の高級将校を一堂に集める特別コースを設置している。「ドイツのロシア攻撃の最新の局面も、大枠はハルダーによって構想されたものであり、その後におそらく総統司令部で、ただ細部のみが詰められたものにすぎないであろう」とユンクは結ぶ。

本論説にはやや正確さを欠く記述が見られる。ブリュックナーは一九二三年のヒトラー一揆の参加者で長年ヒトラーの側近だったが、一九四一年一〇月に総統付き副官を解任され国防軍に移っていた。また、この時期、ヒトラー付きの女性秘書は三人だった。さらに、人名表記にも細部の誤りが多々見られる。しかし、ヴェールに覆われた総統司令部の陣容を、ユンクの本論説は白日の下にさらした。まるで内部に入って見てきたような、こうした詳細で網羅的な記述の情報源は、チューリヒのドイツ副領事ギゼヴィウスに他ならなかった。

（44）一九四二年の休暇：四ヵ国からの報告（七月三一日、視線欄）

本論説はフランス、アメリカ、ドイツ、ソヴィエトを小見出しに、これら四ヵ国の夏の休暇を点描する（著書

『外から見たドイツ』には、「ドイツ」のみ収録)。

まず、フランス「ヴァカンスの勝利」。この時期、例年オペラ座の通りは空になるが、今年は少数の店しか閉じていない。だが、プールは満員で、一見「休暇の勝利!」と見える。しかし他方で、かつての登山以上の危険を冒して、「この夏の夜に屋根を越え、地下室を忍んで歩き」、「この地を再び気安く自由に呼吸できる高みに引き上げようとする」人々がいる。

アメリカ合衆国「もう一度休暇を」。すでに一九四二年に戦争は終わるという期待もあったが、ローズヴェルト大統領は「戦闘は明日始まる」「今から備えよ」と告げている。軍のキャンプで教育される「ボーイ」たちに「もう一度休暇」が与えられ、マイアミの海岸で遊んでいるが、彼らは「この最後の休暇が本当に最後の休暇となってしまい、大きな戦いへと赴くであろうことを知っている」。

ドイツ「配給された休暇」。医師の厳格な診断を受け、負傷した兵士はシュレージエンの温泉保養地で三週間の休暇を与えられる。一人の負傷兵は、かつてこの町のトランペット演奏者だった。かつての演奏仲間はすでに亡く、野外音楽堂の拡声器から行進曲の戦闘的な音色が響く。「彼は心の中では古き平和愛好者だったが、彼を突き動かす行進曲に歩調を取る以外にない」。松葉杖で足を引きずりながら。

ソヴィエト・ロシア「手に銃を持っての療養所滞在」。ピョートルとイワンは三年前に病気でクリミアの労働者療養所に二週間いた。今回は、負傷による後方での療養所生活だが、「敵に対する一斉射撃」のスローガンの下、再び戦場に出るべく銃の手入れに励んでいる。

以上、フランスにおけるレジスタンスの高まり、アメリカにおける欧州派遣軍の準備、ドイツの男たちの消耗と疲弊、ロシアにおける失地回復への意気込み、と本論説でユンクは、戦う人々の対照的な休暇風景を描いている。この七月には、英米の指導者はスターリンの第二戦線結成の要請に対し、抵抗の少ないフランス領のアフリカ北西部に上陸する「トーチ作戦」を決定していた。もちろん、作戦計画は軍事機密で公表されないが、ドイツとは対照的に連合国側で、総反撃の準備が進みつつあることを本論説は休暇風景を通して伝えた。

(45) 東方への強制移送（七月三一日）

「今回、およびその他の戦争の現象の一つは、出来事の残忍さへの感覚が麻痺していくことにある」。「最新の出来事として、東部への大量強制移送 Massendeportation の急激な増加がある。幾千人のオランダ人、ノルウェー人、スロヴェニア人、チェコ人、フランス人、ベルギー人の東部への移送である」。以上の指摘に続き、本論説（図3-3）でユンクは大量移送の経緯を次のようにたどる。

「この大量強制移送システム」は、最初、ユダヤ人に対して実行された。すでに開戦の直後に、大規模なユダヤ人の移送が行われた。それは、成人男子のみならず女・子どもから病人まで「西洋の歴史で経験したことのない一〇〇%の強制移送」であり、「例えばバーデンのユダヤ人住民のすべてが数日の内に南フランスに移送された」。そして現在、「このユダヤ人大量強制移送は単なる反セム主義の特殊な措置ではなく、他の諸民族の人々の将来的な移送のための企てであったことが示されている」。

この大量の強制移送は、多数の人々の「移植 Umpflanzung」に伴う諸困難を丹念に観察した上で、「あのドイツ人特有の徹底性」をもって実行されている。ユダヤ人を対象とする最初の移送を指揮したのは親衛隊集団指導者フェ

Deportationen nach dem Osten

er Erscheinungen dieses wie jedes
es ist die wachsende Abstumpfung
r Grausamkeit seines Geschehens.
Geiselerschiessungen gemeldet wur-
Welle des Grauens über die Welt,
n» sich daran gewöhnt, grosse und
Hinrichtungsziffern zu lesen. Ein
rtrumpft immer noch den vorher-
das, was gestern noch unfassbar
schon Alltagssitte geworden. Diese
Gewöhnung und die daraus resul-
lische Betäubung ist durchaus von
«eiserner Macht und unerbittlicher
Europa beherrschen wollen, beab-
nem der letzten SS-Führungsbriefe
klich festgestellt: «Die unterwor-
ung hat es gelernt, den scharfen
tschen Wortes zu verstehen. Gegen-
zärtelten und zugleich einem büro-
ilrecht musste manche neue Mass-
ungewohnt hart erscheinen. Heute
sche Zügelführung nach gewissen
eiten auch Verständnis gewonnen.»
Verschärfung von Massnahmen in
Ländern ist als neuestes Ereignis
hme von Massendeportationen nach
nennen. Es ist, als solle hier, in dem
rch die Flucht des Grossteils der
Bevölkerung dünnbesiedelten Raum,
hemals polnisch-russischen Grenze
lichen Frontzone, ein neues «Sibi-
, ein Kolonisationsland, in dem —
uch im zaristischen Sibirien — De-
reiwillige miteinander Pionierarbeit
en.
der Massendeportationen, das wäh-
Wochen gegenüber vielen Tausen-
dern, Norwegern, Slowenen, Tsche-
n und Belgiern angewendet worden
den Deutschen zuerst an Juden er-
mittelbar nach Kriegsbeginn wur-
grossen Judentransporte aus dem
r Gegend von Lublin geleitet. Die
nur wenig Zeit, um die behördlich
otwendigsten Kleidungsstücke mit-
wurde ihnen ausserdem nur noch
von 100 Reichsmark gestattet.
iesen Massentransporten war, dass
t nur Männer einer gewissen Alters-
wurden, sondern auch Frauen, Kin-

hohen Alters und so weiter wurden für diese hohe Verlustzahl verantwortlich gemacht.

Ferner wurden bei diesen ersten Deportationen auch gewisse Probleme studiert, die sich aus dem Wegzug der durch die Deportierten ersetzten, ursprünglich an jenem Platze ansässigen Bevölkerung ergaben. Ein Schulbeispiel für die Erledigung dieser Angelegenheiten bot der Fall der Stadt Theresienstadt, die durch eine Verordnung des stellvertretenden Reichsprotektors Heydrich am 16. Februar 1942 zum Aufenthaltsort der Juden des Protektorates bestimmt wurde. Der Erlass darüber

genüber politischen Gegnern, aus denen sich die Deportierten zweifellos in der Mehrzahl zusammensetzten, nicht gerade zu den charakteristischen Seiten des nationalsozialistischen Wesens gehört, hätte man es doch ruhig auf eventuelle Dezimierung der Zwangsverschickten ankommen lassen können. Doch muss man auch hier die besonderen nationalsozialistischen Theorien über Menschenführung berücksichtigen. Die führenden Köpfe der SS sind nämlich der Ansicht, dass es gelingen werde, den Widerstandswillen «verführter Völker» durch solche Deportationen zu brechen.

Inspektionsfahrt eines deutschen La(Landwirtschafts)-Führers über Viehweiden der eroberten Ostgebiete.

図 3-3　本論説：写真は征服した東部牧草地へのドイツ農業指導者の査察旅行

ルディナント・ヒーゲであり、彼はこの最初の「実験」に関するデータを取りまとめ、親衛隊全国指導者ヒムラーに提出している。それによれば、移送の際の「人間の損失」は三〇%に達した。また、この報告書は、移送先に居住している住民の問題をも指摘していた。

この問題を解決する手本となったのが、一九四二年二月一六日のボヘミア・モラヴィア総督代理ハイドリヒの布令「まとまった定住地へのユダヤ人配属の措置」である。この布令は、チェコのユダヤ人居住地をテレージエンシュタットと定め、この市と郡の全体を国家の直轄区域とした[49]。その区域内の土地や家屋の没収に伴う市民への補償は、ユダヤ人強制移住者に課される転入への賦課で補塡された。そして、テレージエンシュタットは特別法の下に置かれ、「保安警察の命令権者は定住地形成のために必要な措置を執行する。その際、この保護領の法規から外れる命令を下すことができる」(同布令一四条)とされた。

このように強制移送が厳格かつ着実に遂行される理由の一つは、「そうした強制移送によって堕落した諸民族の抵抗意思を断つことができる」という、親衛隊指導部の考え方である。つまり、政治的敵対者を単に処分するだけでなく、東部への移送によって食糧を得る自然との苛酷な闘いの中に彼らを置くならば、彼らは従順になるという確信である。

もう一つの理由は、東部が人間を必要としているからである。以前にはポーランドの人口過密が言われていたが、現在は占領下ロシアの人口不足という主張が支配している。すでにウクライナでは、オランダおよびデンマーク農民の大量定住の土地が用意され、「自由意志による東部ゲルマン化」のキャンペーンがなされている。しかし、その応募者は一千人にすぎず、強制移送が強化されている。

東部強制移送の目的は、もちろん東部における労働力の確保にあるが、同時に政治的敵対者を孤立させることにある。今年の春には、占領諸国で多様な懐柔策が試みられたが、この「平和の波」は部分的な成功しか収めなかった。それゆえ強制移送は、「強いられた欧州協力の最新段階」と見なすことができる。ポーランド人男性への「建設労働」の義務づけやスロヴェニア人の大量移送が行われた。そして、フランスの強制収容所からの東部移送が始まり、収容者の動揺が広がっている。目撃者の目には、「ツァー時代のシベリア追放」と二重写しに映っている、とユンクは結んでいる。

現在はよく知られていることだが、この年の一月、ハイドリヒが主催したヴァンゼー会議で、ユダヤ人絶滅政策が決定されている。絶滅収容所を整備し、欧州のユダヤ人一一〇〇万人を強制移送して抹殺する計画である。[50] これに基づき、ポーランドに五つの絶滅収容所が整備され、七月一五日にオランダから、また一六、一七日にはパリのユダヤ人一・三万人が検挙され、西部からのユダヤ人東部移送事業が組織的に開始された。

本論説は、死亡率三〇％という強制移送の移動の残酷さを強調したが、すでにその先には絶滅収容所が待ち受けていたのである。もちろん、そのことは秘密事項であり、ドイツ側はナチ人口政策の一環としての「再定住 Umsiedlung」としていた。本論説も、強制移送はユダヤ人追放から諸民族の反抗者の追放と協力強制へ、占領地住民の抵抗を排除しつつ東部の農業労働力を確保する強制移住・「再定住」措置と見なし、ユダヤ人絶滅政策の実施とはしていない。[51]

ただし、自伝によればユンクはすでに初夏に、ポーランドのユダヤ人地下組織から詳細なユダヤ人虐殺情報を得て、女性と子どもを含むユダヤ人大量殺害の事実を把握していた。そのことを、連合国側のジャーナリストに訴えたが、取り上げられず、生涯に一度だけ自殺を考え、死をもって訴えようと考えたが、母のことが気にかかり決行はできなかったという (Jungk, 1993, S.174f.)。ともあれ、ヒーゲとその報告の詳細を筆者は把握していないが、一九四〇年一〇月西南ドイツからフランスのギュルス収容所へのユダヤ人六千人の強制移送は、その後の強制移送のマスタープランになった。そして、「潜在的かつ顕在的な反ユダヤ主義を政治的ハビトゥスに蓄積した」第三帝国の統治機関にとり、ユダヤ人「再定住」のこの行政事務を上司（ハイドリヒや総統）の命令に従って実行することは容易なことだった。[52]

(46) 予備役の戦争と「第二戦線」(八月七日)

「先の戦争での敗北後、ドイツで常に繰り返し聞かれた声がある。独墺の二国同盟は敵の力の優位に屈した、という声である。……この敵の優位という議論を使った同じグループが、戦時中には成果を出そうと無頓着に「多数の敵は多数の誉れ!」と宣伝し、敵の絶大な力をささいに見せようと試みた」「こうした傾向は今次の戦争でも人々の間で支配的である。……合衆国の介入をささいに描き、二六ヵ国の反ドイツ戦線の整列を「空虚なパレード」として片付けようと追求されている」。

しかし、もちろんドイツの指導的人物すべてが同じように短視眼というわけではない。彼らはすでに、艦隊と長距離爆撃機がものをいう、戦争の第二段階をなす「大陸戦争」に備えようとしている。それでも、一つの要素を過少に評価している。それは、両サイドの予備役の問題である。アングロサクソン側が期待しているのは、「ドイツ軍の進撃と勝利に次ぐ勝利の嵐が弱まり、この数多くの戦場の勝者がその名声の上に、一度は休んでもよいと感じ始める瞬間に勝利することである」。そのために、「第二戦線」がためらわれている。「この三年間に注目してドイツ側予備役の数の変化を見るなら、このアングロサクソンの待ちの政策はかなりの確実性を有すること明らかである」。以上の長い前置きの後で、ユンクはドイツの予備役の問題について次のように論じる。

当初、先の戦争の経験から学び、ドイツは予備役をできるだけ国内に残した。フランスとの戦争の後には、ドイツの軍団編成はむしろ縮小された。しかし、ロシア戦の開戦で変化する。工場の現場から「櫛抜き」が行われ、戦場に派遣すべく選抜された。また、志願兵の申告年齢が引き下げられ、伝令役のために女性の登用も始まった。

そして一九四二年六月五日の『ハンブルク外事報』が初めて、若い予備役の最前線への投入を報じた。それはヴォルホフ川(ロシア北西部)の敵殲滅戦であり、彼ら予備役の兵士たちは「念入りな訓練と装備をもって出動」した。しかし、野戦経験のない彼らには、「夢遊病者の安全性に似た、決断と行動の自動シャッターが欠けていた」と同紙は報じている。

この予備役の出動は、ドイツの占領地が広がるほどに一層拡大する。占領地のどこでも、分遣隊が居残って駐屯軍が編成される。前線部隊は戦場での高い損失のみならず、この駐屯軍に割かれる人員を補充しなければならない。他方、連合国軍は予備役の主力を温存しつつ、ときに「第二戦線」にも属す妨害工作でドイツ軍を消耗させていく。そして、幾百万の予備役を投入する現実の「第二戦線」は、「より後の時点で演じられる戦争ドラマの最後から二番目の演目として計画されるだろう」。つまり、「ドイツが弱くなり、長くは強くとどまりえないときに初めて演じられる演目である」。したがって、「待機するアングロサクソンの予備役が戦場に出撃するには、まだかなり時間があると思われる」とユンクは結ぶ。

本論説は第二戦線、すなわち英米軍のフランス沿岸上陸作戦による西部戦線の結成に焦点を当て、この「大陸戦争」にドイツ軍は備えているが、そこには予備役の枯渇という決定的な弱点があること、他方、英米側は予備役を温存しており、その投入は相手の消耗を待って戦争の決着へと大きく踏み出す、最終戦への前段階になるだろうとの見通しを示した。先に見たように、英米は北アフリカ上陸作戦(トーチ作戦)を決定し、一一月に実施される。欧州上陸作戦は、この論説のほぼ二週間後(八月一九日)にカナダ軍を主力とする六千人の連合国軍がディエップ(北フランス)上陸奇襲作戦を敢行するが、事前にドイツ側に情報が洩れ、待ち伏せ攻撃を受けて全滅した。その失敗を教訓に、一九四四年六月にノルマンディー上陸作戦が敢行され、東西からの挟撃によるドイツ降伏への最終章が始まる。

(47) ドイツの「緑の戦線」(八月一四日)

「ドイツの軍隊がコーカサスへと進撃し、その活躍が世論の注目を引いている間に、ゲーリングの指導下、先週ベルリンで二日間の会議がもたれた。この会議の重要性を過小評価してはならない」。諸大臣、党幹部、大管区指導者、そして農業指導者たちの集まりであり、「緑の戦線の参謀本部会議」と称されている。この戦線の「極度の深刻化」は、人々が日々経験しているから戦略上の秘密にはできない。以上の前置きをして本論説でユンクは、次のようにドイツにおける食糧危機の進行を示しつつ、その原因に迫る。

今年の六月と七月、ドイツは完全に野菜・果物・ジャガイモ不足に陥った。『民族のオブザーバー』(七月二九日)は、「一九三九／四〇年の冬の霜で八〇％の果樹園が被害を受け」、その影響は翌年にも及び「果樹園の再建は大幅に立ち遅れている」としている。野菜栽培についても、多くの新聞が冷害による供給不足を伝え、一人当たり五ポンド(二・五キログラム)というジャガイモの供給量を大半の大都市が確保できなかったと報じている。「緑の戦線」のこの危機的状況は、すでに数ヵ月前に気づかれていた。農業大臣ダレーが新大臣のヘルベルト・バッケ(一八九六〜一九四七)に交代したからである。[53]「ダレー退任の個人的および客観的理由について正確な情報があるが、ここでは後者のみ述べよう」。

たしかに、ドイツ本国の内部自体で野菜の作付面積は拡大されている。さらに、東部の「穀倉地帯」が加わり、征服地の白ロシアとウクライナには七五〇〇人の農業指導者が入り、ヒトラー青年団の団員二〇万人が本来のドイツの外に「外部出動」して収穫作業を手伝っている。それにもかかわらず、食糧危機が生じている。その理由は、「ドイツの扶養にとり特別に厳しく、かつ破局的に、南東欧のほぼ全体が欠落したことにある」。バルカン戦争前には、バルカン諸国やハンガリーがドイツへの大食糧供給地だった。しかし、戦争でこの南東欧からの食糧供給は、耕地の荒廃やゲリラ戦の影響で五分の一以下に減少した。東部からの一時的な支援も、その穴埋めはできない。白ロシアやウクライナから一〇〇万人の農民がドイツ本国に送られ、使用されているという事実がある。そのことは、その地のかつての耕地の大半が、「焼土」作戦により荒れ地に変わったことの証明にすぎない。

南東欧の欠落を補うため、北ドイツから若者部隊がハンガリーに送られ、学校生徒を狩り出したり、官吏に二週間の農村奉仕休暇を与えたりと、あらゆる試みがなされている。農民層自身には供出義務が強化され、バッケは「穀物の全面的供出」を命じた。今や農民の手元に残るのは、他の消費者と厳密に同量の配給票に基づく消費量のみである。ヒムラーは穀物徴収を容赦なく実施する布告を出し、違反への罰則を強化し、特に闇屠殺には死刑を科した。事実、その一例としてリンツ特別法廷についての記事は、大量の牛と豚を屠殺した父とその肉を販売した息子「二人の主要被告人が死刑判決を受けた」と報じている。

「緑の戦線」は今日、「単なるメタファーではない。現実の戦線であり、そこでは現に冷酷な戦争の法則が支配している。……もはや、ドン川やヴォルガ川でドイツが勝利するだけでは十分ではない。ドナウ川やヴァイクゼル川の川沿いの穀物畑やジャガイモ畑でも勝利しなければならない——しかも、冬に備えて最も短期間の内に」とユンクは結ぶ。

「緑の戦線」とは本来、工業家に対抗する農業者の結束であり、一九二九年の主要四農業団体の結びつきを指す。この「緑の戦線」はヒトラー政権下、「血と地」のイデオローグで食糧農業大臣に就任したダレーの手で全農業生産者を包摂する「全国扶養身分 Reichsnährstand」へと引き継がれ、戦時の農業生産と食糧供給がその統制下に置かれた。これにより、たしかにヒトラー政権下で食糧自給率は大きく向上し、開戦前には八三％に達した。しかし、それでも連合国側の商業封鎖から身を守るには十分ではなく、開戦直後からパン、肉、脂肪、チーズ、牛乳、砂糖、マーマレード、卵の配給制が実施された。ダレーは食糧自給率一〇〇％の目標をうたったが、開戦とともに生産の比重は軍需工業に置かれ、農業労働力も不足して目標の達成は困難だった。加えて一九四〇年と四一年は不作が重なり、穀物収穫量は一九三八年の八割前後に落ち込んだ。一九四二年の年初、ドイツの穀物在庫量は一九三九年と比べ二割程度と激減し、外部からの大量調達を迫られた。(54) こうした事態の責任を問われ、ダレーは職を解かれた。後任のバッケの下で、ジャガイモも配給制になる。本論説でユンクは南東欧から白ロシア、ウクライナへと穀物供給地を戦火で荒廃させたツケを、今やドイツの「緑の戦線」が支払わなければならないことを示した。

(48) 戦車部隊の生活について(八月二一日)

やや長文の引用になるが、本論説は以下のように始まる。

「先の世界大戦の終了後、前線での四年間の戦闘は単に政治と経済の権力関係のみならず、人間をも変化させたことが初めて自覚された。人間はもはや十全なる楽しみの中で生きることなく、楽しみの能力を失い、心配のない気楽さの感情をもはや知らなかった。新しい技術的発見によってあまりにも急速に豊かになった人類の、ナイーブで楽天的な所有者の誇りは、心配と恐怖に、しばしば明確には語られないペシミズムへと転じたのである。勝者と敗者の背後には、目的に沿って素早く意識的に行動する衝動と強制が立っていた。大戦中に兵士と民間人に求められた機敏性と攻撃性は、制服や武器のように単純に脱ぎ捨てて手放されるものではなかった。人々の心に深く刻み込まれ、彼らのハビトゥスとなり、同じ破れかぶれのエネルギーを持つジャズダンスや事業に突き進む、人間の性情を規定したのである。

現下の戦争も、単に一九三九年以前の世界の国家・経済・社会の構造を改変するのみならず、同じく人間の構造をも変化させること、疑いのないことである。この変化は、どれほど深いものとなるだろうか。再び、まったく異なる、まったく新しい生活スタイルを導くであろうか。あるいは、今次の戦争は、すでに一九一四年から一九一八年の間に始まった、近代人の変化を促進するにすぎないであろうか。そうした問題を今、戦争四年目が始まる前に考えることは、心理学の遊びにとどまるものではない。突き詰めて言えば、第一次世界大戦によって生じた人間の変化を、もし政治家たちが一九一八年の後にもっと考慮していたならば、おそらく今次の世界戦争は必要とされなかったであろう。この二つの戦争の間で、戦後の人間が戦前の政治を遂行したこと、このことが激しい報復を受けたのである。それゆえに、少なくとも今次の戦争から生じる人間類型の輪郭線を、すでに今の時点で示唆しておくことは、けっして早すぎることはない」。

以上のような問題提起の上に、ユンクは宣伝中隊員ハインツ・ジモン博士(55)の報告などによりながら、前線を疾駆する戦車部隊員の生活と心性を次のように克明に描いていく。

それは、ロンメルの「幽霊部隊」のごとく、まさしく幽霊のようなスピード感と現実感覚の喪失であり、家族との絆を失った一種「遊牧種族」的な帰属意識であり、結びつきなき世界における孤立無援と不信の感情である。こうした、時間と空間を疾駆するマシーン体験の衝動を、戦後の市民社会でも抜きがたく引きずっていくことになる。この衝動は、一面では技術的進歩に適合する国家や交通の創出に役立つとしても、他面では人間の絆の希薄化や、内面性を欠く浅薄さの肥大化に帰結する。すでに現在、「前線部隊の圧倒的な多数派は安い二五ペニヒの低俗小説を最も好んで読み、……これが今日の人間の精神的ハビトゥスに適合している」と『フランクフルト新聞』の記者は報じている。

「戦後人間の輪郭線をもっと厳密に描こうとするならば、もちろん現代的戦闘とあらゆる種類の地上の財の大量破壊が兵士に与える影響を検討しなければならない。さらに、そうした調査は前線の背後にある人間たちにも広げられるだろう。よりゆるやかな形ではあれ、彼らも同じように現在、職業と居所の頻繁な変化により根を切られ、前線の兵士と類似の経験をしているからである。……しかし、これら考察すべき事柄もすべて、先に見た戦後類型の展開と矛盾はしないだろう。したがって、この戦争後の人間とその生活スタイルの変化は、先の戦後のような根本的なものではなく、この第一次世界大戦で始まった発展が今や最も一貫した形で継続されるだろう」「それゆえ、ソ連戦車の中の敵兵士と同様、コーカサスを進撃する戦車兵は人間の発展の先導者である。その肯定的側面と否定的側面をしっかりと認識することに、早すぎることはないのである」とユンクは結ぶ。

機械化時代の技術的進歩に適合する技術者的な「人間類型」という問題の提示は、論説（31）のユンガー批判にも見られたが、この問題はユンクの一貫した関心である。本論説では、ロンメル戦車軍団の戦闘員報道に即し、その集団的心性の特質が描かれている。それは、現実離れしたスピード感への陶酔と人間性の希薄化という特徴であるが、そうした心性の特徴的傾向は第一次大戦に始まり、第二次大戦で一層強化されて戦後の市民生活をも規定する。この人間性の変化に対応する政治社会の仕組みを今から準備していかないと同じ過ちを繰り返す、とユンクはすでに戦後を見据えようとしていた。

(49) 戦争三年目末のドイツ(八月二八日、視線欄)

本論説でユンクは、今次の戦争をドイツ国民がどのように考えてきたか、その軌跡を以下のように描く。

すでに一九三九年の秋、ドイツの外にいる人々は「巨大な世界的破局」を予見していた。しかしドイツでは、一年前のミュンヘン会談と同様に西側の大国は折れ、ドイツのポーランド征服後にはすみやかに平和が回復されると信じる世論が強かった。ヒトラー総統自身が世界に向かって、平和の提案を行っていたからである。だが、この提案は拒否され、ようやくドイツ国民は世界戦争が起こると考えるようになった。それも、戦争報道からというよりも、食糧切符の導入や敵国のラジオ放送の聴取禁止といった措置からだった。

すでにヴァイマル時代から、ドイツの新聞はドイツに対する諸外国の友好関係を強調する傾向にあった。この傾向がヒトラー政権の下で特に強まり、一九三六年のベルリン・オリンピックは偉大な平和の祭典として祝福され、人々はドイツが世界で愛され尊敬されていると信じ込んだ。それゆえに一九三九年の秋、「この友人たちが一晩で敵になるというのか。そんなことは信じられなかった」。それだけに一層、ドイツに好意的な諸国民に英仏の「一部の戦争扇動者」が圧力をかけている、と新聞は書き立てた。

したがって、開戦後もドイツ国民はユーゴスラヴィアやギリシャは友好関係にあり、「ユダヤ人に忠実で信用できないローズヴェルト」を例外に、アメリカ人には参戦する気がないと信じていた。「このドイツ人の幻想は、新しい敵が現れるたびに打ち砕かれた」が、この戦争を「その完全な運命的重要性において認めようとはしなかった」。

一九四一/四二年の冬に初めて、「兵士と民間人の顔付きが変えられる深い痕跡が残された。輝かしく武装した大規模な軍隊にとって、行軍は散歩以上のものではないという感情がドイツ人から奪い取られた。ポーランド、ノルウェー、フランス、ユーゴスラヴィア、ギリシャに対する急激に終わった電撃戦の勝利の印象から、この感情が生じていたのである」。

こうして、「一九三九年八月の最後の日に戦争が始まったとき、戦争のローカル化を信じた大半のドイツ人は「我々は勝利する！」と語った。同じ人々が一九四〇年八月には、「我々は勝利した！」と語った。しかし今、一九四二年八月、指導者たちは国民に向かって「我々は勝利しなければならない！」と叫んでいる」。

今や戦争は、いかなる犠牲を払っても解決しなければならない、巨大で困難な使命となっている。人々はあきらめることを学び、自由のすべてが服従の義務により破棄されている。戦争四年目に入るドイツ人は、恐怖と希望の中にある。指導者たちは常に繰り返し、来たるべき冬季戦の「残酷」と「地獄」を語っている。他方で、「ロシアの崩壊」あるいは「少なくともヴォルガ川の向こうへのロシア人の追放を」と、ドイツ人は希望を語る。『フランクフルト新聞』は偶然ではなく、「リーメス」（古代ローマ人の境界防壁）の特集号を出し、「大西洋の壁」と「ヴォルガ川の壁」で守られる欧州の平和を語っている、とユンクは最後に指摘する。

ユンクは本論説で一九三九年九月一日早朝のポーランド侵攻から三年の歳月が経過し、その間の戦争の経緯に対応するドイツの世論の動きを、単年度ごとに集約して示した。併せて、ドイツの世論をリードするジャーナリズムの客観的な報道姿勢の弱さ（自国賛美の傾向）と権力追従を指摘しつつ、その希望は東西二正面の防衛線構築に賭ける以外にはなく、もはや絶望的な状況にあることを示したのである。

4　崩壊への序曲

一九四二年の九月、ポーランド戦の勝利に湧いた三年前とは異なり、戦争四年目の秋を迎えてドイツ国防軍は、むしろ戦況の悪化に直面していた。戦線が拡大して補給に困難をきたし、増強されたソ連軍や英軍に対して、攻勢からむしろ守勢への切り替えを迫られていた。北アフリカのロンメル軍は、バーナード・モントゴメリー（一八八七～一九七六）指揮下の英軍に進撃を阻まれ、さらに一〇月二三日に圧倒的な戦力で反転攻勢に出た英軍の攻撃にさらされた。一一月初め、ロンメルはヒトラーの戦闘続行命令を無視して撤退を決意し、チュニジアへの退却を敢行する。また、夏季攻勢の主戦場とされたコーカサスとスターリングラードでも、A軍の進出はコーカサス山脈で赤軍の抵抗に阻まれ、スターリングラードに突入したB軍も「一歩も退くな」の赤軍の抵抗で市街戦の泥沼に引きずり込まれる。

この戦況の悪化は、人々の生存に直接に跳ね返る。何よりも戦死者の数の膨大な増加であり、その死を悲しむ人々の避けがたい個人的感情の表出である。一九四二年九～一一月の論説七本のうち二本がこの問題に当てられた。その他の論説も、反対派に対するむき出しの弾圧強化、強固な信条をもつ敵との直面、同盟国の人々の離反、勝利への人々の懐疑といったテーマであり、それらの論説はいずれも第三帝国が奏で始めた崩壊への序曲の点描である。

この九月、ユンクの最大の関心はギュルス収容所の母ゼリを救出することにあった。詳細はのちに見るが、強制移送先の大量殺害情報を入手していたユンクにとり、母の救出は一刻も急がれた。手を尽くして難民支援者の情報を入手し、チューリヒの劇場で働くロイエンベルガーにたどり着く。彼女が救出を引き受け、九月末にギュルスに出向き、母ゼリと面会して脱出の手はずを整えた。ユンクはジュネーブに滞在して母の国境越えを助け、一〇月一二日、ゼリはユンク宅に一泊した後チューリヒ警察署に入国を届け出ることができた。

この日の聴取でゼリは「世界通信」の活動を話し、翌日の聴取でもこの件に触れた。その後、ユンク宅に戻ることを許されず、不法入国者として難民施設に収容されたが、仮釈放で二ヵ月ほどユンク宅に戻ることもあった。ゼリが聴取で世界通信とドゥーカス通信社とのつながりを話したためにユンクへの警察の監視の目が強まり、また博士論文の作成が仕上げの段階に入っていたこともあり、この時期にユンクは論説活動の中断を決意したと推察される。一〇月末の論説（55）は第三帝国の墓標を示し、その一ヵ月後の最後となる論説（56）は、戦局を決定的に左右する東部戦線の主戦場スターリングラードでのドイツ軍の敗北の始まりを報じた。こうして、第三帝国の崩壊の始まりを見切って、F・L論説は中断される。以下、第三帝国論としては最後となる、一九四二年秋の論説を見ていこう。

（50）一九四二年のドイツの司法（九月四日）

「この三年間、戦争に参加したすべての諸国で裁判と判決は一層厳しくなっている。非の打ちどころのない人間が戦争の犠牲者として死亡する。こうした時期に、裁判で有罪とされる者の生命が、普通の時代よりも一層軽んじられることは理解できることである。この裁判の厳罰化傾向は、民主的諸国ではある程度狭い範囲の境界線をもっているが、枢軸諸国、特にドイツでは重い判決の数がはるかに大きく増加している」。以上の一文に続き、本論説でユンクは司法大臣の人事問題を絡めつつ、ドイツ刑法の重罰化の動きを以下のように見ていく。

国民社会主義の目標の一つは、もともと、「笑うべき穏便さのない司法」であり、「この民族の自然の法感情」をよりどころとする新しい法観念が権力の座についた。しかし、新しい法典を準備する時間的な余裕はなく、新政権は特別法の布告で対処した。さらに、戦争が新たな特別法のきっかけとなり、そのため旧来の刑法典（一八七一年刑法典）と特別法との矛盾が拡大していった。例えば、同一の不法行為に対して異なる判決が出されたりして「法の不確実性」が拡大した。それは、かつて第一次大戦で決まり文句となった「大きな闇商人は放任、小さな闇商人は縛り首」という事態であり、こうした事態によってその当時、国家の権威が空洞化されたと『ハンブルク外事報』（八月二六日）が警告の声を発している。

たしかに、自らをドイツ法廷の最高長官にしたヒトラーは、今年の春の演説でドイツの司法制度の大改革を予告した。この予告を受けて次官ローランド・フライスラー博士（一八九三～一九四五）は、「ドイツ民族の生存のためならば、法律的形式主義など壊れてしまえ」と応じた。死亡した司法大臣フランツ・ギュルトナー博士（一八八一～一九四五）の後任には、大方の予測では、このフライスラー博士がおさまるとされていた。(56)

しかし、その指名はなかった。司法大改革も、さしあたりは進んでいない。その原因の一つは、人の問題であった。残部ポーランド総督ハンス・フランク博士も司法大臣のポストを要求し、フライスラーとフランクという最も著名なこの二人の国民社会主義者の感情を害しないよう、結局ヒトラーは第三者のオットー・ティーラク博士（一八八九～一九四六）を司法大臣に指名した。(57)

しかし同時に、そこには客観的な要因があった。すなわち、先のヒトラー演説は法律家の世界に大きな不快感を与えた。とりわけ、若い法律家が兵役や行政職に向かい、年長の法律家の発言権が増しているなか、これら「老人たち」がヒトラー発言を問題視した。ヒトラーは現時点では、彼らとの紛争の危険を犯すことができず、急進的国民社会主義者と保守的法律家勢力との間の調整を迫られ、官房長官ラメルス博士によって妥協が実現され、その人的表現がティーラク司法大臣であった。ティーラク博士はヴァイマル共和国の高級官吏（検事）として国家と憲法に誓約をしていたが、ヒトラーの政権獲得以前にすでにその運動に貢献していたからである。

新しい司法大臣にヒトラーは、「国民社会主義の司法制度の構築とそれに必要な措置のすべてを……委ね与える」とした。この指令は事実上、これまでなお存続していた刑法典の終了を意味する。新しいドイツ法の特徴は、とりわけ刑事手続きの単純化であり、控訴審の廃止や裁判官の専決権の拡大である。さらに、「国民社会主義裁判の基本的傾向は犯行判断から犯人判断への展開」であり、「刑法の中に人種や個別の国民諸階層の異なる評価が導入されるのである」。

そうした、新司法大臣ティーラクが創り出すドイツ法は、「ドイツの希望が実現するならば、欧州法へと拡大されるだろう。そのような欧州法は、諸国民のこれまでの既存の法との、最も遠い類似性をも許さないだろう」とユンクは結ぶ。

ユンクは本論説で論説（40）に続き、国民社会主義の刑事司法を取り上げ、一九四二年八月二〇日新司法大臣ティーラク就任の背景を示した。近代法の専門家としての法曹とナチ法律家（ハンス・フランクやフライスラー）との間には法律観に一定のズレがあったこと、しかし戦争三年を経過し、ギュルトナーに代わるティーラクの就任で、「ドイツ民族の生存」や「健全な民族感情」を法原則とし、これに反する人々を訴追し抹殺する新しい「ドイツ法」の展開を、すなわち一層の厳罰化と司法のテロ化を見通した。

事実、ティーラクは大逆罪・反逆罪を所轄する一九三四年設立の民族裁判所 Volksgerichtshof 長官から司法大臣に就任し、後任にフライスラーが民族裁判所長官に就任する。フライスラーの下で死刑判決は急増し、一九四一年の一〇二件から一九四四年には二〇九七件を記録した。「赤い楽団」の判決も、その中に含まれる。ヒトラー政権下、ドイツの裁判所は合計一万六五〇〇件の死刑判決を下し、うち一万一千件が特別裁判所、五二〇〇件が民族裁判所、それ以外は普通裁判所の判決であった。一九〇三～三二年の死刑判決の合計は一五四七件、執行は三九三人のみであり、テロ法廷と化したナチ党刑事司法の特質をこれらの数字は浮き彫りにしている。(58)

（51）ドイツの大きな血の犠牲（九月一一日）

ユンクは本論説（図3-4）で、ドイツ軍の戦死者数について、直近のスターリングラード戦で一〇万人という連合国側の発表があり、また東部戦線で合計二六〇万人というソ連側の発表に対してドイツ側の最近の発表は三〇万人程度とされ、正確な数を見通しがたいこと、その中で、社会調査に基づくより信頼できる数字として、この七月までのドイツ軍の戦死者の合計七〇～八〇万人という数字があることを最初に指摘する。

そして、この数字の特徴について、「この数は、それがいかに大きく計り知れない苦しみを意味するとしても、……先の大戦の戦争終了までの戦死者数と比べれば少ない数である。だが、戦場で若い命を捨てなければならなかった二五歳以下の比率が、先の大戦の二倍であることを見るならば、この比較はまったく別の意味をもつ」「成人は後方でドイツ軍に補給を行い、若者が前方へと突進して刈り取られている」。したがって、「戦死者の数はなお少ないとしても、この若い男子世代の消耗はドイツの未来に深刻な影響を与えるに違いない」。以上のことを指摘しつつ、ユンクは本論説で、ドイツ軍の戦死者数がこれまで比較的低く抑えられた要因を以下のように示す。

最大の要因は、第一次大戦の経験に基づくドイツ軍の医療体制の整備である。「これまでの経験で、先の大戦で致命傷とされたケースの五〇％は治癒できると言われている」。軍医大将アントン・ヴァルトマン博士（一八七八～一九四二）[59]の指揮下、先の大戦の経験に基づき編成された衛生部隊が卓越した活動を展開している。「衛生パス」による軍隊内の厳格な衛生管理であり、定期的な体重測定など一連の検査が開戦後も部隊内で実施されている。ロシア戦では規則的にビタミン・ドロップが支給され、凍傷者の数が比較的低く抑えられている。さらに、負傷が死に至らないよう戦闘の際には胃を空にしておくことや、被弾した破

Deutschlands grosse Blutopfer

F.L. Die russischen Heeresberichte erwähnen in letzter Zeit immer häufiger, unter welch schweren Opfern die Deutschen, besonders in diesem Jahre, jeden ihrer Siege erfechten müssen. Die Verluste vor Stalingrad allein werden von alliierter Seite heute schon mit fast hunderttausend Mann beziffert, das wäre etwa ein Drittel der zur Zeit des Falles von Tobruk in einem psychologisch günstigen Moment von den Deutschen bekanntgegebenen Ziffer der Opfer des gesamten Ostfeldzuges. In den Kommentaren zu diesen Ziffern erklärten die deutschen Schriftleiter freimütig, dass im deutschen Volke zehnmal höhere Zahlen kursierten. Die Exaktheit der deutschen Angaben ist denn auch von vielen Seiten bestritten worden. Während die Russen selbst von deutschen Menschenverlusten bis zu zwei Millionen oder noch mehr Mann sprachen, meinen vorsichtigere Beurteiler, auf Grund genauer Studien, die Zahl der deutschen Gefallenen bis Ende Juli (also noch vor den grossen Kämpfen bei Stalingrad) auf 700 000 bis 800 000 beziffern zu können. Diese Zahl stützt sich auf eine in Deutschland selbst angestellte Untersuchung des Gallupschen Systems der Auswahl von Gruppen soziologisch typischer Struktur. Als Unterlage dienten die Gefallenenlisten in einer mittleren Industriestadt, in einem kleineren Dorf Süddeutschlands und dem Arbeiterquartier einer Grosstadt. Und die Autoren, die als soziale Fürsorger einen Einblick in das sonst schwer zugängliche amtliche statistische Material hatten, sind der An-

Kleinkindern und Knaben anderseits eine tiefe Lücke, die nicht sobald wieder ausgefüllt werden kann.

Die hohe Zahl der deutschen Todesopfer, selbst wenn sie noch nicht die Dimensionen der Weltkriegsverluste angenommen hat, ist umso schwerwiegender, als die Zahl der Todesfälle infolge von Verwundungen in diesem Kriege scharf zurückgegangen ist. Es lässt sich nach den bisherigen Erfahrungen sagen, dass mindestens 50 Prozent der Fälle, die im vergangenen Krieg noch letal verliefen, heute geheilt werden können. Die Organisation des deutschen Sanitätskorps, dem der Generaloberarzt Dr. Waldmann vorsteht, ist

Die Erfahrungen, die hierbei gem
wiesen sich als so günstig, das
daran ging, eine ziemlich gros
«fliegender Krankenwagen» für d
stellen. Das Sanitätsflugzeug ha
Schwerverwundete und vier L
Die Verwundeten werden durch e
in den hell getünchten Raum ge
Isolierschichten sollen den Lärm
fangen. Besonders gewandte Pilo
Landung ganz behutsam aufzuse
lenken diese Flugzeuge. Besonder
ten Fällen, die in der Nähe der F
riert werden können, hat sich das S

Verwundete werden von einem Lazarettauto in ein Transportflugzeug Ju 52 umgebettet, das sie in die Hein

図 3-4 本論説：写真は野戦救急車から輸送機 J2 に乗せ替えて本国に送還される負傷者

片を見つけ出すジーメンスの器具（レントゲン撮影機）、また新しい血清などの対処策が開発されている。そして、戦争医療の重要な手段として、衛生輸送機の投入がある。スペイン共和国への介入時に、ユンカース・ユー52型機が負傷兵を一〇時間かけてドイツの病院に運ぶ試験飛行が行われた。その経験から、八人の重傷者と四人の軽傷者を運ぶ「空飛ぶ救急車」が大規模に整備され、軍に配属された。機内で脳の手術も可能であり、一九四一年八月までにすでに三万人の搬送が行われている。戦争医療のこの成果により、生存している戦争負傷者の数が大幅に増加している。彼らは「戦争衰弱者」と呼ばれ、彼らのための特別の学習プログラムがあり、今や工場・役所・農場の至るところに彼らの姿がある。

しかし、こうした大きな成果をドイツ戦争医療は、これまでのようにあげ続けられるのか。すでに一九四一／四二年のロシアの冬に、薬や包帯など医薬品の不足が問題になり、重傷者の遠距離搬送はたいてい成功せず、医師不足の深刻化も明らかになっていた。そして来たるべき冬、「ドイツ戦争医療は一層の困難に直面するだろう。その恐ろしい結果は、一層大きな戦死者の増加となるだろう」とユンクは結んでいる。

戦死者数の正確な把握は、現在もなお困難とされている。ただ、第一次大戦四年間のドイツの戦死者数二〇〇万人と比較すれば、たしかに一九三九～四二年の三年間の戦死者数は、独ソ戦の前まで六・四万人、独ソ戦で一〇七万人（一九四二年三月末まで）に抑えられていた[60]。その要因として本論説は、ヴァイマル期からヒトラー時代へと、戦争準備態勢の一環としての戦争医療の開発を挙げている。論説（23）を継承し、医学と戦争の関係史という重要な問題提起である[61]。いずれにせよ、この卓越したドイツの戦争医療体制も、もはや戦争負傷者の増加に追い付かず、戦死者の急増を招くとユンクは見通した。

事実、その後にドイツ軍は四〇〇万余の戦死者を出し、一九三九～四五年に従軍した一八二〇万人（陸軍一三六〇万、空軍二五〇万、海軍一二〇万、武装親衛隊八〇万）のうち少なくとも五三二万人（二九・二％）が戦火に散った。さらに、行方不明者が一五〇万人あり、うち一〇八万人は死亡と推測されている。戦死率は出生年次により大きく異なり、一九一〇～二五年生まれの間で二〇～四〇%の間にあった。その中でも、一九二〇～二五年生まれでは五人の内の二人が亡くなり、たしかに若い兵士の戦死率が際立っていた(62)。

(52)「ロシア人の謎」に直面するドイツ人(九月二五日)

「互いに戦争を行うときほど、かつてなく互いに諸民族が知り合うことになるのは歴史の悲劇である」。その大衆的な出会いは最初の戦闘の場であるが、戦いの休みの間には、出会いは別の性格をもつ。「異国の征服者は、征服した土地の住民と似かよっていく。異国の民と同じものを食べ、天候の不快から同じように身を守る。本国から長く離れているほどに、異国の土地とその住民の影響が、それだけ強く彼の上に覆いかぶさる」。

それゆえ、「自分の本国に対する疎外感、そして敵地とその住民への寛大かつ和解的な適応は、あらゆる征服者にとり深刻な危険である」。それは、古代ローマ軍団の指揮官も、南方へと進撃したゲルマン諸部族の首長も経験している。先の戦争でも、最後の年には前線での友好な関係が始まっていた。「そして現在、ロシア戦場でとりわけ若い兵士たちは、敵の顔に見入り、その目を読み取り、異国の言葉を理解し、出会いを意味づけようとしている」。「どうして、我々は敵なのか」と。以上を前置きにユンクは本論説で、「戦争が長く続けば続くほど、それだけ多く宣伝は重みを失い、現実が誤りをただす力を得る」として、宣伝とは異なるドイツ兵士の実感を次のように描いていく。

まず、「ロシア軍兵士の英雄的な自己犠牲」である。新聞報道では伝えられていないが、ドイツ兵は男女ロシア兵の犠牲的な行動を最も身近に見ている。新聞はこの「ロシア人の謎」を、ボリシェヴィズムがロシア人を「残忍な存在」に変えてしまったと説くが、兵士たちはこの「けものたち」がいかに模範的な同志関係にあるか、自分の眼に焼き付けている。

『ドイツ一般新聞』(八月三一日)はロシア兵の英雄的な行動について、後ろから「政治委員《コッミサール》」によって射殺される恐怖」によると記している。ロシア戦の開始以来、繰り返し書き立てられてきた主張である。しかし、そうした説明は、もはや前線の兵士には通用しない。ロシア語の知識をもち、ロシア兵捕虜と話すことのできたドイツ兵の手紙は、以下のように記している。「大きな世界観の問題は、彼らには贅沢品ではなく生き方の問題です。そして、彼らが自分の命を低く見ているように思われるのは、彼らにとって自分なるものが「プロレタリアート」や「祖国」といった大きな全体概念の一片以上のものではないと思われるほど、彼らが抽象的な思考に鍛えられているからです」。

このように、自分の言語知識に基づき、より正確なイメージをもつことのできるドイツの兵士はたしかに少ない。しかし、彼と同じように多くの兵士が、敵の無条件の世界観や、新しい労働者住宅・大学・劇場の廃墟から発する「ロシア人の聖なる未来への熱望」を感じ取っている。一方、共産党の再建を図ったカールスルーエ（西南ドイツ）の一四名の人々の絞首刑を、ラジオ放送は報じている。モスクワのドイツ共産党指導者の期待は実現しなくとも、共産党の活動が国内の全土に広がっていることをドイツ当局も否定はしない。このように「今後の展開への重要な兆しがあり、ドイツとロシアの兵士たちの接触は、なおいくつかの予期せざる結果をもたらすだろう」とユンクは結ぶ。

対ソ戦開戦前の一九四一年六月六日にヒトラーは、「ボリシェヴィキ・ユダヤ活動家」（政治委員）の即時射殺命令を国防軍に下し、対ソ戦は通常の戦争ではなく、ボリシェヴィキ・ユダヤ殲滅戦（世界観戦争）であることを宣告した。[63] その政治委員は赤軍の督戦要員であり、退却する自軍の兵士を射殺するという宣伝が、ドイツ国内に浸透していた。だが、そうした宣伝はもはや通用せず、同士愛で結ばれた自らの信条で戦うソ連兵にドイツ兵は対面している、という指摘である。東部戦線で、またドイツ国内でも、同じ反ファシズムの信条で結ばれた人々の頑強な抵抗が広がっていた。

(53) 同盟国の問題(一〇月二日)

「多くのケースで、今日の同盟者が明日には敵になることを歴史的経験は語っている。国家間の政治的利益共同体は、すでにその形成期から矛盾を内在させている。同盟者が勝利すれば、共同の獲物をめぐって争いになる。同盟戦争に敗北すれば、この共同の不幸を同盟者に負わせようとする。この点で重要なのは、こうした対立がいつ公然かつ敵対的に表面化するかにある」。先の戦争では、協商国側ではロシアの離脱とブルガリアの崩壊があり、逆にアメリカの参戦で新しい同盟者を得た。同盟国側ではドナウ君主国の和平提案があり、皇帝は釈明に追われた。現在の戦争でも、連合国側では「第二戦線の不成立に対するロシアの不満」があり、人々はすでに「ロシアとアングロサクソンの利害対立」を見ようとしている。だが、それ以上に枢軸国側では、「一層強く離反の動きが察知される」とし、ユンクは本論説で次のように枢軸諸国における「ドイツに対する独自の立場」の表出を見ていく。

まず注目されるのは、ブラティスラヴァの大学教授シュテファン・ポラコヴィッチ(一九一二~九九)の最近の著作『スロヴァキアの国民社会主義 *Slovenský národný socializmus*』(一九四一年)であり、ドイツとスロヴァキアの国民社会主義の違いが示される。[64] 要するに著者は、人種・大地・名誉・労働・支配を最高の価値として認めることができない。カトリックの彼にとり、最高価値は常に神である。スロヴァキア首相ヴォイテフ・トゥカ(一八八〇~一九四六)も政治的権力者の神格化に反対し、「我々の国王はイエス・キリストのみ」としている。[65]

また、ブルガリア首相のボグダン・フィロフ教授(一八八三~一九四五)は、最近の演説で「全体主義国家はブルガリアの創造物だ」と主張し、ハンガリーでは目下「シュテファンの伝統」が強く訴えられている。[66] フィンランドでは民主制の伝統が強調され、この伝統のみが「敵対する全体主義の隣国[ソ連]の侵入から我々の財産を守ることができる」としている。ルーマニアでは『我が闘争』がひそかに押収され、ゲルマン文化の影響に対してラテン文化が擁護されている。「こうした動きはすべて、ドイツと同盟する諸国民のイデオロギー的解放運動に属す」。

そうした「枢軸諸国の指導的人物の間での世界観的絆の弛緩」は、ドイツからの離反傾向の一つの兆しにすぎない。枢軸諸国の中でのドイツの新聞・雑誌の販売数は、最初の一年よりもこの一年間に二〇～六〇％も減少している。このような動きは、どこまで政治的対立の兆しと評価できるのか。この数週間の間に、日本の外務大臣、ルーマニアの財務大臣、ハンガリーの軍務大臣と、枢軸諸国で三人の大臣が退任した。それは、ロシアに対するドイツの困難な戦いのために、すべての枢軸諸国に課された高い要求と結びついている。これら三国は領土を拡大して「持てる国」となり、「現在の思潮は攻撃よりも防衛にある」から、同盟戦争に熱狂的にはなれないだろう。さらに、スロヴァキア、クロアチア、フィンランドの気分はもっと冷めている。

こうした状況の下、同盟関係をめぐり枢軸諸国には三つのグループがある。第一は、自国の直接的な目標でない目標の犠牲となることを拒否するグループである。第二は、相も変わらずベルリンと密接に結びついたグループである。第三は、配給の欠乏に苦しみ、息子を戦場に送らなければならない国民大衆であり、彼らは平和を望んでいる。枢軸諸国の今後の政治的決定は、この三つのグループの間での主導権に依存する。「暫定的には無条件協力の人々が舵を取るが、彼らはすでに他の二つのグループの強い圧力のもとにある」とユンクは結ぶ。

この論説の直前の九月三〇日に、ベルリン体育館でドイツ国民向けのヒトラーの大演説会が開催された。ベルリン特電三〇日発朝日記事「独総統久しぶりの獅子吼　旧世界の転換へ枢軸邁進　広大占領地の組織化順調」（一〇月二日）は、以下のように演説内容を克明に報じている(67)。「目下の問題はスターリングラードを完全に占領」し、「ソ連の圧政から同地域の人々を解放する」ことであり、「我々とともに戦いつつある諸国、ルーマニア、ハンガリー、クロアチア、スロヴァキア、フィンランドの名を挙げるとき、我々は真にソ連打倒を目的とする「欧州聖戦」が戦われていると言いうるのである」。そして、「余《ママ》がこの前諸君と語って以来、日本が新たに参戦した（大喝采）。日本軍は香港、シンガポールを占領し、フィリピン、ジャワ、スマトラを席巻し、ニューギニアにも足場を求めた。今日我々は単に「持たざる国」のみならず、名誉と正義のために、史上かつて見ざる悪辣なる国家群の最終的打倒を目指して戦いつつあるすべての国家を網羅せる世界的大同盟を結成している」「ナチドイツおよびその同盟諸国は若き国民として、真正なる国民として赫々たる勝利の内にこの戦争を終わるであろう」。

この演説に水を差すごとく、日本は拡大した勢力圏の防衛に必死でドイツの対ソ連「世界観戦争」には加担せず、対ソ戦を戦う枢軸諸国の間でもドイツ離れが進みつつあることをユンクの本論説は示した。事実、ハンガリーは秘かに英米との和平交渉を進め、また一年後にはイタリア、二年後にはルーマニア、ブルガリア、フィンランドが同盟から脱落する。

(54) 戦争四年目の冬の準備（一〇月九日）

「来るべき戦争四年目の冬をドイツ国民は、これまで彼らに課されてきたすべての試練よりも一層大きな心配をもって迎えようとしている」。というのも、前年の冬季戦で第三帝国の指導者自身が、この戦争の「驚愕」を印象的に描き出し、むき出しの表現を与えていたからである。この戦いの末期、例えばゲッベルスは「ほとんど敗北の翼がドイツに触れている」とし、新しい冬季戦を迎えることのないようドイツ国民に奮起を促した。しかし、その目的は達成されなかった。そのため、自らが掻き立てた新しい冬季戦の恐怖を、「今や再び吹き飛ばす」ことを強いられ、ヒトラー、ゲーリング、ゲッベルスの演説は「今年の冬は、これまでのように困難ではない」と強調している。

以上の一文に始まり、「この主張は多くの点で確認できる。昨年の冬季出陣は即興でなされねばならなかった。そしてドイツ人は、たしかに組織の達人ではあるが、即興の達人ではない。今回は、その組織の才能を行使でき、できるだけしっかりと冬越しの準備を行っている」とし、ユンクは次のように冬季戦の準備を検証しつつ、同時にその弱点を示す。

まず、前年の不備を踏まえて、冬季戦用の装備が集中的に生産されている。宿営用の木製バラック、防寒用の軍服・耳当て・手袋・靴下などである。また、「軍医はすべて凍傷の危険とその手当を特別コースで学んでいる」。モスクワ前方で戦った兵士たちは、越冬戦に役立つどんな提案も上官に出すよう指示されている。

冬季戦の専門家で登山家のエドゥアルト・ディートル将軍（一八九〇～一九四四）[68]は、「前の冬季には短靴で四千メートル級の山によじ登るように、夏山のごとく走り込んでしまった。次の冬季には「正規の」装備をしているだろう」と述べたと報じられている。たしかに、そうした見解に沿う準備がなされている。しかし、この軍隊用の消費財生産への集中によって、他方では兵器生産へのしわ寄せが生じている。全体として見るなら、「軍備競争でドイツは、今や以前の能力よりも後退を強いられている。その同じ時期に、敵国側ではまさしく新たな軍備増強がなされている」。

そして、これまでドイツを成功に導いてきた「勝利を確信する無頓着」、ヒトラーがたびたび語ってきた「悠然たる自信」がほとんど失われ、「ひらめきは慎重な考慮に替わり、疑念に以前よりも一層大きな余地が与えられている」。まさしく、「懐疑、それは高揚に満ちた国民社会主義が認めようとしなかった精神的態度であるが、戦争四年目の冬の開始に当たり、今ではドイツ国民の広範な雰囲気と行動を規定している」。この態度を「俗物氏」として『黒い軍団』は激しく攻撃し、ゲシュタポの上に立つ国家保安本部は摘発を行い、必要ならば物理的にかき消そうとしている。

それにもかかわらず、「ドイツの世論の変化の兆しが見られる」。「五週間前、四年目の冬季戦の入り口で、兵役能力がないと偽って表明させせようと兵士を手助けする者は、だれであれ最も重い刑を覚悟しなければならない」とする役所の布告が出された。「ドイツ国民の不動の闘争意志の証明」として、この布告をドイツの各紙は大きく宣伝しているとし、当局側のあがきとも映るこの布告の紹介で、ユンクは本論説を結ぶ。

この論説の一週間後、ベルリン一五日茂木特派員発朝日記事「戦うドイツの国民生活　英ソ打倒に長期戦を覚悟指導者を信頼、働き抜く」（一〇月一七日）は、ドイツの「一般国民が軍事的あるいは政治的いずれかの形においての短期終結に望みをかけていたことは争えなかった」が、リッベントロップ外相、ヒトラー総統、ゲーリング国家元帥が三つの演説で「長期戦態勢の整備を力説」し、ゲッベルス宣伝相も「今さら「わが祖国は正しいのか、正しくないのか」などと戦争目的を穿鑿するドイツ人の一部の理論癖とお人好さ加減を早速清算する必要を強調」し、「国民も長期戦に臍を固め」「戦争をやり通すか、敗れるか、ドイツ民族にはこの二つの道しかなく、その意識が否応なしに徹底したのが今日のドイツである」と、「国民意識の確立」を伝える。同時に、ドイツには「電撃戦」という言葉はあっても「長期戦」という熟語はないと指摘している。日本の場合と同様、ドイツの指導者にも軍需生産力で圧倒的に優位な敵と長期戦で勝利できる見通しはなく、戦争の長期化の中で広がる国民の疑念と懐疑を、ひたすら抑圧と宣伝で封じ込める以外に策はなかった。ユンクの本論説は、ヒトラー政権がそうした末期的段階にあることを示していた。

(55) ドイツの死者との出会い(一〇月三〇日)

「この戦争が長引くほど、それだけ激しく戦争諸国の軍隊は歯を食いしばって耐え忍び、それだけ明確かつ強力に第三の勢力が両陣営の彼岸に立ち現れる。それは、死者の軍団である。この軍団はロシア戦の開始以来、恐ろしく増加している」。彼らは「生存者に多数の同盟者や信頼者をもつから、決定的な勢力である。……生存者は、最も身近な縁者を失って深く傷つけられ、思い悩み考える。彼らは内面的な力をもって、犠牲に供した者だけが与えうる釈明を求める」。「この大きな犠牲に直面し、今日なおアングロサクソン諸国に成立しているごとき利己的で古くなった社会形態や、ソヴィエトの特定の指導層の官僚的教条主義は生き延びられないだろう。だが今、我々が問うのは死者の軍勢の力がドイツにどのような影響を与えるのか、ということである。自分の命を守ることのできなかった戦死者の憧憬、要求、圧力は、どこで、どのように表れるのか」。以上を前置きとして、本論説でユンクは大量の戦死者が与える影響を次のように見ていく。

まず、「死という問題への国民社会主義の立場」である。それは、ドイツの指導層が繰り返し語る「死の軽視」

であり、国民社会主義は文字通りに死を軽視し、それに伴う痛みを無視する。オットー・バンゲルト（一九〇〇〜?）の『黄金か血か』（一九三四年）[69]やエルンスト・ユンガーの『葉と石』（一九四二年）[70]に、その立場が詳細に描かれている。逆に、戦場の残酷な死を活写した『西部戦線異常なし』（エーリヒ・レマルク著、一九二九年）に対して国民社会主義者は激怒し、この映画の上映を阻止すべくヴァイマル共和国に揺さぶりをかけた。

「死に対するこの態度は、歴史的に決定的な重要性をもつことになる。他の諸国では死の重さと残酷さに関する知識が人々に重くのしかかり、隠れた重しのごとくすべての政治的決定を引きずったが、ドイツではこの死の知識というバラストを抜きに、あの「ダイナミック」で無謀なテンポの戦争が敢行され、一九三三年から三九年までの世界の進行が決定された」。その上でヒトラーは、一九三九年九月一日の宣戦布告演説で、「我々が生存するか否かはまったくどうでもよく、必要なのはドイツが生存することである」と宣告した。

それ以降、数多くの者が限りなくドイツのために倒れた。だが、彼らが死を軽んじていた、と言うことはだれにも許されないだろう。「戦争体験に関するそれぞれの率直なドイツ人の表明は、死についての国民社会主義の戦前の考えを阻む」。例えば、『黒い軍団』（一〇月一五日）は若き負傷兵の「ゆっくりと流れ出る血」の恐怖を描き、一〇月六日付『ミュンヘン最新情報 *Münchner Neueste Nachrichten*』は死の影を背負って無口な、一九三九年とは異なる兵士たちの「現存在」を伝えている。

そして、戦死者の関係者である。今や「戦死者を悼むことのないような家庭は、ほとんど存在しない。死者と死者の追悼は、どこでも、個人を国家の集合から切り離すと言えるだろう。……死亡広告でも、個人的な悲しみの表現がますます取り戻されている。人間の生命を揺りかごから墓場までつかんで規定したがる国家も、死者においてはその権利を失う。ここにおいて——おそらく現代ロシアでは別かもしれないが、少なくともドイツには当てはまる——、私的個人が復権される」「ハーケンクロイツと並んで、今や無数の木の十字架の影が立つ。戦争四年目の冬、軽視された死が、止められない決定的な影響力を行使する」とユンクは結ぶ。

本論説は論説（51）を引き継いで戦死者の問題を取り上げ、一方ではバンゲルトやユンガーの著作からの長文の引用で、ドイツの戦争態勢を支える「死の軽視」という、ナチドイツの死生観をヴィヴィッドに示した。しかし他方では、死にゆく兵士の恐怖は避けがたく、また戦死者を悼む近親者の感情は止めがたく、戦死者の増加と共に人々の個人的な恐怖心や悲嘆の感情が表出していることを示した。同時にユンクは、敗北する枢軸国は言うまでもなく、勝利する連合国でもこの大きな犠牲の意味が問われ、戦後、自由主義国であれ共産主義国であれ大きな変革が避けられないと見ている。

（56）東部戦線は脅かされているか（一一月二七日）

「ここ数週間、世界の眼は地中海圏の動向に集まっているが、一時的に副戦場に引き下げられた東部戦線が、おそらく一層決定的な重要性を持ちつつある」。この冬、大半の専門家の予想に反してヒトラーは冬季ラインに退却せず、スターリングラードをまた征服しようとし、「迫りくるロシア軍の機先を制して攻撃に打って出ようとしている」。この戦略の代表者は、ハルダー将軍の後任の参謀総長クルト・ツァイツラー将軍（一八九五〜一九六三）である。彼は補給の専門家であり、防衛か攻撃かというこの冬の戦略について、後者の立場を取るに十分な補給態勢があると考えている。以上の冒頭に続き、本論説（図3-5）でユンクは次のようにツァイツラーの人物紹介から始めて冬季戦の情勢を概観し、劣勢のドイツが無謀な攻撃で破滅に向かっていることを示唆する。

「いったいどういう人物か」、ツァイツラー将軍に関する疑問の声が全世界のプレスを覆っている。公式の昇進リストには、一九四一年以降彼の名前は見当たらず、大佐から陸軍参謀総長に唐突に昇進している。一八九五年生まれのツァイツラーは、シュプレーの森にある小村の牧師の息子で、陸軍に入るが第一次大戦でも特に戦功はなく、一九一八年に中尉となり戦後も国軍にとどまる。昇進は遅く一九二八年に大尉、そのほぼ一〇年後に少佐となる。その後、ポーランド戦でヒムラーの知己を得て参謀本部入りし、この冬の総統の冬季攻勢に賛成し、その計画を作

Ist die Ostfront bedroht?

General Zeitzler

F.L. Während die Aufmerksamkeit der Welt für einige Wochen auf die Ereignisse im Mittelmeerraum gerichtet war, haben sich an der vorübergehend zum «Nebenkriegsschauplatz» degradierten Ostfront Ereignisse von vielleicht noch entscheidenderer Bedeutung vorbereitet. Wichtiger wohl noch als das, was dort geschah, war das, was dort unterlassen wurde. Hatten nicht die meisten militärischen Sachverständigen angenommen, dass Hitler seine Armeen in diesem Jahre zeitlich auf eine sichere Winterlinie zurückziehen würde? Sie sahen sich bisher in dieser Erwartung getäuscht. Deutschland griff weiter an. Es versuchte, Stalingrad doch noch zu erobern, es setzte den Kaukasusfeldzug fort und erzwang auch südlich vom Ladogasee eine Vorverlegung seiner Linien. Vom Beziehen der Winterquartiere war keine Rede. Deutschland blieb offensiv. Es wollte mit einer besser ausgerüsteten Winterarmee der drohenden Russenoffensive zuvorkommen und selbst im Angriff bleiben.

Exponent dieser Strategie ist General Zeitzler, der, wie nun feststeht, von Hitler zum Nachfolger des Generalstabschefs Halder ernannt worden ist. Zeitzler war in den Auseinandersetzungen über die Frage, ob man weiter in diesem Winter defensiv oder offensiv bleiben solle, entschiedener Befürworter des Angriffs. Er glaubte allem Anschein nach, dass der Nachschub trotz aller Wetterunbilden gesichert genug sei, um ein solches Risiko zu gestatten. Nun gilt Zeitzler aber geradezu als Nachschubfachmann. Anlässlich der Verleihung des Ritterkreuzes an ihn im Juni 1940 wurde in der Bekanntmachung des Oberkommandos der Wehrmacht ausdrücklich betont, dass er «in noch nie dagewesenem Ausmass» Panzeroperationen in Polen und Frankreich vorbereitet habe.

Um Zeitzlers Person hob nach seiner Ernennung ein grosses Rätselraten an. «Wer ist dieser Mann?», fragte man sich in der ganzen Weltpresse. Die offiziellen Beförderungslisten erwähnten Zeitzler seit 1941 nicht mehr. Wie und warum hatte er so plötzlich den Sprung vom Oberst zum Generalstabschef machen können? Heute nun können wir an dieser Stelle einige Präzisionen über den «grossen Unbekannten» der deutschen Heer-Stab ausarbeitete. Die Bedenken, die sich gegen Zeitzlers Pläne erhoben, werden verständlich, wenn man bedenkt, wie tief die Ereignisse des letzten Winters auf die deutschen Soldaten und Offiziere gewirkt haben. Unter vielen Stimmen sei hier ein Auszug aus einem Gespräch gegeben, das der Kriegsberichter Franz Pesendörfer mit einem Ostfrontkämpfer hielt und am 7. November im «Hamburger Fremdenblatt» veröffentlichte. «Vom Kampf in den winterlichen und sommerlichen Sümpfen am Wolchow erzählen?», fragt der Soldat. «Das waren wohl die schwersten Wochen, die ich nicht noch einmal miterleben fen.» Also ist man im Süden der Ostfront stark? Oder in Afrika? Aber auch dort vernehmen wir immer wieder, mit welch geringen Kräften sich die Deutschen gegen den Feind durchgesetzt hätten.

Man kann auf Grund dieser PK-Berichte, bei denen es sich allerdings nicht um Verlautbarungen von offizieller militärischer deutscher Seite handelt, die Frage stellen, ob eine numerische Ueberlegenheit, ein Ueberfluss an Menschen und Material, wie er zu grossen Offensivhandlungen doch wohl unerlässlich wäre, eigentlich noch vorhanden sei, und man begreift das Zögern derjenigen, die

Die in Marseille unter deutscher Kontrolle erscheinende Zeitung «Dimanche Illustré» zeigt das Wunschbild eines deutschen Ostwalls.

図 3–5　本論説：写真はツァイツラー将軍，図版はドイツが期待する東部の壁（ドイツ支配下のマルセイユで発行されている『日曜グラビア新聞 *Diamanche Illustré*』に掲載）

成して特別の信認を得、参謀総長の地位を射止めた(71)。

だが、「前の冬の経緯がいかに深い打撃をドイツの兵士と将校に与えたかを考えれば、このツァイツラーの計画に対する人々の心配は理解される」。『ハンブルク外事報』はヴォルホフ川（ロシア北西部）の戦いの悲惨さやスターリングラード進撃部隊の「弱体性」を、また『クラッカウ新聞 *Krakauer Zeitung*』も同部隊が比較的少ない勢力であることを報じている。

それでは、どこにドイツの強大な勢力はあるのか。東部戦線の中央軍集団についてはシェーファー少佐の論考が『ケルン新聞 *Kölnische Zeitung*』で、北方軍集団についてはフォン・オルベルク少将が『ハンブルク外事報』で、比較的弱い勢力で持ちこたえていると伝えている。さらに南方軍集団やアフリカ戦線でも、「いかに劣勢でドイツ軍が敵に対しているか」がドイツの新聞から繰り返し聞こえてくる。それゆえ、攻撃の継続よりも防衛を優先させたい、ドイツの将官たちのこの冬季戦へのためらいがよくわかる。

とりわけ、ロシア軍の増強が心配の種である。ジューコフ指揮下の赤軍は、ドイツ側の発言でもきわめて巧みに、本来ドイツ軍の戦術である「重点戦術 Schwerpunkt-Taktik」を駆使している。兵力を集中しての一点突破作戦であり、この戦法をさらに発展させて、一つの重点ではなく複数の重点に集中攻撃を仕掛けている。その中でも、九月のルジェフ（モスクワ西部二〇〇キロメートルの激戦地）における激しい攻防戦を劣勢のドイツ軍は持ちこたえた。このロシア軍の九月攻勢の失敗で、ツァイツラー将軍は果敢な攻撃作戦への確信を深めたに違いない。ドイツ軍は数が劣勢でも、ロシア軍の攻撃に耐えて押し返すだろう、と。しかし、最新のスターリングラードの戦いでドイツ軍の前線は突破され、「ツァイツラーは今や防衛へと追い込まれ、驚愕の中にある」。

新参謀総長ツァイツラーにとって、好都合なことに北アフリカの戦いが、彼の計画を揺るがすことになった。東部戦線から空軍や陸軍の一部が「枢軸国の南翼」に引き抜かれ、「二正面戦争が現実になった」。しかも、数の劣勢を考えねばならない時にである。そのためゲッベルス博士は、最終の勝利を達成する前には、「特別の厳しい試練が待ち受けている」と訴えている。まさしく、「そうした試練が今や東部で待ち受けている」とユンクは結ぶ。

前回の論説から四週間後の本論説に至る間に、連合国軍の総反撃を告げる大きな動きがあった。まず北アフリカで、増強された英軍のエル・アラメイン攻撃が功を奏し、ロンメル軍団は敗北を喫して一一月四日に総撤退を開始し、さらに一一月八日に英米軍一〇万が北西アフリカに上陸して、東西からの挟撃で枢軸国軍はチュニジアに押し込められる。この上陸当日夕刻のヒトラー演説を、ベルリン特電八日発朝日記事「独国の団結愈々固し　徹底的に戦争を遂行　ヒ総統、完戦の大獅子吼」（一一月一〇日夕刊）が詳細に伝えている。「開戦以来独軍の戦死は三五万人に達し」「万一敵方が勝利をおさめるようなことがあるならば、ドイツ国民がいかなる運命に陥るかは言わずして明らかであろう。したがって、……妥協の余地は残されていない」。そして、「独軍の目標はただ一つの都市スターリングラードであるが、「第二のヴェルダン」を望まず、大部隊ではなく「少数精鋭部隊を使っているにすぎず」、また「今日英軍が砂漠地帯で多少前進しても……、敵の一時的成功はかえってわが方の勝利となろう」とし、最後は「敵はドイツ人の発明的天才が眠っているのではないことを必ずや発見するであろう」と、新兵器開発の脅しで結んでいる。

もちろん、この新兵器が何を指すのか、後のユンクにとって最大のテーマとなる核開発を指すのか、そのことに思いをめぐらす余地はなかったであろう。いずれにせよ、このヒトラー演説を踏まえてユンクの本論説は、連合国軍の総反撃の開始を見届け、北アフリカに続きスターリングラードの冬季戦場で、戦力の劣るドイツ軍の一層決定的な完敗への道が始まると見通した。事実、すでに一一月二三日に独軍三〇万は赤軍一〇〇万に包囲され、第六軍司令官フリードリヒ・パウルス将軍（一八九一～一九五七）はヒトラーに退却命令を要請したが、ヒトラーは空軍による補給で維持可能として受け付けず、死守命令で応えた(72)。しかし、補給は滞り、救出部隊のマンシュタイン司令官およびツァイツラー陸軍参謀総長も退却命令をヒトラーに要請したものの、ヒトラーは死守命令に固執し、第六軍は壊滅する。皇軍のインパール作戦同様、スターリングラード戦は自軍の将兵を飢餓にさらす無謀な結末となった。

おわりに

以上、欧州戦争から世界戦争へ、枢軸国側の攻勢が目立った一九四二年の論説三四本を、前章と同様に要約しつつ見てきた。全体として見れば、それらの論説は前線の動きを追いつつ、戦局の基本的な流れを指し示していた。すなわち、ドイツ軍が大西洋のUボート戦で成果をあげつつ、赤軍の攻勢をしのいだ冬季戦期（第1節）、戦略目標（コーカサスと西南アジア）を目指しウクライナと北アフリカで攻勢を仕掛けた春季戦期（第2節）、内外の圧力に抗してナチドイツのテロ支配が先鋭化する夏季戦期（第3節）、そして戦争四年目の秋を経て、スターリングラードと北アフリカで枢軸国軍の全面的な敗北が始まる冬季戦開始に至る時期（第4節）、である。

表面的には、一九四二年夏までドイツ軍の攻勢が際立ったが、東部戦線でも北アフリカ戦線でも個別の勝利の影には膨大な犠牲があり、その犠牲にドイツはどこまで耐えられるのか、という疑問符が個別論説の基調に置かれていた。そして、論説（54）が掲載された一〇月九日の翌々日に、母ゼリがユンク宅に到着してチューリヒ警察署に出頭した。この時点からユンクのF・L論説は中断へと向かった。論説（56）の「冬季戦準備」から三週間後の論説（57）の「戦死者の影」を経て、その四週間後の一一月二七日の論説（57）がスターリングラード戦における赤軍の枢軸国軍包囲を報じ、決定的な戦局の転換を見切ってF・L論説は、いったん幕を閉じた。

さて、前章に倣ってそれらの論説を単一のキーワードで示せば、（23）全体戦争、（24）武装親衛隊、（25）Uボート戦、（26）軍需生産、（27）休暇兵士、（28）コーカサスと西南アジア、（29）空爆、（30）第二戦線、（31）軍需労働者、（32）前線兵士、（33）第三戦線（レジスタンス）、（34）石油確保、（35）陣地戦、（36）アフリカ軍団、（37）空爆、（38）ハイドリヒ暗殺後、（39）ロンメル、（40）占領地の刑事司法、（41）軍指導部の新顔、（42）航空部隊、（43）壕の中のヒトラー司令部、（44）各国の休暇、（45）東方移送、（46）第二戦線、（47）食糧問題、（48）戦車兵の心理、（49）世論の変化、（50）国民社会主義の司法、（51）戦死者、（52）ソ連兵との接触、（53）同盟諸国、（54）冬季戦準備、（55）戦死者の影、（56）冬季戦敗北の始まり、である。

以上のように、前線と銃後の多様なトピックを取り上げ、第三帝国の内実と動向を可視化しつつ、物量戦に陥ったナチドイツにもはや勝ち目はないことを系統的に示した。とりわけ、軍需生産、石油、食糧、予備役という、長期戦を戦う上で決定的な要素でのナチドイツの絶望的な劣位であり、この劣位をカバーすべく、工場労働の強化や外国人の強制労働、農業労働への再定住、刑事司法の即決厳罰化と占領地のテロ支配強化など、ナチ政権と住民（本国と占領地）の矛盾の激化である。戦争の長期化により、ドイツ本国でも住民と兵士に戦争への疑念は広がりつつあること。占領地ではレジスタンスが広がり始め、親衛隊とゲシュタポの管理下で苛酷な弾圧体制が敷かれ、ユダヤ人と抵抗者の東方への大量移送が始まっていること。そうした事態を眼前に見ながら、論説（30）と（46）は「第二戦線」を取り上げた。「第三戦線」（レジスタンス）も、その広がりからユンクは事実上の第二戦線として位置づけたが、この二つの「第二戦線」論説は、連合国軍による西部戦線の一刻も早い再建で、東西からの挟撃によって早く第三帝国のテロ支配にとどめを刺し、人々を奴隷状態から解放したいという著者の思いがにじみ出ている。

前章で示した、①個人史、②歴史的視野、③世代論というユンクの論説の方法的な特徴に照らしてみれば、第一に、たしかに個人史に立ち入る記述は後退している。個人史の詳しい記述はデーニッツ論説（25）、ロンメル論説（36）、フランク論説（38）、ツァイツラー論説（56）の四名に限られる。それぞれが、Uボート戦、戦車戦、占領地支配、ハルダー後の陸軍参謀本部の代名詞となる人物である。

しかし、それらの代表的な人物と並んで、ドイツの主要な軍人（ディートリヒ、ハルデゲン、カナリス、ファルケンホルスト、ブラウヒッチュ、マンシュタイン、シューベルト、イレフェルト、マルセイユ、リヒトホーフェン、ヨードル、ハルダー）が網羅的に取り上げられ、また各分野の主な官僚（ヴェルリン、マンスフェルト、フィッシュベーク、ジールプ、シュペーア、マイスナー、ザウケル、ラメルス、ヒーゲ、バッケ、ダレー、フライスラー、ギュルトナー、ティーラク）が取り上げられている。

さらに、ナチドイツの協力者（クヴィスリング、ノイラート、ポラコヴィッチ、フィロフ、トゥカ）から英国領植民地の解放運動家（ラシッド・アリ、ボース）まで、国民社会主義運動の国際的な広がりを視野に入れつつ、必要な場合はコメントを付し、人物を基軸に置く政治批評のスタイルは貫徹されている。ただし、ナチ政権の中枢をなすヒトラー、ヘス、ゲーリング、ゲッベルス、リッベントロップ、ヒムラーの七名については、しばしば名前は登場するが、おそらくスイスへの介入の危険性を考慮し、個人史に触れることは意識的に回避された。また、女性の固有名詞は前章を含めても、論説（43）のヒトラーの秘書二人に限られる。おそらく無意識であろうが、女性は政治批評の枠外にあった。

第二に歴史的視野について、ここでも第一次大戦期の引照が特徴的であり、一二本が第一次大戦期の関連事項を取り上げて記述されている。さらに、論説（30）は中世の歴史的事実を引き合いに、英軍のフランス海岸線上陸（第二戦線）の可能性を論じた。

しかし、注目すべきは、こうした主に第一次大戦にさかのぼる過去から現在への視野と並んで、ナチドイツの敗北を見切った一九四二年の論説にあっては、すでに戦後への、現在から未来を展望する視野が提示されている点である。具体的には、①論説（35）の機械化・合理化する設備（無機体）とそれを使う人間（有機体）の持続・適応能力の限界性という問題、②論説（37）の高層集中型ではない分散低層型の居住様式、③論説（55）の大量の戦死者をもたらしたアングロサクソンの自由民主制とソ連の「官僚的教条主義」（党官僚制）に取って代わる別の政治システムへの展望、である。以上の三点は、①人間の身の丈に合う「ソフトな技術」、②「脱集中的 dezentral」社会経済システム、③「基盤民主制 Basisdemokratie」、という後のユンク技術・社会経済・政治論への萌芽的な指針を示している。過去から現在のみならず、現在から未来を方向づける、歴史的視野の双方向化である。

第三に世代論について、論説（3）に引き続き、論説（23）は一九三〇年代に成長期を送った新兵世代の特徴を、また論説（51）はUボート・戦車・爆撃機という高度機械化戦の主役は若い兵士であり、二五歳以下の兵士の戦死が際立ち、その数はすでに第一次大戦の二倍になるという、世代損傷の問題を指摘した。しかし、ここでも注目すべき点は、そうした景気変動と食糧事情、また戦争技術に左右される個別世代の特徴や動向を超えて、ロンメル軍団の戦車兵をモデルとする高度技術化段階の「人間類型」の形象化にある。論説（48）でユンクが提示したのは、第一次大戦期の戦争技術の開発に始まる、人間の技術のあくなき高度化の進展と、他方でそれを扱う人間の精神の空洞化という、二律相反現象を現代人の最も基本的な問題と見なす歴史認識であった。

以上、前章と重なるユンク政治論説の三つの特徴とともに、高度技術化（通信技術段階）と人間の精神的な存在性との矛盾を基軸に置く現代社会の歴史認識、そしてそこから発する戦後社会への基本的な指針を、一九四二年の論説から確認しておくことができよう。

補論3　アドリエン・トゥレルの「ウルトラ技術未来」論

序章で見たように、二〇歳前後のユンクが最も魅かれたのは、アドリエン・トゥレルの議論だった。雑誌『反対者』掲載のトゥレルの論考「革命の権利」を読んで、この論考への関心から同グループとつながり、一九三二／三三年の冬、トゥレルと議論を交わす日々を送った。しかし、ヒトラーの政権獲得で、二人は共にドイツを追われる。トゥレルはシュルツェ゠ボイゼンと一緒に逮捕され、虐待を受けるが、証拠不十分とスイス国籍ゆえに釈放され、パリに半年ほど滞在して、その年の末にチューリヒに定住した。ユンクはそのトゥレルと一九三三年にパリで偶然に出会い、何度も話し合った、という。そして、一九三九年四月のチューリヒ滞在から逮捕に至る一九四三年六月までの期間には、「三〇回から四〇回は会い、夕方に集中的な議論をした」と、後年のインタビューで回想している(1)。

したがって、『世界週報』の論説を執筆している間、ユンクはトゥレルと濃密な対話を重ねていた。もちろん、この非合法の論説活動について漏らしたのはゴールドシュミットにのみだったというから、論説のテーマが直接話題になることはなかったと思われる。しかし、ユンクの思考の基礎の一つにトゥレルとの議論があったことは疑いない。

二人の関係は、ユンクがスイスを離れてからも手紙で続いた。一九五七年七月にトゥレルが亡くなるとき、ユンク一家はスイスのアスコナに滞在中で、ゴールドシュミットから危篤の知らせが届き、チューリヒに駆けつけたが認知されず、翌日に亡くなった、という。[2]

トゥレルはチューリヒでは文筆家として相手にされなくなっていた。その彼とユンク以上に、ゴールドシュミットは親密な関係にあった。ゴールドシュミットの著書『対話――近代の基礎の上にある哲学』（一九六四年）の第五章「アドリエン・トゥレルのウルトラ技術未来」は、トゥレルの歴史哲学の基本的な特徴と共に、その履歴を詳細に描いている。そこで、以下、これに依拠してトゥレルの経歴に触れ、その上でトゥレルの議論の概要を見ておきたい。

（1）アドリエン・トゥレルの経歴

トゥレルは一八九〇年にサンクトペテルブルクで働くフランス語教師の父のもとに生まれるが、翌年、一家は父の故郷のジュネーブ近郊に戻り、スイスで育った。片足麻痺の障害を持って生まれたトゥレルは、技術の進歩に心酔する父から、発見されたばかりのレントゲンで撮影された手の写真を見せられ、技術の高みに至るなら自分自身の道も開かれる、と将来への不安から抜け出す希望を与えられた。[3]

しかし、一九〇〇年には父が破産したため、プロイセン出身の母と共にベルリンの祖母のもとに移り、この「家母長制」のもとでギムナジウムを修了し、ベルリン大学で歴史や文学を学んだ。戦時中で学業を修了することなしにフランス語教師の職に就き、一九一八年に抒情詩集を出版して文壇へのデビューを果たした。その後、四冊のエッセイ集を出版し、それを『彼岸の征服』（一九三一年）にまとめ、一定の注目を得た。その内容は、マルクスとニーチェの信徒として人類史の新段階を構想し、被造物から造物主・全能（デミウルゴス）への飛躍を宗教と技術の二側面から基礎づけることにあった。すなわち、「キリスト教の成立史をかつての世界革命の事例」と理解し、「福音をニーチェの超人思想、精神分析、マルクス主義、相対性理論と結びつける」ことにあった。「この技術による世界の変革という彼の予言は、原子力の解放によって一九四五年に初めて真実となる」[4]。

(2) トゥレル著『彼岸の征服』(一九三一年)の概要

以上のようなゴールドシュミットの指摘を踏まえつつ、まずトゥレル『彼岸の征服』の錯雑とした叙述を、主要な論点に限り、しかもトゥレルの用語を理解可能な日本語に翻訳しなおし、整理して見ておこう(以下、引照頁は本文中に記載)。

第一に、従来の技術と国家の構造では、「ダイナミックな作用に至っている人間の創造力の比率は一パーセントにすぎない」。人間の能力の開発は、まだきわめて幼稚な段階にとどまっているという理解がトゥレルの大前提である(Turel, 1931, S.14)。そして、この一パーセント分の人間能力の開発の歴史、換言すれば技術と宗教・国家の発展を双軸とする文明の歴史は系統発生から個体発生ではなく、個体発生から系統発生へという視点で把握すべきという。

その個体発生について、「ダンテのような偉大な詩人は医師でさえも思い及ばなかった、出生を導く最初の危機は陣痛で始まるのではなく、ほぼ妊娠六ヵ月で始まることを理解していた」とし、以下のように整理する。妊娠六ヵ月までは羊水が増加し、胎児は球状に延びていく。この時期に、その弾力的な拡張は母胎内で限界点に達し、以後胎児はゆっくりと複雑な内部器官の形成に向かう(Ebd., S.108)。いわば、胎児前期から胎児後期への転換である。

この胎児前期から後期への転換、すなわち「人類の胎児期の空間危機は、発見と宗教改革の時代をもって初めて始まる」。コペルニクス、ガリレイ、ルター、カルヴァン、コロンブスとマゼランの時代であり、地表空間の球的限界が意識され、内的な構造化に向かった時代である。この神話的世界に代わる力学的な物理的世界の発見を基礎に、ようやく一五〇〇年以降の欧州において機械技術(ガリレイ技術)の開発と国家マシーンの内部編成、すなわち工業化と国家の構造化という新段階が始まり、この時代は一五〇〇年から二一〇〇年まで続く(Ebd., S.109)。以上、西洋の物理学と海洋進出、工業化と国家の構造化(国民化)の展開で人間は、ようやくその能力の一パーセントを利用する、という理解である。

第二に、この胎児後期（工業化・国民化）への転換を準備した「弾力的拡張」（胎児前期）の過程は、キリスト教の普及の歴史に即して示される。というのも、宗教は国家の動的な法ではなく、胎児遺伝的法であることを、フロイトが証明していたからである。マルクスは啓蒙の出自ゆえに、このことを見逃したが、この意識下の意識を理解していたなら、社会主義は彼の時代の「宗教」になることによってのみ世界革命になりえたことを認識したであろう（Ebd., S.119）。つまり、宗教による人間意識の覚醒機能であり、胎内の闇の世界から自律的な人格性の意識化であり、これによって物理的世界像への飛躍が可能になったとする理解である。

そのキリスト教の普及過程は、以下のように示される。イエスの時代には、キリスト教はまだ地方の農業コミュニズムであり、ローマ帝国という国家マシーンにとってなんの意味も持たなかった。しかし、福音は奴隷労働という人々の現実を正確に反映した人間解放の論理であり、パウロのローマ宣伝活動により、世俗のローマ帝国を克服する、宗教としてのキリスト教という自己主張の口火が切られた。貧しい労働者大衆は、現代の労働者とは異なり固定資本であり、工場の機械と同じであった。現代の工場主にとっては、労働者が傷つくことではなく、機械が壊れることが損失であるように、奴隷の死亡は財産の損失であったから、ローマ法には奴隷の保護規定が含まれていた（Ebd., S.122ff.）。

そのローマ法の下で、奴隷身分にある労働者大衆にキリスト教は定着していく。それは、ローマ帝国に対する実践的な懐疑であり、彼らの自己肯定への生存ストライキであった。キリスト教はついには皇帝祭儀に反対し、国家理性に敵対して自ら国家宗教への転換を果たす。そこから、さらに聖パトリックによる蛮族への布教に始まり、ローマ帝国の閉ざされた世界を越えて旧敵の周辺諸民族へと広がっていった。ピピン、カール大帝、オットー朝、シュタウフェン朝、ブルボン朝、ハプスブルク朝と、これらの王朝はすべてローマ帝国の後継者であった（Ebd., S.127f.）。一五〇〇年に至るまで、機械や物理学がまだ存在しない限り、動物と人間奴隷がこれらの王国の機械装置であり、その限りで奴隷制が該当していた。キリスト教会（カトリック教会）は、この此岸の自己克服の表現としての彼岸をなした。

第三に、こうした此岸・彼岸の相関構造は、一五〇〇～一六〇〇年の間に崩壊する。「コペルニクス、ガリレイ、ルターなどによって遂行された世界像の転換は、政治、貿易、旅行の現実の空間拡大の自然的かつ必然的な補完だった」(Ebd., S.116)。そこでは、古代ガレー船の奴隷労働に代わり、羅針盤と帆船という機械装置を操作する水夫と共に、コロンブスとマゼランは未知の彼岸へと乗り出し、スペイン人はアメリカ大陸を征服した。奴隷は意味を失い、ローマ帝国は国家モデルであることを止め、相対的に自立的な国家群が分布する(Ebd., S.128f.)。一六／一七世紀のスペイン、オランダ、イギリスの帆船隊の水夫は、もはや奴隷ではなく、力仕事は帆を張る作業のみで、あとは風を読み帆を操る操縦者（流動資本）であった。この機械操作労働への転換と共に、同時に、機械に対する生命有機体の絶対的な劣位性が示される。機械装置を構成する木材や金属の非疲労性に対し、意志ある人間の筋肉組織の疲労性という対照である(Ebd., S.152f.)。

人間に対するこの機械の優位性により、欧州諸国は海洋を越えて地球の全域を制覇し、その進出は人口の多い彼岸（インド、中国）で限界点に達した。それでも、帝国主義者たちは屈辱や憂慮を持たなかった。彼岸の抵抗は「受動的」で、此岸はなお機械技術をゆるぎなく独占していたからである。一八世紀にアメリカ合衆国が独立するが、なお機械技術は白い人種の遺伝性のものであり、白い肌と同じ遺伝素質をなすと考えることができた(Ebd., S.142f.)。

第四に、この機械技術の独占は、一八六七年に革命を遂行した日本人によって破られ、「西洋の没落」という危機意識が醸成された。「欧州人の特許という文明の壮麗品は、巨大コンツェルンのみならず、暴力で阻止されないならだれもが模造できる代物にすぎないことを、この「黄色い」民族が証明した」からである(Ebd., S.143)。特許「権」があるのは、発明者を保護するためと信じられているが、そうではない。特許の役割は、特定の製品の製造を、より弱い資本主義の競争者に許さないことにある。この規制の網をかいくぐり、「我々から日本人はガリレイ・ニュートン文明の集大成特許を盗み取った」。もはや、「技術は白い人種の忠実な伴侶ではなく、黄色人であれ黒人であれ、だれにでも身を売る娼婦になった」(Ebd., S.144)。

それゆえに、マルクスは全人類圏の強制的資本主義化を、ニーチェは欧州ニヒリズムの到来を予告し、超人への飛躍を要求した。そのニーチェが要求する超人の世界政策プログラムは、特許と工業技術の包括的なパッケージを彼岸の諸国に委ね、此岸の欧州諸国は新しい集大成技術を創り出すことにあった(Ebd., S.145)。

第五に、人口統計では此岸の欧州一億人、彼岸の反対世界(インド・中国)一〇億人、米国、ロシア、日本、アフリカなどその他の中間地帯五億人である。おおよそ二五〇〇年来、人類の世界文化は欧州の古代文化と反対世界の仏教・儒教文化という二極において組織化され、両者は互いに彼岸であり続けてきた。前者は農業段階(胎児前期)から工業段階(胎児後期)を経て、今や出生期を迎えている。後者は農業段階にとどまり、中国では何億人かの人々が広大な国土の荷物運びを人力で担っている(Ebd., S.167f.)。この苦力労働は、貨車や貨物船の動力運送に変わるのか。

この問題は、二〇世紀における革命のあり方と結びついている。日本の一八六七年の革命は、「そうでなければ欧州の機械の優位性を防御できなかったがゆえに、それに適応して工業を受容した」最後の市民型の革命であった(Ebd., S.146)。これに対して、その日本との戦争で敗北したロシアの一九一七年革命は、社会主義革命である。社会主義革命の意義は、キリスト教の奴隷(固定資本)解放に続いて、「プロレタリア賃労働における流動資本としての地位から人間を「解放」する、新しい段階」への移行にある(Ebd., S.150)。つまり、一九世紀の日本とは異なり、二〇世紀ロシアのボリシェヴィキはプロレタリアの解放を掲げた。

だが、現実のボリシェヴィキの試みは、機械工業を全土に導入し、もっぱら「力仕事」を行ってきた一・五億の民を機械操縦者に変えることにあった。力仕事になじんだ人々の抵抗は強く、「保育器で温めて栄養を与え、集合的な感性を持つ超人を育てる方策が取られている」が、スターリン政府は「「古代的」奴隷王国を工業王国へと変えることに手いっぱいに見える」(Ebd., S.175)。米国と日本に続く中間地帯ロシアの転換は、胎児前期から一足飛びに出生を目指す社会主義革命を標榜しているが、現実には胎児後期(工業化・国民化段階)への移行にとどまるだろう。

このロシアとは異なり、世界文化の対極をなす中国には印刷術や火薬など、あらゆる工業技術の要素があった。しかし、「それを利用せず、系統的に地球空間の技術的支配へと押し上げることなく終わった」。この中国での「発見」が基礎となり、それが欧州で「我々にとって有益で現実に重要になるべく「翻訳」されて使用されているにすぎない」。さらに、「飛行機の電気遠隔通信システムを中国人の凧揚げと比べて見るなら、凧揚げはつまらない子どもの遊びと笑いものにするのではなく、前者の「直線的な」前段階であることが認識できる」(Ebd., S.179)。まさしく、中国は技術的にも「眠れる獅子」であるが、目を覚まして工業化へ、さらにもっと新しい技術の段階へと進めるのか。

第六に、その回答は、我々の側にかかっている。それというのも、「「植民地的な」インド・中国の反対世界は、もはや中立的な彼岸システムとして我々から独立して「作動する」ことはできない」からである(Ebd., S.197)。一九二〇年代には無線電信が普及し、一九三二年には国際電気通信条約が成立している。トゥレルにとり、ニーチェ世界政策プログラムの新技術体系は電気通信・遠隔操作技術であり、この通信技術と社会主義革命によって胎児後期から人類史の出生という新段階が画される。すなわち、欧州の労働者運動は「流動資本からの人間「解放」へと」「無人の機械集団の電気的遠隔操作へと我々を駆り立て」(Ebd., S.186)、他方、インド・中国の反対世界は社会主義革命によって植民地的支配から解放されて農・工業の生産基盤を拡充し(Ebd., S.187f.)、両者が有機的に共同する社会主義世界の時代である。その時期は二一〇〇年頃で、ここにおいて地球人類の此岸から新たな彼岸の征服へと向かう人間能力の全面的な開花(全能)が始まる、という未来展望である。

以上、トゥレルは後のアルヴィン・トフラーの「三つの波」論にも先行して、道具利用（農業社会、固定資本労働）、機械利用（工業社会、流動資本労働）、電磁波利用（通信社会、遠隔操作指揮）という、三段階の技術論的な社会発展史を描いていた。そして、この三段階に対応して、東西の世界文明の起点をなす欧州とインド・中国で、キリスト教に代わり共に社会主義が人間解放の宗教となり、前者が工業社会から通信・遠隔操作社会へと転換することにより、人口の膨らんだ後者はその後を埋めて工業化を推進し、農・工業社会へと転換できると見なしたのである。したがって、人類史の新しい段階への移行のカギは欧州の社会主義革命にあり、この問題をトゥレルは翌年の『革命の権利』で論じる。時は、まさしく世界恐慌の只中にあった。

（3）トゥレル著『革命の権利』（一九三二年）の主張

トゥレルは一九一八／一九年のドイツ革命にフランクフルトで参加し、スパルタクス団員の嫌疑を受けて逮捕されている。ドイツ革命は彼の最大の関心事であり、雑誌『反対者』掲載の論稿「革命の権利」（同年に小冊子としても刊行。以下、この小冊子からの引照頁は本文中に記載）は、この革命の決定的な意味を示そうとする。

第一に、革命は昆虫の形態転換にそくして、芋虫から蛹を経て成虫へという三段階発展の蛹になぞらえられる。すなわち、革命とは「痛みを伴う闘争を自らの内部で自らに対して実行する」「民族の蛹の眠り」であり、その眠り込みを外部の勢力に攪乱されないことが必要である（Turel, 1932, S.7f.）。しかし、外からの侵害の危険のない、孤島の離れた人間集団は形態転換への契機を欠き、蛹の眠りについたまま目覚めることがない。他方、大陸の中にあって開かれた強国（ドイツとロシア）は、外からの侵害の危険があり、蛹の眠りにつくことができなかった。そのために、むしろ現在に至ってこの二つの大陸国家が、「来るべき革命のモデル国家」になった（Ebd., S.9）。

第二に、これに対して、これまで革命が可能であったのは「半島文化」の諸国である。「航空時代の開始に至る人類段階への革命的自己形成能力を持ったのは、政治的に半ば閉じた中間地帯」であり、イタリア、スペイン、フランス、イギリスなどの諸国である。これは諸国は、機械技術と世界進出という大転換を一五〇〇～一八〇〇年の間に成し遂げた（Ebd., S.12）。ドイツもルターの革命によりこの転換を開始したが、大陸諸国の介入にさらされ挫折した。

第三に、これらの先進強国はその革命的手段である兵器や機械を輸出し、それによって自らを無価値にした。輸入した機械で後続の諸民族は自らの工業を育成し、「老いゆく母」を「隠居宅へと押しやる」ことができるからである。そのため、先進諸国は後発諸国や植民地諸国の工業化に恐怖をもつのみならず、相互間の競争恐怖も強まった。この競争恐怖のもと、「老化する諸強国」は「子どもへの嫉妬心」（エディプス・コンプレックス）をもち、「家父長的国際法」によりドイツ、ロシア、中国、インドなど若い世代の諸民族の「創造的革命」を妨げてきた（Ebd., S.16f.）。「後継者を系統的に抑止し、自分自身の新作を押しつぶす生物は人間以外にはいないが、まさしくそれゆえに、人間ほど自己克服の義務を強く持つ生物は他にはいないのだ」（Ebd., S.10）。

第四に、第一次世界大戦の末期、「レーニンのロシアは歴史上まれな島状態の中で革命のチャンスを得」、蛹の眠りに入ることができた。西ではオーストリア君主制の解体とドイツのつまづき、東では日本の脅威は限定的で中国は内戦状態にあり、北は酷寒の海でロシアの三角形の国境線は、大規模な介入の危険のない「母性境界」となったからである。その中で、レーニンは古い国家を「革命の溶融るつぼ」に投げ込み、このるつぼに手を突っ込んだ連合諸国は火傷を負い、手を引いた（Ebd., S.19f.）。

第五に、これに対してドイツでは一九一八年、「社会民主主義者は道半ば」にとどまり、古い国家を「屑鉄」にしただけに終わった（Ebd., S.23f.）。それを溶融して鋳なおす、「より高次のプロレタリア社会による市民的世界の克服」が革命の完遂であり、それにはロシア革命が示すように、権力集団の垂直的な分解と抗争を制する革命的テロが不可欠である。事実上は内戦を意味する、「この創造的眠りへのドイツの沈潜」には、革命への諸民族の権利を認める国際法が前提となる（Ebd., S.25f.）。

第六に、この国際法を前提に、ドイツ革命が目指すのは「全欧州の生存圏の統合」であり、「ソ連、米国、大英帝国という世界強国との絡み合いの中で、アウタルキー的転換を自らの内で、かつ身近なところから実行することである」。リヒャルト・クーデンホーフ＝カレルギー（一八九四〜一九七二）は、国家空間の定数は経済圏と交通時間の相関係数から与えられるとし、交通手段の集約化による経済圏の拡張をもって欧州統合を基礎づけた。「この主張が原理的に反動的というのは正しくない。その行き着く結論は、交通時代の来るべき集約化は全地球を天球的形状の単一の国家規模に収縮するに違いないのであり、そうすれば我々は回り道をしてすべての純粋社会主義に内在するに違いないものと同じ要求に至る」。欧州をアウタルキー可能な革命圏へと変えることができる唯一の強国はドイツであり、ドイツ革命から汎欧州革命へと「新しいモデルを発見し描く諸民族の独創性」が発揮されるならば、社会主義の欧州国家から地球人類の単一国家へと人類史の新段階を開くことができる、という未来展望である（Ebd., S.26ff.）。

以上のようなトゥレルの議論については、やや常軌を逸した「混乱した頭脳」という印象がユンクには強かった、という。しかし、それは自分も同じで、横断的に考えるオリジナルな思考態度に惹かれて議論を繰り返し、とりわけ社会の動きを物理学と結びつけて理解する学際的な思考はトゥレルの影響だった、とのちにユンクは回想している(5)。

他方で、トゥレルの高度技術化の未来展望に対しては、「君は二一世紀の初めにではなく一九世紀の終わりにいる。「彼岸の征服」と「全能」をもって君は、ニーチェとマルクスの権力要求を継承している。これは基本的に時代遅れのコンセプトだ。人間の全能というコンセプトは一面では冒瀆であり、他面ではどう見ても不可能だ」と応じていたという（S.15）。電撃戦の現場を見据えていたユンクにとって、「全能」（科学的創造力）は未来を新しく発展的に創造する代わりに破壊する誤りをも必然的に犯しうることは、あまりにも自明であった。しかし、トゥレルは「技術的全能が切り裂く結果は不明」で「いかなる問題も包括的な知識と精神的能力によって最終的に解決される」という立場であり、「この点で彼は一九／二〇世紀の極端な力のイデオロギーを代表していた。全能と権力、こうした目標はもはや望みなきガラクタと私は考える。もはや我々は自然に対して全能の要求をもって立ち向かうことはできない」とは一九九〇年のユンクの回顧である。(6)

第4章　危機の中の学的営為

——一九四二年秋〜一九四四年夏——

はじめに

第1章で見たように、すでに一九三九年七月にユンクはチューリヒで、禁止された「稼得労動」の違反で罰金と国外退去の処分を受けていた。罰金は支払い、国外退去は開戦で執行されず、滞在許可に代わって最初は一ヵ月余りの期限で「寛容許可」が発行された。その後は四ヵ月、そして五ヵ月の期限で延長が承認された。そのつど当局は「稼得労動」の禁止を確認しつつ、疑惑を強めて規制を強化していった。それにもかかわらず、ユンクは一九四一年六月の独ソ戦開始以来、論説活動に集中した。すでに一九四〇年三月に方向性を見定めていた、博士論文（以下、博論）の作成作業は後回しにされた。

親友ゴールドシュミットは、論説活動は危険であり、博論作業に集中するよう繰り返し助言していたと推察される。また、ユンクは匿名のF・L論説でかなりの収入を得、親友への経済的依存からは自由になっていたはずである。そうした状況のなか、自伝によればユンクは、先にも触れたように一九四二年の初夏、ラビのタウベ一家を通してポーランド・ユダヤ人の地下組織から、ユダヤ人大量移送・殺害情報を目撃者の証言付きで得る。この情報の正しさを確信し、ベルンの英米仏の記者に持ち込み、これを公表するよう働きかけたが、誇大宣伝として取り上げられなかった。そのため、親友に相談することなく、「この孤立無援の無力の瞬間に、公開の犠牲を実行して注目を引き、これによって沈黙を突破できるのでは」と、生涯にただ一度自殺を考えた、という。しかし、母ゼリのことや生への執着があり、実行できずに終わった。この件を半世紀後、「私が、その後、多くの人々を唖然とさせるエネルギーと持久力をもって、もう一つの大量殺害に、原子力破局の脅威に立ち向かったとすれば、それは一種の代償行為であった。その原動力は、一九四二年に拒んでしまった、取り消しできない罪の感情から来ていた」と回顧している (Jungk, 1993, S.175)。

それはともかく、この当時、すでにスイスのいくつかの新聞は、ヒトラーのユダヤ人絶滅政策と一〇〇万人規模のユダヤ人殺害を報じていた[1]。第3章で見たように、一九四二年六月のハイドリヒ暗殺後、ナチドイツは欧州全域のユダヤ人の東方移送を組織的かつ大規模に進めた。各地のユダヤ人難民は、もはやスペイン経由で海外に向かうかスイスに逃れるしかなく、スイスへの不法入国者は一九四二年四月の五五人から七月には二四三人に増加した。これに対して、連邦司法警察省警察局長ロートムントは八月四日付の大統領令を起草し、これに基づき八月一三日付で軍民当局宛の警察局通達を出し、「人種的理由に基づく難民、すなわちユダヤ人難民は政治難民とは認めない」とし、その越境禁止・国境封鎖の措置は一層強化された[2]。

ただし、この通達に反対する声や地域住民の越境者追い出しに対する抵抗も強く、国境封鎖の強度は世論の動向に左右された。一九四二年九月～一二月の四ヵ月間の統計は、受け入れ七三七二人、追い出し一二六四人であり、これに対して一九四三年一月～八月の八ヵ月間のそれは四八三三人と二二四三人であった。世論動向に応じて、むしろ一九四三年に入って国境封鎖の規制は一層強まる。枢軸国軍のスイス侵攻の危険をスイス国民が最も強く意識した時期は、一九四〇年五月と一九四三年三月だった[3]。ドイツ軍の勝利の画期と敗北の画期であり、この敗北の画期にドイツ軍侵攻への危機感が最も高まり、言論統制も強められた。

この時期、一九四二年一〇月の母ゼリ救出から一九四三年二月のドゥーカス通信社の捜査、そして三月三日付の国外退去処分から六月七日の逮捕と収監・収容という、苦難の中でユンクの博論作業が継続され、一九四四年夏の試問で合格する。そこに至る過程は、当局側の史料と第1章で見たゴールドシュミットとの書簡の継続部分で、克明に追跡することができる。それゆえ、本章では、まず一九四二年一〇月の母ゼリの救出と収容を（第1節）、ついで息子ユンクの処分・逮捕・収監・収容の日々を（第2節）、そして一九四三年末にいわば保護観察処分に移り、下宿生活で自由を回復して博論を仕上げていく日々を（第3節）、順次見ていく。これを通して、苛酷な境遇にもかかわらずユンクは、なにゆえに博士論文を仕上げることができたのか、その要因が浮き彫りになるはずである。

1　母ゼリの救出と収容

この時期、ユンクの最大の問題は、フランスのギュルス収容所[4]に収容され強制移送目前の母ゼリを救出することにあった。すでに見たように、チューリヒの劇場に勤めるロイエンベルガーが脱出の手引きを行った。[5]彼女は九月末にギュルスに着き、スイス赤十字の代表を名乗ってゼリに面会した。収容者の運命を熟知する収容所の責任者は、むしろ脱出に寛大で、収容所から外に出ての散歩も許されていた。ゼリも脱出の準備はできており、散歩の振りをして外に出、車で待つロイエンベルガーと落ち合った（Jungk, 1993, S.177）。

その後に困難が待ち受ける。スイス国境のエヴィアンまで、ゼリは目につかないように車の座席の間の床にうずくまって過ごした。エヴィアンに着いたとき、ロイエンベルガーは雇い入れていた「渡し守 passuer」から、対岸のスイスへの密航はできない、と約束を破棄された。スイスの役所から厳罰の通達が出されたからであった。対岸のジュネーブでユンクは、ロイエンベルガーと約束していた喫茶店で連絡を待っていた。何時間も待った後にロイエンベルガーが現れ、上記の事情を説明した。そのため、別の「渡し守」と交渉したが、まとまらず、ともかくゼリを一人にしておけないため、同じ事情にある数人の難民を一緒にして、スイス国境のブヴェールから遠くないノーヴェルの納屋の中に隠した（Jungk, 1993, S.178f）。

この状況で、唯一の可能性はジュネーブで支援者を得ることにあった。ユンクは三人の支援者のアドレスを持っていた。二人からは、すぐに断られた。駅裏に事務所を持つ三人目の支援者を訪れるが、処罰が厳しくなり自分の身が危ないと彼にも断られた。打ちのめされ事務所を出るとき、窓に書かれた彼の電話番号が、都市番号の二桁以外はロイエンベルガーの番号と完全に重なっていることに気づいた。そこで事務所に戻り、彼にチューリヒの電話帳を頼み、ロイエンベルガーが担当する舞台販売部の彼女の名前を示して「この番号を見てください」とせがむと、番号に見入った彼の顔には驚きの表情が浮かんだ。そこでユンクは言った。「この電話番号のご婦人は、仕事の半分を済ませました。これは、しかし運命の明白な暗示です。今、あなたが残りの半分をしなければならないのです」（Ebd., S.179）。すると、難民支援者同士の電話番号の一致というこの偶然の運命に折れて、「渡し守」は先払いの謝礼でフランス側と協力して実行することを引き受けてくれた。

そこでユンクは、ゼリたちをどこで引き取るか神経をすり減らして、「渡し守」からの連絡を国境の町ブヴェールで待った。それは何日も続き、幾度も国境の森へと出かけて、国境を越えながら追い返される難民を目撃する日々だった。国境から「三キロメートルまで」アジールは該当しないと当局が定めていたからである。(6) それを知らない難民たちは、容易に発見され追い返された（Ebd., S.180）。

ようやく「渡し守」から、森に来るようにと興奮した連絡が入った。夕闇が迫るころ森に入り、指定された場所に向かうと、子どものころから聞きなれた歌の一節が聞こえてきた。母ゼリの声だった。渡し守はすでに去り、ユンクがこの数人のグループを引率し、森を出てローヌ川を越えなければならなかった。その周辺は、すでに何回も自転車で下見をしていた。数時間森の中を歩き、早朝三時にローヌ川を渡る橋の近くまで来た。しかし、この時間でも橋は兵士の監視下にあった。朝まで待ち、兵士の良心に訴えて見逃してもらう以外に手立てはないと一行に説明し、ひと眠りした。目が覚めたときにはすでに明るく、覚悟を決めて立ち上がると、橋の上に兵士は見られなかった、遠くから村の教会の鐘の音が聞こえてきた。日曜礼拝に出かけて、兵士たちはいなくなっていたのである(Ebd., S.180ff.)。

以上が、明白な記憶にあるという、ユンクの母ゼリ救出物語である。すべてが事実か否か、確認はできないが、国境監視をかいくぐってのスイス入国が、もはや完全に例外的な運命のいたずらに依存していたことは疑いないであろう。ともかく、汽車でチューリヒに無事たどり着いたゼリは、息子の住居に一泊してすぐに警察署に出頭した。

一九四二年一〇月一二日一六時付のチューリヒ州警察本部・刑事警察の「ゼリ・バウム(出生姓ブラーヴォ)、プラハ居住権、一八八五年六月一日ハンブルク生まれ、……通信社「世界通信」編集者、マックス・バウムの寡婦、南フランスのギュルス・キャンプに収容、チューリヒ七区フォルシュタシュタイク一四番居住」に関する、「スイス不法入国」聴取記録(Selly, 1)が残されている(図4-1)。そこで、ゼリは自分の経歴とともに通信社の活動と性格をも述べている。[7]

すなわち、第一に、プラハの通信社「今日の話題」は、チェコスロヴァキア外務省とべ

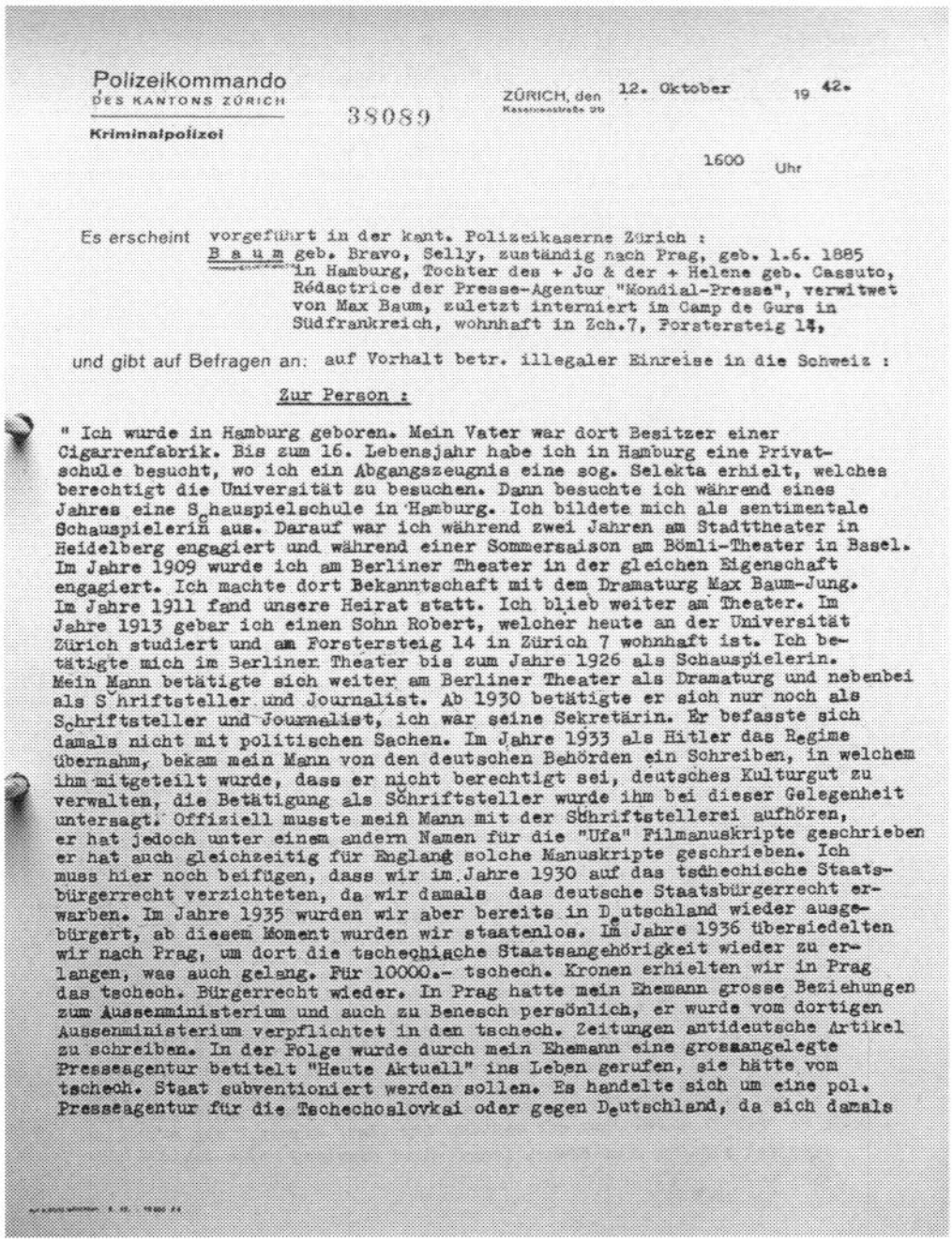

Polizeikommando
DES KANTONS ZÜRICH
Kriminalpolizei

38089

ZÜRICH, den 12. Oktober 1942.

1600 Uhr

Es erscheint vorgeführt in der kant. Polizeikaserne Zürich :
B a u m geb. Bravo, Selly, zuständig nach Prag, geb. 1.6. 1885 in Hamburg, Tochter des + Jo & der + Helene geb. Cassuto, Rédactrice der Presse-Agentur "Mondial-Presse", verwitwet von Max Baum, zuletzt interniert im Camp de Gurs in Südfrankreich, wohnhaft in Zch.7, Forstersteig 14,

und gibt auf Befragen an: auf Vorhalt betr. illegaler Einreise in die Schweiz :

Zur Person :

" Ich wurde in Hamburg geboren. Mein Vater war dort Besitzer einer Cigarrenfabrik. Bis zum 16. Lebensjahr habe ich in Hamburg eine Privatschule besucht, wo ich ein Abgangszeugnis eine sog. Selekta erhielt, welches berechtigt die Universität zu besuchen. Dann besuchte ich während eines Jahres eine Schauspielschule in Hamburg. Ich bildete mich als sentimentale Schauspielerin aus. Darauf war ich während zwei Jahren am Stadttheater in Heidelberg engagiert und während einer Sommersaison am Bömli-Theater in Basel. Im Jahre 1909 wurde ich am Berliner Theater in der gleichen Eigenschaft engagiert. Ich machte dort Bekanntschaft mit dem Dramaturg Max Baum-Jung. Im Jahre 1911 fand unsere Heirat statt. Ich blieb weiter am Theater. Im Jahre 1913 gebar ich einen Sohn Robert, welcher heute an der Universität Zürich studiert und am Forstersteig 14 in Zürich 7 wohnhaft ist. Ich betätigte mich im Berliner Theater bis zum Jahre 1926 als Schauspielerin. Mein Mann betätigte sich weiter am Berliner Theater als Dramaturg und nebenbei als Schriftsteller und Journalist. Ab 1930 betätigte er sich nur noch als Schriftsteller und Journalist, ich war seine Sekretärin. Er befasste sich damals nicht mit politischen Sachen. Im Jahre 1933 als Hitler das Regime übernahm, bekam mein Mann von den deutschen Behörden ein Schreiben, in welchem ihm mitgeteilt wurde, dass er nicht berechtigt sei, deutsches Kulturgut zu verwalten, die Betätigung als Schriftsteller wurde ihm bei dieser Gelegenheit untersagt. Offiziell musste mein Mann mit der Schriftstellerei aufhören, er hat jedoch unter einem andern Namen für die "Ufa" Filmanuskripte geschrieben er hat auch gleichzeitig für England solche Manuskripte geschrieben. Ich muss hier noch beifügen, dass wir im Jahre 1930 auf das tschechische Staatsbürgerrecht verzichteten, da wir damals das deutsche Staatsbürgerrecht erwarben. Im Jahre 1935 wurden wir aber bereits in Deutschland wieder ausgebürgert, ab diesem Moment wurden wir staatenlos. Im Jahre 1936 übersiedelten wir nach Prag, um dort die tschechische Staatsangehörigkeit wieder zu erlangen, was auch gelang. Für 10000.- tschech. Kronen erhielten wir in Prag das tschech. Bürgerrecht wieder. In Prag hatte mein Ehemann grosse Beziehungen zum Aussenministerium und auch zu Benesch persönlich, er wurde vom dortigen Aussenministerium verpflichtet in den tschech. Zeitungen antideutsche Artikel zu schreiben. In der Folge wurde durch mein Ehemann eine grossangelegte Presseagentur betitelt "Heute Aktuell" ins Leben gerufen, sie hätte vom tschech. Staat subventioniert werden sollen. Es handelte sich um eine pol. Presseagentur für die Tschechoslovkai oder gegen Deutschland, da sich damals

図 4-1　母ゼリ・バウムの聴取記録

ネシュ大統領の後押しを受けた「親チェコ・反ドイツの政治的通信社」である。第二に、夫マックスの死後は、妻ゼリがこの通信社を引き継いだ。第三に、ミュンヘン協定後、宣伝省大臣ヴァヴレチュカの援助でゼリは一九三八年一〇月二四日にパリへ飛び、そこで「世界通信」に名称を変更し、「反ドイツ的精神の親チェコスロヴァキアおよび親フランスの新聞論説」を配信し続けた。第四に、開戦後はフランスの検閲局からも支援と助成を受けた。第五に、フランス軍の敗北後は政府メンバーと共に南に逃れ、一九四〇年八月一日にヴィシーで情報省の許可を得て「世界通信」を継続し、英国の「エアメール通信」、スウェーデンのL・ポピオスを支社とし、スイスでもL・ドゥーカスを代理店としている。第六に、一九四一年五月に彼女と同僚のハンス・シュタイニッツ博士（一九一二〜九三）[8]は拘束され、ギュルス収容所に入れられたが、「世界通信」はフランス人の保証人により継続される。シュタイニッツは一九四二年四月に別の収容所に移され、彼女は三週間前までギュルスに収容されていた。第七に、収容所の管理者から逃亡を促され、クウェーカー組織の手引きで収容所を出、途中で同じく収容所を出たシュタイニッツや知人のフランツ・ファイン（一八九六〜一九四七）[9]と出会って一緒になり、エヴィアンからノーヴェルに向かい、そこから山越えしてスイスに入り、汽車でファインと共にチューリヒに着き、その翌日ファインと共に出頭した、と。

以上の陳述に加えて、警察との応答が記録されている。

「この不法なスイス入国は、禁止された国境侵犯の罪になること、知っているか」「そのことは知っています。弁解として申し述べることができるのは、ドイツの官庁に引き渡された後には、政治宣伝のために確実に射殺される、生命の危険に脅かされていたことです」。

「いかなる証明書を所持しているのか」「私のチェコの旅券は、まだギュルスにあります。私が持っているのは忠誠証明書とジャーナリスト国際カードのみです」（ここでの「忠誠証明書」とは、パリのチェコ大使館が発行した、三人の著名なフランス人およびチェコ人の保証人による、チェコとフランスへの忠誠の証明）。

「どんな資金を持っているか」「約三四五〇フランのフランスの現金を持っています［貨幣価値は平均的な月給が一五〇〇〜一七〇〇フラン］。当地チューリヒの私の代理業者から月額五〇〇フランを得られます［貨幣価値は本書二五八頁。フランス・フランの一〇倍程度］。このお金は、これまで当地に住む息子に支払われています。イギリスから月額六〇〇フランが得られます。スイスに預金は持っていません」。

「前歴はあるか」「ありません」。

この事情聴取に関する当局側の文書は、同日一八時付の「禁止の国境越え」を見出しとし、以下のようにまとめられている。「バウムは政治難民かつ人種難民である。彼女はヴィシーで通信社「世界通信」を所有していた。最後は南フランスのギュルスで収容所に入っていた。彼女の報告によれば、この収容所から移送されることになっていた。約三週間前に彼女はこの収容所から逃げ出し、マルセイユ、リヨンからエヴィアン、そして一九四二年一〇月九／一〇日にエヴィアンからノーヴェルを通ってローネタールへと不法にスイスに入った。彼女はジャーナリストのファインと一緒だった。ザンクト・マリウスからこの二人の難民は鉄道でブリッグを通ってベルン、そしてチューリヒに着き、本日、二人は自由意思で出頭した」(Selly, 2)。

ゼリの陳述にとって最も重要なことは、「不法」入国の支援者（ロイエンベルガーや息子など）を伏せることであった。そして、政治難民としての余儀なきスイス入国であり、しかも十分な生活資金を所持しており、罰金で国境侵犯をあがなうとともに、経済的に問題なく滞在できることを示すことにあった。したがって、「今日の話題」から「世界通信」へ、第一から第六までの説明は一貫している。それらは、各所在地の政府と結びついた反ドイツ・ジャーナリズムであり、その担い手は彼女自身であった。そこでは、息子ユンクの役割は完全に隠されている。もちろん、実態は息子が中心になっていた。しかし、形式的には両親が始めた事業であり、ゼリの説明が半ばの事実を示す、と見てよいであろう。前述のように両親、特に父マックスは世紀転換期、ハプスブルク帝国の主要都市で舞台に立ち、文芸欄担当のジャーナリストと広い交友関係をもっていた。これまでに見た息子ロベルトの亡命遍歴からも、そのネットワークの広がりは明らかであり、それが配信網の形成につながった、と見てよいからである。母ゼリも、バーゼルで舞台に立った経歴をもっていた。これに対して、第七の脱出物語は、息子と共に準備された創作であり、先に見た自伝の説明が、事実に近いと見てよいであろう。

翌日の一〇月一三日付の調書（Selly, 3）では、前日の陳述の訂正がなされている。すなわち、「世界通信」代表としての仕事は各新聞社への記事の割り振りであり、「私は論説を書いたことはなく」、本来の意味のジャーナリスト活動はしていないと。また、「わが通信社の傾向は親民主的であったし今もそうです。昨日、私は反ドイツ的傾向と述べましたが、この陳述はその限りで訂正しなければなりません」。そして最後に、連邦警察局長ロートムントと彼女は面識があることを伝え[10]、あわせて弁護士との面談を求めた。

翌日一〇月一四日付の調書（Selly, 4）は、息子ユンクとロイエンベルガー、それにドゥーカスが手を貸した、という当局の見立てに対する応答の記録である。第一に、強制移送の危険に対し、「私の息子はフランスを去るよう求めなかった。彼が求めたのは、収容所を出て危険を避けること」だった。第二に、元気づけのため一人の婦人を送ると息子は書いてきたが、「チューリヒに来て初めて私は、この女性がロイエンベルガーさんであることを知った」。彼女がギュルスに来たときには、「私はすでに逃げていた」。彼女と会ったのは偶然で、息子およびドゥーカス夫人と一緒にレストランで食事をしている時のことだった。第三に、ドゥーカス夫人は仕事上の代理人であり、「私をスイスに連れ込むことに、何らかかわりはない」と。

その後のゼリの処遇については、のちの一九四四年五月にブリサーゴ収容所で記した、収容生活からの放免を訴えるゼリの長文の申し立て（Selly, 10）から知ることができる。三日間のチューリヒ州警察留置場での留置の後、仮収容施設で二ヵ月を送った。しかし、持病の神経症が悪化し、州の病院に送られて自費での診察を受ける。診断の結果は、収容生活は困難であり、最終的放免に至るまでの療養生活が提案され、さらにこの医師から紹介されたチューリヒの精神科医の診断を受け、チューリヒで療養生活に入った。しかし、このチューリヒ生活は長くは続かなかった。

その事情は、一九四三年三月二二日付のチューリヒ州警察課外国人警察から連邦司法警察省警察局に宛てられた文書(Selly, 5)からうかがうことができる。すなわち、「難民ゼリ・バウムは一九四三年二月二日以降、我々の同意を得ることなく健康上の理由で、第四軍団管区監督局難民事務所によってチューリヒ七区フォルシュターシュタイク一四番のグスタファ・ライヒシュタインのところに仮釈放されている」。だが、「通信社「世界通信」の所有者であることが問題である。一九四三年三月三日に彼女の息子、亡命者ロベルト・バウムに対して、「世界通信」に関わる無許可の稼得労動の繰り返しのために国外退去処分が出されている。書類から見て今や、息子と同じ住所に居住するバウム夫人は、彼女の仮釈放を「世界通信」の業務遂行に利用しているという嫌疑を持つに至った」。

この嫌疑から、チューリヒ州外国人警察は幾度も難民事務所にゼリへの措置を要求し、ようやく一九四三年三月八日付でザンクトガレン州病院への入院命令が出された。しかし、ゼリはチューリヒの著名な精神科医W・モースの診断書を「自殺の脅し」で確保する。そのため、この診断書を根拠に再度、難民事務所は仮釈放の延期処置をとった。「我々は同事務所がこの仮釈放を許可する権限を持たないことを指摘したが、これも無視された」。それゆえ、「なお軍の監督下にあり、その個人的な宿泊に同意していないゼリ・バウム夫人を、直ちにチューリヒから遠ざける措置を取るよう貴職に求める」。

さらに、三月二五日付の同追加文書は、ゼリの精神状態が良くないなら精神病院に入れるべきであり、いずれにせよ「これ以上私人宅に置くことは、政治的な理由から許されない」とした。この文書は同時に、息子ユンクの国外退去処分は履行不可のために収容を提案するとし、重ねて「世界通信」について、スイスの代表ドゥーカス夫人は表に出ているだけで、「彼女の背後でバウム夫人とその息子が動いていることは明白である」とした(Selly, 6)。まさしく、ヒトラーのスイス侵攻の危険が強く意識されていた時期のことであり、『世界通信』に対する当局の目は厳しく、ゼリは一九四三年四月六日にブリサーゴ収容所に送られた(Selly, 8)[11]。ゼリのライヒシュタイン館での仮釈放滞在は、一九四三年二月二日から四月初旬までの二ヵ月間で終わった。息子ロベルトにも六月七日に収容の処分が執行される。

2　ユンクの国外退去処分と収容

自伝でユンクは、論説活動の発覚に至る経緯を、大要、以下のように記している。家宅捜査を恐れユンクは、同僚のフランソワ・ボンディ（一九一五〜二〇〇三）[12]の父スカルピ（一八八八〜一九八〇）宅に、自分の論説原稿などを入れたカバンを預けた[13]。ある日、スカルピから彼の街区に家宅捜査が入るとの電話があり、急いで彼の家に向かい、カバンを持って夜の街路からチューリヒ湖に向かった。しかし、カバンの処理に窮してチューリヒ湖に投じ、沈んでいくのを確認し、安堵して帰宅した。翌朝、再びスカルピから電話があり、湖に出かけると、ボートに乗った警官たちが水にぬれた文書をかき集めていた。水にぬれて文字はかすれ、ユンクに結びつくことはないと安心していたが、二、三週間後に警官がドゥーカスの事務所に現れ、ユンクの論説提供を白状するよう迫った。ユンク自身も、これを否定せず、かなりの罰金を支払い、労働禁止に違反しないよう再度の警告を受け、これで終わったと考えていた、と（Jungk, 1993, S.183f.）。

この記述によれば、ユンクは一九四三年一月下旬にチューリヒ湖に原稿などを投じたことになる。その事実を確認することはできないが、ザンクトガレン刑務所に収容されるに至る経緯は、一九四三年五月から同年一一月まで当局とユンクとの間で交わされた、以下の文書から克明にたどることができる（巻末の史料欄のロベルト・バウム関係文書と史料番号は対応）。

1 五月二四日連邦警察局長からチューリヒ州警察課宛
2 同上連邦警察局長ロートムント文書「処分」
3 六月八日ミンコフスキー教授のバウム神経症の診断書
4 六月八日チューリヒ州警察留置所でのロベルト・バウム手書き身上書
5 六月九日ザンクトガレン刑務所からベルンの警察局宛
6 六月九／一〇日エーベルトからフリフル宛（オプレトに関するメモ）
7 六月二一日ハンス・ナープホルツ教授の連邦警察局長ロートムント宛
8 六月二五日バウムの連邦司法警察省警察局ロートムント宛
9 六月二六日ザンクトガレン刑務所管理部から連邦警察局長ロートムント宛
10 七月六日連邦警察局長ロートムントからハンス・ナープホルツ教授宛
11 七月七日弁護士C・I・タルシッシュから連邦司法警察省宛（五月二四日警察局処分に対するバウムの抗告）
12 七月一三日連邦警察局長（デラキ博士署名）からザンクトガレン刑務所管理部宛
13 七月一三日博士候補生バウムから連邦司法警察省外国人警察局（収容者）宛
14 七月二三日警察局から弁護士タルシッシュおよび抗告部宛
15 八月七日連邦警察局長ロートムントから抗告部宛
16 八月二六日博士候補生バウムから連邦司法警察省の収容者担当宛
17 九月七日連邦警察局長（ヴィーザー署名）からザンクトガレン刑務所管理部宛
18 九月一一日ザンクトガレン刑務所から連邦警察局宛
19 一一月九日医学博士タウバーの証明書
20 一一月一六日ベルンの十字騎士奉仕・難民支部から連邦警察局長H・v・デラキ宛

21　一一月二二日参事会議事録・一一月一一日会議議事録（バウムの抗告について）

全体の経緯を、当局サイドから見ていくと、ほぼ以下のような経過である。

ユンクの論説活動・労働禁止違反の決定的な証拠とされたのは、一九四三年二月一六日ドゥーカスの以下の証言である。すなわち、「正しくは、バウムはときどき私の事務所で働いていた。その主な仕事は、私の協力者たちの論説や原稿を点検してもらったことです。さらに、それらの論説の修正を彼は行いました。また、ロベルト・バウムからの論説を、新聞に送ったこともあります」（文書15）。

この証言を得て確信を持ち、チューリヒ警察課は三月三日付の「無許可の稼得労動」でユンクに国外退去処分を下す。ユンクはこれに対して、三月一九日付で弁護士タルシッシュを代理人とし、チューリヒ州参事会に「国外退去の破棄」を求める抗告を行った。「狭義の意味での無許可の稼得労動という非難を否認」し、自分の滞在目的は研究の継続にあり、その研究は一九四三年夏に学位試験を受けられるほど進んでおり、「かつての恋人の誣告による」退去処分は不当だ、と（文書21）。ユンクはこの時点では、チューリヒで知り合った恋人を疑い、その裏切りによる逮捕と考えていた。

このため、先に見たように三月二五日付の文書でチューリヒ州警察外国人課は、国外退去措置の履行は不可として、収容を上申した（Selly, 6）。これを受けて、連邦警察局は五月二四日、ユンクの四月一五日切れ寛容許可の延長を認めず、チューリヒ州警察課と同参事会に、「ロベルト・バウムの収容」を通知した。その内容は、ザンクトガレン刑務所に送ること、移送の日付を知らせること、移送の前に詳細な履歴を本人に書かせること、寛容許可の証明書を取り上げ、一〇〇フラン以上の高額紙幣は連邦郵便局の通帳に振り込ませること、である（文書2）。かくて、六月七日にユンクは逮捕され、チューリヒ州警察に留置され、六月八日付で身上書を書かされる。[14]

身上書（文書4）の大要は、以下のとおりである。一九三三年二月二八日の国会炎上の翌日、「国民ドイツ派学生グループの一員」として拘束された。友人の計らいで釈放され、三月四日には国境を越え、「父の故郷のチェコスロヴァキアとオーストリア、そしてスイスを越えて」、五月にパリに着いた。一九三五年スペインでの記録映画撮影後、胃炎の悪化でチェコスロヴァキアでの療養を求めてプラハに移り、一九三七年には数週間テッシン（州のアスコナ）のサナトリウムで療養した。プラハで母と共に通信社を設立したが、第一次ズデーテン危機（一九三八年五月）で危険になり、スイスに移り、長期滞在を予定してチューリヒ大学で学んだ。一九三九年冬には通信社の仕事でパリとロンドンに滞在したが、五月には学業のためチューリヒに戻った、と。

このように、左翼との結びつきや反ナチ抵抗はすべてカットし、もっぱら「父の故郷」チェコスロヴァキアとの結びつきを強調して身上説明がなされ、同日の内にユンクはザンクトガレン刑務所に送られた（文書5）。これに対して、著名な出版業者エミール・オプレヒト（一八九五〜一九五二）[15]が直ちに、連邦警察局長ロートムントに「ユンク・バウムの件」で釈放を訴えた（文書6）。この時期、親友ゴールドシュミットは収容中と推定され、おそらく他の学生仲間や同僚ボンディが直ちに行動を起こし、この訴えが出されたと推測される。

さらに、六月二一日付でチューリヒ大学の指導教授ハンス・ナープホルツ[16]が、警察局長ロートムントに収容の緩和を求める手紙を出す（文書7）。そこでは、以下のように記される。「歴史学の博士候補生ロベルト・バウム氏は、私の知らない理由でザンクトガレン刑務所に収容されています。バウム氏は私の指導下で、一九世紀の二〇年代におけるスイスの出版の自由をめぐる闘いに関して学位論文を作成しています。このため連邦文書館や州図書館・文書館などで本格的な研究を行い、興味深い史料を多数集めています。文書館作業はいつもそうですが、大変、時間を要します。ですから、この作業はバウム氏が期待していたほどには、一挙には進みませんでした。加えて彼は、今年の二月一三日、史料の作業を行ったジュネーブとベルンからの帰途、鉄道列車の中で彼のノートの大部分が入ったカバンを盗まれるという災難にあいました。そのため、史料収集の作業を、一部は新たに始めなければなりませんでした」。

そして、最初の一〇九頁分が六月一日に提出され、その部分は「非常に優れた興味深いもの」であり、「セミナーで私の知るバウム氏は知的で勤勉、つつしみ深い青年」であるとし、以下のように結ぶ。「彼にとり、この措置は二重に苛酷です。なぜなら、彼は学術研究を、そうでなくても大きな犠牲と不自由の下で行っているからです。毎日、数時間でも研究を行って口頭試問の準備ができるよう、彼の収容を緩和していただくことはできないでしょうか。身体的にはむしろ弱い方で、精神的にはその厳しい運命のため、そうでなくても不安定な青年が、いま強いられているような生活では完全に壊れてしまう、と私は恐れるのです」。

最後に「追伸」として、「バウム氏はジャーナリスト学のカール・ヴェーバー教授[17]の授業にも出ています。同教授も、バウム氏の人物についてお知らせする用意があるでしょう」と付記される。ユンク自伝は、「出版業者エーミール・オプレヒトと二人の教授の介入」で最悪の事態を回避できた（Ebd., S.185）としている。したがって、史料としては見当たらないが、ヴェーバーの嘆願書も出されたと推定される。

ともかく、ユンクは緊急事態を友人たちに知らせ、その友人たちが刑務所入りのユンクの世話をしつつ、ユンクの要望を聞いて教授たちに連絡を取り、労役免除の嘆願書が出されたと推測される。このナープホルツ教授の手紙の三日後、六月二五日付で刑務所のユンクから司法警察省宛の申し立て文書（図4-2）が出されているからであ

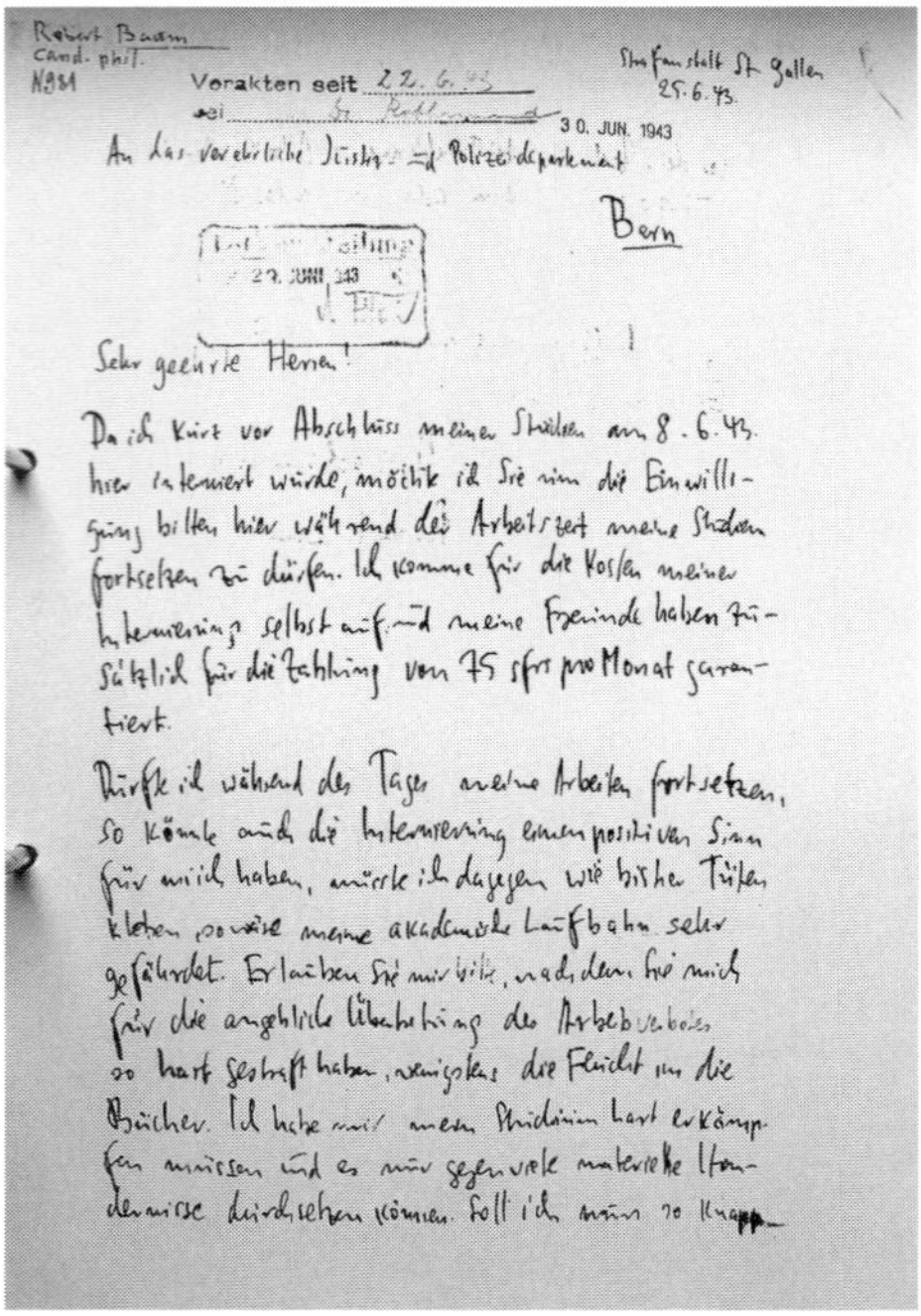

Robert Baum
cand. phil.
N 981

Strafanstalt St. Gallen
25.6.43.

Vorakten seit 22.6.43

30. JUN. 1943

An das verehrliche Justiz- und Polizeidepartement

Bern

27. JUNI 1943

Sehr geehrte Herren!

Da ich kurz vor Abschluss meiner Studien am 8.6.43. hier interniert wurde, möchte ich Sie um die Einwilligung bitten hier während der Arbeitszeit meine Studien fortsetzen zu dürfen. Ich komme für die Kosten meiner Internierung selbst auf und meine Freunde haben zusätzlich für die Zahlung von 75 sfrs pro Monat garantiert.

Dürfte ich während des Tages meine Arbeiten fortsetzen, so könnte auch die Internierung einen positiven Sinn für mich haben, müsste ich dagegen wie bisher Tüten kleben, so wäre meine akademische Laufbahn sehr gefährdet. Erlauben Sie mir bitte, nachdem Sie mich für die angebliche Übertretung des Arbeitsverbotes so hart gestraft haben, wenigstens die Flucht in die Bücher. Ich habe mir mein Studium hart erkämpfen müssen und es nur gegen viele materielle Hindernisse durchsetzen können. Soll ich nun so knapp

図 4-2　ロベルト・ユンク（バウム）の上申書

る。「私は研究を終える直前、一九四三年六月八日にこの刑務所に収容されました。そのため、この刑務所での労働時間の間、私の研究を継続する許可を申し出ます」（文書8）。すなわち、刑務所費用の月額七五フランを支払うから、その費用に充てられる昼間の労働を免除してほしい。この費用の支払いは友人が保証する。刑務所の袋張り労働を続けるなら、アカデミック・キャリアが不可能になる。完成が目前の学位論文を、「精神的作業を行う人間にとって特別に耐えがたい労働」のために無駄にしなければならないのか、という訴えであった。

このユンクの申し立てに対して刑務所管理部は、すでにユンクの友人が費用の支払い（一日二フラン）を約束しているから、ユンクの要求に反対はしない、と連邦司法警察省警察局長デラキ（一八七八〜一九五一）[18]に伝える。ただし、「この研究を理由に、後になって休暇や訪問旅行を要求しても承認はできない」とした（文書9）。

こうした申し立てに対して、まずナープホルツ教授への返答が、連邦警察局長ロートムントから七月六日付で出されている。ユンクと母ゼリは「いかがわしい通信社「世界通信」の所有者」であり、そこからかなりの報酬を得ており、「大きな犠牲と不自由の中で彼が研究を進めている、ということには同意できません」。以前の最初の違反に対しては譲歩し、研究の継続を許可したのに、「裏切られました」。いつまでも刑務所にというわけではなく、態度が良ければもっと寛大な施設に移すが、いずれにせよ「研究休暇は当分の間除外される」とした（文書10）。

また七月七日付でユンクの弁護士タルシッシュから、五月二四日付の警察局処分に対する抗告書が司法警察省に提出された。箇条書き文書であり、要点は次のごとくである。第一に、三月三日付のチューリヒ州警察課による国外退去処分に関する三月一九日付のチューリヒ州参事会へのユンクの抗告はまだ決裁されていない。第二に、この抗告と同様に五月二四日付の処分の理由も「無許可のジャーナリスト活動」にあり、もちろん外国人はスイスの法律や規則に従うべきであるが、その違反の証明にはかなりの無理があり、また当該措置の重さ（刑務所送り）は「非難された事実とは見合わない」。第三に、ナープホルツ教授による「この人物とその仕事に関する評価は非常に高い」。他の二人の歴史学教授マイアーとレオンハルト・フォン・ムラールト（一九〇〇〜七〇、近世史の専門）も、高く評価している。第四に、収容は法的な妥当性を欠く。それゆえ、代理人の暫定的な提案は、「異議申し立てをした国外退去処分の確定決済がなされるまで、収容所から釈放する。抗告者は公益を損なう法律違反者ではなく、収容の一時的な停止を憂慮する必要はない」(文書11)。

これらを受けて、七月一三日付の連邦警察局の措置が局長デラキの署名で刑務所管理部宛に次のように通知される。「バウムが挙げた条件の下で、バウムの友人が約束した月額七五フランの支払いに関して書面での保証が我々に提出されるならば、刑務所に滞在中、博士論文の継続を許可する用意がある」。ただし、研究のための休暇や旅行は認められない(文書12)。これに対して、ユンクはデラキ博士宛七月一四日付の手紙で、受刑者たちの中での紙張りではなく、再び学問作業を行うことが許されたこと、「このことの喜びがどんなに大きいか。こうした状況に至ったことのない方には、ほとんどわからないでしょう」と、「寛大で人道的な措置」への「最大の感謝」を伝えた(文書13)。

七月七日付の抗告に対しては、七月二三日付で抗告部から却下の見通しが伝えられる(文書14)。そして、抗告部宛八月七日付の連邦警察局長ロートムントの書簡で、却下の根拠となるユンクの労働禁止違反の経緯が詳細に記される。すなわち、一九三九年七月二五日にユンクは無許可の稼得労動のため二五フランの罰金を支払い、さらに一九四三年三月三日付でチューリヒ州警察課により国外退去処分が出されたが、まだ確定ではなく、五月一日付で連邦警察局はユンクの収容を決定した。この決定に対しユンクは、無許可の稼得労動はしていないから不当とするが、一九四三年二月一六日のドゥーカスの証言から違反は明確である。したがって、累犯であり、「外国人警察の規則を大幅に逸脱したから、彼の収容は正当である」(文書15)。これに基づき、収容延期の抗告は八月一三日付で抗告部により却下された(文書21)。

収容停止の見込みがなくなり、ユンクは八月二六日に司法警察省収容局宛に「収容施設の変更と図書館訪問休暇(研究のため)」を申し出た。すなわち、第一は、刑事犯罪者を収容する施設での心理的負担・不快感の訴えである。

第二は健康状態であり、一九四〇年からかかりつけのチューリヒ大学病院神経科M・ミンコフスキー（一八八四〜一九七二）教授の、「患者は長期の収容には耐えられない」（文書4）という診断書を添える。さらに、チューリヒ大学で慢性胃炎の診断を受けており、「この弱い胃が刑務所の食事で胃潰瘍になってしまう」という訴えである。そして第三に、研究の仕上げのために、もう一度図書館・文書館を訪問する必要があり、三週間の旅行休暇を、という要望であった（文書16）。

これに対して、連邦警察局から刑務所管理部宛に以下の通知が出される。すなわち、一九四三年九月一三日にライメンタール（ベルン州）の収容者ハイム「城砦」（以下、城砦収容所）にユンクを移す。ユンクは九月一一日にチューリヒに向かうことができるが、到着後ただちに州外国人警察の事務所に出頭し、二日後に城砦収容所に入所する。収容所では規則に従い、「学位作業に取り組めるのは自由時間のみ」である。史料調査のための旅行休暇は認められない、と。この通知は、チューリヒ州警察、同外国人警察、同労働収容所本部、城砦収容所に送付された（文書17）。

これに対して、九月一一日付の刑務所から連邦警察局宛の通知は、「貴職により拘束された」ユンクは、九月一〇日に「わが施設から出所」し、三日間の休暇後、チューリヒ労働収容所本部の指示でメーリン（アールガウ州）の労働収容所に入る、と報告する（文書18）。

この労働収容所に一ヵ月間収容された後に、ユンクは城砦収容所に移される。連邦警察局の決定とは異なる措置が、チューリヒ労働収容所本部によって取られているが、この間の事情は不明である。ともかく、この時期のユンクの状況は、一九四三年一〇月三一日付で城砦収容所のユンクが親友ペーター・ヴァイスに宛てた手紙からうかがうことができる。「この数ヵ月、かなりひどいことになっている。今ほど戦争が終わるのを望んだことはない」とし、以下の経緯を記している。

「六月七日に突然、住居から警察へと連行され、写真を撮られ、指紋を取られ、長広舌をふるわれた。罪状は禁止された稼得労働で、罰金七〇〇フラン、国外退去、そして……収容だ。まず刑務所に入った。僕は完全に気が違ったか、夢を見ているのかと思った。いったいどんな罪を犯したというのか。……そこには一〇人の収容者がいた。四人部屋で眠り、番号札を付け、四人食をとり、労働の際は一緒だった。一ヵ月の間、袋張りの作業だった。僕の前にいたのは妊婦を絞殺した殺人者で、彼は僕に厳しく当たり、うまく袋を張れないと……できそこない、とどなりつけた(19)」。

そして、刑務所から「外に」出され、小さな事務所で研究を許され、三ヵ月ぶりに子どもたちを目にした。それから一ヵ月の間労働作業場でスコップ仕事をし、その後に収容所に移された。そこは、一〇世紀以来の汚い朽ちた城砦で、八〇人が閉じ込められ、多くは高齢の病人で、そのうめき声や叫び声の喧騒の中にある「刑務所以下のパリア状態」だ。ただし、「ただ一つのプラスに、あらゆる辛酸をなめ、そのため病人となっているオランダ人、ロシア人、フランス人、ユダヤ人、エルザス人などあらゆる諸国の人々との出会いがある。この満ち足りたスイスで、こうした新しい一族をあまり知ることはなかったが、明日の世界がどのような住民で占められるのか、その一つの先触れを見ている(20)」。

この手紙をユンクは、二人でも狭い部屋に八人が押し込められ、わらとネズミと寒さの中にいるが、「この最後の試練を乗り越えなければならない」と結ぶ。実際には、収容者にも一定の自由時間が与えられ、ユンクは収容所を抜け出してこの手紙を田舎ホテルで書いていた。したがって、ヴァイスに自分の状況を整理して伝えるとともに、「パリア状態」を生き抜く決意を自分に向かって言葉にし、結びとしている。同じ「パリア状態」をユンクは、後に広島の被爆者たちの間に見ることになる。

国外退去処分に対するユンクの抗告は、一一月二二日付でチューリヒ州参事会によって却下された。「外国人にはホスト国の法律と規則を厳格に遵守することが求められる。当地でアジールを享受する亡命者は、このことが自明の礼儀として、また彼に示された信頼の尊重として、一層強く期待される」「ゲストの権利を濫用した者は、その権利を失う」と（文書21）。しかし、この国外退去処分は執行されなかった。却下直後の一一月一六日付の書簡で、十字騎士奉仕支援部（ベルン）が連邦警察局長デラキに宛て、神経症の治療のためユンクをタウバー博士の病院に送るよう、同博士の受入証明書（文書19）を添えて進言した（文書20）。自伝によれば、精神科医タウバーは、ドゥーカス通信社に新しく入った同僚ヘルベルト・タウバーの兄弟だった。このつながりで、ユンクの思いはかなえられ、城砦収容所から同医師の精神病院（ベルン近郊）へと移される。そして、週一度の訪問診療を院長に認められ、ベルン郊外に住居を借りて自由を確保し、ようやく新たな活動への態勢ができた。それは、ベルンのアメリカ大使館での仕事であった（Ebd., S.192）。

そのきっかけは、逮捕前の一九四三年春、メアリー・ルーフェナハトからの誘いだった。彼女はボンディからユンクのことを聞き、アメリカ大使館の中に新設された情報部署の仕事を持ちかけていた。部分的に自由を得たユンクは直ちに彼女と連絡を取り、その情報部署の事務所に招待され、そこでドイツ語放送「アメリカの声 Voice of America」のために働くことになる。放送用の英語原稿を書き、それを校正する若い女性の同僚ソフィー・レーガンともすぐに親密になり、「上司の気取りも、批判の差し控えも、ねたみもない」アメリカ人の「同志的で民主的」な交際の仕方になじんだ（Ebd., S.193f.）。同時に、夏には学位論文の審査にパスし、チューリヒ滞在の目的を果たすことができた。

以上、一九四二年一〇月の母ゼリのチューリヒへの救出で、ユンクは論説活動の中断へと向かい、博論作業に集中して一九四三年六月一日には一〇九頁分を主任教授に提出することができた。しかし、この間、母ゼリのユンク宅滞在で当局の監視の目は強まり、一九四三年二月のドゥーカスの聴聞でチューリヒの警察当局は決定的な証言を得たとして、三月三日付で国外退去処分を下した。これに対してユンクは即座に抗告を行い、退去処分の執行を留保して三月二三日付で警察当局は、連邦警察局にユンクの収容を上申した。これを受けて連邦警察局は、「累犯」として五月二四日付でユンクの寛容許可証の没収と収容、刑務所への収監をチューリヒ警察当局に通達し、六月七日に執行された。その後、七月七日付でこの措置に対するユンクの抗告が行われた。

察するに、ドゥーカスは自分の証言が逮捕の理由になるとは予想していなかったと思われる。しかし、前節で見たように「世界通信」は反ドイツ通信社であるという母ゼリの聴取記録があり、当局側はヒトラーのスイス侵攻を恐れてF・L論説の再登場を望まず、それを阻止すべくユンク母子の収監に踏み切った、と見てよいであろう。のちに見るごとく、一九四三年三月は「国土防衛」への危機感が最も高まっていた時期だったからである。

3 博士論文を仕上げる

一九四三年六月初めの逮捕以降、獄中と収容所から事実上の保護観察下へという苦境の中で、博論の仕上げ作業が進められた。その一年足らずの期間については、ゴールドシュミット宛の手紙が残されており、そこからユンクの動きと内面をかなり克明にたどることができる。

収監後最初の一九四三年七月一四日付の手紙は、「朝の一〇時、もう三時間仕事をし、午前中に普通に行う仕事よりも多くを成し遂げた」と書き出し、この三時間のうち一時間はキリスト教経済史の本を読み、二時間は二人の友人が持ってきてくれた史料を整理したと伝える。そして、収監から一ヵ月を経て、労役から解放され博論作業に集中できる幸せが、以下のように記される。

「僕の状態が幸運な方向に変わったこと、君は知っているだろう。マイナス一〇〇からプラス一〇〇への変化だ。耐え難い機械的作業から、これまで僕がほとんど経験したことのない満ち足りた集中的作業への転換だ。外界から完全に閉ざされ、自分の計画以外の何ものにもほとんど煩わされない、この状態は今の僕には理想的だ」「僕は今、僕の原稿のいくつかを通し読みし、どんな方向で何を試みるか、そこから一層大きな貢献へとつながる普遍的なテーマは何か、考えている。外の静けさと内なる作業という、そうした時間を持つことは、君も知るように僕の長年の願いだった」。

ただし、「これは例外状態。願わくは例外状態にとどまり、再び普通の生活に戻れることを」とし、友人たちが戦後の再建計画に動き出していることを具体的に記し、自分も「未来の出来事に備える積極的な民主的計画」に加わりたいと、政治活動への復帰の思いを付け加える。

つぎに城砦収容所に移り、先に見たペーター・ヴァイス宛と同日の一〇月三一日付手紙は、前の手紙とは逆に、「僕の破滅的生活からのあいさつ（きわめて悲観的で、破滅的な生活と言っていいだろう）」に始まる。三日前には図書館に行き二時間作業をし、「それで失ってしまった時間、無意味に過ごした時間のことを考えさせられた」が、ここには博論の作業をするような場所はなく、「部屋の隅っこを行き来して座るが、人々に邪魔されるばかりだ」。

そして、ベルン郊外の精神病院に移り、院長から下宿を許可された一一月一八日付の手紙は、「うまくいっている。病院の向かいにある家の小さな屋根裏部屋だ。かなり寒いが、人々は明るく親切だ」とし、博論作業の様子を伝える。「僕は早朝に部屋を出て図書館に行き、昼過ぎまでいて街に出、食事をして図書館に戻り、午後六時までいる」「週に二回病院で検査するだけで、時には夜も外に出られる」「もう、僕の博論を妨害するものは、戦争の終わり以外何もないだろう」。

続いて一二月一三日付の手紙は、「ペーターの手紙ありがとう。彼は僕たちよりきちんとしている。じきに一家の父親 Familienvater になるから」「僕については、時々神経質になるが、すべて平穏に過ぎている」としつつ、「ルートにはほとんど会わない。彼女は正気ではなく、信頼できない。「私はいじけている」と彼女は言い、妊娠した後のように見える。しかし、正確なことはわからない」。ロンドンのサケットとの同居生活を解消してチューリヒに戻ったユンクは、ルートという名前の女性と恋仲にあった。彼女は先に見たヴァイスと確執のあった女性（本書六〇頁）と思われるが、そのルートの裏切りで逮捕されたと思い込み、二人の関係はもはや完全に破綻していた。

この手紙の最後に、「僕はドイツの社会計画と一般的布告のための社会的「一四箇条」に関する仕事をしている。それ以外は、もっぱら博論」と記す。自伝によれば、この戦後計画「実りの穂束 Project Golden Sheaf」はワシントンで真剣に検討されたというが（Ebd., S.195）、その内容を示す史料は見当たらず不明である。

年が明け、一九四四年一月一〇日付の手紙は、「僕の幸運がいつまで続くかはわからない。城砦収容所の医師が、僕の状態について「タウバー」博士に問い合わせている」としつつも、「博論はよくはかどっている。しかし、ナンセンスなことに、一本分の内容ではなく一〇本分の内容があり、そのすべてを一本の枠の中に詰め込まねばならず、すべての部分が短い叙述になってしまう」と記す。そして、パウル・ウステリ（一七六八～一八三一）の本（一八二八年）とハインリヒ・エシャー（一七八九～一八七〇）のチューリヒ出版法の解説本（一八二九年）の二冊を、チューリヒの中央図書館から借り出して送付してくれるよう依頼する。

続いて一月三一日の手紙は、「僕はうまく進んでいる。……このテンポでの作業が二月末まで許されるならば、博論は本当に完成する」。そして、すでに博論の後のことを考え、労働許可の申請を連邦議員エルンスト・ノブス（一八八六～一九五七）[21]に会って相談し、博論の試問後、試問が遅くなるようなら博論提出後に申請を、という助言を得たと伝える。

三月一二日付の手紙では、「博論はまだ完成していない。他のことは何もできないほど、博論が僕にのしかかっている」とし、ようやく三月二八日付の手紙で「博論の非常にやっかいな注付け作業をしている」と最終段階にあることを知らせる。そして、四月一一日前後の復活祭期間を母ゼリのところで過ごすか、それともゴールドシュミットと一緒に休暇旅行に出るか、彼の予定を問い合わせる。

四月二日付の手紙はゴールドシュミットの返事を得て、「君と一緒に旅行に行けないのは残念」とする。続く日付なしの復活祭前後の手紙は、「五月の初めに博論を提出するためにチューリヒに行く予定だ。その他にも僕は今、いくつかの点で「よい出来事」の中にいる」とし、その博論提出のチューリヒ行きを前に、五月半ばと推測される日付なしの手紙が、「よい出来事」の内容を次のように記している。

「僕はかなりはっきりと、現在の女友達と結婚する気持ちだ。彼女はユダヤ人ではなく、時々仕事でメガネを掛け、ドイツ語も話さないが、これまで僕が出会った女性の中でも最も真心があり、刺激的で、教養のある賢い人だ。彼女は職を持ち稼ぎもよく、経済的に自立している。僕は持参金などは放棄し、僕たちは平等でいられる。……僕はすでにクルツ博士［母ゼリの女性精神科医］に結婚許可が得られるか否かを相談した。結婚許可に加えて労働許可がうまくいくならば、思い焦がれてきた合法的な生活圏に、合法的な生活様式に踏み込める」。

このように、旧恋人ルートとの関係は年明けには解消し、「アメリカの声」で働くスタッフで外交官レーガンの娘ソフィーとの関係をユンクは深めていた。ようやく、博論提出を区切りに、結婚許可と労働許可という普通の市民生活への展望が、亡命者ユンクに大きく開けつつあった。そして、五月二三日付の手紙で「明日、チューリヒに行く。あまりすることがないなら、夕方には帰る」と伝える。疑いなく、博論提出のためのチューリヒ行であったと思われる。

その後の四ヵ月余は、七月一七日付の手紙が残されているのみである。この手紙で、ゴールドシュミットへの返金小切手を別の友人フォーゲルザンクの住所宛に送ってしまったので、「電話を入れて間違いを話し、取り戻してくれないか」と依頼した。また「母は一四日間ここにいられる。医師はそれ以上の休暇を認めなかった。しかし、休暇が延長できることを期待する」と母ゼリを案じるゴールドシュミットを安心させた。ユンクの博士論文の口頭試問は、この時にはすでに終わっていたはずである。

おわりに

以上、一九四一年六月の独ソ開戦から一九四二年九月までの集中的な論説活動に続き、一九四二年一〇月の母ゼリの救出と収容、一九四三年三月のユンクの国外退去処分、同年六月の逮捕・収監、九月の労役所拘置、一〇月の城砦収容所、一一月からベルンの精神病院近郊での下宿住まいという、一九四二年一〇月〜一九四四年四月の危機の一年半の期間、論説活動は中断され博士論文が仕上げられた。この期間は、ドイツ軍の侵攻が強く危惧され、スイス当局の言論規制が最も強化された時期とも重なっていた。

ともあれ、亡命者という困難な条件の中での際立った論説活動と共に、逮捕・収監・収容（そして事実上は保護観察への緩和）という過酷な状況の中での博論作成は、どうして可能だったのか。その要因は、とりわけ本章の第2節で見た「累犯」を理由とする逮捕・収容に対する、ユンクの抗告の闘いから鮮やかに浮かび上がってくる。それは、ユンクがチューリヒで有していた、強力で多面的な人的ネットワークである。このネットワークこそ、当局の圧迫を跳ね返し、禁止された論説活動を再開し、また博士論文を仕上げてナチドイツ崩壊の日まで生き延びる、危険な「二重生活」を可能にしたのであった。

この人的ネットワークの核は、ゴールドシュミットとヴァイスという、いわば同世代の男性同盟的な精神的絆にあった。三人はベルリンの青年時代を共有し、等しく文学青年で、「大文字の仕事 das WERK」という将来への大きな精神的夢と同時に、ユダヤ人亡命者の運命で固く結ばれていた。たしかにヴァイスはスウェーデンに去っていたが、三者の絆は手紙により強固に維持された。ゴールドシュミットは哲学の学業に専念し、一九四一年に学位論文『批判哲学の光の中のニヒリズム』で博士号を取得し、さらに教授資格論文の作成を進めていた。ユンクにとり彼は、単に学業継続の精神的な支えであったのみならず、必要な場合には経済的支援をも頼れる、いわばセーフティ・ネットであった。

ゴールドシュミットと共に学ぶ亡命学生として、ユンクのネットワークは第一に、チューリヒの亡命知識人たちに広がっていた。第1章で見た、難民に友好的な商人の妻リュディア・ローム宅での集まりから始まった雑誌『方舟』の発行計画である。ゴールドシュミットとユンク、そして私教師アルフォンス・ローゼンベルク（一九〇二～八五）[22]らが中心となり、キュンツリら学友たちが協力して第一号が刊行されたという。たしかに、雑誌の発行は「稼得労動」違反とされ、第二号は発行されなかったが、この活動によりチューリヒ亡命知識人のネットワークが作られた（Ebd., S.169f.）。

第二に、学業を通じてのネットワークであり、指導教授ナープホルツら歴史学の教授たち、チューリヒ大学病院の医師たちをはじめとし、大学関係者から弁護士や医師へとつながっていったネットワークである。

第三は、ドゥーカスを介して広がった、スイスのジャーナリストたちとのネットワークである。同僚のボンディとタウバー、出版業者オプレヒト、そして『世界週報』編集長シューマッハーらである。自伝によれば、シューマッハーとの直接の面識は遅れるが、彼は早くからF・L論説に注目し、その多彩な内容から複数の筆者を推定し、クリスマスには六本のワインをドゥーカス通信社に届けた、という（Ebd., S.172）。

さらに第四に、F・L論説がきっかけで、一九四一年七月から密かな情報ネットワークが作られていた。第2章で見た、ハンス・パーシェの娘ヘルガ・ヴィス＝パーシェであり、彼女の叔父ヴィティングであり、さらにチューリヒのドイツ副領事ギゼヴィウスである。

第五に、舞台人としての両親が残した、舞台人関係者とのネットワークである。母ゼリは若いときにバーゼルでも舞台に立っていた。チューリヒ生活に至るまでのユンクの亡命時代を見るならば、明らかにチューリヒにも、ロイエンベルガーはじめ舞台関係者や文芸評論家との両親のネットワークが、遺産として存在していたと推測される。

しかし、その内実に迫ることは、なお残された課題である。

いずれにせよ、こうした多面的な、いわば著名人ネットワークを確保し、維持しえた基礎には、ユンクがドゥーカス通信社などから得ていた安定した収入があった。先に見た母ゼリの証言が示すように、F・L論説が集中して出されていた時期のドゥーカス通信社からの月額五〇〇フランという高額であった。一般に、トーマス・マン（一八七五～一九五五）など特別に著名な作家を除けば、亡命著作家の多くは身一つでスイス入りし、稼得労動は禁止され、難民支援の援助金で暮らす生活だった。著名な社会民主党の政治家で後にはバイエルン首相ともなるヴィルヘルム・ヘーグナー（一八八七～一九八〇）一家の場合、妻と子ども二人の四人家族がチューリヒの二部屋住居で、月額一八〇フランの援助金での生活だった。その中から、家賃・電気・水道に一〇〇フランが支出された。[23]

また亡命者が文筆活動で稼げる可能性は、以下のような方法に限られていた。①モスクワの『ドイツ報 *Deutsche Blätter*』やニューヨークの『建設 *Der Aufbau*』など国際的な亡命紙誌への投稿、②スイスの労働組合や政党機関紙、あるいは外国人の記事を受け入れる『国民新聞 *National-Zeitung*』の文芸欄や『バーゼル情報』への仮名・無署名での投稿、③トーマス・マンとオプレヒトの共同編集誌『大衆と価値 *Mass und Wert*』（一九三七～四〇年）のごとく、スイスの保証人と共同しての紙誌編集、④例えば『共産主義インターナショナル *Die kommunistische Internationale*』のごとき左翼の非合法刊行物への協力、⑤収容所で発行された紙誌への協力である。[24] しかし、いずれの形であれ、収入は限られていた。新聞雑誌論説の原稿料は、一行一〇～三〇ラッペン（一〇〇ラッペンが一フラン）であり、二〇〇行の本格的論説を書いても二〇～六〇フランであった。[25] 月額五〇〇フランという「世界通信」の収入は、普通であれば少なくとも一〇本以上の本格的な論説に相当する。

これに対して、F・L論説は特別の価値を有していたと推察される。スイスの歴史家クライスによれば、『世界週報』は一九三三年の創刊当初は国民社会主義に好意的だったが、翌年には批判的な態度に変わり、そのためスイスの国境を越えて欧州諸国で広く購読され、一九四〇年には一〇万部の発行部数に達した。[26] そして、F・L論説によって『世界週報』は、第三帝国の内実に迫る分析的で総合的な情報の提供紙として、スイスと連合国側で一層その声望を高めた。同紙の編集長シューマッハーにとってＦ・Ｌは疑いなく最も重要な匿名記者であり、Ｆ・Ｌ論説には特別の価値があったのである。

こうした安定した収入は、ユダヤ人亡命者にとっては完全な例外現象であった。加えて、ユンクは論説活動を中断し、さらには逮捕・収容されて収入を失っても、資金に困り果ててしまうことはなかった。後ろ盾として親友ゴールドシュミットが控えていたからである。そうした恵まれた条件にユンクの生活が支えられていたことは、抗告に伴う弁護士費用の問題一つを考えても間違いないであろう。

しかし、いずれにせよＦ・Ｌ論説の魅力とその評判こそ、単に経済的のみならず精神的かつ人的なつながりにおいても、ユンクの二重生活を可能にし、かつその発覚による国外退去処分に抗して生存権の確保と学業の完遂を可能にした最大の要因だった。匿名論説のためにユンクは、時には知人からさえもＦ・Ｌ論説を話題にされて、困惑しつつも元気づけられたという（Jung, 1993, S.172）。また、ナープホルツ教授などチューリヒ大学の関係者も、少なくとも一九四三年六月七日の逮捕以降にはユンクの論説活動を熟知し、それゆえに博士論文の完成のみならず、ユンクの身の安全確保を考えて連邦警察局長に親身の嘆願を行ったことは間違いないだろう。

第5章 「プレス（出版・報道）の自由」の歴史認識

——ユンクの博士論文——

はじめに

一九三三年のヒトラーの政権獲得と共に、中立国スイスは国民社会主義の直接的な脅威の下に置かれた。第一は、スイスに滞在するドイツ人のナチ党員からの脅威であり、第二は、スイス人口の七割がドイツ語住民であることによる、スイス国内におけるナチ同調グループ「前線派 Front」の台頭という内部からの危険である。(1) 第三は、言うまでもなく一九三九年の開戦から終戦に至るまでの、ドイツ軍侵入の脅威であった。したがって、スイス報道界の「自己検閲」や「順応」も、この時代的制約によっていた。注目すべきは、むしろ少数ではあれ『世界週報』のような批判的言論を、何ゆえスイスの報道界は維持できたのか、その根拠である。

その最大の要因は、近代民主制の「神経中枢」としてプレス（出版・報道）を把握する歴史認識であり、「プレスの自由」（権力批判の自由）を生命線とする、スイス報道界のアイデンティティにあったと思われる。換言すれば、プレスを統制する政治を、民主制の死として拒否する報道界と市民の共通理解である。このスイス報道界の立場を基礎づけたのは、スイス報道協会五〇周年記念誌の論考であり、冊子としても刊行されたカール・ヴェーバーの著書『スイスにおける政治的プレスの発展』(一九三三年)だった。[2] さらに戦後、ヴェーバーは、プレス二団体(スイス報道協会とスイス出版業者団体)を代表してヒトラー政権期一二年間のスイス報道界を総括し、『神経戦の中のスイス』(一九四八年)を出版する。その中で、さまざまな規制措置を政府・軍部・報道界が共同して取りながらも、「プレスの自由」の原則を維持したことが確認されている。

こうしたスイス報道界の特質により、欧州の戦時下におけるユンクの系統的な第三帝国報道が可能になった。同時に、その中で政治批評家として、ユンクの基本姿勢が鍛え上げられた。のみならず、ヴェーバーのプレスと民主制の相関性の歴史理解は、ユンクの博士論文の基本的な枠組みでもあった。したがって、以下、第一に、一九三三年のヴェーバーの著書に基づき、「プレスの自由」を基軸に置くスイス・ジャーナリズム史を整理し、第二に、同じく一九四八年の著作における、スイスのプレスと欧州の全体主義との確執の様相を、そして第三に、そうしたヴェーバーの政治的プレス論に立脚する、バウム名で提出されたユンクの博士論文を検討する(以下、これらの著書の引用・参照頁は、本文中に記す)。これにより、政治批評の実践のみならず、アカデミックな歴史研究への沈潜によって獲得された、「プレスの自由」と近代ジャーナリズムに対するユンクの歴史的な意味づけが浮き彫りにされるはずである。

1 カール・ヴェーバーのスイス・ジャーナリズム史論

ナチドイツの側圧によるプレス画一化の危機に直面する中で、ヴェーバーの著書は四章構成でスイスにおけるプレス発展史の全体像を描き出す。その章構成は、時代区分を示す。第一期「先行者と開拓者――一七八九年まで」、第二期「政治的使命に背いて――一八二八年まで」、第三期「自由になったプレス――一八四八年まで」、そして第四期「確立と近代化」は、それ以後の時代である。この時期区分に沿って、以下、スイスのプレス発展史を整理していこう(3)。

第一期は、フランス革命の開始に至る前史である。「情報 Nachricht」を意味する「新聞 Zeitung」という言葉は一四世紀に登場し、グーテンベルクの活版印刷術の発明後、その発行は「プレス Presse」という表現を得る。一六世紀の宗教改革で知識と情報、意見交換への需要が広がり、さらに一七世紀の三〇年戦争期に関心が拡大して、時事性・公開性・定期性という三基準を有する新聞の原型が、週刊紙の形で登場する。一八世紀にはこの形が定着し、同時に啓蒙の意見表明は定期刊行雑誌の形成をもたらし、「公論 Öffentliche Meinung」という概念が形成される。そして一九世紀、プレスの自由をめぐる闘いの中で、政治的日刊紙が生まれた（Weber, 1933, S.3、引用頁は冊子による）。

以上の展開の中で、ドイツ語圏における一八世紀の週刊新聞の定着は、郵便の週定期便の普及と結びついていた。つまり、郵便によって毎週新聞が読者の手元に届く、予約購読制度の浸透である（Weber, 1933, S.15）。この一八世紀の週刊新聞は、その大半が革命期に消えるが、チューリヒの二紙、『チューリヒ金曜新聞 *Zürcher Freitagszeitung*』と『チューリヒ新聞 *Zürcher Zeitung*』は激動期を越えて継続発行された（Ebd., S.38）。

第二期は、まず革命期に、一七八九年の国民議会から一七九三年の恐怖政治に至るまで、フランスの公論がせきを切って噴出し、何千という新聞や類似の刊行物が出された。しかし、「ナポレオンの軍事支配が再び絶対主義の手法に回帰し、検閲を導入した。絶対主義からプレスの完全な自由を経て、新たな制約による絶対主義と検閲への回帰」（Ebd., S.26f.）、これがフランス革命の経緯であった。

フランスほど劇的ではないが、スイスも類似の展開をいくらか遅れて経験した。フランス革命への関心から新しい紙誌の発刊が続き、当局の後見的プレス規制は空洞化された。一七九〇年にバーゼルで「プレスの自由」集会が開催され、自由と平等を求める冊子が各地で作成される。一七九七年には政治的のみならず軍事的にもスイスはフランスの影響下に置かれ、その翌年に、ナポレオン支配下で「ヘルヴェチア共和国」が発足し、共和国憲法の第七条に「プレスの自由」がうたわれた[4]。

しかし、フランスと同様、スイスでもこの憲法条項は尊重されず、共和国政府は批判的言論の規制に乗り出す。それでも、新聞の発行許可制は消え、新聞は異なる政治潮流を代表する公論の道具となり、政治の闘争手段となった。共和国政府寄りはパウル・ウステリの新聞『スイス共和主義者 *Der schweizerische Republikaner*』であり、またハインリヒ・ツショッケ（一七七一〜一八四八）の『正直で経験豊かなスイスの使者 *Der aufrichtige und wohlerfahrene Schweizer-Bote*』であった[5]。この二人は時事批評家 Publizist と報道記者 Journalist という、対照的な性格の編集者だった。つまり、「変化への精神の欲求を最も純粋に満たすのが報道記者であり、その新聞の傾向を、この傾向のエートスにおいて最も純粋に作り上げるのが時事批評家」である（Ebd., S.34）。

他方、共和国イデーに抵抗する反対派の代表がカール・フォン・ハラー（一七六八〜一八五四）の新聞『ヘルヴェチア年代記 *Helvetische Annalen*』であり、その重点は議会審議の批判的報道にあった[6]。その論調の激しさに対し、共和国の総裁政府はハラーの寄稿を禁止する。プレス法に立脚しない、政府に与えられた非常時全権に基づく措置だった（Ebd., S.35）。すなわち、二万人の軍隊徴用というハラーの記事を事実無根とし、共和国政府に対するこの「中傷」を規制の理由とした。さらに抵抗を続けるハラーの収監を政府は決定するが、ハラーはドイツに逃れた。

ウステリの政府系新聞とハラーの反対派新聞に限らず、この時期に創刊された新聞はたびたび名称を変更し、不安定な存在だった。その大半は、共和国の終焉とともに消え去る。その中でも、『金曜新聞』は共和国に反対して何度も検閲を受けたが、柔軟に対応して共和国憲法をたたえ、生き延びる。『チューリヒ新聞』は国内報道よりも国外報道に力点を置き、それも中立の立場で事実報道に徹することにより、政府の介入を免れた（Ebd., S.38）。

ナポレオンの敗北とともに、反動の時代へと移る。各地で旧体制が復活したが、スイス二二州は「同盟規約」を結び、一八一五年のウィーン会議で列強の承認を得て、永世中立と領土不可侵の保障を与えられた。この同盟規約にプレス条項は含まれなかったが、一八一五年五月一六日全州の同盟会議 Tagsatzung は、「その州 Stand で印刷される公共の紙誌を、厳格な検閲に服せしめることが州に求められる」とした（Ebd., S.39）。一八二〇年代に入り、その全面的実施がなされる。

まず一八二〇年一一月、列強の「デマゴーグ」追放によるドイツ自由派のスイス亡命に始まり、翌年のナポリなどイタリア自由派のスイス亡命で、墺露普三国のスイス使節がスイス連邦政府に二つの外交文書を渡した。一つは亡命者追放の要求であり、もう一つはスイスのプレスに対する激しい非難だった。これを受けて連邦政府は、列強による軍事介入の危険を考慮し、一八一五年五月のプレス評決の厳格な実施を州に求め、さらに一八二三年七月一四日の同盟会議で「プレス・外国人評決」を決定した。

反動の時代に入り、共和国時代に創刊された政治新聞は大半の州で消え、その伝統を維持していたのは二、三の州に限られた。なかでも、ハインリヒ・ザウアーレンダー（一七七六〜一八四七）編集の『アーラウ新聞 *Aarauer Zeitung*』（一八〇四年創刊）は、ウステリの政治批評を掲載して自由派の中で指導的な役割を果たしていたが、州の検閲で一八二一年に廃刊に追い込まれた(7)。こうしたプレス規制の「どん底」が一八二三年プレス評決であり、「それは同時にスイスの外国列強への従属の最も明確な表現」だった（Ebd., S.40）。

しかし、この決定は五年間で弛緩する。その過程は、二つの側面で進んだ。一つには、評決は毎年の更新を必要とし、同盟会議に集まる代表たちは、そのたびにスイスの従属・陪臣化を意識させられ、最終的にその排除の意志を固めた。もう一つは、下からのプレスの抵抗意志であり、例えばギリシャ解放支援キャンペーンにより、「神聖同盟」の盛期が過ぎた一八二〇年代の後半には、自由主義イデーの蘇生が実現された。その先頭には、なお常にウステリやツショッケら、共和国時代の自由派世代が立っていた。ウステリは『アーラウ新聞』の廃刊後、『チューリヒ新聞』を改名した『新チューリヒ新聞 *Neue Zürcher Zeitung*』（*NZZ*）の編集部に入り、同紙は指導的な政治新聞となった。プレス評決の下、たしかに同紙での政治批評は制約されたが、ウステリは同時に『アウクスブルク一般新聞 *Augsburger Allgemeine Zeitung*』通信員として、この外国の新聞でスイス政治の批評を継続した。

かくて一八二八年が決定的な転換点となる。チューリヒ州議員でもあったウステリは、同盟会議への州決議の審議において、プレスの自由に関する歴史的な演説を行った。きっかけは、ウステリの外交文書公開に対する州政府のクレームであり、これへの反撃だった。すなわち、「公開性は自由な国家の本質である。人々の代表がどんな交渉を行うのか、人々は知る権利をもつ。……自由な国家の本質は、公共事項への市民の参加を必要とする。この参加によってのみ、共和国の勢力と豊かさ、名誉と評判が得られ保証される。市民の参加なくしては、また祖国の問題や事情が市民にとりどうでもよいところでは、共和国は没する。だが、国家の重要事項のすべてが秘密にされているところで、この参加はどのようにして可能なのか。公開性なくしては考えられないのだ」(Ebd., S.48f.)。

この演説は冊子にされ、次の世代の新聞人や政治家たちにも受け止められた。多数の州で共和国時代の「プレスの自由」理念が復活し、同年の同盟会議でプレス評決の更新に反対する州も多数現れ、翌年、圧倒的多数の反対で破棄される。かくて、一八三〇年七月革命を待たずにスイスでは、討論と議会制の手続きを通して「プレスの自由」を回復する道が開かれた。

第三期は「拘束されたプレスから自由なプレスへの移行」の時期である(Ebd., S.46)[(8)]。この時期の新聞界の成長は、発行新聞の数の増加に示される。一八二七年の三三紙から一八五七年には一八〇紙(雑誌を含まず)となる。三〇年間に六倍近い増加である。一九二七年には四〇七紙であり、その後の増加率をはるかに上回る。まさしく新聞界の「再生の時代」であった。事実、この三〇年間に新しく四五九紙が創刊され、そのうち三一二紙が廃刊された。創刊が集中したのは一八三一年、一八四一年、一八四八年と、政治的な節目の年だった。一八四五年の数字で、自由派新聞と急進派新聞の発行部数は、ともに五〇〇〜五五〇部程度であった。これに対して、政治色を抑えた『チューリヒ金曜新聞』は四千部を発行していた(Ebd., S.55)。

一八三一年には、急進派系『アペンツェル新聞』の対抗紙として保守系紙『バーゼル新聞 *Basler Zeitung*』が創刊される。後者は一〇年以上にわたり唯一の日刊紙として、スイス全土に影響力をもった。その編集部には若き日のヤーコプ・ブルクハルト（一八一八～九七）も入っていた。[9] しかし、「大学者になる若者には、ジャーナリスト活動は気に染まなかった」（Ebd., S.58）。四八年革命後には、自由派と急進派による共和国政権の安定化で、同紙の保守的立場は新しいスイスに適応せず影響力を失い、一八五九年には廃刊に至る。一八四八年のスイスでは、急進派系と自由派系の新聞が共に三〇紙前後、自由保守系とカトリック保守系のそれが共に一二紙程度で、政治的勢力比を映し出していた。この年、社会主義の二紙も創刊されたが、短命に終わった（Ebd., S.68）。

第四期は、鉄道と電報という技術革新の影響に特徴づけられる。鉄道による人々の生活圏の拡大は公共的関心の拡大を導き、同時に電報により情報を早く取得し伝達する、プレスの現実即応性《アクチュアリティ》が実現される。報道・解説のテーマは一挙に世界規模へと広がり、ジャーナリズム精神は広く世界を相手とすることになり、報道材料と新聞をつなぐ通信社と共に、読者公衆と新聞をつなぐ広告代理店の制度が立ち上がった。他方、政治と社会も集中と分業・組織化が進み、意見潮流は政党に固定化されていく。新聞と並んで政党が公共意見の代表となり、その政治信条を直接に表現する政党機関紙が登場する（Ebd., S.72）。

技術的には一八五〇～七〇年の間に、高速印刷機と植字機が導入され、紙面の版も四つ折から二つ折りに拡大し、定期購読者数も大幅に増加した。『新チューリヒ新聞』はすでに一八六九年から、夕刊付きで一日二回五、六千部を発行した。一八四五年創刊の地方紙『エメンタール週刊紙 *Emmenthaler Wochenblatt*』は、民謡調の政治詩の掲載で人気を博し、一万一五〇〇部の定期購読者という最高部数を誇った（Ebd., S.78）。

大量発行と共に、編集者という職業身分が形成される。一八七五年以降の日刊紙増により、専業編集者の数は増加していった。たしかに、地方の週刊新聞では、なお印刷業者 Drucker が自分で編集して発行する伝統的なタイプが数多く存続していた。しかし、州や全国規模の日刊紙では、多様な職業から流入した専業の編集者が、ニュース材料の分類と整理、通信の処理、論説の執筆といった編集作業を行った。したがって、①独立の政治的性格を有し、職業的編集部により日刊で発行される地域（州レベルなど）の指導的新聞を間において、②郷土記事で市町村レベルの読者を対象とする地方紙、③全国および外国に読者を持ち、スイス公論の諸潮流を代表する全国紙、という三つのタイプが世紀末には出揃う（Ebd., S.79）。

さらなる変化として、「社会主義プレス」の登場がある。市民新聞とは異なり、少数派・反対派の政治信条を普及するため、そこではより鋭い攻撃的な論調で新聞の影響力が利用された。一八三五〜一九二七年の間に、労働者新聞一三〇紙が創刊され、そのうち二五紙が維持された。そこには、マルクス主義、改良主義、それにアナーキズムなど、三つの政治潮流が存在していた、しかし、生命力をもったのはスイス社会民主党 Sozialdemokratische Partei der Schweiz（SPS）の機関紙であり、一八九一年の『ベルン起床時刻 *Berner Tagwacht*』の創刊に始まり、一八九〇年代が社会主義プレスの確立期となった（Ebd., S.88f.）。

こうした発展のなか、一八八三年には政治路線を超える職業組織「スイス報道協会」が結成された。輪転機も導入され、新聞は社会層を越えて広く行き渡り、その影響力は拡大していく。第一次大戦期には軍事情報に関する検閲が一時的に導入されたが、戦後直ちに「プレスの自由」は回復された[10]。一九二八年ケルンの国際プレス展示会において、スイスは新聞の最盛国と評価された。四〇六紙が二二九の場所で発行され、一万部未満が三七九紙で、日刊新聞の数は一一六紙という盛況ぶりであった（Ebd., S.97）。

以上、一八二八年の転換点に始まるプレス一〇〇年の発展史を、ヴェーバーは以下のように集約する。「プレスの自由という原則それ自身は、この一世紀を通じて不可侵であった。だが、スイス誓約共同体の自由と民主制を完成するこの一〇〇周年の直後に、すなわちスイス報道協会五〇周年記念の年に、さらなる発展への見通しに陰りを差す雲が立ち現れた」（Ebd., S98）。小国スイスとは異なり、欧州の大国では一九二〇年代に、第一次大戦期の軍事機密保護に始まる検閲の導入が、むしろ全体的検閲へと拡大していく傾向にあった。「多くの外国の諸国［ロシアやイタリアを指す］でプレスの自由は後退運動に入り」、それが一九三三年春には隣国ドイツを襲い、その時スイスにも「マルクス主義的なプレスの態度」という攻撃が加えられ、規制の検討を強いられる。

自由と民主制に敵対する、この大国の攻撃的な政治思潮・政治体制の脅威に対して、本書をヴェーバーは以下のように結ぶ。これら「大規模諸国の広い圏域で機能する最近のプレスの状態と、スイス小国のささやかな境界の中で試みられてきた、長期の、かつ持続的で一貫した発展とは鋭い対照をなす。この国の歴史が教えるところ、法と精神の領域における自己主張の意志に生命がある限り、この歴史の経緯は国外大国の巨大な政治的転換へのいかなる同化をも要求しない。スイスのプレスが、これを確証している。プレスと、その精神的および経済的な担い手は、国民と緊密に結びついて、そこから自らの結論を引き出さなければならない」(Ebd., S.99)。

以上、ヴェーバーのプレス発展史論を、その時代区分に従って見てきた。その特徴は、以下の諸点にまとめられる。第一に、フランス革命とヘルヴェチア共和国は、「プレスの自由」の単なる宣言に終わる。それに続く欧州の反動体制と絶対主義支配の圧力に対抗する、小国スイスの言論・新聞人の抵抗が、議会制の手続きを通して下から検閲を破棄する。こうして「プレスの自由」に基づく自由民主制が基礎づけられ、四八年革命で憲法に制度化される。第一次大戦期に軍事機密保護の検閲が導入されるが、それも例外的措置であり、「プレスの自由」によりこの一〇〇年間、自由民主制が担保される。この経緯で特徴的なことは、言論人イコール政治家という、報道界と政界との相関性である。

第二に、「プレスの自由」の闘いと結びつき、欧州の中で最も濃密かつ多元的なプレスが形成される。すなわち、市民新聞がそれぞれ独立して、三層構造で地方・地域・全国紙として並び立ち、底辺の多様な地域文化(異言語を含む)を基礎に、市民諸政党との多様なかかわりで市民的公論を担う。たしかに、一九世紀末から労働者運動の台頭と結びついて政党機関紙が普及し、攻撃的な論調が展開される傾向もあった。いずれにせよ、ほぼ人口一万人に一紙という、ローカル紙を基盤に置く新聞界の構造的な多彩性、これと結びついた政治的かつ文化的多様性こそ、自由民主制を支えるスイス新聞界の構造的な特質となる。

しかし第三に、第一次大戦後の欧州ではスイス報道界の存在様式とは敵対的に、大戦期の検閲制度が拡大され、ロシアからイタリア、さらにドイツへとむしろ「プレスの自由」が破棄され、検閲によるプレス画一化が支配的な時代潮流となる。とりわけ、ナチ政権の成立と勢力拡大は、かつてのウィーン反動体制期の絶対主義と同じ国際状況の再現を招き、スイスの報道界と自由民主制は、再び存立の危機に立たされた。この危機の中でヴェーバーは、「プレスの自由」こそ自由民主制と中立国スイスの生命線に他ならないことを、その歴史を通して提示したのである。

ここに示されるのは、「プレスの自由」を基準とする自由民主制と専制・独裁との二項対立であり、全体主義論の立場である。まさしく、ナチ政権の側圧下でスイスは、国内の国民社会主義者と共産主義者の敵対にも直面して、軍事機密に限らず政治報道の規制を強いられ、この二項対立の只中に置かれた。この確執の中でヴェーバーの著作は、絶対主義に全体主義を重ねる立場で「プレスの自由」を主張する、スイス報道界の基本姿勢を提示するものであった、と言えよう。

2 ナチ政権期スイスの報道政策

第三帝国による支配の脅威を乗り越え、ヴェーバーの一九四八年の著作『神経戦の中のスイス』はナチ政権期を回顧しつつ、その一二年間のスイスの報道政策を克明にたどっている。以下、「プレスの自由」にかかわる主要なトピックに即して整理する。その際、スイス政治の一般的な動向をも補足して見る。挙国一致体制（「精神的国土防衛」）という政治的アイデンティティ形成との関連で、戦時の報道政策を理解するためである。

第一に、最初の報道規制は一九三四年三月二六日の連邦内閣の行政命令である。その目的は、スイスの独立と中立維持のため、国際関係と対外的安全の脅威となる報道を規制することにあった。その方法は、①警告と、②警告無視に対する一定期間の発行禁止処分である（Weber, 1948, S.43f.）。きっかけは、ナチ政権の成立と国会放火事件、テロ支配の出現であり、その報道をめぐって直ちにスイス報道界とナチドイツとの緊張関係が生じた。ナチ政権はスイスの左翼の機関紙のみならず、共産主義者の放火という説明を信用しない一般紙に対しても、ドイツ国内における発禁処分を数ヵ月間の期限付きで措置した。これへの対抗措置として、スイスの新聞業界はナチ党機関紙のスイス国内での規制を主張した。ドイツ国内におけるスイス紙の販売部数一・五万部とほぼ同規模で、ナチ党機関紙『民族のオブザーバー』がスイス国内で販売されていたからである（Weber, 1948, S.42）。同時に、一層深刻な問題として、国民社会主義に同調する前線派がスイス国内で台頭し、とりわけ北部諸州では前線派と共産党が相拮抗しながら勢力を伸ばし、民主制への脅威となっていた。

こうした情勢に対して、この行政命令は報道界との協議なしに発布された。そのため、報道界を代表する二団体（スイス報道協会とスイス出版業者団体）は連邦内閣に共同作業を要求し、両者との協議委員会の設置をもって、この行政命令を受け入れた。それは、「全体主義国家の思想が広がり、しかもわが隣国の多数派においてその思想が国家公理となっている時代、報道の関与なしには、わがスイス民主制は予期しない形で反対側に迷い込んでしまう」という、危機意識からだった（Ebd., S.45）。すなわち、全体主義の圧力の下、プレスの自由を維持するために共同して報道界が報道規制にかかわる、という立場である。(11)

最初に問題となったケースは、一九三四年七月のレーム事件報道である。共産党系新聞『闘士 *Der Kämpfer*』における、ヒトラーは「殺人者」という表記に対して連邦内閣は警告を行った。警告の第一項目が、外国元首の名誉棄損表現とされていたからである。しかし、この件での「殺人者」表記は他にも多数あるとし、協議委員会は警告の取り消しを勧告した。また、スイスの代表的新聞は、この事件では厳しくテロリズムを批判した。そのためドイツ側の輸入規制は拡大され、『同盟 *Der Bund*』、『新チューリヒ新聞』、『国民新聞』は禁止期限を六ヵ月延長され、新たに『バーゼル情報』紙も禁止され、スイスの主要紙はドイツから消える。スイス側も、『民族のオブザーバー』、

『攻撃 *Der Angriff*』、『ベルリン取引所報 *Berliner Börsen-Zeitung*』など、ナチ党系新聞の禁止で応えた（Ebd., S.51f.）。レーム事件を経て、独裁制と民主制との二項対立図式は、単に連邦内閣と報道界のみならず、国民議会の政党布置を含め国民的な合意となった。一九三五年一月に社会民主党（ＳＰＳ）が新綱領を採択し、「プロレタリア独裁」を放棄して国土防衛の義務を明示したからである。一九二〇年の党大会でプロレタリア独裁をうたった同党は、二六％前後の得票率を得る国民議会第一党に成長しながら、それまでは一貫して軍事予算を否決していた。この党の、階級的敵対派から国民政党への路線転換により、全体主義に対する民主制の武力防衛が国民的コンセンサスとなる。同時に、前線派が追求した、国家改造を求める国民投票も失敗した。かくて、スイスの失業率は一九三六年に頂点を迎えるものの、左右両極の反議会主義革命勢力の肥大化は完全に阻止され、市民諸党（自由民主党、農工商市民党、カトリック保守党）と労働者党（社会民主党）の連携・連合という安定した中道政治が基礎づけられる。(12)

第二は、こうした政治的合意の上に一九三八年一二月五日、国民議会の要望に基づき連邦内閣によって発せられた民主制保護令であり、これによって政治的な言論規制への準備が整えられる。ここに至るまで、スイスはドイツ側との「神経戦」を余儀なくされてきた。まず一九三六年二月に生じた、ハンガリー国籍の外国ユダヤ人青年によるスイスのナチ党全国指導者ヴィルヘルム・グストロフ（一八九五～一九三六）の射殺事件があった。(13) この事件の原因はスイスの新聞論調にあるとして、ドイツ側および前線派は「責任テーゼ」を掲げ、スイス攻撃を強めた。これに対して連邦内閣は、もはやナチ党組織を国内に許容することはできないとし、いったんはナチ党全国指導部・地区指導部の禁止を発令した。しかし、ドイツ側への譲歩として、同年末にはドイツ公使館参事ジギスムント・フォン・ビブラ（一八九四～一九七三）によるグストロフの地位の継承を認めた（Ebd., S.61）。

ついで、一九三八年三月のドイツによるオーストリア併合後、『ベルン起床時刻』の四月一二日付の記事が問題となった。すなわち、「濫用された神　大ドイツの大妄想」と題した記事で社会民主党系の同紙は、ヒトラーを狂人とし、「大国の頂点に立つよりも医師の手当てを受けるべし」と結んだ。この記事に対するドイツ公使館の申し入れを受け、「ドイツ国首相への名誉棄損表現」として、連邦内閣は警告を行った。これに対して同紙の編集部は、この記事は通信員のもので、今後はこの通信員の記事を採用せず、「外国事情の批判的見解はスイスの利益と合致する形で行うよう配慮する」とした。他の新聞も、こうした表現は過剰とし、政府の措置に同意した。このケースを通して報道界は、表現の仕方のみならず、必要な報道そのものを自粛する自主規制・自己検閲へと向かうことになる（Ebd., S.86ff.）。

この傾向は、ジュネーブの外国人編集者の新聞『国民ジャーナル *Journal des Nations*』に掲載された、一九三八年一〇月七日付の記事の問題で一層強まる。同記事は、ミュンヘン会談の参加首脳を「豚肉屋クラブ」と皮肉った（Ebd., S.90）。この記事に対して連邦内閣は、一九三四年行政命令の規定を無視して、警告を抜きに三ヵ月の期限付きで初の発禁処分を措置した。そして、ドイツに対する批判的な記事を「信条中立性」違反とするドイツ側の攻撃が続く中で、同年一一月のポグロム事件「水晶の夜」に関する報道は、レーム事件とは異なり完全に控え目に終わった。スイスの報道界はもはやドイツ側の反応が読めなくなり、神経戦の中で麻痺状態に陥ったのであった（Ebd., S.98f.）。そのため、開戦に至るまで報道の自粛が強まり、政府の介入件数は「二ダース」程度にとどまることになった（Ebd., S.64）。

第三は、一九三九年九月八日、欧州開戦と総動員令の発動に対応し、全権委任の権限に基づき連邦内閣により出された、情報報道および出版放送機関に関する「基本閣令 Grunderlaß」である。そこでは、戦時のプレス規制を軍参謀部内に設置する出版放送部署が担当するとされた。すでにドイツ軍のポーランド侵攻三日前の八月二九日、連邦内閣は国境守備隊を招集していた。翌日、国民議会はアンリ・ギザン（一八七四〜一九六〇）を総司令官に選び、議会権限を連邦内閣に委任して全権レジームが成立し、九月二日には軍隊の総動員令が下された。参謀本部はすでに一九二一年より、戦時における一般的事前検閲制の導入を計画していた。軍部の立場では、戦争状態と武装中立宣言との間に区分はなく、この立場で直ちに事前検閲の準備に入った。全土の一三師団に報道担当部署を置き、そこから各新聞社に将校を派遣して検閲を行う体制である（Ebd., S.124.）。

しかし、この軍の計画の実行は報道界と国民議会の反対で押し戻される。一九四〇年一月一六日に新たに基本閣令が発布され、報道界側の五人の代表と軍の出版放送部署との合同委員会を設置し、両者の協議で報道規制を行う体制をとることになった。だが、参謀本部と報道界との間には見解のズレがあり、対立は続く。担当部署の将校たちは、ドイツ側の持続的攻撃に強い危機感を抱いていた。すなわち、スイス報道界は連合国寄りで、「信条中立性」に違反しているとする攻撃である。他方、報道界側はこれを「神経戦」と見なし、「敗北主義」を拒む姿勢にあった。この対立は続くが、同年四月のドイツ軍のノルウェー侵攻で、その先鋒を務めたノルウェー人「クヴィスリング」の名前が「背信者 Verräter」として各紙の紙面を飾った[14]。これにより、ドイツ側の揺さぶりに抵抗する報道界の役割は正当化され、報道界は軍部・警察・住民と一体となってスパイ防止に立ち向かう、「精神的国土防衛」の要となった（Ebd., S.148）。

一九四〇年六月七日には、ドイツ軍のフランス侵攻で緊迫するなか、報道界を代表する国会議員マルクス・フェルトマン（一八九七～一九五八）とアルベルト・オエリ（一八七五～一九五〇）が連邦大統領マルセル・ピレ＝ゴラ（一八八九～一九五八）と会談を行った[15]。ピレ大統領は、ドイツ側のスイス非難の主な理由は報道にあり、そのため軍指導部も事前検閲を行う意向であること、また、ドイツ側がオーストリアと類似の報道協定を迫るか否かは、なお不明であること、いずれにせよ、事前検閲および報道協定に連邦内閣は反対であるが、報道機関にもっと規律と抑制を求める、と主張した。これに対して報道界側の二人は、ドイツとの報道協定はまったく問題外であり、報道規制も既存の緊急令で十分であり、ただ状況に応じた厳しさをもって適用すればよい、とした（Ebd., S.167f.）。

独仏の休戦協定でスイスが枢軸国の包囲下に置かれた六月二三日、ピレ大統領はラジオ放送で、この休戦協定を「平和への道」とし、ナチドイツに迎合する意を表す。こうした敗北主義の風潮に抗して、軍司令部は戦略的重点を国境防衛からアルプス山中の要塞（レデュイ）に移し、徹底抗戦をする新防衛作戦を全軍に指示した。この軍部の抵抗意志やイギリスの頑強な抵抗を報道界は繰り返し伝え、さらにいずれ独ソ戦に至るという見通しにより、敗北主義の風潮を克服する役割を果たした（Ebd., S.178）。

その独ソ戦の開始により、マルクス主義打倒を最大の課題としていた前線派が息を吹き返した。ナチ報道機関も、反共十字軍とナチ党の支配する「新欧州」への賛同を、スイスの新聞に強く迫った。しかし、スイスの報道界は独ソ戦に対しても、完全に中立の立場を保持する。前線派の勢いも限られ、むしろ独ソ戦の越年で戦争の長期化が確実になり、「新欧州」参加拒否・中立維持の国民的アイデンティティは一層強化される。一九四二年二月一日には、総動員下で軍司令官に委託されていた報道規制の最高監督権が、連邦内閣の司法警察省の長官に移される（Ebd., S.242）。

一九四二年末から翌年の冬季には、連合国軍の北アフリカ上陸とロシアの冬季第二攻勢で、戦局は決定的に転換した。それまでドイツの新聞は、ひたすら戦果報道に徹していた。ところが、この冬の二ヵ月間は完全に沈黙し、その空白の期間の後に突如、せきを切って「極度に困難な状況」を報じた。だが、スイスはむしろ軍事的にデリケートな状況に置かれる。ロシアと北アフリカでドイツ軍が攻勢にある限り、「スイス作戦」の切迫感は少なかったが、一九四三年三月にドイツの総統司令部はスイス攻撃を集中的に検討し、ドイツ新聞界のスイス攻撃も一層際立ったからである（Ebd., S.258ff.）。

この勝利の希望と侵入の脅威が拮抗する中で、連邦内閣は前線派を全面的に禁止する措置に出る。すでに報道界からは、共産党系と異なり、前線派に対して寛大な対応に終始する連邦内閣に批判の声が寄せられていた。そのため連邦司法省は、「基本閣令」の規定を超え、個別の記事や活動ではなく「その基本的態度」を理由とする禁止措置が可能か、国法学者ディートリヒ・シンドラー博士（一八九〇～一九四八）に鑑定を依頼する。同博士はイエスの回答を提示した。(16)

すなわち、「枢軸国を擁護し、わが国の中立や国民的特質、またわが政府を闘争相手とする二紙の書き方は、本質的に祖国の信条を掘り崩し、国民社会主義を支持しているスイス人の多くの人々を内面的に背信行動へと促し、外国のエージェントや、すでにスパイ活動に従事している同類の仲間の誘いに彼らは容易に乗ることになる」「これに対する効果的な対処は、この弊害を根本で抑えることによってのみなしうる。かつて共産主義の政党活動がすべて禁止されたように、今や国民社会主義の活動はわが国ではすべて禁止され、既存の政党や支援組織・代替組織は解散され禁止されうる。その理由は、この党の基本的な態度は国家反逆罪 Landesverrat を精神的に促進しているからであり、その根拠は、背信者の多数は国民社会主義組織に属しているか、その政治信条に忠誠を誓っているからである。また外国のエージェントが、この党のメンバーやシンパに意識的に接近している事実も挙げられる」(Ebd., S.269ff.)。

以上、ナチ政権期スイスにおける報道規制に関するヴェーバーの詳細な記述を、その中心点についてのみ整理して示した。一九三四年に始まったプレス規制は、一九三八年一〇月に最初の発禁処分を出し、個別規制を免れて残存していた前線派の一組織と二紙を禁止する一九四三年の措置で頂点に達した。この措置は、コミンテルン支部としてソ連の国家利害と結びついた共産党に続き、ドイツ国民社会主義とつながる前線派の運動を完全に非合法化した。つまり、独裁制を志向する左右両極の政治活動は、外国とつながる自由民主制の破壊活動として禁止され、この禁止措置は戦時の例外措置として正当化されたのであった。

この戦時緊急法制の下で、一九四四年七~九月の報道規制の統計は当局の「苦情」五二五件、「警告」一六一件、「差し押さえ」五件、総計六九一件にのぼった。とはいえ、翌年に入って一挙に半減し、軍事分野を除けば終戦前に、報道規制は大幅に緩和された (Ebd., S.294.)[(17)]。

以上に見た戦時の規制下にあっても、日刊紙と比べ週刊紙の場合は、定期購読よりも街頭販売を中心としていたために、読者の関心に応えようと、より大胆な報道を志向する傾向にあった、と言われる (Ebd., S.194)。『世界週報』が典型であり、幾度も警告を受けながら、ユンクのＦ・Ｌ論説を中心に第三帝国に対する批判的報道を系統的に展開し、内外の注目を引いたのであった。

3　ユンクの博士論文『一八二三～二九年プレス評決下のスイス』（一九四四年）

一九四四年の夏に試問を通ったユンク博士論文『一八二三～二九年プレス評決下のスイス』（刊行は一九四七年）は冒頭に、「友人にしてわが研究の助成者H・L・ゴールドシュミット博士にささげる」と献辞を記す。その末尾には、経歴と謝辞が添えられる。一九三二年春のアビトゥーア合格後、まずベルリン大学哲学部で二学期、パリ・ソルボンヌ大学文学部で二学期、そして幾年か中断後の一九三八年の冬学期にチューリヒ大学で学業を再開し、一九四四年の夏に修了する。主専攻は一般歴史学、副専攻はゲーテ以後のドイツ文学とジャーナリズム学であり、「私のすべての教授に、最大の感謝の義務を負っている」と記す（Baum, 1947, S.207）。

ユンクの博士論文は、親友ゴールドシュミットのそれとは対照的に史料実証主義に貫かれている。文末の史料・文献一覧は、①参考書二五、②史料は未公刊三六（ベルン連邦文書館、各州文書館など所蔵先一六ヵ所）、および公刊史料が新聞二七紙（フランス四、ドイツ一、スイス二二）と雑誌一三誌、③地域史関係一〇、④理念史・歴史一般二四、⑤スイス史六一、⑥プレス史九一（ドイツ一三、イギリス一〇、フランス五、イタリア二、ロシア三など。ただし、言語はロシア語を含まず）の文献であり、リストの合計は二八七点に及ぶ。親友ゴールドシュミットの博士論文はニーチェ全集やヴィルヘルム・ディルタイなどの文献四一点を挙げるにとどまっていた。

親友の思弁的な哲学論文を目の前に、ユンクは一層固く歴史実証主義に徹する気概で臨んでいた。と同時に、ウィーン反動体制（絶対主義）とナチ政権の欧州支配秩序（全体主義）が二重写しになり、かつての自由派言論人に自らの姿が重なり合ったことも、徹底した実証作業へのパトスを与えていたに違いないであろう。

論文の作業内容は、ヴェーバーの枠組みに基づき、その最も重要な時期の歴史的局面を史料で跡づけることにあった。すなわち、クレメンス・フォン・メッテルニヒ（一七七三～一八五九）の反動体制下における言論人の抵抗とスイス民主制成立史の歴史叙述である。全体は九章で構成される。⑴プレスの自由をめぐる欧州の闘争とスイスの中立、⑵スイスに対する不信、⑶危機の年一八二三年、⑷プレス評決の作用、⑸プレスの自由をめぐる州の闘い、⑹プレス評決の動揺、⑺プレス評決の排除、⑻プレスと審議の公開、⑼プレスの自由への最後の介入、であり、最後に「まとめ」が添えられている。

第一章は、以下の問題提起に始まる。「神聖同盟」諸国は一八一五年一一月二〇日にパリで、スイスの永世中立と領土不可侵の誓約に署名を行った。しかし、すぐにスイスのアジール行使と新聞報道に不信を抱き、亡命者の追放と並び、プレスの「言論中立性 Meinungsneutralität」違反を主張してプレス規制を迫った。その要因は、ウィーン会議ではまだ意識されていなかったプレスの重要性が、ナポレオン戦争後に一挙に表面化したことにある（Ebd., S.5)。

すなわち、フランス革命が切り開いた専制に対する自由の闘いは、国王軍に対する市民・国民軍の闘いとして戦場に継承された。そして、ナポレオンの敗北後は、大砲と銃に代わって新たにペンによる自由の戦場が開かれた。この間に、一般教育の拡大、通信と交通の発達、印刷技術の改良により、プレスの新しい役割が準備されていたからである。必要なことはただ一つ、ナポレオン検閲制度の破棄であり、一八一五年一一月二一日付の『アーラウ新聞』は、「ナポレオン帝国の間は、地上のどんな片隅でも自由な精神 freisinnig の言葉は、もはやつぶやき以外発せられなかった。あの恥ずべき時代はついに過ぎ去る」と祝福した（Ebd., S.6)。しかし、この祝福は早すぎた。復古した王権はナポレオン同様、プレスの抑圧に突き進む。そのため、プレスの自由をめぐる闘いは一八三〇年七月革命に至るまで、欧州における政治的および世界観的対立の中心に位置し、政治的自由のための闘いのシンボルとなった。

特徴的なことは、プレスへの関心の広がりと深さであり、新聞を読み公共生活で議論する情熱は熱病のごとく全欧州を覆った。公論 öffentliche Meinung と世論 opinion が今や「女王のごとく文明化された世界を統治」（シスモンディ）し、ブルクハルトがフランス革命の主要な帰結の一つとして示した「あの精神的雰囲気の持続的支配」を、新聞が担ったのである（Ebd., S.7 u. S.9）。

新聞は諸個人・階層・地域の孤立を打ち破り、あらゆる諸国を貫く党派化を進める。ベルンからパリに移り住んだ王党派の論客ハラーは、「我々は今や世界を戦場と見なければならない。一方には開明派ないしジャコバン派、他方にはキリスト教徒と正直者がおり、この二大党派が互いに争う戦場になっている」と友人に記した。

スイスは「神聖同盟」の中の唯一の共和制国家であった。その新聞は一方の党派に属し、革命をもたらす「道徳的感染源」であると列強は不信の目を向け、プレスの戦場でもスイスに中立を迫った。「スイスの中立義務に含められた、この偽りの解釈を押し戻すことは、激しい闘いの後に初めて達成される。内政上ほどではないとしても、外交上も大きな意味を持ったこの闘いを以下の章で描いていく」（Ebd., S.9）。

以上の問題提起に基づき、プレスの自由をめぐる一八二〇年代のスイス年代記が克明にたどられる。内容的には、四つの時期に整理できる。まず第一期（第二、三章：一八二〇～二三年）はウィーン反動体制の圧力で一八二三年のプレス評決に至る経緯であり、第二期（第四、五章：一八二三～二六年）はこのプレス評決（検閲）の実施に関わる各州の動向であり、第三期（第六、七章：一八二七・二八年）は各州の自由派の抵抗と反撃であり、第四期（第八、九章：一八二九・三〇年）はプレス評決の破棄とその後の経緯である。以上の各局面に関し、要点のみに触れる。回状、回答、書簡、手紙、議事録、新聞記事など、時代の息吹を感じさせる原文が大量に引用されているが、以下ではすべて省略する。

まず第一期、欧州政治の焦点は、スペイン、ナポリ、ピエモンテなどでの立憲派の台頭と「神聖同盟」の対立にあり、共和国スイスはその狭間に置かれた。すなわち一八二〇年一一月に列強はトロパウで「予備議定書」に署名し、統治形態の非合法的変更は認めず、隣国の脅威となる場合には平和的に介入し、さらに必要ならば強硬手段も辞さないことを決めた。これにより、革命を制圧する国際法上の正当化根拠を得た列強は、各地の自由主義運動に介入していく。スイスに対しても、亡命者の受け入れと新聞に猜疑の目を向け、密使を送って自由派の動向を探った。しかし、その密使が残した報告は、ツショッケらの自由派は穏健であり、革命運動と亡命者の結びつきも見られない、という内容だった。

列強を動かしたのはいわゆる「陰謀派」であり、武力介入による政権獲得を彼らは狙っていた。首謀者のハラーは、一八二一年にカトリック改宗のためベルンから追放されてパリに移ったが、一八二〇年から年々激しくスイス攻撃の論陣を張った。その影響を受けてオーストリア皇帝フランツ・ヨーゼフ（一七六八〜一八三五）は、一八二二年一二月、独仏の使節にスイスの危険性を説いた。かくて一八二三年一月、誓約同盟の盟主 Vorort が保守的な貴族支配都市ベルンに移った直後[18]、墺普露三国のスイス使節が個別にベルン州知事 Schultheiss ヴァッテンヴィールを訪問し、亡命者追放とプレスの規制を求めた。この異例の口頭での申し込みに抗議することなく、ベルン盟主政府はプレス問題に関し、一月一六日の回状で各州に以下のように伝える。「祖国の一層高い利益のために」「公共の紙誌は激しい党派精神に奉仕したり、列強の政治について適切でない表現を流布する手段とならないように」。

これに対して、各州から特に反対の声はなく、これで嵐は過ぎ去ったと見なされた。しかし、ギリシャ解放戦争へのシンパシーが広がるなか、メッテルニヒの頭からは革命への恐怖が離れず、上記の使節たちによって再度申し入れが行われた。そのため、三月一〇日盟主政府は、有力な新聞をもつ諸州に書簡を送り、外国の政治に介入しないことが「政治的賢明さの不可欠の掟」として、「無条件の言論中立性」を求めた（Ebd., S.24f.）。この要請に対し、シャフハウゼン州のみが抵抗し、たとえ「外国の問題」の検閲であれ、検閲を受けた新聞は読者にとって価値のないものとなる、とした（Ebd., S.29）。ともかく、各州の反応は鈍く、特に西部諸州の態度に不安を抱いた盟主政府は、閣員フィシャーを派遣して説得にあたった。

その間に、スイスの代表を接見したオーストリア皇帝は、カルボナリ党員などの保護を止めないなら軍事介入もありうると警告を発し、墺国使節フォン・シュラウトは再度、スイスのプレスとアジールに対する苦情の申し入れを盟主政府に行った。さらに四月、パリの使節会議で列強は、政治的違反行為に問われている亡命者の追放をスイスに求めた。

こうした事態を受け、一八二三年に同盟会議はプレスと外国人の監視を中心議題とした。七月九日の開会演説で議長ヴァッテンヴィールは、共同の取り決めを提案する盟主政府の意図を示す。すなわち、州法や憲法と矛盾する異例の全権を得るためではなく、まったく逆であり、そのような責任を免れ、将来的に「この種の国家警察事項」への盟主政府の関与を少なくするためである、と。その後の委員会審議では、提案を受け入れる空気が支配的で、州への単なる、しかし緊急の勧告として全員一致の方向が目指された。つまり、プレスの自由という原則の問題は明確であるが、その悪用に対する予防措置が必要である、と（Ebd., S.51）。

そうした立場から、プレスに関する委員会提案は二点にまとめられる。第一点は、プレスが国外の問題に触れる場合は、友好諸国に対する責任ある敬意に違反する、ないし根拠のある抗議のきっかけを与えるようなことは、すべからく用心して避けること、第二点は、こうした違反に対し、単に繰り返しを処罰するのみならず、その予防を目指すこと、である。七月一四日の同盟会議で、プレスと外国人事項は別々に議決にかけられ、大多数の代表は賛成し、保留して州に持ち帰った二州からも七月中に賛意が表明され、単年度更新のプレス・外国人評決が発効する。

第二期、プレス評決の実施について、最初の適用はイタリアにおけるオーストリアの支配を批判し、オーストリア皇帝の統治を「残酷以外の何ものでもない」と評した一八二三年九月三日付『真実の友 *Ami de la Verieté*』（ヴァート州）だった。この記事へのオーストリア側の注目、墺国使節シュラウトの盟主政府への抗議、盟主政府からヴァート州政府への伝達、そして九月二四日のヴァート州政府による同紙の永久発禁処分という経緯について、多数の史料を引用して詳細に記述される。同時に、警察の密使報告から、「外国のつけ込みに対する服従」とする、発行地ローザンヌの住民たちの反発の声も示される（Ebd., S.63–65）。

また、国外報道を規制するプレス評決は国内記事の監視強化にもつながる。すでに二つのプレス評決が、一八二三年以前に行われていた。一八一六年の宗教および一八一九年の内政（他州政府）に関する中傷の禁止である。これらの評決に基づく報道規制も強まるなか、自由派は外国紙との結びつきを強める。『新チューリヒ新聞』の編集者ウステリは、州政府メンバーのみが知りうるプレス・外国人評決の議事録を、『アウクスブルク一般新聞』に流して掲載する。バーゼルでは、この新聞が最もよく読まれていた。「検閲レジーム」の下でスイス紙の読者数は減少し、資産ある者はパリの『立憲制 *Le Constitutionnel*』など外国紙の購読へと向かっていた。この時期、スペイン共和派の敗北など反動の勝利により、自由派の老闘士たちは深い幻滅の中にあった。しかし、より若い世代の支援を得て立ち直り、革命によらず持続的な言論闘争で、プレス規制からプレスの自由レジームへと漸次的な移行を図る。そこには、スイス特有の前提条件が存在していた。

すなわち、一八二三年のプレス評決は、パリ七月革命で破棄されたジュレ・ド・ポリニャック（一七八〇〜一八四七）のプレス勅令のようなゲヴァルト法令ではなく、外交の危機を理由に全州一致で取り決めた例外措置であった。[19] 各州政府にとり、この評決は自己の主権を損なうものであり、国外の政治状況が変化すれば不要だった。そこで、すでに州憲法でプレスの自由をうたっていたアールガウ、ヴァート、ジュネーブ三州をはじめとして、州レベルの動向が焦点となる。

例えばアールガウ州の場合、プレス評決を受け入れ、一八二三年八月に州内閣決定で国外報道の規制を行った。さらに、これだけでは不十分だとして一八二四年二月に「宗教、道徳、公共秩序」に反する報道の規制を決める。これに対して州議会は、法案の議決抜きの規制は不可として反対した。しかし、州政府は法案を提出せず、「国内事項」の検閲でもその全権を行使した。そのため州議会は再度、反対表明を行った。検閲官の規制は厳しく、著名な出版業者ザウアーレンダーは検閲の緩和を州政府に訴え出ていた。この訴えは退けられるが、州議会および出版業者の抵抗により、州政府は一八二七年以降は一八二三年評決の廃止に賛成する立場に回った（Ebd., S.81-83）。

ジュネーブ州では、一八二六年初めに『ジュネーブ・ジャーナル *Journal de Genève*』が創刊され、州政府や州議会の議事録を初めて報道した。その報道記事は、同年九月から翌年三月にかけ、同州におけるプレス法案の作成と審議の過程を詳しく描写した。その法案はプレスの自由の原則をうたい、同時に外国および宗教に対する攻撃の規制を温存していたが、五月二日までに州議会で一三回の審議と部分修正を重ね、一〇二対一三の圧倒的多数で可決された。穏健な自由派系の『ジュネーブ・ジャーナル』も、この法案をプレスの自由への前進として評価した。しかし、ウステリは批判的で、ジュネーブの例が他の州で模倣されることを恐れていた。たしかに、このジュネーブ・プレス法は、例外状態という現状に対しては進歩であったが、完全なプレスの自由を求める新しい動きに対しては、大きく立ち遅れていたからであった（Ebd., S.104）。

第三期は、一八二八年にかけてプレス評決の更新に抵抗した、その他の諸州の動向が追跡される。この動きを担っていたのは、ウステリら老自由派に加え、外国の大学で学んで帰ってきた若い世代の自由派である。ルツェルンのカシミール（一七九四～一八七五）とエドゥアルト（一七八二～一八三四）のプファイファー兄弟ら、自由の「時代精神」に染まった次の世代であり、自由派には有能な後継者が数多く現れる。[20] 他方、保守派は後継者を欠いていた。特に重要だったのは、新旧自由派言論人の横の結びつきであり、「ヘルヴェチア協会 Helvetische Gesellschaft」のメンバー数は持続的に拡大して一〇〇人を超え、一八二〇年代を通してプレスの自由が中心テーマとなった。[21] その集会は、いわば「対抗同盟会議」の性格をもった。さらに、国際的なネットワークが広がり、例えばバーデンの自由主義者カール・フォン・ロテック（一七七五～一八四〇）は、一八二八年五月三〇日付の手紙でカシミール・プファイファーを激励し、プレスの自由に関する彼の一八二〇年の議会演説を教示した。[22] この時代、スイスは欧州旅行の中心地となり、各国自由派の出会いの場でもあった。

こうした自由派の動きに対し、カトリック州ゾロトゥルンなど「貴族支配」の諸州では、とりわけ宗教・外国報道の規制を中心に、プレス規制の強化が追求される。一八二八年の同盟会議に向けた回状でチューリヒ盟主政府も、外交文書の濫用に関する新評決を議事四二として提案した。その発端は、前年八月の同盟会議におけるグラーデンビュンデン州代表の発言にあった。すなわち、領土問題に関する同代表の同会議で行った説明が、数日後には『アウクスブルク一般新聞』に出て迷惑した、という発言である。この問題をベルン州代表がすぐに取り上げ、類似の例を示した。他の州代表からも同様の指摘があり、この問題を次の同盟会議の議題とすることが可決されていた。この件に限り詳細な議事録があり、また、この件でベルン州政府に墺側の働きかけがあったことは、墺使節フォン・ビンダーのメッテルニヒ宛の書簡から明らかである（Ebd., S.128）。

かくて、同盟会議・盟主・州の外交文書は、当該機関の許可を得た後にのみ公表可能という、新たなプレス規制の提案が世論の注目の的となった。というのも、外交文書の公表者がウステリであることは周知であり、彼がどのように答えるのか、誰もが固唾をのんで見守っていた。「プレスの自由の支持者の中にも、外交文書の早期公表はプレスの自由の境界を越えると考える者もいた」からである（Ebd., S.129f.）。

だが、この問題は自由派を脅かすよりも、プレスの自由の決定的な勝利への道を開く。議事四二に関するチューリヒ州議会でのウステリの演説は、印刷され翻訳され、ほとんどすべての新聞に詳しく引用され、プレスの自由に関する議論の新しい頂点を記した。すなわち、すでに見た「公開性は自由な国家の本質である。……」（本書二六五頁）という演説である（Ebd., S.130）。

同様に、ルツェルン州議会でもプファイファー兄弟が例外なき完全なプレスの自由を主張し、スイス全土に大きな反響を得た。かくて一八二八年の同盟会議で、プレス評決は初めて全州一致を得られず、一七州のみの賛成に終わった。最初は一三州の賛成のみにとどまり、全州一致のために大きな努力が払われたが、その結果がこれであった。しかも、ルツェルン州の賛成は本年限りで、一年後には州のプレス法を制定するとしていた。アールガウ州以外にも、バーゼルやザンクト・ガレン州など四州は最後まで反対であった。評決 Konklusum は全員一致を原則としたから、厳密に言えば一八二八年の同盟会議でプレス評決は解消し、単なる一七州の「決議 Beschluß」として、結論を翌年まで引き延ばしたにすぎなかった（Ebd., S.133）。

第四期は、プレス評決の破棄と最後の巻き返しである。まず、ベルン盟主政府は一八二九年二月二六日の回状で一八二三年当時の考えをそのまま維持して、「近隣関係や外交関係における攪乱作用をできるだけ退ける賢明さと用心が必要」とし、言論中立性の立場でプレス評決の更新を各州に求めた。しかし各州では、短期の間に決定的な変化が生じていた。その要因は、なによりもフランス自由派の前進、ギリシャ解放戦争の進展、モデルとしての英米のプレスの自由などで、「神聖同盟」の無力化が進んでいたことにあった。この二月の回状から七月の同盟会議まで、各州の議会でプレス法の制定が焦点となった。例えばルツェルン州では、六月二六日の州議会で法案委員会が設置されて審議に入り、「ルツェルン州で承認されたプレスの自由に従い、他人や国家の権利を侵害しない限り、その思想を各人は印刷物やその他の方法によって表明する権利をもつ」（第一条）とする法案が、七〇対三で可決される。老闘士ツショッケは『スイスの使者 *Schweizerbote*』紙で、「これまでスイスで出された、プレスの濫用に対するあらゆる法律の中で、最も公正で公平なもの」とこれを称賛した（Ebd., S.151f.）。

ただし、このルツェルン州のプレス法は、プレスの自由をうたいつつ、その上でその濫用を規制する特別法だった。同様にチューリヒ州でも九人の法案委員会が設置され、一二七対一七の圧倒的多数でプレス法が可決された。しかし、その反対者の中にはウステリら自由派の闘士が含まれていた。「プレスの濫用」という違反行為を規定する特別なプレス法を、彼らは一切不要としていたからである。そのため、左右の両極の議員が共にプレス法案に反対する、奇妙な状況がチューリヒ州では生じていた（Ebd., S.148）。

一八二九年の同盟会議の議長ヴァッテンヴィールは、その開会演説を以下のように結んだ。「我々のところでプレスの自由がどのように形作られているにせよ、それはスイスの大地にある他国の植物であり、たしかに良き果実をつけうるが、その変種や奇形により悪しき果実もつけうることを告白しなければならない。後者をできるだけ阻止することが、差し迫って必要である」と（Ebd., S.157）。これに続く討論で、いくつかの州代表から「プレス免許」の導入が提案された。

これに対し、ルツェルン、ヴァート、ジュネーブなど七州の州代表は、プレス評決の更新や「プレス免許」に明確に反対を表明した。K・プファイファー演説は、スイス非難をたびたび行う独仏の保守系新聞を引き合いに出し、「中立とは両サイドの条約であり、相互の義務がある。ところが評決は一方の側にのみ、我々にのみ義務を課す。この弱みを前向きにひっくり返すべきではないのか！」と主張した（Ebd., S.158）。結局、ゾロトゥルンを除く二一州の代表が、「一八二三年七月一四日の特別の評決は停止され、承認されない」、プレス・外国人警察事項は「再び完全に諸州のものとなる」という決議に賛成した。

こうして、プレス・外国人評決は破棄される。しかし、それはプレスの自由という思想の勝利というよりも、州の権利意志の勝利であった。そのためプレス規制の支持者たちは、直ちに新たな取り締まり評決の準備に入った。現在の目から見れば、この決議はプレス強制の終わりの始まりであり、プレスの自由への不断の発展の開始点になったこと、明白である。しかし同時代人には、それほど明確には意識されていなかった。

墺国スイス使節ビンダーはメッテルニヒ宛の書簡で、この会議の決定は自由派への譲歩ではあるが、これによってむしろプレスの自由の運動をうまく抑え込むことができた、と伝える。ベルン盟主政府も一八一六年および一八一九年の評決に基づき、なお宗教・内政の問題について報道規制の権限をもつと考えていた。特に『アペンツェル新聞』が問題で、ベルン州知事フィッシャーは、この新聞をフランスの資金で発行される反スイス紙と見ていた[23]。この新聞の「悪しき精神」を排除すべく、一八二九年一二月末にベルン盟主政府はアペンツェル州政府に「異議申し立て」の書簡を送った。対象となったのは、同紙一二月二六日付の記事にあった「アブラハムが差し出した息子を神はさげすまれた」という一文で、これを神の冒瀆と見なし、「決定的な意志をもって効果的な措置を取る」よう州政府に迫った。

アペンツェル州政府は一八三〇年一月一一日に、回答の権利は州議会に属すとし、州議会開会の二月待ちとなることを伝える。この件は『アペンツェル新聞』側にも伝わり、同紙はベルン盟主政府の申し立てを皮肉る記事を一月一六日に掲載した。この記事はまさしく国家行政の秘密保持という盟主政府の主張する原則に反していたから、盟主政府は非難めいた第二の書簡をアペンツェル州政府に送った。盟主政府のこの一つの州への介入が知られると、自由派各紙は一斉に書き立てた。盟主政府が非難する当該箇所は何らキリスト教を侵害するものではなく、自分に向けられた批判へのいら立ちを示すものにすぎない、と。その結果、アペンツェル州政府は二月八日付の書簡で、ベルン盟主政府に対して完全拒否の回答を示すことができた。

しかも、この問題は表ざたになっていたから、盟主政府はアペンツェル州政府との間の書簡を、回状で全州に回すことを余儀なくされた。そのため、公的事項の秘密保持という盟主政府の原則は崩れ、盟主政府側が働きかけた防衛措置は、プレスの自由の完全勝利という逆効果に終わったのであった（Ebd., S.180）。

もう一つは『新チューリヒ新聞』事件である。発端は一八三〇年八月一四日付の記事であり、フランスから帰る約一千人の男性を兵士として雇用するベルン盟主政府の計画は、農村部の不穏対応のためではないか、と同紙は伝えた。これを盟主政府は「愚劣な疑い」として、チューリヒ州政府に訴え出た。だが同州政府は、同州プレス法を一部添えて、もはや当局 Obrigkeit のプレス規制の時代ではないことを示唆しつつ、名誉棄損の管轄権は裁判所にあるとの回答を行った。これを受けて盟主政府は対応を協議し、九月一七日にベルン州内で同紙を禁止する処分を出す。それでも足りず、九月二一日には連邦首相名で回状を出し、貴族支配体制の変更を求める新聞に厳しく対応するよう、各州に求めた。しかし効果はなく、さらに翌日、通常の盟主政府の書式で回状「危険な傾向のスイスの新聞　プレスの濫用」を出し、以下のように各州に求めた。「スイス当局に対する蜂起やスイスの体制 Verfassung の倒壊をあおる少数の国内新聞の編集部」に対して、「他州への攻撃をすべて止めさせ、スイスの平穏を危険にさらしうる一切の攻撃を阻止すべく」「自ら適切な警戒と用心をするように」と（Ebd., S.188）。

この回状は、一八二三年三月および五月のそれとは逆の結果に終わった。大半の州は儀礼的に賛成し何の措置も取らないか、あるいは無回答で無視した。チューリヒ州のみは明確に反対し、一〇月五日付の書簡で「抑圧的手段や例外的監視措置を行う考えは、もはや我々の身近にはない」と回答した（Ebd., S.188）。同じ日、ウステリは友人フレデリック・ド・ラ・ハルペ（一七五四〜一八三八）に手紙を出す。[24] そこで彼は、長く待ち望んできた進歩への確信と自由イデーの勝利への誇りを語った。その前日、墺国使節ビンダーがメッテルニヒに宛てた手紙は、スイス国民監視の役割が終わったことを自覚し、別の部署への異動の懇願で結ばれていた。この二つの手紙の引用をもって、本文は結ばれている。

そして、最後の「まとめ」で、以下のように簡潔に総括される。

「この評決の時代にスイスは、たしかに難民問題では妥協の傾向を示した。外国の介入のいくつかは、はねつけるべきであった。しかし他方で、自己の言論とプレスの自由のためには、この評決の歳月に決定的な闘いがなされた。この闘いにより、外国の介入のために使われるスイス・プレスの言論中立性という要求は、もはや役立たなくなった。言論中立性の自認を厳格に拒否すること、そのことによってスイスのプレスの自由の闘士たちは、中立条約の一解釈を時宜にかなって成功裏に拒否しえたのであった。この抵抗なくば、その解釈が通用し、誓約共同体の独立を後々まで脅かしたであろう」（Ebd., S.192）。

この論文のキー概念とされた、「言論中立性」は史料用語ではない。同時代のナチ政権のスイスに対する用語「信条中立性 Gesinnungsfreiheit」を、「神聖同盟」の要求に置き換えた分析用語である。内容的には等しく、専制政治に対するスイス・プレスの自由な報道を「中立性」違反とし、スイス当局に検閲を求めるプレス規制の概念である。つまり、この分析用語の措定により、全体主義と復古・絶対主義、欧州を支配するナチドイツとウィーン反動体制は、歴史的に平行関係に置かれた。まさしく、ナチドイツの「信条中立性」の圧力の下、慎重を期して非合法に第三帝国論を展開したジャーナリスト・ユンクの立場は、一〇〇年の時を超えて、絶対主義の抑圧に抵抗した自由派言論人たちの姿と重なり合っていた。そこから、一八二〇年代スイス・プレス史の基本的な分析概念として、この用語が考え出されたのであった。それゆえに、いわば自画像を掘り下げるがごとく、自己のジャーナリストとしてのルーツを探るがごとく、過去の抵抗ジャーナリストたちの集合的自画像を浮き彫りにする徹底した実証主義の歴史研究が、厳しい日常の中で貫徹されえたのである。

おわりに

その実証的な研究水準の高さゆえに、ユンクのこの学位論文は現在も、一八二三年プレス評決に関する古典的研究の地位を占めている。(25) だが、親友ゴールドシュミットとは異なり、ユンクは教授資格論文に取り組むことはなく、学者への道を歩もうとはしなかった。それは、なにゆえなのか。もちろん、匿名F・L論説の反響により、ジャーナリスト、より正確には政治批評家 Publizist としての自信を持ったことは疑いないであろう。しかし、学位論文を通して得られた、プレスの自由とジャーナリズムの役割に関する以下のような歴史認識こそ、この使命の重要性を確信する一層重要な要因であったと思われる。

すなわち、第一に、学位論文が検証したのは、革命的暴力によらない、言論戦によるプレスの自由と民主制への平和的移行という、スイス固有の歴史事象であった。たしかに、王権を打倒したフランス革命により、専制と検閲から自由なプレス（出版・報道）の開花への、近代の民主制とジャーナリズムへの転換点が画された。この場合、「自由なプレス」はまさしく「自由な言論」に他ならない。しかし、ナポレオン戦争から王政復古へ、欧州大陸で言論規制は再建・強化される。これに対してスイスでは、革命期の自由イデーを継承する言論人の抵抗と、このイデーの次世代への継承により、自由派言論人のネットワークとプレスの自由の広い市民的公論が形成された。これにより、革命によらず議会制の手続きを通して、プレスの自由と議会政治の公開性が実現される。ここに、一八三〇年パリ七月革命を待たず、民主制への軌道が敷かれたのである。

第二に、それを可能とした要因として、誓約協同体の共和制・議会制という伝統と共に、個人イニシアチブに発するプレスのいわば構造的多元主義という特質が決定的に重要である。小規模な各州のレベルで、地域に密着した新聞が多数発行され、州議会審議をはじめ地域政治から外国事情まで、市民の知的関心を喚起する報道と批評の輪が広がった。スイス国制に対応する地域的および文化的な差異のみならず、政治的にも自由派と保守派の対立があった。この差異と対立、価値観の違いを超えて、地域レベルから言論戦が積み上げられ、プレスの自由への政治的な決着がつけられた。この過程は、まさしくゴールドシュミットのいう批判哲学の、「対話 Dialog」ベースの政治的実践を表現するものに他ならない。特定の価値観を絶対化することなく、批判的言論により公論を形成し、討論から決定へという民主制の手続き的合理性（公開性）を担保するからである。

したがって第三に、この過去のスイス特有の先例は、現在の全体主義に対する闘いの普遍的なモデルとなりうる。革命や戦争の暴力によって専制政治を排除しても、フランス革命が古典的な例証であるように、暴力は暴力の連鎖となる。それを断ち切り、安定した民主制を方向づけるのは、暴力によらない市民的公論の力であり、そのコアに個人イニシアチブに発するジャーナリストが位置する。その批判哲学の実践によってのみ、全体主義を克服する道が開かれるのである。

以上のような歴史認識は、疑いなくユンクにジャーナリズムへの確信を与えたはずである。先に見たように、ユンクは親友二人に常に「大文字の仕事」を求められ続けていた。また、自身が記していたように、ドイツ語文化圏におけるジャーナリスト軽視の風潮を自覚していた。そうした状況の中で、自らの歴史研究を通してユンクは、ようやく政治批評の作業も「大文字の仕事」たりうるとの確信を得たと言ってよいであろう。近代民主制の背骨としての、近代ジャーナリズムを現代に継承し、全体主義に対抗して自由民主制を持続・発展させる政治的言論の使命であり、この仕事も人間性《ヒューマニティ》に帰依して普遍的な価値創造に貢献する一つの仕方でありうるという、心に秘めた確信であった。

第6章　第三帝国の終末を越えて

——一九四五年のユンク論説——

はじめに

一九四四年六月の英米軍のノルマンディー上陸から翌年五月のドイツ降伏と八月の日本降伏を経て一一月のニュルンベルク国際軍事法廷に至る時期、ユンクの活動の中心舞台は米戦略情報局（ＯＳＳ）ベルン支部にあった。第4章ですでに触れたように、「アメリカの声」のラジオ放送のためにドイツ関係の情報を整理・分析し、正確な知識《インテリジェンス》にまとめて上司のアレン・ダレスに報告する作業である。具体的には、ユンクが英文の原稿を作成し、それをソフィー・レーガンが正しい文章に直す共同作業で、じきに二人は恋仲になった。

ダレスは一九四二年六月に発足した米戦略情報局の欧州総局長に任ぜられ、同年一一月ベルンのアメリカ大使館に到着し、事務所を借り上げて一九四三年から本格的な活動に入った。事務所に常時出入りするのは十数人ほどだが、情報提供者の数は数百人だった、という[1]。

ユンクもこのダレス事務所の一員となる。収容の時期を間にはさんで、すでに一九四三年の春に事務所から連絡があり、同年末、ベルンに移って間もなく再度の連絡があり、招かれて事務所に出向いた、という（Jungk, 1993,

S.193）。ダレスはスイスにおける最も重要な情報提供者の一人として、すでに一九四三年一月にギゼヴィウスと最初の秘密協議の場を持ったというから、ギゼヴィウスを通してユンクのことを把握し、接触を図ったと推測される。(2)

同時にユンクは、「収容措置」の行政処分の下にありながら、ロンドンの週刊紙『オブザーバー *The Observer*』通信員の地位を得る。ユンクは自分の情報を少数の記者に提供しており、その一人が同紙のスイス通信員ジョン・キムへ（一九〇九〜九四）で、彼が異動になり、自分の後任にユンクを推薦したという（Jungk, 1993, S.204）。

さらに同年秋には『世界週報』の依頼で九年ぶりにドイツに入り、戦後のドイツとニュルンベルク裁判に関する論説を合計五本掲載した。かくして、『世界週報』の「ドイツ」欄でF・L論説が復活を遂げるとともに、世界記者としての「ロベルト・ユンク」の第一歩が踏み出される。ただし、論説の主題はドイツ論で、なお「第三帝国」報道の延長線上にあった。

以下では、引き続きゴールドシュミットへの手紙とスイスの当局側史料に基づきユンクの個人的な歩みを追跡しつつ、第一に、戦後における寄稿活動再開への道のりをたどり（第1節）、第二に、ドイツ降伏前の『オブザーバー』スイス通信員記事四本（第2節）、第三に、ドイツ降伏の前後に同紙上で初めて登場した、ユンク署名の論稿二本を見る（第3節）。そして、ポツダム会談から第二次大戦の終結を経た後の、ユンクの秋のドイツ取材旅行を追い（第4節）、最後に、その敗戦直後のドイツの取材論説五本（『世界週報』掲載）を検討する（第5節）。この一九四五年という戦後史への転換の年、第三帝国崩壊の現場で何を考えたのか、ユンクの内面を垣間見つつ、ナチ政権の歴史的決算と同時に戦後への視線を見定めたい。

1　論説活動再開への道のり

一九四四年の秋、すでにパリやマルセイユはナチ占領者の手から解放され、イタリア半島では英米軍が北イタリアに進攻し、東では赤軍がワルシャワに迫っていた。ドイツ国防軍と武装親衛隊はなお頑強に戦いを続けていたが、一九四四年七月二〇日のヒトラー暗殺未遂事件への関与で多くの著名な軍人が処刑され、ロンメルも自殺を余儀なくされ、もはや第三帝国は風前の灯火であった。自伝によれば、ダレスの事務室に呼ばれたユンクは、「ボブ、アイデアをくれたまえ」と初対面で親しげに米国の対独戦後政策の構想を求められた、という。これに応え、「実りの穂束」と銘打った戦後構想を提出したことは前述した通りだが、もちろん主要な業務はドイツの動向に関する情報分析にあった（Jungk, 1993, S.195）。

この時期、一九四四年一〇月一〇日付の手紙でユンクは、ゴールドシュミットに以下のように近況を伝えている。「今月は［送金が］少し遅れた。母はついに自由になった。法務委員会により名誉回復され、ムーリでの滞在許可が得られた」「僕について言えば、そう多くの新しいことはない。毎日が労働と恋愛。近いうちに君とチューリヒで会いたい」。短文ではあるが、ダレス事務所の給与でゴールドシュミットに毎月借金を返済できること、母ゼリが自由の身になりベルン郊外のムーリに住むユンク宅に身を寄せられること、ユンク自身は事務所の仕事と恋の日々であること、そうした生活再建の様子をうかがうことができる。

そのほぼ一ヵ月後の一一月七日付の手紙は、以下のように記している。「ありがたいことに、やっと普通の状態に戻りつつある。今や再びボブが、合法的になる道が開けつつある。スイスおよび中欧における『オブザーバー』の通信員になる申し出を受けたからだ。だから、彼はきっと労働許可を得る。しかし、もうしばらく時間がかかる。［博士論文の］試問が終わって以降、あまり仕事がなく無駄にすぎた。この発展の時期に時間を浪費することになったのは、なんともどかしい感じだ。君はどうかな。満足しているかな」。

この手紙の直後に、おそらく戦後への希望を記したゴールドシュミットの手紙が届き、翌日の手紙（一一月八日付）でユンクは以下のように答える。「いくつか一致できない。僕は失望している。戦争があまりに長く続き、……フランスでのように権力政治家が善良な勢力に先んじている。戦争の只中にあるソ連映画を見たが、その妥協なきミリタリズム賛美に驚愕した。僕たちが新しい道徳的基礎を作り上げないと、じきに同じことが繰り返されてしまう」。ユンクはこのように、戦争の惨禍にもかかわらず権力政治とミリタリズムの強まりがフランスやソ連で顕著に見られることを危惧し、そうした風潮の戦後への影響を恐れた。

続いて、「明日から一週間ジュネーブに行き、国際連盟図書館で仕事をする。ソフィーは相変わらず魅力的で親切だ。母も当地にいて、僕は満足すべきだろうか。しかし、満足はできない。チューリヒへの旅は今は難しく、特別の許可なしに日を越える旅をすることは禁止された」。自伝によれば、ユンクはジュネーブの国際赤十字に赴き、空爆に対する民間人のための安全地帯の設置を戦争当事国に働きかけるよう訴えた、という（Jungk, 1993, S.203）。成功はしなかったが、実際、一九四四年六月の連合国軍のノルマンディー上陸後にドイツへの空襲は激化していた。大都市から中小の市町村へと、大半はこの時期以降の空襲で被害市町村の数は一千余に達し、特に小規模な市町村の被害が際立った(3)。日々その情報を目にし、思い立った行動だったと思われる。ただ、ゴールドシュミットはユンクの政治的な活動をなお案じていたから、ジュネーブ旅行の真の目的は記されなかったのであろう。

そしてクリスマス前の手紙（一二月一六日付）で、「僕はまだ息をつけない状態だ。逆風でほとんど転覆しそうだ」とし、さまざまなトラブルがあり、それはソフィーの父親の画策ではないか、との憶測を親友に伝えた。

年が明け、第三帝国の崩壊が迫った一九四五年三月六日付の手紙では、「君が立ち寄れなかったのは残念だ。僕たちの新居を見てもらえたのに。一度、ベルンで講演のアレンジをできないか。そうしたら、僕たちのところで泊まれる」と、新しい住居に移ったことを知らせる。また、追伸では、「ソフィーはパリに異動しなくてすむかもしれない。僕がどんなにうれしいかわかるだろう」と記した。

以上、一九四四年の夏から翌年五月に至る第三帝国の崩壊期、ユンクはダレス事務所の勤務で確実な収入とともに身元保証の後ろ盾を得、また母ゼリも自由の身となってベルン郊外ムーリでの同居が可能になった。さらに、『オブザーバー』スイス通信員としての労働許可が公式に得られ、ほぼ行動の自由を確保したことは、当局側の史料からも確認できる。

まず、一九四四年一〇月一七日のベルン報道通信局の検察庁宛文書（Baum, 22）は、第一に、「稼得労動禁止の違反で強制収容」されたユンクが「相変わらずジャーナリスト活動をしている」、第二に、世界通信代理のドゥーカス通信社への配信は現在は停止されている、第三に、「バウムは収容措置にもかかわらず、最大限の自由を享受するすべを心得ている」としている。この指摘から、ユンクは公然とダレス事務所で働き、それをスイス当局も事実上容認していたことは明らかである。

さらに報道事務所は一九四五年一月一三日付（Baum, 23）で、『オブザーバー』通信員としてのユンクの労働許可に関する決裁を出した。一九四五年六月三〇日までの期限で、「この労働許可はバウム氏の報道の適切さを信頼して発行される」。同席したユンクも、「この特別の信頼を自覚し、自分の記事はすべて電文検閲に服している」と述べた。その上で、「現在の立場［収容］は継続する。しかし、許可された稼得労動のために一般的な旅行許可が与えられる」とされた。すなわち、収容の法的処分は継続しているが、ジャーナリスト活動と移動の自由が認められたのである。

2　『オブザーバー』通信員の記者活動

この時期、『オブザーバー』通信員としてのユンクの「ジャーナリスト活動」は、スイス発の通信員記事四本、そしてドイツ降伏後の「バウム＝ユンク」の署名記事二本を確認できるのみである。それも、本格的な論説は一本のみで、残り五本は短い記事であり、F・L論説に相当するような論説活動の本格的な再開は、第5節で見る一〇月以降のことであった。

まず、「スイス発通信員」名の記事「ディトマーの発言は平和の探りか」（二月一一日付）がある。ドイツ軍の報道官クルト・ディトマー将軍（一八九一〜一九五九）の国内向けラジオ放送の解説であり、以下に全文を示す。

「先週のラジオ放送でディトマー将軍はドイツを、どん底に転落する危険の中にある綱渡り人になぞらえた。その興味深い背景を、中立国の外交官の報告が教えてくれた。それによれば、この放送はナチ党と国防軍最高司令部との間の四日間にわたる交渉の結果出されたものであり、その間に二度の変更があった。

この議論には、ナチ党の高級将校と外務省の専門家が参加していた。まだロシアに占領されていない地域の破滅的な食糧・住宅事情を、ナチ党の地方支部が詳しく報告して最高司令部の主張を支持したために、ナチ党は屈しなければならなかった。

ナチ党の穏健サークルは、政府を国防軍最高司令部に委ねる可能性を議論した。ディトマーの発言は、軍部サークルによってつくられる新政府と連合国は交渉する用意があるのか、暗黙の問い合わせと考えられる」。

以上、地上戦と空襲によるドイツの破壊情報に日々接するなか、イタリアと同様にドイツの場合も新政府の設立による連合国との交渉の道を開けないかという、早期停戦への思いが込められた記事である。この記事の情報元「中立国の外交官」は特定できないが、ギゼヴィウスないしダレス関係の情報源と考えてよいと思われる。ギゼヴィウスはシュタウフェンベルク参謀大佐のクーデター計画に加わるべく、その本拠となるベルリン・ベントレー街の国内予備軍司令部に出向き、ヒトラー暗殺の失敗を確認してすぐに潜伏し、偽造旅券やビザの手配などダレスの手によって救出され、一九四五年一月二三日にスイス国境に無事たどり着いた。のちに見るように、この一月末にユンクはギゼヴィウスと会い、七月二〇日事件の話を聞いている。動機は異なれ、二人は共に一刻も早い終戦を望んでいた。ユンクはドイツの戦争被害の拡大を恐れ、ギゼヴィウスはダレスと共に赤軍の進出によるソ連勢力圏の拡大を恐れていたのである。(4)

つぎに、「スイス国境通信員」名の記事「避難する富裕なナチスをスイスはシャットアウト」(四月二八日付)があり、以下のように始まる。「有名な聖書の一句が現実となっている。世界の各地から来た貧者は苦もなく平和の天国へと入っていく。スイスである。だが、金持ちや富裕な者は厳しい規制に服し、たいていのケースで証明ずみのファシストとして、あるいはその可能性がある者として入国を拒否される」。具体例として、ノルウェーのクヴィスリング政府の元ベルグラード特使や、フランスのヴィシー政権の首脳だった「ピエール・ラヴァル(一八八三~一九四五)と彼の内閣の二人の大臣」が挙げられ、その哀れな様子が示される。

この小記事に、さらに二つの小記事が続く。まず、「作家へのアジール」であり、ムッソリーニの妻や同政権の高官と妻、またリッベントロップの妻などがスイス入国を拒否される一方で、「著名な反ソ連の女性作家アーリャ・ラハマーノヴァ(一八九八~一九九一)にはアジールが認められた。この決定は議論を呼ぶだろう」とする。その上で、「この一週間で一・二万人以上の避難者がスイスの北の国境を通過したが、いずれも厳しい審査が行われた」とし、「スイス当局が開発した隠れナチスを摘発する特別の方法」に触れる。それは、最後の旅の話をさせて、ナチドイツ Nazi-German 用語が多数使われるか否かで判断する方法である。同時に、スイス当局が何ヵ月か前に完成させた「大小ナチ公職者の完璧なファイル」が効果を発揮している、と。

もう一つの小記事は、「政治的無関心」であり、「ドイツ人やその他の避難者と話すと、深い政治的無関心の広がりが明らかになる」とし、避難者の言葉を拾っていく。ドイツ人の一兵士は「我々の戦争は終わった。つぎは、勝利した諸国民が互いに戦争するだろう」と語り、フランス、オランダ、ベルギー人の避難者には政治イデオロギーや社会秩序よりも食料や住居の問題が一層切実であり、イタリア人の避難者は「四、五年は眠っていたい」と語り、おしなべて政治への情熱はなくなっている。「この大衆の疲れや無関心は、今後の数年間、国内および国際政治の重要な要因になるだろう」と。

3　最初のユンク署名論説――ヒトラー暗殺計画の全物語

ドイツ降伏後、ようやくユンクにとって初の署名論説が登場する。[5]「五月一二日ベルン発　ロベルト・バウム＝ユンク博士　オブザーバー通信員」署名の論説「市民がヒトラー殺害の陰謀を計画した：反逆した将軍たちは気力を失った」(五月一三日付) であり、「昨年七月二〇日のヒトラー暗殺計画の全物語が以下に初めて語られる」というリード文が付されている。やや長文の引用になるが、まずこの論説の冒頭を見ておきたい。

「元ドイツ軍最高司令部ラジオ放送担当のディトマー将軍は、連合国軍への投降後、次のように語った。「七月二〇日事件はブーヘンヴァルト強制収容所のようなナチのおぞましさに対するドイツの将軍たちの抗議であった。残念なことに失敗した」。この彼の主張は完全に誤りである。

もし成功していれば、戦争を一〇ヵ月早く終わらせ、多くの都市や幾百万人の命を救えたかもしれない七月二〇日のクーデターは、ほとんどが市民によって準備された。このグループが準備した他の多くの計画と同じように、クーデターも失敗した。というのも、最も強力な行動が現実に必要となっていたときに、今回も将軍たちが弱気になったからだった。

ドイツの歴史に完全に新しい光を当てるこの事件のことや、その他の事実を私に語ってくれたのはハンス・ベルンハルト・ギゼヴィウス博士[6]である。七月二〇日のクーデターを生き延びたのは、おそらく現在スイスに居住するギゼヴィウスと彼の友人でスウェーデンに逃れたアルトゥール・ネーベ（一八九四〜一九四五）の二人だけである。この一月にギゼヴィウスと会ったが、それは彼が何ヵ月間もベルリンに潜伏し、ようやくスイスにたどり着いた時のことだった。

その時には、この物語を公表しないようにと彼に頼まれた。マルティン・ニーメラー牧師（一八九二〜一九八四）など彼の友人たちが、一九三四〜四四年の彼の活動の露見で危険にさらされるかもしれないからであった」。

以上、ドイツの降伏でようやくギゼヴィウスの話を表沙汰にできるという前置きであり、以下はギゼヴィウスの語りに沿っての記述である。まず、著名な社会主義者も加わるヒトラー政権転覆の陰謀センターが形成され、ズデーテン危機からスターリングラード戦の危機まで、中心的な役割を国防軍秘密防諜機関（アプヴェーア）のギゼヴィウスとハンス・オスター少将（一八八七〜一九四五）が果たした。退役軍人で、もはや一市民の身である元陸軍参謀総長ルートヴィヒ・ベック（一八八〇〜一九四四）が「この陰謀の真のヘッド」であり、その下でオスターが反ナチ将校の連絡網を作り、クーデターの要となる国内予備軍司令部を抱き込み、ベルリン・ベントレー街の同司令部が陰謀の本拠となった。スターリングラードで絶望的な戦いを続ける第六軍司令官パウルス将軍のヒトラーへの不服従をきっかけに、国内予備軍司令部がベルリンを制圧する計画であった。

だが、パウルス将軍は希望のない戦いを継続した。この経験から戦術を変え、第一の目標をヒトラー暗殺に移した。しかし、この時期にオスターとギゼヴィウスはヒムラーに嫌疑をかけられ、「陰謀の技術本部として機能できなくなった」。この二人に代わり、以後は国内予備軍司令部のフリードリヒ・オルブリヒト大将（一八八八〜一九四四）のもと、「「殺人者」となることを望んだ」同参謀長シュタウフェンベルク大佐が中心になり、彼とその仲間がヒトラー、ヒムラー、ゲッベルスの殺害計画を練って、その機会を狙った。

全体の計画は、ヒトラー殺害後ただちに実行グループが総統司令部の通信設備を掌握してオルブリヒトの司令部に連絡し、その後に通信設備を破壊して総統司令部の動きを封じる。オルブリヒトは上司の国内予備軍総司令官フリードリヒ・フロム上級大将（一八八八〜一九四五）をまき込んで戒厳状態を布告し、ナチ党とゲシュタポの本部を制圧し、予備軍を動員して国内秩序を確保する。予定された新政府のメンバーがベルリンに到着するまでベックやギゼヴィウスら五人委員会が権力を掌握し、三日後に内閣を組織する。そのメンバーも、すべて用意されていた。さらに、その直後に新政府は停戦を申し入れ、ジークフリート線とヴィスワ川線まで軍を引く。

このクーデター計画は、英米軍のノルマンディー上陸後、ゲルト・フォン・ルントシュテット将軍（一八七五〜一九五三）に代わりギュンター・フォン・クルーゲ将軍（一八八二〜一九四四）が西部戦線の総司令官に任命されたときから、新たに動き始めた。クルーゲ将軍は反ヒトラー派の共謀者と通じていたからである。シュタウフェンベルクはヒトラー殺害の機会を二度失したが、三度目の七月二〇日に東プロイセンの総統司令部の会議でカバンに入れた爆弾を爆発させることに成功した。そして、クーデターの指揮を執るべくベルリンに飛んだ。

しかし、ヒトラーは軽傷を負っただけで、大規模なクーデター計画を察知して直ちに反撃に出た。軍と国民に自らの健在とクーデターの制圧を訴え、その日のうちに国内予備軍司令部は制圧され、ベックは自殺を迫られた。シュタウフェンベルクら首謀者は銃殺され、共謀者の過酷な追跡が開始された。

以上のような経過の中でも、とりわけ七月二〇日の午後から夜中に至る国内予備軍司令部の動きが、ギゼヴィウスに依拠して克明に記載される。ギゼヴィウスによれば、当時、ダレス事務所は欧州レジスタンスのセンターであり、クーデターの決行をダレスに告げて彼はベルリンへと向かった。七月一一日にベルリンに着き、国内予備軍司令部に出入りしてクーデターの決行を見守り、その経緯に関するドイツ語の二巻本『苦い結末に至るまで *Bis zum bitteren Ende*』を一九四六年に刊行する。翌年の英訳版には、ダレスの「まえがき」が添えられ、それによればギゼヴィウスはこの著作の前半部分（一九三三〜三八年）の原稿を、ベルリンに向かう前にダレスに英語での出版を希望して見せていた、という。[7]　したがって、七月二〇日の事件を中心とする後半部分（一九三八〜四四年）も、すでに潜伏期に準備されていたと推察される。この後半部（第二巻）は「ハンス・オスターの追憶」にささげられるが、この著作公刊への前段として、ドイツの反ヒトラー抵抗運動の内実を一刻も早く世界に知らせるべく、ギゼヴィウスはユンクの手を借りたと思われる。

それゆえに、この論説はクーデターが失敗した原因に関するギゼヴィウスの思い込みを反映している。一つは、総統司令部の通信設備を破壊する任務を負っていた陸軍通信隊司令官フェルギーベル大将が、ヒトラーの健在を見てその実行を怠り、そのために総統司令部の通信網が保持されたこと。もう一つは、フロム将軍もヒトラーの健在を知り、クーデターを拒否して制圧に回ったこと。この二つが、クーデター失敗の重要な要因とされている点である。すなわち、「反逆した将軍たちは気力を失った」(見出しの後半部分)という評価である。

この「フェルギーベル将軍の期待外れ」は、ギゼヴィウスの著作によって広く流布され、固定した見方になっていった。しかし、総統司令部の通信網は分散的で、その完全掌握や破壊は不可能であり、フェルギーベル将軍の主な任務は共謀者側の連絡網の確保とヒトラー側の連絡の妨害にあったこと、また、ヒトラーが健在ではフェルギーベル将軍の命令に従う者はいないこと、そうした中でもフェルギーベル将軍はクーデターの遂行に尽力し、一貫した反ヒトラー軍人であったことが現在では明らかにされている。(8)

またフロム将軍は、一九四二年にシュペーア軍需相から米国の軍事力に関する報告を聞いて衝撃を受け、同年一一月、ヒトラーに覚書を送った。「軍事的勝利はもはや望みえない。軍事的崩壊を避けるべきであるなら、二正面作戦は終わらせるべき」であり、また軍事作戦の指導は軍の専門家に任せ、「総統はもっぱら重要な政治交渉に向かうべき」とする内容であった。こうした直言でヒトラーの不興を買い、国防軍総司令部総長カイテル元帥やゲッベルスとも対立していた。(9) 彼は自分の副官オルブリヒトのクーデター計画を察知したが放任し、密かに期待もしていた。しかし、軍の多数派はヒトラーに忠実であり、ヒトラーが健在である限りクーデターは成功しないと見通していた。そのゆえに、ヒトラーの健在を電話で確認した彼は制圧の側に回り、即決の軍事裁判でシュタウフェンベルクら首謀者を裁き、名誉の銃殺刑を執行したのであった。

将兵は統帥権者に絶対服従を誓約している。これを反故にして反逆する高位の軍人は、フェルギーベルやシュタウフェンベルクとその仲間など、例外的な少数者に限られた。東部戦線の中央軍総司令官クルーゲ将軍も、大半の戦車を失ったクルクスの戦いでドイツの敗北を確信し、たしかに共謀者の列に加わり、西部戦線の総司令官に就任したときにはヒトラー死亡の報を待っていた。しかし、ヒトラー健在の知らせで、制圧の側に回った。[10] つまり、クーデターの成否は、すべてヒトラーの暗殺にかかっていた。まさしく、軍人として忠誠を誓ったパウルス将軍の行動様式こそ、ヒトラー暗殺計画の発端であったことを、ユンクの本論説自身が示していたのである。

さらに、冒頭のギゼヴィウスの親友ネーベ親衛隊中将は、ギゼヴィウスと同じようにベルリンに潜伏して逃亡を図ったが、一九四五年一月一六日に逮捕され、三月二日にフライスラーの民族裁判所で処刑の宣告を受けて執行されていた。その情報が把握されないままの記述になっている。

以上のような、いくつかの問題点を含むが、本論説は当事者の体験談から七月二〇日の事件の経緯を克明に提示した。このクーデターの評価について、共謀者たちに政治目標はなく、人権や議会民主制への視野もなく、「後ろ向きの立場に縛られていた」とし、その結果はむしろ総統忠誠を強化し、「またもナチ政権の安定化をもたらした」と断じるか、[11] あるいは、「たしかに現在のような多元的社会の設立を目指していたわけではないが、彼らの行動は疑いなく正義と自由を目指していた。そして、それは民主制の文化の中心的要素である」と見るか、[12] その評価は分かれるが、同時代人ユンクの目からすれば、たしかに人権の迫害に抵抗する蜂起ではなかったとしても、自分と同じように命をかけて闘ったナチ政権打倒の抵抗者として、後者の評価に与することは疑いないであろう。

なお、第二の署名記事は、七月二一日ローザンヌ発の「スペインにおける君主制の復活　ファランヘ党の現在の計画」（七月二二日付）である。「フランコの先週の議会向け演説は、君主制への展開を急かす代わりにブレーキをかけた。このフランコ演説をワイヤレスで聞いたドン・ファン〔スペイン王室を示唆する仮称の色事師〕は、「我が後継者」として将来の国王に総統《カウディーリョ》の名前が挙がったことに深く傷つけられた」とし、ムッソリーニとヒトラーに続く第三の独裁者フランシスコ・フランコ総統が、二人の独裁体制の崩壊後もその地位に固執する姿を伝える。すなわち、「フランコは自分をメシアと見なし、たとえ世界とは言わないまでも広く欧州を見渡せる唯一の政治家と思っている。彼の時代が終わりつつあるとは、彼はまだ考えることができないでいる」「国内で失った威信を取り戻そうとしているだけでなく、連合諸国と新しい世界との間で拡大しつつある不和を計算し……、ポツダム会談がなされている間にスペイン君主制の問題が議論になり、この争いが拡大することを期待している」と、連合諸国間の不和を利用しての独裁者の保身の試みを伝えた。

4 廃墟の戦後ドイツ取材旅行

そのポツダム会談中に、米国大統領ハリー・トルーマン（一八八四〜一九七二）はネヴァダ核実験場での核実験成功の報告を受け、広島・長崎への原爆投下とソ連の対日参戦を経て一九四五年八月一五日、大日本帝国は無条件降伏を受け入れ第二次大戦は終結する。この戦争終結の解放感とは裏腹に、すでに『世界週報』の編集長シューマッハーは、いち早く米ソの核軍拡競争の到来を予感しつつ、巨大技術開発（原爆）による破壊の精神の極限化に警告を発していた。(13)

他方、ユンクはなおダレス事務所に勤めていた。自伝によれば、戦略情報局の正規の職員になるようダレスに勧誘されたが、それは断ったという。移動の自由を確保するために、便宜的に同事務所に席を置いていたのであった。そして、この八月、なによりもユンクは体調を崩していた。ゴールドシュミット宛の手紙（一九四五年八月二二日付）に、そのことが記されている。

「君は許してくれないか。僕は完全に忘れていた。今月は歯の痛みでまったく不幸だった。締め付けられる痛みに、何週も続いた熱と頭痛。その上、ソフィーのために母とのいつものシーン。いま僕はジュネーブにいる。熱は大分おさまり、多分、来週初めにはビザの件でチューリヒに出向く。それまで」。

その二日後の八月二四日付で連邦外国人警察亡命者事務所がベルン警察局に宛てた文書（Baum, 24）は、当局側の大勢がユンクの「収容破棄」に向かっていることを知らせる。すなわち、第一に、報道事務所はユンクの『オブザーバー』通信員としての労働許可の延長を認め、もはや収容は正当化できないとしている。第二に、この見解に連邦検察庁を除く諸機関が賛成している。第三に、ユンクから外国人監督署に出された収容破棄申請は、チューリヒ州の国外退去処分が破棄されていないという理由で一九四五年七月一六日に却下されたが、むしろこの機会に破棄すべきではないか。したがって第四に、「新たにチェコスロヴァキアの有効な旅券を所持するバウム博士を、今や貴局が追放の処置を取るか、あるいは国外退去の処分に関してチューリヒ州と交渉し、その後で外国人収容から解放するか、我々は貴局に任せねばならない」と。

この文書から、ユンクはチョコスロヴァキア旅券を所持できたこと、また当局側の大勢はユンクの「収容」処分の破棄に向かっていたこと、チューリヒ州のユンク「国外退去」処分はそのままであることが確認される。たしかに、国外退去処分の破棄はかなり後のことで、一九五一年一二月二六日付チューリヒ州警察課の「国外退去の破棄」通知（Baum, 29）まで待たなければならなかった。他方、連邦警察局のユンク収容処分は、いつ破棄されたのか、それを示す史料はない。[14] しかし、その手続きのいかんにかかわらず、この措置は一九四五年秋には完全に失効し無意味化していた。一九四六年三月六日付のベルン外国人警察からチューリヒ区裁判所に宛てた文書（Baum, 25）で、「家族に問い合わせたところバウムは一九四五年一一月二日にパリに出かけた。ともかく、国境をほぼフリーパスで出入りし、母親が滞在するチューリヒにも繰り返し出かけている」とされているからである。ダレス事務所の庇護のもと、ユンクは米軍の勢力圏における大幅な移動の自由を得ていた。

では『オブザーバー』から『世界週報』の通信員へ、いつユンクは編集長のシューマッハーと会い、彼の下で働くことにしたのか。その間の事情は不明であるが、シューマッハーの先の原子力論説にも魅かれながら、遅くとも九月には古巣での論説活動の再開を決意したと思われる。それは、シューマッハーに委託された占領下の戦後ドイツの取材であり、「外から」ではなく「内から」のドイツ報告であった。かくして、ユンクは九年ぶりにドイツに入り、一〇月と一一月のほぼ二ヵ月にわたり、戦後のドイツを観察する。同時に、その間に拠点をベルンからパリに移す。ゴールドシュミット宛の手紙（パリのグランドホテル、一二月八日付）が、そうした動向に触れている。

それによれば、まずドイツの取材について、スイスから旅立った最初の夕刻にヴィースバーデンに着き、ベルリン行を目指した。しかし、ベルリンの管理委員会を通して入市の許可を得るには二、三週間かかると言われ、あきらめて「放浪」の旅に出る。まずカッセル、ついでフランクフルトやダルムシュタットを通ってニュルンベルクとミュンヘンに向かった。「僕はもっぱら比較的良い状態のアメリカ占領区の中にとどまったが――カッセルでは少しだけ「境界越え」――、そこで見たものは驚きだった。すべてが、前の戦後よりも悪い状態だ。汚さ、飢え、単調さ、希望のなさ。僕が話した知識人たちは、それも何人かは重要な立場の人たちだったが、皆、どんな犠牲を払っても少なくとも二、三年はこの国を去りたいと思っている。それにもかかわらず、二つの事柄は積極的な経験だった。一つは、「うさん臭い外国人」と烙印を押されることなく、どこでもドイツ語を話せたこと。もう一つは、ともかく故郷《ハイマート》への必然的な帰還であり、これまでのようにまったく根無し草とは感じなかったこと。たしかに、今やこの地パリで僕の小説書きがうまくいきつつあることは確かだ。この小説をミュンヘンの出版社に持ち込むことができ、もはやファンタジーの野をうろつく必要もなくなりそうだ。ともかく、多分、僕は後にドイツに戻ることになるだろう」。

ついで、ニュルンベルク裁判の建物でギムナジウム時代の旧友カール・ラッハマンと会い、「彼は訴追部署の職員でヘス、ボルマン、フリック、ライの訴状を作成しており」「訴追代表部とのコンタクトを取ってくれて、僕にとって大きな助けだった」ことに触れ、最後に、「クリスマスはパリにいて、年明けにロンドンに行く。パリでは外国人として、またスイス外貨の持ち主として、貧しく思うことはほとんどない。すべてが十分にあり、むしろスイスにいるのと同じような平和の感じがする。心よりあいさつ。フリッツにもよろしく。母は近くチューリヒに戻り、君に連絡するだろう」と結んでいる。

フリッツ・ホッホヴェルダー（一九一一〜八六）は、イエズス会国家の終焉を描いた『聖なる実験』（一九四三年にスイスのビール＝ゾロトゥルン劇場で初演）で後に劇作家として名を成すが、ウィーン出身の左翼のユダヤ青年で、一九三八年にチューリヒに亡命し、一時期ユンクと同じライヒシュタイン館に寄宿し、ゴールドシュミットおよびユンクときわめて親しい仲になった[15]。ゴールドシュミット宛の手紙でユンクは、フリッツ作品の初演の成功を祝すとともに、しばしば「フリッツによろしく」という言葉を手紙の結びにしている。彼らの影響もあり、政治論説と博論作成で中断していた小説書きの作業をユンクは再開し、その原稿をミュンヘンの出版社に持ち込んだようである。したがって、政治論説に集中するのか、作家を目指すのか、あるいは歴史研究に向かうのか、将来への展望が定まらないままのドイツへの取材旅行であった。それでも、このドイツ報告でユンクの政治論説は国際的に注目され、他方、小説原稿は陽の目を見ず、ユンクの個人的な思いとは裏腹におのずと方向性は定まっていく。つぎに、この時期のユンクの『世界週報』論説五本を見ていこう。

5　敗戦ドイツとニュルンベルク裁判

各論説の内容を見る前に、それら論説の題名、掲載日、掲載欄、署名をまとめて示しておこう。

（1）「ドイツの精神的飢餓」（一九四五年一〇月一二日、ドイツ欄、F・L）
（2）「死の地から：「鉄のカーテン」の背後」（一九四五年一一月一六日、ポーランド欄、ロベルト・ユンクの報告）
（3）「ニュルンベルクの世界法廷」（一九四五年一一月二三日、一面とドイツ欄、ロベルト・ユンク）
（4）「ニュルンベルクの日常」（一九四五年一一月三〇日、一面とドイツ欄、『世界週報』通信員ロベルト・ユンクのオリジナル報告）
（5）「ドイツの不吉な前兆」（一九四五年一二月二八日、一面とドイツ欄、ロベルト・ユンク）

論説（1）は「ドイツ」欄におけるほぼ三年ぶりのF・L署名論説の復活である。論説（2）で初めて、『オブザーバー』紙の「ロベルト・バウム・ユンク」署名に代わり、「ロベルト・ユンク」署名が登場し、以後は基本的にこの署名が使われる。論説（3）は「ドイツ」欄には収まらず、編集長シューマッハーが担当する一面を張り出して三面の「ドイツ」欄に続く形を取っている。論説（4）、（5）も同様である。それは、編集長と並ぶ主筆の役割を、ロベルト・ユンク署名が負ったことを示している。そのことを確認した上で、以下、敗戦ドイツとニュルンベルク裁判の現場から、ユンクが何を考えたかを見ていこう。

（1）「ドイツの精神的飢餓」（一九四五年一〇月一二日）

「久方ぶりにドイツを旅する友人のカバンは、石を詰めたように重かった。「何を持ち込むのか」、缶詰かと問うと、「違う」との返事。もっと大事なものが、「ここにある」と。そして我々の前に、本、新聞、雑誌が積み上げられた」。雑多な書物をカバンに詰め込み、廃墟のドイツで一稼ぎしようとする、この友人との会話で本論説は始まる。ほぼ三年ぶりに復活したこのF・L論説（図6-1）の主題は、破壊された都市の様子や人々の生活苦ではなく、「ドイツ人の読書飢餓」にあった。

Deutschlands geistiger Hunger

tädten, die wie Rauch

, die wie Träume waren,
fluchbeladnen Erde.»
neider: Die letzten Tage
l erschienen 1945)
r meines Freundes, der
einmal nach Deutsch-
schwer wie ein Stein.
hinüber?», fragte ich
?» «Nein», antwortete
en Koffer, «etwas viel
er!» Und vor uns lagen
n, Zeitschriften dicht-
heinbar ziemlich wahl-
eine Shakespeare-Aus-
der «Neuen Schweizer
vei Mathematikbücher,
Werk über Gynäko-
ändchen Lyrik, da ein
an», dort eine Dünn-
s Inselverlages und die
in der «Pleiaden»-Aus-
«In einer Woche schon
eerem Koffer reisen»,
l. «Nichts wird so gie-
rig in Deutschland ver-
e. Und zwar ernsthafte
ropagandageschreibsel.
nd ausgehungert nach
Ihr Magen ist bis kurz
menbruch noch recht
genährt worden, ihr
ert seit Jahren. Man
3 üblen «Ersatz» ange-
ben sie das «gefressen»,
ler Appetit nach allem
gangen. Man suchte
ziregime nach «Vor-
kaufte heimlich Heines
anzigfachen Preis auf
Markt». Die Geschäfte-
ald eine gute Kapitals-
otenen Büchern». Sie
lagen auf, erhielten ge-
chungsgelder von den

sungsmethoden der Nazis erinnern) und einige Radioprogramme geboten, die wegen des Mangels an Radioröhren und anderen Ersatzteilen vom Grossteil der Bevölkerung gar nicht abgehört werden können. Wohl werden jetzt in München einige Millionen Schulbücher gedruckt, wohl haben die Amerikaner einige prominente und politisch unverdächtige Verleger, wie den Leiter des weltbekannten Inselverlages Kippenberg, den wissenschaftlichen Verleger Thieme und den Antologienverleger Dietrich aus Leipzig nach Wiesbaden geholt und

deutsche und möglicherweise verhängnisvolle Richtung, nämlich in die Richtung von Traum und Wunder. Es ist stets zugleich die Stärke und auch die Schwäche des deutschen Geistes gewesen, sich von der Realität zu trennen. Es gibt Deutsche, die sich begnügten, ihre Traumschlösser in weltferner Dichtung und kühner metaphysischer Philosophie zu bauen; es gibt andere — und wir haben unter ihnen im letzten Jahrzehnt besonders gelitten — die aus der wirklichen Welt mit Gewalt ein germanisches Traumschloss ma-

図 6-1　本論説の図版：「我々は法と文明のために闘う。もはや戦争は永遠にない」

ユンクによれば、「ドイツでは今、読書が一番求められている。本当に真剣に、宣伝文句ではない、良き言葉に人々は飢えている」。胃袋の飢餓は敗戦後のことであるが、「悪しき「代用品」しか提供されなかった人々の精神は、すでに長い年月にわたり飢えている」。当初、人々は代用品にむさぼりついたが、すぐに飽いて古い作品へと向かい、ハイネ著作集は闇市場で二〇倍の値を付けた。業者は「禁制本」に投資先を見出して「ナチ政権の犬どもよりも成功し」、地下倉庫にため込んだ非ナチ・反ナチ的書物が、今では一層の高値を付けている。こうした「精神の空白状態」において、「なされるべき決定的なことは人々の熟考と再考」であった。しかし、占領当局はドイツ人の読書飢餓をほとんど考慮せず、「この種まきの機会を逸してしまった」。このように、ユンクは戦後ドイツの人々の精神的な飢餓状態に注目し、物質的というよりも精神的な困窮が孕む危険性を次のように論じる。

人々は「新しい生の意味」を見つけ出さなければならず、「一つの世界観のコルセットなしに精神は存在しえないと信じる地においては、その探求へと向かわねばならない。この探求はどのような方向へと向かうのか。特殊ドイツ的な、命取りとなりうる、夢想と奇跡の方向なのか。リアリティから離れることは、常にドイツ精神の強みであり、また弱みでもある。遥かなる詩作や大胆な形而上の哲学において、夢の城を建設することで満足するドイツ人がいる。また、現実の世界から離れ、ゲヴァルトをもってゲルマンの夢の城を作ろうとした別のドイツ人がいる――我々は彼らの下でこの一〇年間特別に苦しんだ。彼らが部分的に実現したことは、欧州を廃墟の野に変え、ドイツ的情緒を主張するロマン主義画家一派の絵画の幾千倍かの拡大図に似せたことだ」。

この夢の地 Wunderland への夢想と信仰の力は、敗北後のドイツ人の気分をむしろ一層強く支配している。このことが、カトリック主義と共産主義が最も強く人々を引き付けている理由だ。この二つが、「「千年王国」の瓦礫の中に生きるドイツ人に別の千年王国、永遠の王国への希望を与えている」。しかし、ローマもモスクワも彼らを歓迎はしないだろうから、彼らの精神的飢餓は肉体的飢餓によって先鋭化され、「狂気、ファナティズム、妥協なき急進性」へと向かう危険性を孕んでいる。

この「危険なドイツ精神」を、理性の軌道に導くことはできるのか。ローマ人、人文主義者、ナポレオン、そしてフランス革命の理念を吸い込んだドイツの自由主義者たちが試みたが、すべて道半ばに終わってしまった。「今回もドイツ精神の「文明化」と「人間化 Humanisierung」が果たされないことを、私は恐れる」。のみならず、「引き続き恐怖にさいなまれ、危機に揺さぶられる世界の中で、ドイツの夢想心酔者や奇跡信仰者が他の国民に追従者を得るのではないかと恐れる」とユンクは結ぶ。

ここではユンクは、現実逃避の超越的な価値の夢想や信仰を、ドイツ人の民族的な個性と見ている。いわば、ドイツ人の民族性の本体論的な性格規定である。第二次大戦の対立構図と重なり、西側連合国の側には「文明化」と「人間化」の価値観を見る、正負の二項対立図式である。それゆえに、ドイツの敗北によってその価値観が空洞化している機会を逃さず、民主化の教育・文化政策を推進すべきという主張であり、またそれを怠ると、共産主義であれキリスト教原理主義の形であれ夢想心酔と奇跡信仰の反理性的な急進化が再現しかねず、しかも不安の中にある現代世界にそれが広く伝播しかねないという危機感の表明であり、かつ警告であった。

(2)「死の地から：「鉄のカーテン」の背後」(一九四五年一一月一六日)

「欧州には今日、単に一つのカーテンがあるだけではない。二つのカーテンがある」。「第二のカーテン」は、「かつてのドイツ・ポーランド国境とオーデル川の間にある広大な地帯」であり、ポツダム協定によりこの土地がロシアの占領下からポーランドに譲渡されたとき、その土地のドイツ人住民はロシア人よりもむしろポーランド人の方がよく、仲良くやっていけると信じた。しかし今では、ポーランド人の襲撃から身を守るため、ドイツ人住民は移動中のロシア人小部隊や補給確保のため駐留するロシア人部隊に助けを求め、ロシア占領地に逃れてようやく一息ついている。

以上の指摘に続き、本論説(図6-2)でユンクは「以下のことはすべて真実である」として、一九四五年八月初めのポツダム協定によりポーランドに割譲されたオーデル・ナイセ線以東の旧ドイツ領における、ドイツ人住民追放の様相を克明に描く。G地方では多数の女性が、警察官たちから性的暴行を公開の場で受けた。S駅では東方から来た難民が規則的に略奪され、裸同然で西へと向かった。シュレージエンの多くの地方では、一歳以下の子どもは飢えと撲殺でほとんど一人も生き残っていない。梅毒を患った女たちは「治療」と称して頭をぶち抜かれた。ある地区では一二分の一、別の地区では一〇分の一の、また五分の一の住民の命が失われ、ソスノヴィエツなどの労働収容所では激しい虐待がなされている[16]。

このような野蛮な行為は、なぜ引き起こされたのか。恐ろしいことに、東方におけるドイツ人の運命を「緩和」する措置からだった。ドイツ軍の敗北後、強制疎開によって引き起こされた混乱と貧困を緩和すべく、諸大国はポーランドとチェコの政府に急激な移送を停止するよう求めた。チェコスロヴァキアはこの要請に従い、「秩序ある人道的な方法」(ポツダム協定第一二項)へと向かった。しかし、ポーランドでは「新領土からドイツ人住民が自由意思で出ていくよう、あらゆることが実行されている」。比較的穏やかな方法は飢えさせることであり、パンの配給券を少ししか渡さず、特にブレスラウ市ではポーランド人と市役所で働くドイツ人にしか配給券を与えなかった。ポーランド政府は市場通貨を補償なしで廃止すると宣言し、ポーランド通貨（ズロティ）のみを有効としているから、貯め込んだマルクを使うこともできない。

さらに、一層切実な問題は安全と法の欠如である。放火された農民が訴えることのできる場も、彼らを守る警察も存在せず、合法的な防御のチャンスはなく、財産と生命への暴力を予期しなければならない。「そうした略奪行為の被害を、まさしく立証ずみの反ナチ闘争で自分の最も身近な親族を失ったドイツ人が受け、……静かな農村地

«Eisernen Vorhang»:

Aus einem Totenland

Ein Bericht von Robert Jungk

e in Europa nicht nur Vorhang. Es gibt zwei. serne Vorhang, von dem ht und sehr wenig weiss, sische Okkupationszone gegen Osten von jenen en Gebieten, die auf der ferenz den Polen über- und der alliierten waltung nicht unter- ann, der diese Grenze, Oder- und Neisselinie t hat, wird bestätigen, ontrolle noch viel schär- der Grenze, welche die russische Okkupations- r trennt. Das hat seinen lan wünscht hier keine ussen. Denn hinter der beginnt das Land ohne Land ohne Gesetz, das freien, das Totenland. von den Russen okku- eute doch eine gewisse ht und Unrecht mehr nmässig geschieht, re- iten Gebieten zwischen utsch-polnischen Grenze ie Willkür und die Ge- Gebiet den Polen nach Vereinbarungen zuge- n war, glaubte die an- e Bevölkerung zuerst, mit den Polen nicht sogar besser vertragen ssen. Heute ist es aber vohner sich an die klei- nden oder da und dort sicherung stationierten ilungen wenden müssen, den Uebergriffen der Wer die polnische Zone d in russisch okkupier- gt, atmet geradezu auf. liegen leergeplünderte er, Konzentrationslager, Felder, leichenbesäte nen Wegelagerer lauern die letzte Habe rauben. alles, was in den kom- eschrieben werden wird, . Man mache es sich tue es als «Greuelpro- u oft schon hat man in ren dem unvorstellbar

tel der Bevölkerung ums Leben gebracht. Es ist wahr, dass in den sogenannten Arbeitslagern Sownowice und Centoschlowitz Insassen nächtelang bis zum Hals in eiskaltem Wasser stehen müssen und dass man sie bis zur Bewusstlosigkeit schlägt.

Und warum geschieht das alles? Nun, es ist furchtbar genug: diese Welle barbarischer Misshandlungen wurde ausgelöst durch das Bemühen der «grossen Drei», das Schicksal der Deutschen im Osten zu mildern. Jawohl, zu mildern! Die Berichte, die damals über das durch die zwangsweise Evakuation verursachte Elend an die Weltöffentlichkeit gedrungen waren,

gungslos als verfallen erklärt haben und nur der polnische Zloty Gültigkeit hat. Seit der deutschen Kapitulation hat es in Breslau weder Fett noch Fleisch gegeben. Die Bewohner machen Proviantexpeditionen ins Hinterland der Stadt. Sind sie glücklich genug, ein paar Rüben und Kartoffeln zu bekommen, so wird ihnen das meist bei der Rückkehr schon in den Vororten von den polnischen Milizsoldaten wieder abgenommen. Dass die Sterblichkeit unter diesen Umständen enorm ist, kann nicht Wunder nehmen. Polnische Beamte, die übrigens infolge der Unordnung in der Breslauer Stadtverwaltung selbst seit Monaten keine Zahlungen erhalten ha-

図 6-2　本論説の図版：新しいポーランド。▥はロシアに割譲された東部ポーランド，▩はポーランド管理下に置かれた旧ドイツ地方，――は新しい境界線，……は戦前の境界線，X はシュレージエンの工業・石炭地帯（旧プロイセン公国の首都ケーニヒスベルク市を中心とする地方は 1946 年にソ連に併合され，カリーニングラードと改名）

帯に潜行することができ今は救われたと思っていたユダヤ人がポーランド人によって殺害されること、そうしたことは、そうでなくても暗い現実の、とりわけ暗黒の影の部分である」。

その上、病と疫病が降りかかる。ベルリンから東に向かって進むほど、「チフス」の警告看板が市町村の入り口に掲げられ、「疫病は森を焼き尽くす火の勢い」で、オーデル・ナイセ線の東にある全地域を襲っている。その解決策は中世のペスト都市と同様に、感染市町村の完全な封鎖である。

このオーデル川の彼岸の「死の地」に対して何かをなしうるとすれば、それはロシア側によってである。だが、ロシアは自分の手で再びこの地を管理することを考えており、それはロシアとポーランドの緊張の危機的な先鋭化を導いてしまう。したがって、もっと別の関わり方が必要であり、それは世界の世論の力で正すことにある。ここで問われているのは、幾百万ドイツ人の生命というのみならず、「世界における反ファシズム運動の道義的な純粋性」である。

「大きな犠牲の下、より良い世界を作ろうとヒトラーやムッソリーニと闘った者は、彼らの闘いが無法者やショーヴィニストに利用され汚されることを許すならば、未来へのいかなる大きな希望をも持ちえないだろう。人は正当にドイツ人を非難する。祖国の使命への信仰において、彼らは国民社会主義の残虐にあまりにも長く目を閉ざしてきた、と。この同じ非難を後になって、自らに対して民主制の前衛が感受しなければならないのだろうか。現在、民主制と自由の名において犯されている悪行を、時々刻々、日々暴露しないならば、我々も全員が「共犯者」になるだろう。無法地帯からの、オーデル川の彼岸にある死の地からの、この最初の報告は、これ以外のことを望むものではないのである」とユンクは結ぶ。

自伝によれば、「ナチスの非人間性と長年にわたって闘ってきた「我々の側」の人々が、そうした残虐行為をするとは当初は信じられなかった」という。それら難民たちが口にした事実を、確認できないまま書くことは許されるのか。真実とは思いたくないから、沈黙すべきか。だが、「それではナチスの悪行に沈黙したドイツ人と同じにならないか」。迷った末、勝者も同じだとしてこの論説がヒトラー擁護に利用されるリスクを覚悟しての決断だった、という（Jungk, 1993, 213f.）。

本論説は『シュピーゲル・スペシャル』の特集『ドイツ人の逃亡』（二〇〇二年六月）に再録され、「シュレージエンにおける戦後の事態の報道で世界に驚愕を引き起こした。連合国の資料に支えられた彼の文章は……ドイツ人追放犯罪に関する世界初の報道だった。イギリス下院でこの報告は読み上げられた」と紹介されている。[17] 前述の『オブザーバー』での七月二〇日事件の論説やこの論説によって、ユンクの名は広く英語圏に知られ、同時にF・L論説の執筆者であることも知られて、その名は国際記者としての地位を確立した。

（3）「ニュルンベルクの世界法廷」（一九四五年一一月二三日）

冒頭は、裁判初日の法廷描写に始まる。[18] 息が苦しくなったリッベントロップが、軍警察の許しを得、恐ろしく哀れな姿で外に出たこと。その間も裁判は続き、「被告人たちはほとんど不動で、生きているが、まるでマダム・タッソーの犯罪者陳列室から抜け出してきた蠟人形のようだった」こと。ロシア人の告訴人代表が残虐行為のリストを読み上げたとき、ゲーリングを除く被告人たちはほとんど関心を示さなかったこと。それは、起訴状の文章をすでに被告人たちが知っていたこともあるが、「自分とこれらの出来事との因果関係を理解していないこともあずかっていた」。以下、この被告人たちの無自覚・無責任感覚にユンクは本論説（図6-3）で次のように立ち入っていく。

「こうした態度を自己防衛のトリックと考えるならば、あまりにも単純で安易にすぎよう。「我《イッヒ》」という言葉を大書し、個人的な意志や責任をも国家の基本方針としたこうした男たちは、真実、考えられうる最大の無責任男たちであった。自分でも押さえられない力を、彼らは解き放った。民主主義者とは正反対に、常に大衆の考えと感情から独立していることを宣言しながら、彼らはドイツ国民の中に呼び起こした大衆ヒステリーの道具になったのである」。

反セム主義者を標榜したシュライヒャーは、その反セム主義はアウシュヴィッツとは別物だったとし、リッベントロップは自分が「歴史的発展」の張本人ではなく、単なる客体であったと主張する。ヒャルマル・シャハト（一八七七〜一九七〇）はすでに一九三七年に友人に、こうした事態の進行を止めようとしたが無駄だったと語っていた。このシャハトの例は、他の諸国の政治指導者の脆弱性にも通じる。彼らはヒトラーの危険性を幾度も警告されていたが、「我々の時代に最も深く根づいた病の一つである怠惰［カトリックの七つの罪源の一つ］が、ドイツにおけるヒトラー政権の悪行に関する最も信頼すべき報告を、彼らの脇に追いやってしまった」。

Weltgericht in Nürnberg

SEITE 1
d die Ver-
aumes von
aller Welt,
und zähne-
rbeigesehnt

tte Licht, in
cht ist, er-
rauenhaften
sache, dass
ssig kurzen
ngeklagten
en Akustik
angewiesen
Kopfhörern
m Sinn.
gevertreter
auf Veran-
Deutschen
las, als die-
tik der Er-
und Verga-
lieh ich mir
inen Feld-
der Ange-
en.
beugt, den
ox gestützt
ein Gesicht
ngene Ab-
s sich vor-
der vielen
sches, bei-
ng ist ent-
ngeklagten.
aftung von
dem Kom-
nen Sicher-

zesses, hat seinen Freunden schon 1937 gestanden, dass er vergeblich versuchte, den fatalen Gang der Ereignisse aufzuhalten. Dies spricht ihn jedoch nicht von der Schuld frei, dass ohne seine Hilfe Hitler niemals zur Macht gekommen und in den kritischen ersten Jahren des Regimes an der Macht geblieben wäre.

Gerade Schachts Aussagen aber werden vermutlich zeigen, wie auch die politischen Führer der andern Nationen, als es darum ging, das kommende Unheil zu verhüten, zu schwach waren. Sie sind unzählige Male von kompetenter Seite und von Menschen, die es wissen mussten, vor Hitler gewarnt worden.

früher und eindringlicher uns gegen das in Form des Nazismus heraufkommende Regime der Unmoral gestemmt, so hätte vieles doch anders kommen können als es gekommen ist.

Kaspar Hauser, jener geheimnisvolle junge Adlige, der aus dem Unbekannten auftaucht und die Nürnberger seinerzeit beunruhigte, ging, wie Jakob Wassermann in seiner Romanbiographie so schön schilderte, an der «Herzensträgheit» der Nürnberger zugrunde. Jetzt ist Nürnberg selbst an dieser Herzensträgheit zugrunde gegangen und die steinernen Zeugen seiner Vergangenheit wurden zur Unkenntlichkeit zusammengebombt. Darüber hin-

Göring als Reichsmarschall . . . und als Kriegsverbrecher Nr. 1

図 6–3　本論説の写真：元帥としてのゲーリング，戦犯第 1 号としてのゲーリング

この裁判は「単なる連合国による歴史の講義」ではなく、「世界が必要とする偉大な道徳的浄化の裁判にすべきであろう」。そうであるなら、被告席に立つナチ首謀者のほかに、「その想像力の欠如のために……、彼らのテロシステムを欧州全体へと拡大することを許した者たち全員を被告席に立たせるべきである」。例えば、リッベントロップが要求した免責証人のヴァンシタート卿（一八八一〜一九五七）やビーヴァーブルック卿（一八七九〜一九六四）などである。だが、彼らの共同責任を判定するいかなる試みも「この件には属さない」として拒否されるだろう。

もちろん、注目されるのはロシア側の動きであり、彼らにとってヒトラーと西側産業界との関係は明白である。しかし、その背後関係に立ち入る試みは、どう見ても挫折するだろう。「一九三六年以後に存在した国民社会主義ドイツとボリシェヴィキ・ロシアとの秘密の関係を、西側連合国は強力な対抗カードとして切ることができるからである」。

そうした諸問題にもかかわらず、ともかくこの裁判は、「怠惰が大衆の心を捉えるときにどうなるか、そのことを大なり小なり、もう一度想起させてくれる。我々のだれもが、もっと早く強く、国民社会主義の形で登場した不道徳政権に対して体を張っていたなら、多くの事柄が現在とはまったく違っていただろう」とユンクは結ぶ。

自伝によればユンクは一一月一四日にニュルンベルク入りした。先の手紙で見たように、旧友のラッハマンと会い、彼や彼の上司の首席検事代理ロベルト・ケンプナー（一八九九～一九九三）などを通して、被告人たちがどのように責任を感じているか、聞き取ろうとした。しかし、彼らは自分たちに責任があるとはまったく感じていないとの返答で、「この責任ある者の、自分たちの決定の帰結に対する無責任感覚こそ、この時代を読み解く暗号と思われた」と回想している（Jungk, 1993, S.216）。

近年の歴史研究では、ヒトラー「不道徳政権」の基本的な性格として、一九三三～四一年の内外政策の成功によるヒトラーの絶対的権威の確立による、「カリスマ支配」という側面が強調される傾向にある[19]。これに対して、本論説の着眼点は、撃墜機数競争であれ何であれ業績競争に勝ち抜いて顕彰され、責任ある地位に就いたエリート層の競争埋没心、その帰結への無感覚性という、むしろ高度技術化時代の現代エリート層を機制する心理的特性にある。つまり、主犯ヒトラーのカリスマ性というよりも、むしろ多彩な共犯者が競合し合って招来した、いわば「大衆ヒステリー支配」という側面である。彼らの存在なくしてヒトラー政権はありえず、その犯罪性は次の論説でも強調される。

(4)「ニュルンベルクの日常」(一九四五年一一月三〇日)

かつては巨大な工場や事務所のあった荒野の只中にある「プレスキャンプ」[20]には、グレープフルーツジュースやミルクのビンが豊富にあり、町の人々はうらやんで「食い意地キャンプ」と呼んでいる。ここから「国際軍事法廷 International Military Tribunal」(IMT)のワッペンを付けたジープやバスで、記者たちは法廷へと通う。法廷に通う車はすべてこのワッペンを付け、その数三千人にのぼる関係者を運ぶ。以上の指摘に続き、本論説もニュルンベルク裁判をめぐり、その周辺から裁判の状況を、以下の段落冒頭に示す見出しに沿って伝える。

「パリは暗号ではない」。プレスキャンプ内には、各国の記者の事務室がある。フランスの部屋からは電話の声が外に聞こえてくる。「パリ、パリ、パリは暗号ではない」と。建物の多くはアメリカ人が占め、米兵が監視し、彼らの台所がほかの諸国民の代表に食事を与える。法廷のある建物の中には店が設置され、タバコ、チョコレート、コカコーラなどを占領マルクで購入でき、諸国民の集まりの場となっている。しかし、大国の人々は自分たちだけのために働き、「まさしくグロテスクな国民的孤立化が支配」している。同一証人が各国の訴追者によって個別に聴取され、その証言が相互に照合されることもなく、「極端な国民主義の精神を共同して裁くこれらの人々が、少なくとも一度は折衝の機会を持つならばと考えるが、ノーである」。たしかに、英米仏とその影響下にある諸国民の代表の間では一定の非公式な接触があるが、ロシア人は「鉄のカーテンの背後に隠れている」。

「民間人はパリアとして活動」。「国際軍事法廷」という名称の裁判も、「国際的」という点では見劣りがする。他方、「軍事的」という点は際立ち、「私のごときみすぼらしい民間人は、制服の法律家やジャーナリストたちの中で、ほとんどいかがわしく見える」。この軍事化は、とりわけ起訴状に大きな影を落とした。

「節約政策が訴訟を困難に」。ワシントンの新政府の「短視眼的で小心な節約政策」のため、主席検事のロバート・ジャクソン(一八九二~一九五四)に独自の予算が与えられず、「法の年代記で唯一のものであり、多くの点で歴史的モデルとなるべきこの裁判」の準備が「軍事省[陸軍省・海軍省]の第二級・第三級の法律家」に委ねられた。そのため、起訴状の作成において正確さや材料の整理を欠き、加えて「才能ある多くの哲学者や芸術家と同様、ジャクソン検事は裁判を組織するという問題には関心も感情も示さなかった」[21]。裁判の準備は、一〇月の初めにはまだゴタゴタの中にあった。ようやく一〇月二〇日、裁判開始の一ヵ月前に全スタッフの再組織化がなされ、急きょ多数の有能な法律家がワシントンから連れ出され、膨大な記録資料の整理に当たった。それでも、起訴状の誤りは完全には修正されなかった。心配なことは、この起訴状の誤りを被告の弁護人が利用し、「間違いのある責任で告発されることは許されない、という印象を与えることである」。そうした不十分さにもかかわらず、「この裁判が始まりとなることを願う」。

「ゲーリングの思い上がり Arroganz」。「自ら自分の責任を意識することなく、社会の中で上昇し重要な役割を演じようとする者は、だれもが責任を負う」。現在の世界の無秩序に第一に責任を負うべきはニュルンベルクの被告人たちである。「最大の原責任者」はヒトラーであること、ここニュルンベルクではよくわかるが、被告人たちも共同責任を負っている。だが、そのことを理解するには、ゲーリング元帥は「あまりに気ままで野放図」である。「ドイツが戦争に負けるとき、どうなるか考えたことはあるか」という質問に対し、「その危険は冒さねばならなかった。私のしたことはドイツのために行ったことだ」とゲーリングは厚かましく答えた。ゲーリングと彼の共同被告人たちがドイツのために何を行ったか、この法廷ではっきりと見ることができる。彼らは自分の国の市民と他の諸国を粉々にした。「有罪か無罪か……裁判官たちもそのことを忘れないことを願う」とユンクは結ぶ。

最初の小見出しは、もはや暗号は必要としない戦後状況の確認である。一方、「国際軍事法廷」は名ばかりで、国際協力を欠いて軍事色が強く、この歴史的な裁判に備える周到な準備を欠いていたため、起訴状に誤りがあるなど、告発それ自体に疑念が生じかねないことへの危惧の念が表明されている。そして、被告人代表のゲーリングをはじめ、「有罪か、無罪か」を問われた被告人側の回答は、すべて「責任なし」であったが、この個人的な無責任感覚は、個人的利益ではなく全体の利益に奉仕したという「思い上がり」に支えられているとユンクは考える。現代エリート、とりわけ科学・技術者の精神病理として、社会的責任を考えようとしない「怠慢」と共に、自己の業績をもっての一般社会に対する「思い上がり」は、戦後のユンクの核時代理解の基本カテゴリーとなっていく。

(5)「ドイツの不吉な前兆」(一九四五年一二月二八日)

「現在、ドイツを体験する、まったく異なる二つの旅の形がある。一つは、占領当局の保護を得て、その自動車で旅をし、その士官食堂で食事をし、彼らが徴発した建物で客人の待遇を得ることである。もう一つは、もっとやっかいで、不自由を忍ぶ旅である。暗い待合ホールや明かりの少ない防空地下室に泊まり、満員列車に押し込まれるか、あるいは難民の群れと一緒に、大きな荷物を背負い、あまり望みのない、通り過ぎる車の一つが疲れた徒歩旅行者を乗せてくれないかという希望をもって、道を歩くことである。私は特別の事情のおかげで、この二つの世界を身近に知ることを許された。勝者の世界と敗者の世界である」。以上の指摘に続き、ユンクはこの二つの世界の体験を記しつつ、現在の「敗者の世界」は勝者の明日の世界に対する「不吉な前兆」であると、以下のように戦後のドイツを見ていく。

まず、ダルムシュタットでの会話の想起である。「我々ドイツ人が、今日、世界に示しうる大きな貢献は、警告たれ、ということだけだ」という声に対して、他の諸国民はそれほど愚かではなく警告は不要だとする意見について、S教授は次のように指摘したという。「それを期待したいが、多くの道が戦争へとつながることは周知の事実であり、昨日は誇り高かったドイツが、このような形で敗北し、物質的、道徳的、文化的に零落していることが何を意味するか、勝者は真に理解しているのか。時に自問し、彼らがそれを自覚しているなら、「第三次世界大戦」の可能性が語られることはなくなるだろう」と。このS教授の指摘こそ「私には、現在のドイツに見られる引きつったような復興楽天主義よりも一層重要に思われる」。

たしかに、英米占領区の食糧事情は良くなり、劇場が再開し、出版社が設立され、新しい新聞が発行されている。

だが、こうした相対的な向上の裏で、この戦争の破局からドイツは一〇年、二〇年かかっても回復しえないという、絶対的な事実が覆い隠されている。この戦争の敗北は、「二代、三代、否、もっと続く永遠の断罪判決である」。「この戦争でヒトラーが賭けに出て、そして負けたのは、単にドイツの物質的財産だけでなく、その文化遺産のすべて、その学術的に進んだ地位、そしてとりわけその人間だったからである」。

「今日ドイツを徒歩で、あるいは列車で旅する者は、現代戦はたとえ無条件に全生命の終末を意味しなくとも、敗者の文化と文明の終末を意味することが明確になる。すでに現在、ドイツのすべての部分が砂漠だと感じられる。……いかなる創造的、道徳的、精神的な向上をも萎えさせてしまう、苦しみと困窮の厳しさがある。……たとえ「新しい精神」の宣明があっても、弱々しく力なく、オリジナリティを欠いている」。

「この状態を旅行者は、多分あまり不安には感じないだろう。それは、ドイツを最初は外見的な勝利へと導き、後には途方もない現実の敗北を導いた精神が、潜在的には勝者の中にもあるという印象を持たないからである。だが、勝者と敗者の世界は、表面的な外観が装うほどに、基本的にそれほど大きくかけ離れてはいない。強力な前照灯を照らして夜の国道を傍若無人に疾駆する長蛇の自動車部隊を見る者には、勝利行進中のかつてのヒトラー機械化部隊が二重写しになる。完全に善意の立派な人たちが、軍の統治のために働くとき、つかみどころのない匿名の官僚主義に対して完全に無力となり、本来の意志とは異なる行動をとる。そのことを知る者は、命令されたように行動するほかなかったと今になって語る、現在は罷免されているナチ官吏全員のことを考えるだろう。ガソリンスタンドや事務所の「ピンアップ」に見入り、兄弟愛に結ばれる兵士たちを見るとき、そこからナチの「道徳綱領」まで大きな距離はもはやないことを知るのである」とユンクは結んでいる。

ユンクの本論説は、論説（1）の「危険なドイツ精神」（敗者）と西欧文明（勝者）の対比とは対照的に、むしろ両者の同一性を強調し、敗者の現在は勝者の明日の姿の「前兆」に他ならないと警告した。すなわち、ドイツ軍であれ米軍であれ、高度機械技術に仕える兵士像に変わりはなく、戦争の高度技術化とそれに従事する人間の無感覚・無責任によって、大国間の争いは一層全面的な文明と文化の破壊に帰結する。第二次大戦は終わったが、その廃墟ですでに第三次大戦が俎上にのぼっていた。

おわりに

以上、一九四四年夏から四五年末まで、一年半にわたるドイツ敗北から戦後への移行期、情報機関（ダレス事務所）の職員としてユンクは、経済的な安定と共に身分的な後ろ盾を得ていた。その仕事と並行して、『オブザーバー』通信員から『世界週報』通信員へと、職業身分を確保して論説活動に復帰する、ユンクの戦後への足取りを見てきた。

ドイツの降伏は、もちろんスイスでも歓喜の声で迎えられた[22]。その直後の『世界週報』（五月一一日付）は、「平和号 Friedens Nummer」と銘打って巻頭論説に「我が時代の平和」を掲げ、男女の喜びのダンスの挿絵を配して戦争の終結を祝賀した。だが、ユンクはその声に浸ることはできなかった。後にユンクは小倉桂子に、四〇人余の親族を亡くしたと語っているが、チェコの父方親族とハンブルクの母方親族のほとんどを失っていた[23]。戦争の終わりはユンクにとり、ユダヤ人大量殺害という「断片的に得ていた秘密報告を、もはやまったく希望なき修正不可能な事実」「想像力を絶する事実」として受け入れなければならない痛苦の日々だった（Jungk, 1993, S.211）。

ドイツ降伏直後の五月一三日、一九四四年七月二〇日のヒトラー暗殺未遂事件に関するユンクの論説は、この事件の当事者ギゼヴィウスの語りに依拠して事件の経緯を詳述し、『オブザーバー』紙に掲載されて国際的に注目された。そこには、ギゼヴィウスと同じように、この暗殺計画が成功していたならとのユンクの痛恨の思いがにじみ出ている。ドイツの降伏が九ヵ月間早められていたなら、どれほどの人々の命が救われたであろうか。ともあれ、この論説はユンク初の署名論説であり、政治記者ユンクの名を広く英語圏に知らしめた。

そして、この夏の精神的落ち込みと体調不良の中でも、『オブザーバー』通信員としての労働許可の延長を申請し、八月二四日付で承認された。しかし、おそらくは英語使用と英語圏読者向け論説のテーマ選択の難しさを感じる中で、『世界週報』編集長シューマッハーからドイツ取材旅行と同紙の通信員職の申し出があり、これに応じてナチドイツ崩壊の跡を見届けるべく、九月下旬にはドイツ入りしたと見てよいであろう。

まずヴィースバーデンに着いて難民の群れに会い、彼らの話を聞く。中部ドイツの諸都市に滞在して主に知識人の話を聞き、ハイデルベルク大学の授業ものぞく。一一月一四日にはニュルンベルク入りし、旧友ラッハマンと出会い、被告人たちが自分たちの行いをどのように感じているのか、彼のつてをたどってその様子を探ろうとした。しかし、どこからも反省の言葉は得られないまま、国際軍事裁判の法廷風景とその周辺の日常を伝えることになる。一一月末にはミュンヘンの出版社に小説の原稿を持ち込むが、おそらくもっと掘り下げた叙述を求められたことや、また、シューマッハーより引き続いてパリ国際会議を中心とする国際情勢の取材を依頼されたことから、パリ行きを決めた。一二月は主にパリのホテル住まいで、この年最後の『世界週報』(一二月二八日付)の一頁に続いて三頁の「ドイツ」欄にわたり、ユンクの論説「ドイツの不吉な前兆」が掲載された。この論説をもってユンクの「ドイツ」欄担当は終わり、ドイツ・ウオッチャーからワールド・ウオッチャーへ、政治記者ユンクが扱うテーマ領域の転換点が画される。上記論説(5)の表題が予見するように、勝利した連合国が明日には現在のドイツになりかねない、不安定な国際情勢と覇者アメリカの動向分析が新たな課題であった。

九年ぶりのドイツ入りでユンクが最も強く感じたのは、高度技術化された現代戦がもたらす破壊規模の大きさであった。その国の人々の生命の全体的破壊に至らずとも、その文明と文化を全面的に破壊し、戦後復興の掛け声で再建が始まっていても、その傷は何世代にもわたって癒えることがないだろう、と。この破壊の「原責任」はヒトラーにあるが、その共犯者たちも共同責任を負う。しかし、彼らに反省の弁はなく、人道に対する犯罪の責任を問われても、その返答はおしなべて「ノー」であった。このエリート層の「思い上がり」と大衆の「怠惰」により、「大衆ヒステリー」が支配する「不道徳政権」が起動したのであった。

だが、ナチドイツの終わりと重なり合うように、ユンクは「我々の側」での「不道徳政権」の始まりを眼前にしなければならなかった。それは、ポーランドの政府と人民によるオーデル・ナイセ線以東のドイツ人の追放やユダヤ人の迫害であった。ヒトラー暗殺未遂事件に続き、ドイツ人追放の実態を初めて世界に報じたことにより、国際記者ユンクの地位は不動のものとなった。

そのユンクの眼には、進駐する米軍兵士の自動車部隊が、かつてのドイツ機械化部隊の勝利行進と二重映しになっていた。すでに一九四二年のF・L論説でユンクは、ロンメル戦車軍団とソ連戦車部隊の兵士像を重ね合わせて見ていたが、高度技術化軍団の先にあるのは等しく大規模破壊のみであり、この破壊に奉仕する人間の無感覚性・責任意識の喪失という同一現象に他ならなかった。それゆえに、第二次大戦で一層高度化し肥大化した破壊装置とそれを操る人間に対して、戦後世界はどのように対処できるのか。第三帝国から世界政治とパックス・アメリカーナへ、新たな課題がユンクを待ち受けていた。

終章　迫害と抵抗の青春を生きる

はじめに

「ドイツユダヤ人」ロベルト・ユンクは、ドイツ語圏における「ユダヤ人解放」時代の第三世代に属す。一七八九年のフランス革命によるユダヤ人の法的同権化は、ドイツ語圏にあっては一八六〇年代のことであった。一八六二年のバーデン大公国に始まり、一八六七年のオーストリア・ハンガリー帝国憲法、そして一八六九年の北ドイツ連邦会議の議決から一八七一年のドイツ帝国憲法へと、信教の自由と共にユダヤ人の市民権が保証された。[1]以後、ユンクの例にも示されるように、この二つの帝国にまたがり、ドイツ語を母語とするユダヤ人の広域的な移動と定住が進行した。したがって、ここで言う「ドイツユダヤ人」とはドイツ語圏のユダヤ人であり、ドイツ語を母語とするユダヤ人を意味する。

一八六〇年代を画期とするこの「ユダヤ人解放」の時代、ドイツユダヤ人の文化的アイデンティティは「同化 Assimilation」にあった。ユダヤ人の宗教的文化的な独自性を放棄し、ギリシャ・ローマ古典文化からルネサンス文化を経て近代の啓蒙文化へというヨーロッパ・ドイツ文化の本流を継承しつつ、自らを一人の国民（市民）としてドイツ語圏の国家と社会に統合する「共同生活 Symbiose」の夢である。[2] しかし、法的同権化とはかかわりなく、社会的な隔離の障壁はドイツ語圏ではとりわけ強固に保持され、その夢の実現は以下のような三世代の展開を経て潰える。

一八五〇／六〇年代生まれの第一世代は、ユダヤ人解放と帝国の繁栄に後押しされ、大きな夢をもって、与えられた自由を行使すべく才能を磨き、折からの高度経済成長過程の波に乗って実業界から多様な専門職に至るまで、大きく社会進出と社会的昇進を果たしていった。補論1で見た、フェーリクス・ワイルの父もその典型例であろう（補論1の註18を参照）。

その下で育った一八八〇／九〇年代生まれの第二世代には、社会進出に大きな障害はなく、同化は完成するかのごとく思われた。「祖国」への一体感を強め、折からの「世界強国」を呼号するナショナリズムの熱気のなか、ドイツ帝国のユダヤ人一〇万人（総人口は五五万人）が第一次大戦に参戦し、うち一・二万人が「祖国」に命をささげた。しかし、彼らは軍隊の中で厳しいユダヤ人差別を経験する。むしろ、社会ダーウィン主義や人種理論と結びついて反ユダヤ主義は反セム主義へと進化を遂げ、[3] ドイツユダヤ人の社会進出と共に差別意識は一層強く沈潜し、強化される傾向にあった。親族関係を軸に日常の交際関係が構成される社会では、ごく少数の婚姻関係（混合婚 Mischehe）を例外とし、友人関係など私的なつながりからもユダヤ人は排除された。

このドイツ人社会の壁を前に、第一次大戦後、ドイツユダヤ人の思潮は三分化する。一方は、「祖国奉仕」の功績を基礎に、無条件に同化を目指す第二世代に顕著な方向であり、「全国ユダヤ人前線兵士連盟」がその代表だった。他方は、同化を断念し、ユダヤ人の伝統文化に回帰して祖国再建に向かおうとするシオニストであり、イスラエルの地を目指す方向である。そして第三は、のちに見るブーバーやゴールドシュミットのように、近代の改革派ユダヤ教の伝統の上にユダヤ教徒独自の使命意識に生きようとする方向であり、ユンクもこのグループに属した。

一九一〇年代生まれの第三世代は、文化的同化が最も進んだヴァイマル時代に、この三分化の時代思潮のなかで育った。この世代には一般に、高度文明化・都市化に対する反動として若者世代に広がった、ワンゲル運動が特徴的だった。[4] ドイツユダヤ人の場合も例外ではない。本書の序章で見たように、そこにはシオニズムに与する方向と、同化を放棄はしないがユダヤ教の思想の独自の価値づけを目指しつつ、キリスト教的ヨーロッパ文化との対話・共生を志向する第三の方向が対立し、後者が多数派だった。そうした、青年運動と共にあるギムナジウム時代が、教養と財産ある有産市民層のドイツユダヤ人少年たちの一般的な特徴だった。しかし、この共同生活の夢のみならず市民権それ自体が、ナチ政権の登場によって葬り去られる。さらに、彼ら彼女たちの生命自体が危機に瀕した。

この迫害と絶滅の悪夢の時代、ユンク世代のドイツユダヤ人青年は、どのような生活経歴をたどったのか。この時代、ユダヤ人の生存価値を否定する人種主義の支配イデオロギーに対して、生存することそれ自体が抵抗を意味した。この生存権と生命の尊厳の自己主張を、どのように実践していったのか。ドイツユダヤ人第三世代の生存の実践例をいくつか確認しつつ、以下、それとの比較でユンク青年時代の反ナチ抵抗の特徴を理解し、本書の結びとしたい。

1 追放と抵抗の青春の諸類型

現代史家ヴォルフガンク・ベンツ『二〇世紀のドイツユダヤ人——ポートレートに見る歴史』（二〇一〇年）はオーラル・ヒストリーに基づき、ヒトラー時代を生き延びた二二人の生活経歴を、「理念型的かつパラダイム的な人々」として提示している。[5] その出生年は一八八五年から一九二八年にわたり、幅広い年代を含むが、その中で三名が一九一〇年代前半の生まれである。まず、この三名の青春時代を通して、この世代の生活経歴に典型的な三つのケースを見ておきたい。

第一の例は一九一三年四月ベルリン生まれのノルベルト・ヴォルハイム（～一九九八）である。[6] 両親はポーゼン州出身で、父はベルリンで商業を営み、宗教的にはユダヤ教保守派で、政治的には愛国派であり、第一次大戦の退役兵として全国ユダヤ人前線兵士連盟で活動していた。ヴォルハイムは少年時代、ドイツユダヤ人青年運動の組織者として活動する。一九三一年には高卒試験（アビトゥーア）に合格し、ベルリン大学に登録して法学と経済学を学ぼうとしたが、ヒトラー政権の成立で大学を追われる。青年運動に専念し、一九三三年一二月には「ドイツユダヤ人青年同盟 Bund deutsch-jüdischer Jugend」の事業主任となる。この同盟は、シオニズムとは距離を置く多様なドイツユダヤ人青年運動を取りまとめた全国組織であった。一九三六年には「ドイツ」という形容詞の使用を禁止され、「リング・ユダヤ人青年同盟 Ring, Bund der jüdischen Jugend」への改称を強いられた。

その間に、ヴォルハイムは鉱物取引会社に職を得た。しかし一九三八年、会社が「アーリア人化」され失職する。その夏にはローザと結婚してベルリン・ユダヤ教区の名誉職に就き、収容所に拘束された人々の支援活動に従事した。しかし、一一月のポグロムでユダヤ人の生活は劇的に悪化する。人々は脱出の必要に迫られた。しかし、受け入れ国がなく、そのチャンスはほとんどなかった。例外的に、一つのチャンスがイギリスによって与えられる。一万人規模の子どもの受け入れであり、問題は送り出し側で、子どもの出国作業の組織化が課題となった。青年運動の経験からヴォルハイムには組織能力があり、その業務が彼に委託された。彼は決断を迫られた。自分と妻の脱出を考えていたからである。

結局、この仕事を引き受ける。政治状況は悪化しており、急がねばならなかった。子どもの入国許可証の整理と親への連絡に始まり、三〇〇～四〇〇人の入国許可がまとまるとすぐに出国の日取りを決め、ベルリンに子どもたちを集める手はずを整え、子どもたちを引率してイギリスに渡り、次の送り出し作業のために飛行機でベルリンにトンボ帰りする「夜昼なしの活動」の日々だった。[7] この作業が続く限り、自分と妻の脱出は彼の念頭にはなかった。一九三九年九月の開戦と共にドイツからの脱出は事実上不可能になり、一九四一年秋までヴォルハイムはユダヤ人の全国組織で働いた。自らの溶接の技術を活かした、手工業へのユダヤ人再教育の仕事であった。その後は、軍需工場に強制動員され、一九四三年二月末、その職場で拘束される。妻と三歳の息子もベルリンの集合収容所に連行されてアウシュヴィッツに送られ、妻子はガス室送りとなった。彼は労働能力があり、溶接工としてＩＧファルベンのブナ工場建設などに使役された。このＩＧファルベンの奴隷労働で二・五万人が死亡しているが、彼は生き抜き、一九四五年一月一八日、迫りくる赤軍を前にアウシュヴィッツの撤収が始まり、マウトハウゼン、ザクセンハウゼン、そして最後に四月にメクレンブルクへという「死の行進」を生き延び、五月二／三日に脱出して終戦を迎えることができた。戦後はリューベックで、生き延びたユダヤ人難民（ＤＰ）の世話に当たり、一九五〇年にＩＧファルベンに対する補償裁判の提起でドイツに一区切りをつけ、アメリカに移住した。[8]

第二の例は、一九一二年一一月西プロイセン州マリエンブルク（現ポーランドのマルボルク）生まれのハインツ・ガリンスキー（〜一九九二）である。[9]両親は衣料品店を営み、小ユダヤ教区でのつつましい暮らしであった。父は第一次大戦で重傷を負い、働けなくなっていた。ガリンスキーは初等教育を終え、近くの都市エルビングの繊維会社で見習い修行に入り、その会社のラーテノー（ベルリンの西方七〇キロメートル）の支店で一九三七年秋まで働いた。そして、この町で六歳年下のカールスルーエ出身のギーゼルと知り合い婚約したが、小都市ではユダヤ人の差別が強まり、二人はベルリンに移った。両親もその後を追って移り、二人の結婚式はポグロム直後の一九三八年一一月にささやかに行われた。ガリンスキーはポグロムの現場を、ファザーネン通りで直接目にしていた。亡命のために手工業を身に付けようと機械編みの見習いを始めるが、ジーメンスの強制労働に徴用され、妻も母も軍需工場に動員された。

一九四三年二月、ガリンスキー夫妻と母は、自宅からゲシュタポにより集合収容所に連行される。移送不可の父はユダヤ人病院の警備所に送られた。アウシュヴィッツに到着したときが、妻と母を見た最後となり、ガリンスキーはＩＧファルベンに使役され、奴隷労働で命を保った。一九四五年一月、「死の行進」が始まり、ハルツ山地のノルドハウゼンにあるV2ロケット取り付け作業のための地下収容所、さらにベルゲン・ベルゼンへと移り、そこで四月一五日に英軍により解放された。

解放後ベルリンに向かったが、ソ連軍に拘束され捕虜収容所に留置される。ソ連の将校が、ユダヤ人の生存者であることを信用しなかったためだった。そのことが確認され、ようやく八月初めにベルリンに戻り、ユダヤ人犠牲者の世話に当たる。アメリカ移民を考えていたが、ユダヤ人犠牲者の救済やユダヤ教区の再建活動を進めている間に、一九四七年六月にルートと知り合い、一〇月には再婚する。ルートはドレスデン生まれで、娘時代からスポーツ万能だった。両親はポーランド国籍で、一九三八年にポーランドへの帰還を強制され、彼女はワルシャワゲットーで抵抗運動と結びついて生き延びていた。[10]

ガリンスキーはベルリンの統一ユダヤ教区建設に全力を尽くす。ドイツ外のユダヤ人組織は、ユダヤ人がヒトラー以後のドイツで生活できるとは考えていなかった。しかしガリンスキーは、「ディアスポラの中でユダヤ人共同体は、イスラエルと共に運命共同体をなす」とし、ベルリンそしてドイツのユダヤ教区再建を果たしていった。[11]その場合、ドイツユダヤ人の「同化」の幻想は完全に捨て去られ、同化抜きのドイツ社会の中でのユダヤ人の存立がガリンスキーの綱領であり、ユダヤ人犠牲者の声をドイツ国民に語り続けることが生き延びた者の使命とされた。

第三の例は、一九一三年北ブコヴィナ（現在のウクライナ西南部）地方の典型的なユダヤ人都市チェルノヴィッツ（現チェルニウツィー）生まれのユリウス・ヴォルフェンハウト（～二〇一〇）である。[12]第一次大戦後、この地方はオーストリア帝国から割譲されルーマニア王国領となるが、引き続きドイツ語が支配的だった。

ヴォルフェンハウトの父方の祖父は、ガリチア地方のポーランド人大土地所有者の農場管理人で、一三人の子どもを設けた。父ナタンは一三歳でその家を出、ポーランド人貴族の狩猟の助手や使い走りなど雑事をしながら小銭を稼ぎ、チェルノヴィッツに落ち着いた。その地で、自分の貯金と結婚した妻ペピの嫁資で靴商いの小店を持ち、また小学四年次からの教育を学校で学びなおし、しだいに豊かになって庭付き家屋に両親を呼び寄せ、二人の妹も結婚まで同居させた。弟の一人も彼の店で会計係として働いた。こうして、財産と教養により社会的地位を確立する中で、一人息子のユリウスを得る。

ヴォルフェンハウトは故郷で高卒試験（アビトゥーア）に合格し、モラヴィアの首都ブルノの工科大学で電気技術を学ぶ。一九三一〜三八年という八年間の在学期間で、二回の国家試験に合格して学位記 Diplom を得、技師 Ingenieur の資格を持つ。大学卒業後はルーマニア軍で一年志願兵の兵役を果たし、その後、故郷でボタン工場の技術職に就いた。

しかし一九四〇年七月末、独ソ条約に基づきソ連軍がブコヴィナに侵入してチェルノヴィッツもその占領下に置かれ、一家の生活は一変する。五七歳の父ナタンは、ユダヤ人ブルジョワで「反革命分子」とされ、即決で七年間のシベリア送りとなる。息子ユリウスはウールの帽子と古い毛皮のコートを収容所に届けたが、それが父を見る最後となった。一年後に父ナタンはシベリアの収容所で亡くなる。一九四一年六月には大量の強制移送が行われ、六〇歳の母ペピと二八歳の息子ユリウスも、シベリアの貧しい小村のコルホーズに送られた。農作業に明け暮れたが、食料は乏しく、母は翌年一〇月に亡くなる。

その後、専門的能力のある者にはこの地区の行政中心地に移ることが許可され、一五〇キロメートルの距離を歩いて移り、木材製品工場のノルマ係を割り当てられた。さらに一九四四年秋、この行政中心地テグルデト（トムスク州の州都トムスクから東北東に二〇〇キロメートル）で、犯罪少年に数学、物理学、製図を教える教育職に移され、これが彼にとり決定的な転換点となる。「教職は天職だった。人を導く力、見識、そして特にユーモアといった私の素質は、まさしくこの職のためにあった」[13]。一九四六年末には地区教育担当官の計らいで、同地の中高等学校で数学、物理学、ドイツ語、天文学を教える教育職に移る。そして教研集会で、類似の運命をたどって小学校の教員をしていた五歳年下のロシア人アウグスタと知り合い、一九五三年に結婚して二人の子をもうける[14]。フルシチョフ時代の一九五六年、補償請求はせず故郷に戻らないことを条件にヴォルフェンハウトの追放処分は公式に破棄され、一九六〇年に一家は州都トムスクに移った。夫妻とも長らく教員生活を続け、夫はトムスク大学でドイツ語やドイツ文学の授業も担当し、安定した生活を送ることができた。

このシベリア追放の苛酷な時代をヴォルフェンハウトが生き抜けたのは、自然科学分野の専門的な知識と共に、なによりもドイツ文学への傾倒によっていた。ギムナジウム時代にドイツ文学と古典語を学び、ルーマニア支配下でルーマニア語、そしてソ連支配と共に集中的にロシア語を身につけ、シベリア生活の日常語はロシア語であった。しかし、ドイツの古典文学本はシベリアで安価に入手でき、古典文学への精神的な沈潜が孤独な生活を支えた。そこから彼は、教育者として単に理数科教育を担当するだけでなく、ドイツ文化の仲介者としての使命感をもってドイツ語教育に向かったのであった。

彼の生涯にとり、長期の学生生活は消しえないトラウマだった。父ナタンが危険を予測し、母方親族のいる南米への移民を計画し、息子に早く卒業するよう求めていたからである。放埒な生活を送っていたわけではない。恋した女性も二人だけで、一人とはいつもキスをする関係だったが、もう一人とはそれもできず、いずれにせよプラトニックな関係だった。単なる怠慢で、チェスなど友人との遊びで時間を過ごし、五年で卒業しなかったために一家は移民の機会を失し、両親の死を招いてしまった、と。(15)

以上、三つの事例を見たが、それらはいずれも迫りくる生命の危険を予感しながらも、それぞれの思いや事情で最後までドイツ語圏に残り、その結果、拘束されて妻子や両親を失いながら自らは奴隷労働の苦境を生き抜いた、ドイツユダヤ人男性の青春時代である。これに対して、より意識的に圧政と対決する、政治的な抵抗と亡命の青年時代を、もう一つの別の型として見ておきたい。その最も典型的な事例は、のちにオーストリア連邦首相となるブルーノ・クライスキーの青春時代である。

2　若き政治亡命者の事例——ブルーノ・クライスキー

一九一一年一月ウィーン生まれのブルーノ・クライスキー（〜一九九〇）は、ドイツ人やスラブ人など多様な系譜が入り混じった混合家系のユダヤ人だった。父方の祖父はブトヴァイス（南ボヘミアの現チェスケー・ブジェヨビツェ）の教員養成学校の副校長で、祖母はモラヴィア初の女性教員の経歴もあった。祖父母には一〇人の子どもがあり、退職後にウィーンに移る。父マックスは一八七六年生まれで、繊維技術の高等専門学校を卒業して繊維会社に就職し、総支配人に出世する。オーストリア国立銀行の監査役も務めた著名な経営者であった。政治的には社会主義者ではなかったが、フリーメーソンの自由・博愛思想に共鳴し、政治に強い関心をもっていた、マックスの一番下の弟ルドルフはズデーテン地方の社会民主党員で、消費組合運動の指導的な活動家だった。その他、医師や弁護士として活躍する者やパレスチナに移住した者もいた[16]。

クライスキーの母イレーネは、保存食品（ピクルスなど）の製造と販売を扱うモラヴィアの大会社フェーリクスの娘で、多額の嫁資をもって一九〇九年にマックスと結婚する。夫妻は同年、長男パウルをもうけるが、パウルは子ども時代に学校生活で反セム主義のいじめにあい、精神不安を病み一九三八年にパレスチナに移住する。子どもは二人のみで、母は教育熱心で次男のクライスキーに期待をかけ、政治活動には厳しかった。

しかし、クライスキーは早熟な子どもで、七歳のときに『新自由新聞 *Neue Freie Presse*』の記事をチェコ人の料理女に読んで聞かせた、という[17]。この頃からクライスキーは子どもたちのグループを作って街を徘徊し、一九二一年ギムナジウム入学後に「いたずら坊主で困ったもの」とされ、別のギムナジウムに移って一九二九年に高卒試験（マトゥラ）に合格する。その間、すでに一九二四年に学校仲間とデモに初参加し、社会主義の中学生組織に加わった。その活動内容はユンクの場合と同様、週末に「都市から出て」野山をめぐりテントに泊まるワンゲルであった。しかし、その仲間の話題は「階級なき社会」といったユートピアやオーストリアの政治であった。叔父ルドルフの影響でクライスキーは、自分とは異なる貧しい労働者の生活を知り、早くから政治に関心をもっていた。

一九二七年七月、社会民主党（ＳＰÖ、正式名称は社会民主労働者党ＳＤＡＰÖ）が市政を掌握するウィーンで、キリスト教社会党 Christliche Soziale Partei（ＣＳＰ）の連邦首相配下の警察が、司法省に投石した労働者のデモ集団に発砲し、八九人の死者が出る争乱が生じた。クライスキーも叔父のルドルフの息子で最も親しかった従兄のアルトゥル・クライスキー（一九一二〜四三）と一緒に、このデモ集団の中にいて銃撃の現場に居合わせる。単なる興味からの参加で、二人は無事に家に帰った。[18]

この事件をきっかけに、クライスキーは「社会主義労働者青年 Sozialistische Arbeiterjugend」（ＳＡＪ）に加入し、オーストロ社会主義の指導者オットー・バウアー（一八八一〜一九三八）への傾倒を深める。一九二〇年の第三インターナショナル（コミンテルン）の第二回大会における前衛政党路線の提起によって社会主義勢力は社会民主党と共産党に二分化されるが、この分裂を回避して議会政党路線で「革命」（政権奪取）を目指す「第二半インターナショナル」路線であり、バウアーはスイスのロベルト・グリムと並び、その代表的な理論家だった。クライスキーはワンゲル活動を抜けて政治活動に集中し、「共産主義青年」を説得して退会させ、バウアー路線で社会主義の青年運動を固めることで頭角を現していく。

一九二九年のギムナジウム修了後には、ウィーンで七月半ばに開催された五万人規模の全欧州社会主義青年大会の準備に奔走し、秋にはウィーン大学に登録する。当初は医学を志望していたが、バウアーに「党には優れた法律家が必要だ」と言われ、その言葉に従った。[19] 翌年にはＳＡＪの幹部会員、一九三三年には同全国教育委員会委員長と、社会主義青年運動の中心に位置していった。

そして一九三四年二月一二日、共産党とナチ党を禁止し、さらに社会民主党を排除して独裁体制を敷こうとするドルフース政権に対し、社会民主党は拙劣な武装蜂起を仕掛ける。四日間の銃撃戦で、多数の死傷者を出して制圧され、党と関連組織はすべて禁止され、バウアーら党の指導部はチェコに亡命した。クライスキーは蜂起に関与せず、二月一八日、秘かに「革命的社会主義青年 Revolutionäre Sozialistische Jugend」（ＲＳＪ）の設立大会を開催し、この「革命派」の指導部をローマン・フェルアイス（一九〇三～四四）と共に引き受け、非合法活動に入った。この時期、ドルフース政権への対抗から共産党やナチ党に流れた社会民主党員も多かったが、彼は叔父フェーリクスの会社の保存食品の運送に紛れ込み、チェコに何度も行き来し、発禁文書の持ち込みなど党幹部との連絡に当たった。[20]

一九三四年の年末、モラヴィアのブルノで社会民主党は「統一社会党 Vereinigte Sozialistische Partei」の新名称で全国大会を開催し、クライスキーはフェルアイスと共に青年代表として参加した。だが、この大会にスパイが紛れ込み、年明けに摘発と逮捕の波が始まった。クライスキーも一月三一日に自宅から連行され、留置所に拘禁される。多数の逮捕者を調査するために取り調べは長期間に及んだ。その拘置期間中に、活動仲間と再会するのみならず、同房のナチ党員二人とも親しくなり、その一人、画家ヨーゼフ・ヴァイニンガーの命の危機を救ったこともあった。その縁で、後にクライスキーはゲシュタポの手から逃げのびることができる。

一九三六年一月に二八人の被告に対し、主犯は死刑で全員を反逆罪とする起訴状が準備された。この起訴状に対して国際的な批判が高まるなか、三月一六日に裁判が始まり、その第一回法廷でクライスキーは弁論に立った。ブルノ会議は暴力によるオーストリア政府の転覆を図ったという告発に対し、「革命が血の暴力と同一でないことは明白であり」「革命とは変革であり、暴力的手段を必要としない。革命は最深の平和の中で実行されると我々の偉大な師ラサールは語っている」「マルクスやエンゲルスも血の暴力が必要だとは、どこにも言っていない」と、非暴力の立場を鮮明に主張した。この弁論は『デイリー・ヘラルド *Daily Herald*』と『タイムズ *The Times*』で報道され、クライスキーの名は国際的に知られた。そうした国際的な注目のなか、第一七回法廷で判決が下され、量刑は予想外に軽く主犯の二人は二年と一八ヵ月、フェルアイスは一六ヵ月、クライスキーは一二ヵ月の禁固刑、一三人は無罪で、その他は軽い刑だった。[21]

一九三六年六月初め、クライスキーは一年四ヵ月の拘禁を解かれ、市民生活に復帰する。この長期の拘禁中、父マックスはその政治的影響力を行使しなかった。息子のクライスキーも、「何もしないように」と訴えていた。留置場の彼にとり、この父との文通と日々の日記、そしてアウグスト・ベーベル（一八四〇～一九一三）の「監獄は大学の代わり」という言葉を胸に刻んでの文献読破が心の支えだった、という。

だが、自宅に戻っても所在なかった。オーストリアの大学からは追放処分を科され、私企業での雇用も政治的危険人物として警察に禁止され、スウェーデンのウプサラ大学から入学許可証が届いてもパスポートの発行が拒否された。同年末、大学追放処分の破棄を申し立てるが、それも教育省により却下された。仕方なく、父マックスの勧めでウィーンを離れ、オーバーケルンテンの小村の父の事業仲間の織物工場で見習い作業に従事する。その作業にも数ヵ月で飽き、また警察への出頭義務もあり、一九三七年五月にはウィーンに戻った。そして秋になり、ようやく大学の追放処分が解かれ、学籍を回復して一一月に法学の国家試験を受けて合格する。最後の口述試問は一九三八年三月一四日、ナチ党シンパの正教授エルンスト・シェーンバウアー（一八八五～一九六六）の下で行われた。この日は同教授にとって歴史的に記念すべき喜びの日であり、機嫌がよく、博士学位試験に合格した。しかし、同年九月末の博士号授与式に出席したのは友人で、クライスキーはすでにオーストリアを去っていた[22]。

この口頭試問の日に、警察が自宅に来て不在を知り、翌日の出頭を言い渡して去った。三月一五日、ヒトラーのウィーン入り当日、クライスキーは警察に出頭して再び留置される。留置所は満杯になり、州裁判所に移管されるが、そこも満杯になり、国民学校の体育館に移される。そして、ゲシュタポの本部メトロポール・ホテルに移され、尋問中に軍隊用鞭で顔面を殴打され、半ば気を失って州裁判所に戻された。その後も何度かゲシュタポの尋問を受けるが、かつてクライスキーが留置所でナチの同房者と親しい関係にあったことが知られ、遠国への亡命を条件に解放された。今回は五ヵ月の拘禁だった[23]。

同年八月に警察署でパスポートを取得し、スウェーデンの社会主義青年運動の指導者トルステン・ニルソン（一九〇五〜九七）の招待状もあり、スウェーデン行きを考える。その出国準備中の九月半ば、かつての房仲間のナチ党員ヴァイニンガーから「すぐ逃げろ、連行されるから。そうしたら、もう終わりだ」と告げられ、かつての活動仲間の緊急手配でウィーン・ベルリン・コペンハーゲンの往復航空券を入手する。ビザのない者は、帰りの航空券がないとデンマークに入国できなかったからである。九月二一日にクライスキーは父マックスと友人の見送りでウィーンの飛行場を発ち、ベルリンを経由し、コペンハーゲンに入った。そこでも、デンマークの社会民主党関係者の援助を得、一週間の滞在でストックホルムに向かうことができた。[24]

スウェーデンには、亡命中のかつての仲間やニルソンなどの社会主義青年、そして同地で保存食品事業を営むフェーリクス一族の従兄ヘルベルト（一九〇八〜七三）[25]など、親しい友人や親族のネットワークがあった。クライスキーは社会主義の青年団体からジャーナリストの仕事を得、電話付きの仕事部屋を与えられ、ウィーン報告を綴る。ドイツ語で書き、スウェーデン語に翻訳される作業だった。イギリス労働党左派の雑誌『トリビューン *Tribune*』からも寄稿を求められた。一九三九年春には、スウェーデン消費組合事務所の経済相談役の仕事が入る。以後、この職で七年間、経済の研究に従事する。

一九三九年七月には北フランスのリールで開催された社会主義青年国際大会にオーストリア代表として出席した。その帰り道、独ソ不戦条約が発表され、コミンテルンと明確に一線を画したバウアーの正しさを再確認したが、バウアーはパリで七月に亡くなり、妻ヘレーネは夫の死後ストックホルムに渡っていた。そのヘレーネと一緒の時に開戦の報を聞いた。[26]

一九三九年一一月、ソ連のフィンランド侵攻でクライスキーは、いくつかの新聞に戦場報道を申し出、当局の許可を得て一九四〇年初めに戦地に入り、数週間滞在して戦場報道を行う。その間に、一九四〇年二月、両親がストックホルム亡命を果たした。父マックスはウィーンを離れたくない気持ちが強く、息子の説得でようやく亡命したが、一九四四年六月に亡くなる。一家の資産はナチ党の支配下で、すべて没収されていた。

私生活では多彩な人々と交流し、その中で知り合った学生ヴェラと一九四二年四月に結婚する。ヴェラの両親はオーストリアからの移民で、スウェーデンで製紙や繊維の工場を設立して成功していた。ストックホルム市長も出席して結婚式は盛大に行われ、二人は二年後には長男ペーターを得た[27]。

政治活動では、一九四〇年夏にヴィリー・ブラントと出会い、最初の出会いから「気が合い」、一九四二年秋から学習グループに加わり、ブラントを中心に戦後の基本路線を議論する[28]。一九四三年三月にはブラントの草稿「民主的社会主義の平和の目的」が仕上げられ、五月一日のメーデーの集まりで「民主的社会主義者国際グループ」の決議として採択された。この「国際グループ」はブラント、クライスキー、ニルソンら社会主義青年を中心に、ストックホルム大学教授でスウェーデン国会議員のグンナー・ミュルダール（一八九八～一九八七）とその妻アルヴァ（一九〇二～八六）、ノルウェー労働運動の指導者マルティン・トランメール（一八七九～一九六七）、ズデーテン社会民主党のエルンスト・パウル（一八九七～一九七八）や亡命中の各国の外交関係者六〇名ほどからなり、ニックネームは「小インターナショナル」であった[29]。

クライスキーはさらに英米ソの外交官と意識的に交流し、戦後オーストリアの独立保持の可能性を追求する。この点でクライスキーは、ドイツとオーストリアの統合を主張したバウアーや党の見解とは異なり、むしろ旧オーストリアの多文化主義の伝統を継承する、小国オーストリア擁護の立場を一貫して取っていた[30]。この立場は、小国スウェーデンの民主政治に触れて一層強化され、その努力は一九四三年一〇月のモスクワ宣言にもつながる。

戦後、クライスキーのオーストリア帰還は、米国のビザが下りず一年遅れた。その間、「オーストリア連合」の代表としてスウェーデン政府と掛け合い、医薬品や粉ミルクなど救援物資の送付事業を組織した。そして一九四六年五月、フランスの友人の手配でフランス当局のビザを得て列車でウィーン入りした。歓迎の声のなか首相府に向かい、暫定政府首相カール・レンナー（一八七〇～一九五〇）と会い、「国外に残ってほしい。外交官がいないのだ」と言われた。そのためストックホルムに戻り、オーストリア大使として主権の回復から国際関係へと、オーストリア外交を担っていった。[31]

そのクライスキーは少年時代、祖父からヘブライ語を教えられ少しは書けるようになったが、それ以上ではなく、ユダヤ教とは無縁であった。ウィーンのイスラエル共同体の登録簿では、一九三一年一〇月一三日付で教区脱退の記録があり、社会主義を信条とする教会離脱者 Dissident であった。[32]したがって、クライスキーのアイデンティティはドイツユダヤ人というよりも、一義的にオーストリア社会主義者であった、と言ってよいであろう。

ヒトラー時代を生き延びたクライスキーとは異なり、八歳年長の同志フェルアイスは、一九三九年夏ゲシュタポに逮捕され、その判決でブーヘンヴァルト強制収容所に送られ、一九四四年八月に同収容所が米軍に爆撃され死亡する。「オーストリア抵抗記録文書館」（DÖW）は、一九三八〜四五年の期間における政治的犠牲者八千人以上のデータを収集しており、うち五〇名以上については詳しい個人史が紹介されているが、二〇〜三〇代の世代が主である。[33]

一歳年下の従兄アルトゥル・クライスキーも一九三九年の春に、ドイツ軍占領下でチェコスロヴァキアの元将校たちが軍事的抵抗を目的に設立した「国民防衛隊 Obrana Národa」（ON）の民間部門に加わり、情報収集や非合法文書の配布に当たった。そのため一九四一年一月半ばに逮捕され、一九四三年一月、他の活動家仲間と共に反逆準備罪で民族裁判所によって死刑判決を受け、同年六月、ベルリンのプレッツェンゼー刑務所で処刑された。[34]こうしてクライスキーは、最も親しかった仲間二人の死を胸に刻んで戦後のオーストリア再建に立ち向かうことになる。

3 ヴァイスおよびゴールドシュミットとユンクの共通項

第1章で見たように、ユンクの青年時代は二人の親友との精神的な結びつきに支えられていた。一歳年下のヘルマン・ゴールドシュミットと三歳半年下のペーター・ヴァイスである。ドイツ文学者として名をなすヴァイスは、幼年時代から二四歳の独立に至るまで、家族を基盤とした個人史を物語『両親との別れ』（一九六一年）で描いている[35]。ユンクは登場しないが、そこには両者の青春期を特徴づける大きな共通項が示されている。

第一に、ヴァイスもユンクもドイツ語が母語であるが、ユダヤ人であるのみならず他国籍の外国人であった。ヴァイスの父イェーノ（一八八五〜一九五九）はハンガリー国籍で、ベルリン郊外で織物取引の事業に若くして成功し、スイス出身の女優でキリスト教徒のフリーダ（一八八五〜一九五八）を舞台で見染めて結婚し、ヴァイスが生まれる。フリーダは再婚で、二人の連れ子があった。第一次大戦中であり、彼はオーストリア軍の中尉として出兵し、腹部貫通創傷を受けた。第一次大戦後はチェコスロヴァキア市民権を得てブレーメンで織物商を営み、さらに三人の子をもうける。一九二〇年にはキリスト教に改宗し、その後はユダヤ人であることを秘匿した。一九二九年にはベルリンに戻って取引を行い、ヴァイスはギムナジウムに進学したが、折からの恐慌で商業学校に移され、「タイプや速記」の商業見習の日々を送った。しかし、しだいに絵画や小説の創作活動にのめり込み、ヘッセに傾倒していった。そして、ナチ政権によるユダヤ人抑圧に直面し、一家はいち早く一九三五年初めにロンドンに移った。この頃に、ヴァイスは父違いの兄から父がユダヤ人であることを教えられた。

その時の思いをヴァイスは、以下のように記している。「それは、ずっと以前から予感していたことの確認のようだった。さまざまな出来事がよみがえり、私は自分の過去を理解し始めた。……街路でよく笑いものにされ、石を投げられたことを思い出していた。……そんな風にして、突如として私は追放された劣った人間の側に立っていた。このことが私にとっての救いだとは、まだ分かっていなかった。私に分かっていたのは、ただ根無し草の絶望的な状態にいることだけだった。自分の運命をしっかり手に握り、帰属先のないこと Unzugehörigkeit を新しい自立の力の源泉にするには、まだほど遠かった[36]」。

父イェーノは一九三六年末、北ボヘミアの織物工場の管理を任され、一家は国籍のあるチェコスロヴァキアに移り、ヴァイスはプラハに出て美術学校で絵画の学習と制作に集中した。しかし一九三八年一〇月、その地もドイツ軍の占領下に入り、一家はスウェーデンに逃れ、父はそこで捺染工場を設立した。ヴァイスは一九三八年八月から一九三九年一月までスイスに滞在してユンクおよびゴールドシュミットとの親交を深め、スウェーデンに渡って父の工場で四年間、捺染の見本制作などの作業に従事する。その賃金を貯え、一九四三年にはストックホルムに出て結婚し、スウェーデン市民権を取得して両親から自立した。その後は、スウェーデン語を習得して絵画から文学作品の創作に重点を移すが、数年後にはドイツ語に回帰し、戯曲などの圧倒的な創作活動を展開していった。

ヴァイスの青春時代は、過酷な運命を乗り越えて進む父の事業収入で、経済的に安定していた。しかし、その父の実業界への帰属を忌避し、精神的に「根無し草の絶望的な状態」を跳躍台に、ひたすら絵画や文学作品の創作活動を志向した青春だった。ただヘッセと二人の友のみが心の拠り所で、宗教も政治も経済も青年ヴァイスには無意味だった。同時に、経済的な父依存と創作活動に伴う精神的な緊張や不安の解消を、エロス的快楽への自己投棄に求め続ける青春だったことを、彼の親離れ「物語」は如実に示している。

ユンクもヴァイスと同じように、一七歳の頃まで外国人（チェコ人）として育ち、そのためのいじめも経験していた（本書一八頁）。また、二人の母親は共に女優のキャリアであった。そうした境遇の類似性が両者を引きつけ、その「根無し草」感情を代償する創作活動とエロス志向の強烈なパトスを共有し、それゆえに精神的に揺れの大きい不安定な青春を送った。加えてユンクの場合は、経済的にもより不安定で稼ぐ必要があり、さらに慢性の胃痛にも悩まされる日々だった。

この二人の不安定な青春と比較するとき、ゴールドシュミットのそれは対照的である。その生育過程は先に見た四人の場合とも共通し、同国人として相対的に落ち着いた境遇の中にあり、たしかにその境遇は唐突に切断されたが、精神的に比較的揺れの少ない青春だった。

ゴールドシュミットの家庭環境については、本書で見てきた手紙やユンク自伝などの記述から得られる断片的な情報にとどまる。彼の父は法律家で高位官職にあり、ユンク一家よりも一段上位の豊かな家庭であった。その父は一九三六年三月に亡くなる。この年、ヘルマンの弟コンラート（一九一七〜？）はロンドンに移るが、ヘルマンはベルリンにとどまっていた。[37] 自伝小説や詩の創作を続け、一九三七年一一月にはプラハでユンクと会い、一九三八年二月からチューリヒで学生生活に入った。その彼の学生生活の資金は、ロンドンの財産ある母方親族によって保障されていた（Jungk, 1993, S.155）。

実際、一九四六年一月に国連の第一回総会の取材でロンドンに渡ったユンクはコンラートと会い、ゴールドシュミットに手紙（一九四六年二月一日付）で次のように伝えている。コンラートが毎月の為替送金を託されてヘルマンに仕送りをしていたが、戦時中の一時期は送金が困難になり、利息も付いて貯金が貯まっている、と。この兄弟の母やその親族のことは不明である。しかし、父の資産がナチ政権によって差し押さえられていても、ロンドンの母方の資産でゴールドシュミットには生計の保障があったことは疑いない。そうした経済的な安定性は、同時に精神的な安定性の基盤であり、ゴールドシュミットは教授資格論文を認められなかったが、市井の哲学者として生涯を貫くことができた。

その生涯を貫く、いわば不動の精神的方向性をゴールドシュミットは、チューリヒ工科大学の講義室で開催された「ヘルマン・レーヴィン・ゴールドシュミット生誕八〇周年記念チューリヒ・コロキウム」で、学生時代を回顧して以下のように語っている。

「一九三八年二月一五日にスイス入りした、いわば第二の誕生ともいうべき日々のことを思い出します。以来、半世紀を超え——五六年になります——、私は新しくこのチューリヒの地に根づきました。この時の冬学期の最後の授業を思い出します。この工科大学でのカール・マイアーさんの講義で、彼は教壇に掲げた多数の地図の間からスイスの立場を話されました。そのスイスと比べ、すべての創造性を破壊し、一切の活動の自由を奪い、あらゆる権利を抑圧するドイツはいかに異なっていたことか、身に染みて印象づけられました。もちろん、自由で創造的なことはチューリヒ大学でも同じでした。スイスに溶け込む挑戦として、懸賞論文『イェレミアス・ゴットヘルフ（一七九七～一八五四）の精神』を仕上げました。[38] 外国人が賞を取ったのは喜ばしいことではない、亡命者が賞を「さらった」とチューリヒの学生の間では言われました。それでも、哲学研究への道は開かれていました。哲学の研究は一九三〇年代初めにベルリンで考え始めていた、自分の考えを深めていくために不可欠の作業でした」。

マイアーの専門はスイス近世史であり、誓約共同体スイスの自由と独立の精神、民主制と多文化主義の伝統が強調されていたことは疑いないであろう。ゴールドシュミットは大英帝国の帝都ロンドンではなく、スイスの自由精神を代表する州都の一つチューリヒに自己同定し、この都市を居場所とする不動の意思を固めていたことは、本書で見てきた彼の手紙によく示されている。

こうしてゴールドシュミットは哲学の学習へと進むが、それは二重の作業過程であった、という。一つは、職業としての哲学の学習であり、博士論文から教授資格論文の執筆、さらに近代哲学史の研究であった。もう一つは、「生存の学習」であり、「一九二〇年代ベルリンの古典的ヒューマニズムと精神的高揚の中で育った私たちの本源的な信頼感情を打ち砕いた……反セム主義とドイツ権力国家による戦争」という現実に対し、どのように対処するのかという問題であった。その回答が「対話の哲学」である。すなわち、一九四一年の博士論文（本書の補論2）を基礎に、「ニヒリズムを含めすべてのイズムは克服された、克服される、克服されうる」という理解に立ち、「神々の闘争」に替わる「神と人間」、そして「人間たちの対話」へのユダヤ人思想家の足跡をたどる作業であり、「古典的ヒューマニズム」の延長線上にヘルマン・コーエン（一八四二～一九一八）からフランツ・ローゼンツヴァイク（一八八六～一九二九）やマルティン・ブーバーなどの思想の展開を跡づける作業であった。

そうした学習課題を意識してチューリヒの生活に溶け込むことができた要因として、ゴールドシュミットは二人のチューリヒ人との出会いを挙げる。一人は、「自分の考え方と近く、ドイツのユダヤ民族の先行者を早くに見出した」マルガレーテ・ズースマン（一八七二～一九六六）[39] である。ズースマンは一九四六年刊行の『ヨブ記とユダヤ民族の運命』で、「アウシュヴィッツにもかかわらずドイツの精神性への信頼を表明した」。そして、一九四八年の第二版では新生イスラエル国家に大きな憂慮を表明し、「序文」に「歴史が常に繰り返しこの民族に強いてきた真の課題は、超国民的平和秩序 Übernationale Friedensordnung の代表たることである。これこそが、まさしく今日、かつて以上に切迫した課題である」と記していた、と。もう一人は、ユンクの紹介で知り合ったトゥレルである。カルヴァン、ルソー、ペスタロッチからバッハオーフェンやブルクハルトなど一連のスイス思想家の復刻版の刊行（一九四七年）で、トゥレルと一緒にエピローグを担当したことがスイス理解を深めることにつながり、また彼の「超技術未来哲学」に関心があった、と。

以上のように、ゴールドシュミットは晩年に青春時代を回顧して語っている。ドイツユダヤ人の第二世代でドイツ社会の頂点に上り詰めた父とは正反対に、ドイツで生存の道を断たれながら、彼はヴァイマル時代に息づいていた「古典的ヒューマニズム」の記憶への信頼を失っていなかった。その思潮にチューリヒで再会した彼は、その地に根づく決意をもってズースマンの思想を完全に共有した。すなわち、世界に散らばったユダヤ民族は、その地に根づいてローカルに生きながら、シオニズムを含むナショナリズムを超克して国際平和の側に立ち、諸民族和解の対話を進めるという超民族的なユダヤ民族の歴史的使命である。

このズースマンの思想はブーバーと重なる。ブーバー生誕八〇周年を記念し、ゴールドシュミットは一九五八年二月、『新チューリヒ新聞』に以下の一文を寄せている。[40] ブーバーはウィーン生まれで、両親の離婚後レムベルク（現ウクライナ西部のリヴィウ）の祖父の下で育ち、一四歳からユダヤ教徒の日常生活に入った。学生時代にシオニズムに触れて「文化シオニスト」になり、一時期テオドール・ヘルツル（一八六〇〜一九〇四）と結びついて多様な文化活動で「政治的シオニズム」の深化を追求したが、挫折してヘルツルとも断絶した。一九〇五年からは「宗教的覚醒運動」に取り組み、社会学者ゲオルグ・ジンメル（一八五八〜一九一八）の影響を強く受け、社会主義者グスタフ・ランダウアー（一八七〇〜一九一九）とも親交を結んだ。ローゼンツヴァイクと共同して旧約聖書の新訳を刊行し、ユダヤ人の自己意識をドイツ語で表現し、一九二六〜三〇年には新・旧両派のキリスト教学者と共同で雑誌『被造物 *Die Kreatur*』を発行したが、一九三三年にはドイツを逃れ、その後はイスラエルに亡命した。

そしてブーバーは、イスラエル国家の建設後も「ユダヤ民族の世界的根づき Verwurzelung と使命に忠実」であった。「名誉あるブーバーの立場は、はるかに強力な反対の潮流にもかかわらず、イスラエル国家のアラブの隣人たちの側に、またイスラエル国家内のアラブ人市民の側に立っていることである」「これこそが、人間的未来へのマルティン・ブーバーの存在証明である」とゴールドシュミットは結んでいる。

そのブーバーの強い影響下にあった、ベルリンの非シオニズム系ユダヤ人青年運動の中でゴールドシュミットとユンク、そして最初に見たヴォルハイムも育っていた。彼らは等しく、ズースマンやブーバーが語るユダヤ人の宗教的使命感を共有していたのである。

4　ユンクの青年時代を振り返って

こうした思想的かつ宗教的な立場をゴールドシュミットと共有しながらも、ユンクは二人の親友や最初に見た三人とは異なって早くから政治的関心が強く、「反対者」や「再出発」グループと結びついて反ナチの政治活動に関わっていた。しかし、それもクライスキーやブラントのような政党活動への全人格的参入ではなく、個人的で周辺的な関係の仕方で、ユンクの青年時代の主要な関心はむしろ映像制作にあった。そのため、政治的課題を真正面に見据えて対決するに至るまで、迷いの多い精神的に不安定な青春期であった。

その家庭環境からユンクの本来の志望は、役者稼業や映画の制作にあった。ギムナジウム修了後の一九三二年四月から映画制作のスタジオで見習いをし、パリ亡命時代（一九三三年四月〜三五年末）にはストラスブール大聖堂やバルセロナ司教座教会などの記録映画を共同で制作し、プラハ亡命時代（一九三六年一一月～三八年五月）には体調を崩し一九三七年五月末から八月上旬までスイスのアスコナで療養生活を送ったが、父マックスが八月一日に亡くなり、その父の映画制作を引き継いで後始末を行った。

しかし同時に、早くから多数の新聞に目を通す生活を日常化し、エゴン・キッシュの導きで少年時代からルポルタージュ執筆に親しんでいた。パリ亡命時代からベルリン非合法滞在期（一九三六年一月～同年一一月初）にはナチ批判の記事を書き、父マックスの死で両親が設立した通信社「今日の話題」を母ゼリと共に引き継いだ。そして、一九三八年四月にはプラハの状況悪化で、単身ユンクは五月にチューリヒに移り、六月にはパリで通信社の事務所の確保にあたった。しかし、おそらくこの時期にランダウアー博士と会い、彼の提案した「エアメール通信」という英語によるナチ批判記事の英語圏への配信という大事業に魅入られる。また、いつ、どのように「世界通信」が設立されたのかは定かではないが、遅くとも母ゼリの一〇月末のパリ入りの時点では準備され、ハンス・シュタイニッツの協力を得て発足させることができたと思われる。

これとは別にユンク自身は、チューリヒ大学の一九三八年冬学期の授業を年内で打ち切り、ロンドンでの「エアメール通信」設立に賭けた。すでにプラハでイギリス人のサケットと同棲し、米国亡命を望んでいたユンクは、この事業で米国亡命に必要な資金を稼いで自分たちの安全と行動の自由を確保したいという思いが強かったはずである。だが、この事業は失敗し、代わって通俗的な連載漫画の配信事業となり、絶望の底に沈んだ。しかし、ゴールドシュミットの救いの手で、サケットと別れて一九三九年四月末にチューリヒに戻り学生生活に復帰する。この夏学期中にも、資金稼ぎのためにいくつかの記事を書き、七月には罰金と追放処分を受けた。

このように一九三四年初めから一九三九年七月までの五年半にわたり、ユンクはジャーナリズムに継続的にかかわっていた。ただし、その場合の寄稿活動の内実はなお定かではないものの、一八四八年革命期の若きカール・マルクスおよびフリードリヒ・エンゲルスの『新ライン新聞 *Neue Rheinische Zeitung*』や二〇代前半のW・H・リールの『ナッサウ一般新聞 *Nassauische Allgemeine Zeitung*』などのような主筆クラスとしての圧倒的なジャーリスト活動とはまったく異なる、断続的な「アルバイト」にとどまっていたことは明らかである。[41]

そして、一九四〇年三月から同年の夏学期と一九四〇／四一年の冬学期を経て一九四一年三月に至る一年間に、二人の親友との交際から長編小説への夢を秘めつつも、ようやく政治批評と歴史研究という二つの領域への集中が相互に絡み合って果たされていった。すなわち、一方でカール・ヴェーバーのスイス・ジャーナリズム史の講義に接し、近代民主制の基礎としての「プレスの自由」という博士論文の課題設定がなされた。一八二〇年代スイスの「プレスの自由」をめぐる言論人の闘いである。他方では、これにより自らの言論戦の歴史的な意味を理解し、一九四〇年三月にドゥーカスから与えられた二、三本の論説という申し出に応え、ドイツ軍の西方侵攻による欧州制覇という緊迫した情勢の下、ナチ・イデオロギー批判の課題に取り組み、半年をかけてA・S署名の論説がまとめられた。さらに半年をかけて、第三帝国の軍事的勝利の要因をアドリエン・トゥレルの通信技術段階論を基礎に分析し、一九四一年五月末に始まるF・L署名の論説で通信技術を利用したドイツ軍の新しい軍事戦略の特徴を電撃戦、航空戦、潜水艦戦、戦車戦と分析し、そこからさらに第三帝国の内実を多面的かつ総合的にあぶりだしていったのである。

最後に付記すべきは、興味深いことにゴールドシュミットと同様にユンクの場合も、一人のオールド・フェミニストが青春時代の生存の指針になっていたことである。それはリカルダ・フーフ（一八六四〜一九四七）であり、[42]序章で見たようにドイツ語の課題作品「フーフとドイツ・ロマン主義」の好成績で、ユンクはアビトゥーアに合格した。そのフーフの死（一九四七年）に際しユンクは、管見の限りでは生涯で唯一のものとなる追悼論説を寄稿している。「リカルダ・フーフ」（『世界週報』一九四七年一一月二日付、図終-1）であり、その冒頭は、「ドイツ精神生活のグランド・オールドレディーの死亡報告に接し、至るところで心からの弔意が表明されている。リカルダ・フーフはまさしく責任感情をもって、それなしには西洋文化の存続が考えられない人間性 Humanität の遺産を守り押し広げた、最後の偉大な人だった」に始まり、以下のようにフーフの業績と人となりを示す。

トーマス・マンが数ヵ月前に、チューリヒでの国際ペンクラブ総会で、新設のドイツ・ペンクラブの会長に「白髪の誇り高き実直 aufrecht」なフーフを推薦した。そのトーマスとハインリヒのマン兄弟は一九三三年、プロイセン芸術アカデミーから排除されたが、これに抗議してフーフも脱退を表明し、その後は「沈黙の雄弁」を貫いた。フーフは「国民社会主義の宣伝の不名誉な道具となった多くの著作家 Schriftsteller たちとは対照的に、人間性と品位なき政権に対して一片の曇りなく距離を置いた」。彼女は「良きヨーロッパ人だったがゆえに良きドイツ人」だった。

彼女は多くの試練をドイツの最良の人々と共にした。その苦難の時代に、「彼女の醒めた精神は過去の追跡へと向かい、ドイツの歴史的生成と壊滅、その経過と原因を探った」。彼女はチューリヒ大学で歴史学を学び、すでにイタリア史やドイツ史の著作を発表し、その叙述力を証明していたが、さらにドイツ史の理解を深め、書き下ろしの三巻本をこの一二年間にまとめた。その最初の二巻は、『ドイツ国民の神聖ローマ帝国』（一九三五年）と『信仰分裂の時代』（一九三七年）であり、第三巻も戦時中に完成され刊行を待っている。

彼女はブラウンシュヴァイク生まれだが、その実直で個性的な性格形成にはスイスで過ごした成長期が貢献している。それはスイス時代の最初の小説や色彩豊かな自然・田園詩の作品群に見られ、彼女自身が自伝的作品『スイ

Ricarda Huch

Die Nachricht vom Tode der «grand old Lady» des heutigen deutschen Geisteslebens wird überall mit aufrichtiger Trauer aufgenommen werden, geht doch mit Ricarda Huch eine der letzten grossen Persönlichkeiten der älteren deutschen Generation dahin, die das Erbe einer Humanität, ohne die das Fortbestehen der abendländischen Kultur schlechterdings undenkbar scheint, mit unerschütterlichem Verantwortungsgefühl gehütet und gemehrt haben. Als vor wenigen Monaten am Kongress des internationalen PEN-Klubs in Zürich Thomas Mann sich mit warmen Worten für die «kleine, aber nicht unwesentliche Minorität» der anständig gebliebenen deutschen Schriftsteller einsetzte, schlug er als Präsidentin des neuzugründenden deutschen PEN-Klubs «die greise, stolze, aufrechte Ricarda Huch» vor. Mit vollem Recht, denn sie, die 1933 aus Protest über die Ausstossung ihrer Dichterkollegen Heinrich und Thomas Mann aus der preussischen Dichterakademie ihren Austritt aus der gleichgeschalteten Institution erklärte, hat sich während der ganzen Dauer des Dritten Reiches durch nichts bewegen lassen, ihre Haltung des «beredten» italienischen und deutschen Geschichte ihr gründliches Wissen und ihre lebendige Darstellungskunst bewiesen hatte, schrieb in den letzten zwölf Jahren ihre grossangelegte Geschichte der Deutschen nieder, deren erste zwei Bände «Römisches Reich deutscher Nation» und «Das Zeitalter der Glaubensspaltung» 1935 und 1937 erschienen, während der im Kriege vollendete Schlussteil noch der Veröffentlichung

Ricarda Huch

図終 -1　追悼論説「リカルダ・フーフ」

スの春』で、スイスとその人々への共感と感謝の思いを記している。もちろん、「このドイツ人の歴史家には中立 Neutralität というスイスの最も深い本質を理解することはできなかったが[43]」。

そして最後は、以下のように結ばれる。「ドイツの人々の真のイメージを世界に示すべく、ドイツの抵抗運動の闘士や殉教者の記念碑を建設する彼女の最後となる事業のさなかで、この偉大な女性は逝った。私たちの記憶の中で彼女は、単に重要な作家かつ歴史家として生きているのみならず、それを超えて、人間性の保持が最も必要とされた時代に実直に生きた人として、畏敬と感謝の中で記憶にとどめられるだろう」。

以上のように、ゴールドシュミットにとってズースマンが哲学学習のモデルであったとすれば、ユンクにとってはフーフが、文学作品と歴史研究を並行して進める著作家としてのモデルであった。とりわけ彼女の歴史作品の特徴は、イタリア統一運動の『ガリヴァルディ物語』二巻(一九〇六/〇七年)と『フェデリーコ・コンファロニエリ伯爵の生涯』(一九一〇年)、第一次大戦期の『ヴァレンシュタイン——人物研究』(一九一五年)、ヴァイマル期の『ミハイル・バクーニンと無政府』(一九二三年)、『シュタイン——ライヒ思想の覚醒者』(一九二五年)、『新旧の神々(一八四八)——ドイツにおける一九世紀の革命』(一九三〇年)と、ポートレートを軸に歴史状況を描く物語 Erzählung の手法にあった。

たしかに、ユンクの博士論文は歴史学の伝統的な史料分析 Analysis に依拠し、徹底した歴史実証主義を実践していた。しかし、ユンクの政治批評は個人史に軸足を置く現状描写であり、フーフの歴史作品の方法を適用していた。ユンク『世界週報』論説の最大の特徴は、メルダース、ハイドリヒ、ロンメルなど時代の花形の個人史の集積であり、その全体像はこのいわば集合伝記を中心に置く、第三帝国の生成と壊滅の物語に他ならなかったのである。

おわりに

第1章で見たように、ユンクの政治的立場はクライスキーと同様、社会民主主義と共産主義の狭間に立つ左派（急進）社会主義の側にあった。しかし、政党政治家クライスキーの国民的立場とは異なり、ユンクはゴールドシュミットと同様にユダヤ民族として、国民国家を超える国際的な立場を使命とした。それゆえに、ユンクの政治批評は日本軍の真珠湾攻撃にも注目する国際的な視野をもち、世界戦争の全体的な帰趨を見通そうとしていたのであった。

のみならず、トゥレルの影響で、しかしトゥレルとは逆に戦場の現実の中に、通信技術という高度技術化段階が抱え込む歴史的な問題性を読み取ろうとしていた。すなわち、航空兵、潜水艦兵、戦車兵、通信兵など高度な技術を駆使する兵士たちは、「幽霊のようなスピード感」の中で機敏性と攻撃性のハビトゥス（習性）を鍛え上げ、そのために現実感覚や内面性を欠いて人間性を喪失していく。いわば精神の浅薄化・空洞化という、（通信）機械と一体化する技術者的人間類型の現代的特性であり、技術的進化と精神的進化の乖離という、二〇世紀世界が抱え込んだ「進歩」の構造的な問題性への着眼であった。この問題を意識し、すでに一九四二年のユンク論説は戦後への、未来への基準となる方向性を示唆していた。その内容は第3章の「おわりに」でまとめたので、ここでは繰り返さない。

戦時中の最も著名な地下抵抗新聞はフランスの『闘争 *Combat*』で、一九四一年の一万部から四四年の二五万部へと人気を博したが、その目的は戦意高揚にあった。また、その情報源は英国のBBC放送や一九四二年から始まった「アメリカの声」、そして中立国スイスとスウェーデンのラジオ放送などに限られていた。(44) これに対して、ユンクはドイツの主要な紙誌を読みつくすのみならず、ナチ政権中枢の関係者やドイツ支配下の地下運動からも直接に情報を得ていた。多様な情報、とりわけ人物情報を基礎に物語風にして、第三帝国最盛期の戦場と国内状況を精緻に報じたユンクの『世界週報』論説は、この時代の状況を客観的に理解し、反ナチ抵抗の精神を支える批判的な言論の代表的事例であった、と結論づけてよいであろう。

そして、すでに戦後ドイツの廃墟と進駐米軍の自動車部隊を目の前に、ユンクは高度に進化した米ソ両機械化部隊による一層大規模な破壊の危険性を感じ取っていた。それゆえに、ドイツ報道に一区切りをつけ、ユンクは新たな課題へと立ち向かう。国際連合の立ち上げからパクス・アメリカーナ報道へ、米ソ対立と軍事的技術開発を主軸に置く社会発展の現実に抗して、国際平和への道を探る新たな政治課題であった。

あとがき

本書はロベルト・ユンクの伝記研究の前編であり、ナチ時代の亡命と抵抗という青春の歩みを対象とする。その課題は、「世界記者」への悩み多きユンクの道のりを追跡しつつ、「第三帝国」論から戦後ドイツ論へと、戦中から戦後への世界史的な時代転換に関する彼の鋭利な同時代批評を甦えらせることにある。後編は「世界記者ユンク」のグローバルな足取りを追いつつ、その現場取材から積み上げられた現代社会論、とりわけ「原子力国家——非人間性への進歩」という科学技術と人間性との二律相反的な進化の議論が焦点となる。この前・後編は同一の主人公でつながっていても、その舞台と登場人物が大きく異なる別の物語であり、それぞれが完結性を持つ独立の二書をなす。

個人的な感想になるが、近現代史研究の最大の魅力の一つは、過去の新聞・雑誌論説を通して時代のオーラに直接に接することができることにある。最初に惹かれたのは大学院生時代、一八四八年革命期のK・マルクスとF・エンゲルスの『新ライン新聞 *Neue Rheinische Zeitung*』論説（旧版『マルクス・エンゲルス全集MEGA』第五・六巻に収録、現物は未見）だった。そして、一九八〇年前後の旧西ドイツ滞在でフェミニズムとエコロジーという二つの時代潮流に触れ、その流れの中にあった週刊紙『時代 *Die Zeit*』を十年余にわたり精読した。同時に、G・ボイマーの『婦人 *Die Frau*』、H・シュテッカーの『新世代 *Die Neue Generation*』、C・ツェトキンの『平等 *Die Gleichheit*』など女性運動雑誌の第一次大戦前の論説で、ドイツの多様な女性運動家の主張とフェミニズムの過去を学んだ。世紀の変わり目からは、家族論（家父長主義）と風土・民俗学（エコロジー）をつなぐ保守的自由主義者W・H・リールに関心を持ち、『フランクフルト上級郵便局新聞 *Frankfurter Oberpostamtszeitung*』（一八四六年）、『ナッサウ一般新

聞 *Nassauische Allgemeine Zeitung*』（一八四八年）、『アウクスブルク一般新聞 *Augsburger Allgemeine Zeitung*』（一八五〇年代前半）の論説数十本を読んだ。

その中でも二〇〇六年の夏、ヴィースバーデン市の（現ラインマイン）州立図書館で箱に入った古い『フランクフルト上級郵便局新聞』を手にし、リールの追悼論説「公的人物としてのフリードリヒ・リスト」（一八四六年一二月一一日付）に出会ったときには感激した。この論説はリストの貢献を、「物質的問題に観念的意味を与えたことであり」「工業と商業の問題を国民的問題に高めたこと」としつつ、これに学んで「農業の問題を国民的問題」に、すなわちその地域の風土と結びついた伝統的な農民文化（民俗）をドイツの国民文化へと高めることに、自らの将来への道を見定めるものだった。この若きリールの気概を刻印した古びた新聞の感触は、今も強く記憶に残っている。

そして、二〇一五年の夏、チューリヒ中央図書館で『世界週報 *Die Weltwoche*』（一九四〇〜五七年）の全巻を借り受け、地階でユンク論説を中心に三〇〇本近い論説を一挙に写真撮影することができた。かつての文書館や図書館では、文書を写真に撮ることは許されなかった。その場で筆記するか、あるいはマイクロフィルムやマイクロフィッシュのコピーが許されるにすぎなかった。今世紀に入り、文書のデジタル化と共に研究環境が激変していることを痛感させられた。

ユンクはベストセラー作家として、日本でも一九五〇〜八〇年代には著名な国際人だった。一九五七年五月、一九六〇年六月、一九七〇年四月と一一月、一九八〇年二月と五度の訪日があるが、その都度、日本の新聞雑誌にもよく登場している。しかし、私にとっては一九九六年の夏、ウィーン大学近くにあった本屋の古本の屋台で出会った、ユンク著『我ら滅びゆくことなきように』が最初の出会いだった。それも、題名に惹かれてのことで、通読して終わっていた。

ユンク研究へのきっかけは、リールへの関心が薄れていた二〇〇八年六月末、ウィーン大学教授エーマー夫妻を広島の原爆資料館に案内したときのことだった。エーマー夫妻は原爆展示の最後のコーナーにじっと見入ったまま動かなかった。近年の衣替えで今はなくなってしまったが、それはサダコ・コーナーであり、佐々木禎子の繊細な折り鶴と共にユンク『灰墟の光——甦えるヒロシマ』がカール・ブルックナーおよびエレノア・コアのサダコ本と並んで置かれていた。夫妻にとってユンクは、ギムナジウム時代の講演やラジオ放送での「柔らかい声」を通して身近な存在だった、という。その折に、私の方から「ユンクとヒロシマの関係を調べてみようか」と言ったことが、後戻りできないユンク伝記研究へのきっかけになった。

同年の夏、エーマー氏の口添えでザルツブルクのユンク図書館を訪ねた。当時はザルツァハ河畔にある四階建て建物の一階にユンク図書館があり、四階にユンクの執務室と図書室三室があった。アルフレート・アウアー氏の案内で空気のよどんだ四階に上ったが、一九九四年ユンク死亡時のままで誰も入ることがなく、窓を開けることもまれだったという。その場でアウアー氏は、廊下にあった段ボール箱から一〇〇点余のA4版写真を取り出し、「これは広島の写真では」と見せてくれた（現在は複製が原爆資料館に所蔵）。被ばくの展示資料となる貴重な写真と思ったが、その多くは永田登三写真集『ヒロシマ・1960』（パトリア書店、一九六〇年）に収録されていることを後に知った。

そして、二〇一一年三月の福島第一原発の核事故でユンク伝記研究と共に、核開発の歴史研究の重要性を思い知らされ、出発点として本田宏氏との共編著『反核から脱原発へ——ドイツとヨーロッパ諸国の選択』（昭和堂、二〇一二年）を出版した。その第一章「反核の論理と運動——ロベルト・ユンクの歩み」を担当し、ユンクの生涯をたどった。本書の冒頭部分（一～五頁）は、この論文の冒頭と重なる。したがって、ユンク研究への基礎視角は、すでにこの時点で定まっていた。しかし、準備不足もあり、この論文には少なくない誤解や不十分な記述が残された。それを正して精確な伝記へと引き上げるには、多大な労力が必要で、現在もなお後編は執筆中である。

それはともかく、この間、核開発関係の歴史研究を木戸衛一氏の科研グループで継続し、昭和堂から『核開発時代の遺産——未来責任を問う』（二〇一七年）および『核と放射線の現代史——開発・被ばく・抵抗』（二〇二一年）の二著を共編でまとめた。

また二〇一〇年末、水戸部由枝さんの紹介でマルティン・クリムケ氏を原爆資料館に案内する機会があったが、その彼からユンクのテレビ・ドキュメンタリー『灰墟の光』（一九六〇年）のCDが送られてきた。このCDにより、菊楽忍さん（原爆資料館学芸課、当時）の企画で二〇一一年七月に上映会がなされ、日本初の上映となった。さらに、彼女の助言で上記のヒロシマ写真の展示ではなく、ユンクの広島訪問を中心に置く「ロベルト・ユンク生誕一〇〇周年記念資料展」（二〇一三年二〜三月）を原爆資料館で開催することになった。主催は同資料館と竹本真希子さんの「ユンク科研グループ」（メンバーは小倉桂子、木戸衛一、北村陽子、若尾）で、同グループは展示パンフレット『ヒロシマを世界に伝える——核の被害なき未来を求めて』を制作してユンクの生涯を簡潔にまとめ、その英訳版も小倉桂子・純子さんの手で刊行された。パリ在住のユンクの息子ペーター・S・ユンク氏を招いて講演会も開催され、さらに石田勇治氏および稚山洋子さんの計らいで駒場博物館（東京大学）での大規模な展示「越境するヒロシマ——ロベルト・ユンクと原爆の記憶」（二〇一四年一〇〜一二月）など、ユンク展は二〇一六年までに十カ所で開催された。

このユンク展の活動が一段落したときに、小倉馨のユンク宛英文書簡が大量に見つかった。そこで、その重要箇所の翻訳書『戦後ヒロシマの記録と記憶——小倉馨のR・ユンク宛書簡』（二〇一八年）の編集や関連してラン・ツヴァイゲンバーグ『ヒロシマ——グローバルな記憶文化の形成』（二〇二〇年）の共訳に取り組み、いずれも名古屋大学出版会から出版することができた。

ユンク研究という本筋からすれば、これらの共同研究や共訳作業は道草だったかもしれない。しかし、世代を異にする若い共同研究者・共訳者の皆さんから多くを教えられ、支えられたからこそ、私にとって未知の研究テーマへの挑戦を続けることができた（できている）と実感している。

そのテーマとは、もちろん第一に本書のユンク論説の主題である「第三帝国」論、ないし全体主義国家論である。言うまでもなく、第三帝国やナチ時代の歴史研究には膨大な蓄積がある。その蓄積に対して、同時代のユンクの第三帝国論にいかなる意味があるのか、問われるだろう。印象論的な回答にすぎないかもしれないが、生命をかけた同時代批評の感覚の鋭敏さや、批評対象の動態を示す新聞雑誌の博捜と徹底的な読み込み――ユンク論説は紙誌名を示しつつ、たいてい長文の引用を行っているが、本書では引用文はほぼ完全に省略した――という点で、後代の歴史家のいかなる追随をも許さないと思われる。確かに断片的ではあるが、ナチ・イデオロギー論から軍事と外交、そして内政の警察・労働・医療・保健・食料・司法・裁判行政や人々の心理状態に至るまで、戦争動員と結びついて全体（国家）への奉仕を個人の生命に優先する、全体主義国家の構造分析への多角的で新鮮な切り口を、ユンクの同時代論説から読み取ることができるのである。

ユンクの歴史的な視野からすれば、欧米を舞台に一九世紀がプレスの自由を基軸に置く自由主義化（政治）の時代であったとすれば、二〇世紀は戦争と結びついた高度な科学技術を基軸に置く全体主義化（技術）の時代である。そして現在、二一世紀もすでに四分の一が過ぎようとしている。ほぼ八〇年の時を超えて、再び戦闘における核兵器使用の危険のみならず、地球温暖化による人類の環境危機が避けがたく迫っている現実がある。時代環境は異なれ、そうした危機状況に抵抗する、知的営為への一つの典型的な先例をユンクの青春時代が提示していることは疑いないであろう。

＊

本書の各章は、先に述べた序章の冒頭箇所と第4章第2節（巻末文献の若尾（2019）論文）などを除き基本的に書き下ろしである。このような形で仕上げることができたのは、この間の共同研究者と共訳者、また巻末の邦語文献の著者の方々をはじめとする研究仲間との交流のおかげである。だが、二人の先達、木谷勤・望田幸男の両氏には逝かれてしまった。今は亡き、ウィーン大学経済社会史学科のＭ・ミッテラウアー、Ｊ・エーマー、Ｍ・チェアマンの諸氏と過ごした楽しかりし日々も、遠い思い出になってしまった。特にエーマー氏にはドイツ語の原稿を求められていたが、その力はなく、日本語で書くことになった。

最後に、共訳書『ヒロシマ』に引き続き今回も、名古屋大学出版会の橘宗吾編集部長と三原大地氏の大きな援助によって本書を仕上げることができた。深く感謝している。

若尾 祐司

二〇二四年一二月

《著者略歴》

若尾祐司《わかおゆうじ》

1945 年　岐阜県に生まれる
1968 年　京都大学文学部卒業
1972 年　名古屋大学大学院法学研究科博士課程中途退学
琉球大学法文学部教授，名古屋大学文学部教授などを経て
現　在　名古屋大学名誉教授，法学博士

著訳書　『ドイツ奉公人の社会史——近代家族の成立』（ミネルヴァ書房，1986 年）
『近代ドイツの結婚と家族』（名古屋大学出版会，1996 年）
『記録と記憶の比較文化史——史誌・記念碑・郷土』（共編，同会，2005 年）
『戦後ヒロシマの記録と記憶——小倉馨の R・ユンク宛書簡（上下）』（共編，同会，2018 年）
『核と放射線の現代史——開発・被ばく・抵抗』（共編，昭和堂，2021 年）
ミッテラウアー／ジーダー『ヨーロッパ家族社会史——家父長制からパートナー関係へ』（共訳，名古屋大学出版会，1993 年）
ツヴァイゲンバーグ『ヒロシマ——グローバルな記憶文化の形成』（共訳，同会，2020 年）他多数

世界記者ユンクの 20 世紀　前編
—ナチ時代—

2025 年 2 月 20 日　初版第 1 刷発行

定価はカバーに
表示しています

著　者　　若　尾　祐　司
発行者　　西　澤　泰　彦

発行所　一般財団法人 名古屋大学出版会
〒 464-0814　名古屋市千種区不老町 1 名古屋大学構内
電話(052)781-5027 / FAX(052)781-0697

印刷・製本 ㈱太洋社　　ISBN978-4-8158-1180-8
乱丁・落丁はお取替えいたします。

人名索引

ミドルネームは原則として省略ないし略記。（　）は本名や別名。

ア　行

アイヒラー　Willi Eichler　43
アインシュタイン　Carl Einstein　48
アリ　Raschid Ali al-Gaylani　154, 220
イーデン　Anthony Eden　139
イーレフェルト　Herbert Ihlefeld　183
ヴァイス（ペーター）　Peter U. Weiss　11, 12, 16, 37, 53–55, 57, 59–61, 64, 65, 68, 69, 72–74, 83, 249, 250, 253, 256, 338, 339
ヴァヴレチュカ　Hugo Vavrečka　61, 238
ヴァーゲナー　Josef Wagener　149
ヴァルダウ　Hoffmann von Waldau　183
ヴァルトマン　Anton Waldmann　205
ヴァンシタート卿　Robert Gilbert Vansittart (Baron Vansittart)　314
ヴィス＝パーシェ　Helga Wyss-Paasche　257
ウィルソン　Thomas Woodrow Wilson　96, 120
ヴィルヘルム２世　Kaiser Wilhelm II　118, 121, 128
ヴィーンヘーファー　Willy Wienhöfer　162
ウェイガン　Maxime Weygand　104
ヴェーバー　Karl Weber　15, 75, 77, 246, 260, 261, 267–269, 275, 277, 345
ヴェーバー　Max Weber　30, 89
ウェルズ　Herbert George Wells　109, 110
ヴェルリン　Jacob Werlin　149, 220
ヴォルハイム　Norbert Wollheim　326, 343
ヴォルフェンハウト　Julius Wolfenhaut　328–330
ウステリ　Paul Usteri　254, 263–265, 281–284, 287
ウーデト　Ernst Udet　114
ウルギス　Julius Urgiss　18
エアマッティンガー　Emil Ermatinger　61
エイシェン　Paul Eyschen　121
エジソン　Thomas Edison　147
エシャー　Heinrich Escher　254
エーベルト　Friedrich Ebert　36
エルザー　Georg Elser　46
エンゲル　Gerhard Engel　187
オエリ　Albert Oeri　273
小倉桂子　320
オシエツキー　Carl von Ossietzky　22
オスヴァルト　Richard Oswald　22
オスター　Hans Oster　299, 301
オーベルク　Carl-Albrecht Oberg　164
オプレヒト　Emil Oprecht　245, 246, 257, 258
オルブリヒト　Friedrich Olbricht　299–301

カ　行

カイテル　Wilhelm Keitel　187, 301
ガウディ　Antoni Gaudi　49
カナリス　Wilhelm Canaris　153, 154, 220
ガリンスキー　Heinz Galinski　327, 328
ギザン　Henri Guisan　272
ギゼヴィウス　Hans B. Gisevius　100, 188, 257, 292, 296, 297, 299–302, 320
キッシュ　Egon Kisch　19, 344
キュフラー　Georg von Küchler　182
ギュルトナー　Franz Gürtner　203, 204, 220
キュンツリ　Arnold Künzli　71, 74, 257
クヴィスリング　Vidkun A. L. J. Quisling　165, 176, 220, 273, 297
グストロフ　Wilhelm Gustloff　271
グデリアン　Heinz Guderian　182
クーデンホーフ＝カレルギー　Richard von Coudenhove-Kalergi　231
クライスキー　Artur Kreisky　332, 337
クライスキー　Bruno Kreisky　330–337, 343, 348
クライスト　Heinrich von Kleist　69
クラウゼヴィッツ　Karl von Clausewitz　124, 125
グリゼバッハ　Eberhard Grisebach　62, 63
グリム　Robert Grimm　332
クルーゲ　Hans-Günther von Kluge　300, 302
ケッセルリング　Albert Kesselring　112, 114, 115, 117, 136
ゲッベルス　Josef Goebbels　30, 54, 102, 109, 111, 130, 135, 156, 179, 211, 213, 217, 220,

299, 301
ゲーリング　Hermann Göhring　47, 101, 123, 135, 144, 146, 147, 149, 194, 211, 212, 220, 313, 317
ゲール　Herbert Gehr　49
ケンプカ　Erich Kempka　187
ケンプナー　Robert Kempner　315
コッホ　Erich Koch　127
コーナー　Friedrich Kohner　47
ゴールドシュミット（ヘルマン）　Hermann Levin Goldschmidt　9–12, 16, 21, 37, 50–55, 57–66, 69, 71–78, 83–85, 87–224, 233, 235, 245, 252, 254–257, 259, 276, 288, 289, 292–294, 303, 305, 306, 324, 338–345, 347, 348

サ　行

ザイス＝インクヴァルト　Arthur Seyß-Inquart　129, 137
ザウアーレンダー　Heinrich R. Sauerländer　264, 281
ザウケル　Fritz Sauckel　151, 160, 220
サケット（マギー）　Margaret Sackett (Magie)　54, 59, 60, 63, 66, 68, 69, 71, 75, 84, 253, 344
シェーラー　Theodor Scherer　183
シスモンディ　J-C-L. Sismonde de Sismondi　278
ジックス　Franz Six　116
ジモン　Heinz Simon　197
シャウプ　Julius Schaub　187
ジャクソン　Robert H. Jackson　316, 317
ジャック　Olga Jacques　60, 75
シャハト　Hjalmar Schacht　47, 314
シャハト　Sven Schacht　47
ジューコフ　Georgy Zhukov　134, 216
シュタイニッツ　Hans Steinitz　238, 344
シュタウフェンベルク　Claus Graf Schenk von Stauffenberg　44, 297, 299, 300, 302
シュタッハ　Joachim Stach　188
シュトゥーデント　Kurt Student　100–102, 114, 136
シュトラッサー　Otto Strasser　40
シュナイダー　Alfred Schneider　183
シュピールマン　Walter Spielmann　12
シュペーア　Albert Speer　150, 151, 157, 160, 220, 301
シューマッハー　Karl von Schumacher　90–92, 100, 257, 259, 303, 305, 307, 321
シュミット　Carl Schmitt　95–98, 136
シュムント　Rudolf Schmundt　187
シュライヒャー　Kurt von Schleycher　118, 314
シュラム　Wilhelm Ritter von Schramm　111, 168
シュルツェ＝ボイゼン　Harro Schulze-Boysen　22, 36, 44, 50, 222
シュレーダー　Christa Schraeder　187
ショーベルト　Eugen Ritter von Schobert　182
ジールプ　Friedrich Syrup　149, 160, 220
シンドラー　Dietrich Schindler　274
スカルピ（ボンディ）　N. O. Scarpi (Friedrich Bondy)　242
ズースマン　Margarete Susman　341–343, 347
スターリン　Josif Stalin　45, 91, 92, 107, 122, 139, 177, 189, 228
ゼークト　Hans von Sekt　118
セール　Jean S. Cerf　48, 57

タ　行

タウバー　Herbert Tauber　243, 251, 254, 257
タッソー　Marie Tussauds　66, 73, 74, 84, 313
ダラノフスキー　Gerda Daranowski　187
ダリューゲ　Kurt Daluege　175, 176
ダレー　Richard Walter Darré　127, 195, 220
ダレス　Allen W. Dulles　291–293, 295–297, 300, 303, 304, 320
チェンバレン　Arthur N. Chamberlain　63, 70
チャーチル　Winston L. S. Churchill　100, 110
ツァイツラー　Kurt Zeitzler　215–218, 220
ツショッケ　Heinrich Zschokke　263, 264, 279, 284
ディトマー　Kurt Dittmar　296, 298
ディートリヒ　Josef Dietrich　136, 144, 145, 220
ディートル　Eduard Dietl　212
ティーラク　Otto Georg Tierack　203, 204, 220
デーニッツ　Karl Dönitz　147, 148, 220
デラキ　Ernst Delaquis　243, 247, 248, 251
テールマン　Ernst Thälmann　43
トゥカ　Vojtech Tuka　209, 220
ドゥーカス　Lotte Dukas　68, 71, 75, 76, 84, 85, 202, 238, 240–242, 244, 248, 251, 252, 257, 258, 295, 345
トゥホルスキー　Kurt Tucholsky　22, 24

トゥレル　Adrien Turel　16, 22–224, 228, 229, 231, 342, 345, 348
ド・ゴール　Charles de Gaulle　184
トット　Fritz Todt　150, 157, 158, 160
ドルフース　Engelbert Dollfuß　41, 48, 332, 333
トルーマン　Harry S. Truman　303

ナ　行

ナウエ　Herbert Naue　183
ナープホルツ　Hans Napholz　75, 76, 243, 245–247, 257, 259
ナポレオン　Napoléon Bonaparte　48, 100, 105, 128, 135, 139, 156, 169, 186, 262, 263, 277, 288, 309
ニーチェ　Friedrich Nietzsche　22, 69, 87–89, 223, 227, 228, 231, 276
ニーメラー　Martin Niemöller　299
ネーベ　Arthur Nebe　299, 302
ノイラート　Konstantin von Neurath　176, 220
ノプス　Ernst Nobs　254

ハ　行

バイアー　Ernst Bayer　171
ハイドリヒ　Reinhard Heydrich　29, 89, 106, 119, 120, 128, 137, 141, 145, 146, 159, 164–166, 174–176, 179–181, 191, 192, 219, 234, 347
バウアー　Otto Bauer　332, 333, 335, 336
ハウスホーファー　Albrecht Haushofer　116
ハウスホーファー　Karl E. Haushofer　93–95, 98, 116, 136, 137
バウル　Hans Baur　187
パウルス　Friedrich Paulus　218, 299, 302
パーシェ　Hans Paasche　19, 20, 257
パース卿　Lord Perth (Eric Drummond)　109
バッケ　Herbert Backe　195, 196, 220
ハッセ　Wilhelm Hasse　183
ハフスキー　Hans Haffsky　125
ハフナー　Sebastian Haffner　83
パーペン　Franz von Papen　116, 154, 178
ハラー　Kar L. von Haller　263, 278, 279
ハルダー　Franz Halder　188, 215, 220
ハルデゲン　Reinhard Hardegen　146, 220
バンゲルト　Otto Bangert　214, 215
バンベルガー　Rudolf Bamberger　48
ビーヴァーブルック卿　1st Baron Beaverbrook (Max Aitken)　314
ヒーゲ　Ferdinand Hiege　191, 192, 220
ビスマルク　Otto von Bismarck　36, 107
ヒトラー　Adolf Hitler　7, 10, 11, 13–16, 18, 23, 27, 29, 30, 33, 35, 36, 40, 41, 43–48, 53, 55, 56, 63, 64, 70, 80, 85, 90–95, 97, 98, 100–103, 105–107, 109, 112, 116–118, 122, 123, 126, 129, 134–140, 142–146, 148, 149, 163, 168, 169, 172, 175–177, 179, 180, 185–188, 195, 196, 199, 201, 203, 204, 206, 208, 210–215, 217–220, 222, 234, 241, 252, 260, 261, 270, 271, 293, 297–303, 312–315, 317, 319–322, 325, 326, 328, 334, 337
ビブラ　Sigismund von Bibra　271
ヒムラー　Heinrich Himmler　119, 145, 146, 164, 180, 187, 191, 196, 215, 220, 299
ピレ＝ゴラ　Marcel Pilet-Golaz　273
ヒンデンブルク　Paul von Hindenburg　36, 118, 125
ファイン　Franz Fein　238, 239
ファルケンハイン　Erich von Fallkenhayn　125
ファルケンホルスト　Nikolaus von Falkenhorst　158, 164, 220
フィッシュベーク　Hans Fischbög　149, 220
フィリップ　Hans Philipp　183
フィロフ　Bogdan Dimitrov Filov　209, 220
フェージ　Robert Faesi　62, 63
フェルギーベル　Erich Fellgiebel　109, 301, 302
フェルアイス　Roman Felleis　333, 337
フェルトマン　Markus Feldmann　273
フォード　Henry Ford　116, 121
プットカマー　Karl-Jesco von Puttkamer　188
ブーバー　Martin Buber　20, 324, 341–343
フーフ　Richarda Huch　21, 345–347
プファイファー　Eduard Pfeyffer　282, 283
プファイファー　Kashimir Pfeyffer　282, 283, 285
ブーホルッカー　Bruno Buchrucker　118
フライ　Varian Fry　42
フライスラー　Roland Freisler　203, 204, 220, 302
ブラウヒッチュ　Walther von Blauchitsch　134, 177, 178, 182, 220
ブラッケン　Brendan Bracken　110
フランク　Hans Frank　203, 204
フランク　Karl Frank　54

フランク　Karl Hermann Frank　175, 220
フランク　Leonhard Frank　19
フランコ　Francisco Franco　93, 302, 303
ブラント　Karl Brandt　187
ブラント　Willy Brandt　35, 42, 43, 336, 343
フリッチュ　Werner Freiherr von Fritsch　135
フリーデンスブルク　Ferdinand Friedensburg　167
フリードマン　Werner Friedmann　50, 84
フリートレンダー　Paul Friedländer　20
ブリュックナー　Wilhelm Brückner　187, 188
プリーン　Günther Prien　147
ブルクハルト　Jacob Burckhardt　266, 278, 342
ブルーメンポート　Willi Blumenport　183
プロコープ　Arnold Prokop　147, 148
フロム　Friedrich Fromm　300, 301
ブロムベルク　Werner von Blomberg　135
ヘーグナー　Wilhelm Hoegner　258
ヘーゲル　Georg W. F. Hegel　69
ヘス　Rudolf Heß　93, 186, 220, 306
ベック　Ludwig Beck　299, 300
ヘッセ　Hermann Hesse　11, 57, 59, 61, 338, 339
ベートマン・ホルヴェーク　Theobald von Betmann Hollweg　120
ベネシュ　Edvard Beneš　18, 237
ベロウ　Nikolaus von Below　187
ヘンライン　Konrad Henlein　175
ボウラー　Philipp Bouhler　135, 136
ボース　Subhas Chandra Bose　154, 220
ボック　Fedor von Bock　112, 114, 117, 118, 122, 125, 136
ホッホヴェルダー　Fritz Hochwälder　306
ボーデンシャッツ　Karl Bodenschatz　188
ホブズボーム　Eric Hobsbaum　1
ポラコヴィッチ　Štefan Polakovič　209, 220
ポリニャック　Jules de Polignac　281
ボンディ　François Bondy　242, 245, 251, 257

マ　行

マイアー　Karl Meyer　58, 62, 63, 75, 247, 340, 341
マイスナー　August Meyszner　165, 220
マルクス　Erich Marchs　135
マルクス　Karl Marx　225, 227, 231, 333, 344
マルセイユ　Hans-Joachim Marseille　183, 220
マン　Heinrich Mann　41, 346
マン　Thomas Mann　258, 346
マンシュタイン　Erich von Manstein　103, 182, 218, 220
マンスフェルト　Werner Mansfeld　149–151, 160, 220
ムッソリーニ　Benito Mussolini　42, 85, 154, 297, 303, 312
ムラールト　Reonhard von Murahlt　247
メッテルニヒ　Klemens von Metternich　277, 285, 287
メルダース　Werner Mörders　107, 119, 136, 137, 152, 183, 347
モラヴェッツ　Emanuel Moravec　174
守山義雄　105, 129, 163
モレル　Teo Morell　187
モロトフ　Vacheslav Molotov　105, 139
モントゴメリー　Bernard Montgomery　201

ヤ　行

ユンガー　Ernst Jünger　89, 160, 161, 198, 214, 215
ユンク（マックス）　Max Jungk (Baum)　17, 18, 51, 237–239, 344
ユンク（ペーター）　Peter S. Jungk　13
ユンク（ゼリ）　Selly Jungk (Baum)　13–15, 17, 18, 51, 59, 61, 82, 201, 202, 219, 234–241, 247, 251, 252, 254–258, 293, 295, 344
ユング　Carl Gustav Jung　62, 63
ヨードル　Alfred Jodl　136, 186, 188, 220

ラ・ワ行

ライヒ　Wilhelm Reich　54, 58
ライヒシュタイン　Gustava Reichstein　57, 59, 60, 63, 64, 72, 76, 241, 306
ライヒナウ　Walter von Reichnau　182
ラヴァル　Pierre Laval　297
ラッハマン　Karl Lachmann　305, 315, 321
ラートヴァン　Oskar Radwan　183
ラハマーノヴァ　Alya Rachmanova　297
ラブレー　Victor de Laveleye　109, 110
ラメルス　Hans Heinrich Lammers　188, 203, 220
リスト　Wilhelm List　182
リッベントロップ　Joachim von Ribbentrop　116, 128, 188, 212, 220, 297, 313, 314
リヒトホーフェン　Ferdinand von Richthofen　94

リヒトホーフェン　Wolfram Frhr. von Richthofen　185, 220
ルスト　Bernhard Rust　129
ルーデンドルフ　Erich Ludendorff　100, 118
ルントシュテット　Gerd von Rundstedt　300
レーヴェンタール（ロイド）　Richard Löwenthal (Richard Lloyd)　24
レーガン　Sophie Reagan　251, 255, 291
レーバー　Julius Leber　44
レープ　Wilhelm Ritter von Leep　182
レールブルガー　Egon Lehrburger　49
ローズヴェルト　Franklin D. Roosevelt　33, 122, 189, 199
ローゼ　Heinrich Lohse　127
ローゼンブルク　Alfred Rosenberg　125–127, 136, 137
ローゼンベルク　Alfons Rosenberg　257
ロテック　Karl von Rotteck　282
ロートムント　Heinrich Rothmund　73, 234, 240, 243, 245, 247, 248
ロンメル　Ervin Rommel　104, 140, 141, 145, 159, 170–172, 177–179, 182, 198, 201, 217, 219–221, 293, 322, 347
ワウタース　Arthur Wauters　110

地名索引

ア 行

カ 行

サ 行

タ 行

ナ 行

ハ　行

マ　行

ラ・ワ行

図版一覧

略語一覧

研究雑誌など

AfZ	*Archiv für Zeitgeschichte*
ApuZ	*Aus Politik und Zeitgeschichte*
GG	*Geschichte und Gesellschaft*
GRZ	*Göttinger Rechtszeitschrift*
GWU	*Geschichte in Wissenschaft und Unterricht*
HLS	*Historische Lexikon der Schweiz*
HZ	*Historische Zeitschrift*
JCH	*Journal of Contemporary History*
NDB	*Neue Deutsche Biographie - Biographie Portal*
NZZ	*Neue Zürcher Zeitung*
SJZ	*Schweizerische Juristen-Zeitung*
SZG	*Schweizerische Zeitschrift für Geschichte*
VfZ	*Vierteljahrshefte für Zeitgeschichte*
WG	*Werkstatt Geschichte*
ZF	*Zeithistorische Forschungen*
ZfG	*Zeitschrift für Geschichtswissenschaft*
ZfO	*Zeitschrift für Ostmitteleuropa-Forschung*

研究施設ほか

DÖW	Dokumentationsarchiv des österreichischen Widerstandes
IfZ	Institut für Zeitgeschichte
JBZ	Robert-Jungk-Bibliothek für Zukunftsfragen
LeMO	Deutsches Historisches Museum - Lebendiges Museum Online
NL	Nachlass

URL の略記（下線部分は註では略記）

ApuZ（https://www.bpb.de/shop/zeitschriften/...）
HLS（https://hls-dhs-dss.ch/de/articles/...）
LeMO（https://www.dhm.de/lemo/...）
NDB（https://www.deutsche-biographie.de/...）
Wikipedia（https://de.wikipedia.org/wiki/...）

史資料と主要参考文献

1）未公刊史料

2015年チューリヒ大学現代史文書館所蔵のヘルマン・レーヴィン・ゴールドシュミット遺文書類（AfZ : NL Hermann Levin Goldschmidt-Bolllag）収録の以下の二つの束。

Dossier 394 : Korrespondenz von H. L. G. mit R. J.（1934～47年のゴールドシュミットとユンクの往復書簡類約250点）.

Dossier 644 : Korrespondenzpartner Robert Jungk 1938–1994（書簡のほかに主にユンク関係の新聞記事の切り抜きなど200点ほど）.

2013年ユンク未来問題図書館所蔵（現在はザルツブルク大学図書館に移管）のユンク関係文書ファイル。以下はその中の本書での参照文書。

母ゼリ Selly 関係文書

1 12. 10. 1942, 16.00 Uhr, Zürich, Polizeikommando des Kanton Zürich, Kriminalpolizei, Betr. Baum geb. Bravo, Selly.

2 12. 10. 1942, 16.30 Uhr, Zürich, Dasselbe, Betr. Verbotener Grenzübertritt.

3 13. 10. 1942, 9.15 Uhr, Zürich, Dasselbe, Betr. Baum, geb. Bravo, Selly.

4 14. 10. 1942, 9.30 Uhr, Zürich, Dasselbe, Betr. Baum, geb. Bravo, Selly.

5 22. 3. 1943, Zürich, Direktion der Polizei des Kanton Zürich, Fremdenpolizei an die Polizeiabteilung des eidg. Justiz- und Polizeidepartsmentes, Bern.

6 25. 3. 1943, Zürich, Dieselbe an dieselbe.

7 1. 11. 1943, Brissago, S. Baum an Dipartimento di Giustizia e Polizia, Divisione Polizia federale per Stranieri, Bellinzona.

8 3. 11. 1943, Brisssago, Interniertenheim Brissago, Betr. Baum, Selly, an Zentralleitung der Arbeitslager, Zürich.

9 30. 12. 1943, Brissago, Kant. Gendarmerie an Kantonale Fremdenpolizei, Bellinzona.

10 Mai 1944, Arbeitslager Brissago, Selly-Sara Baumva an Clinik St. Agnese, Locarno-Muralto.

11 8. 8. 1944, Bern, Selly Baum an Oberrichter.

12 23. 8. 1944, Bern, Hs. Bäschli（Ausschuss 1）, Betr. Selly, Baum-Bramo（ママ）.

ロベルト・バウム Baum 関係文書

1 24. 5. 1943, Bern, der Chef der Polizeiabteilung（sig. Fischil）, an die Direktion der Polizei des Kantons Zürich, Zürich.

2 24. 5. 1943, Bern, Eidgenössische Justiz- und Polizeidepartment, der Chef der Polizeiabteilung Rothmund, Verfügung : Ref. Nr. N7462 Fi.

3 8. 6. 1943, Zürich, Absender : Robert Baum, Kantonale Polizeikaserne.

4 8. 6. 1943, Zürich, Universitätspoliklinik für Nervenkranke, Prof. Minkowski, Aerztliches Zeugnis, Betr. Baum, Robert.

5 9. 6. 1943, St. Gallen, Strafanstalt St. Gallen an die eidg. Polizeiabteilung, Bern.
6 9. 6. 1943, N. Ebert an Frichl, Bern.
7 21. 6. 1943, Zürich, Prof. Dr. Hans Nabholz an Dr. H. Rothmund, Chef der Polizeiabteilung des Eidg. Justizdepartments, Bern.
8 25. 6. 1943, Strafanstalt St. Gallen, cand. phil. Robert Baum an das Justiz- und Polizeidepartment, Bern.
9 26. 6. 1943, St. Gallen, Strafanstalt St. Gallen Direktion an das Eidg. Justiz- u. Polizeidepartment, Polizeiabteilung Dr. Rothmund, Bern.
10 6. 7. 1943, Bern, der Chef der Polizeiabteilung (sig. Rothmund) an Prof. Dr. Hans Nabholz, Zürich.
11 7. 7. 1943, Zürich, Rechtsanwalt C. I. Tarschisch, Rekurs, an das Eidg. Justiz- und Polizeidepartment, Bern.
12 13. 7. 1943, Bern, der Chef der Polizeiabteilung (sig. Dr. Delaquis) an die Direktion der Strafanstalt St. Gallen, St. Gallen.
13 13. 7. 1943, Strafanstalt St. Gallen, cand. Phil. Robert Baum an das Eidgenössische Justiz- und Polizeidepartment, Abteilung Fremdenpolizei (Internierte), Bern.
14 23. 7. 1943, Bern, Polizeiabteilung an C. I. Tarschisch, Zürich, an die Rekurssektion, Zürich.
15 7. 8. 1943, Bern, der Chef der Polizeiabteilung (sig. Rothmund) an die Rekurssektion, Zürich.
16 26. 8. 1943, St. Gallen, cand phil. Robert Baum an die Justiz- und Polizeiabteilung für Internierte, Bern.
17 7. 9. 1943, Bern, der Chef der Polizeiabteilung (sig. Wieser) an die Direktion der Strafanstalt St. Gallen.
18 11. 9. 1943, St. Gallen, Strafanstalt St. Gallen an die Eidg. Polizeiabteilung, Bern.
19 9. 11. 1943, Bern, Dr. Med. C. G. Tauber, Bestätigung.
20 16. 11. 1943, Bern, Kreuzritter-Dienst. Abteilung Flüchtlingshilfe, Betr. Robert Baum, Interniertenheim Schloss-Burg, an die Polizeiabteilung, Dr. Delaquis.
21 22. 11. 1943, Zürich, Protokoll der Regierungsrates, Sitzung vom 11. November 1943.
22 13. 1. 1945, Bern, Abschrift (sig. Güggi), Aktennotiz.
23 24. 8. 1945, Bern, Eidg. Fremdenpolizei, Emigrantenbüro, Betr. Aufhebung der Internierung, an die Eidg. Polizeiabteilung, Bern.
24 6. 3. 1946, Bern, Eidgenössische Fremdenpolizei (sig. Dr. Brunner) an Oberlt. Bossart, d/o Divisionsgericht 7b, Zürich.
25 6. 3. 1946, Bern, Eidgenössische Fremdenpolizei an Division de Police, Bern.
26 April (?) 1946, Demande d'entree en Suisse de Baum-Jungk, Robert.
27 18. 9. 1946, Zürich, Direktion der Polizei des Kantons Zürich an Dr. Jur. Georg Gautschi, Rechtsanwalt, Zürich.
28 20. 2. 1951, Verfügung der Direktion der Polizei des Kantons Zürich, Zürich.

2) 公刊資料

Aufsätze in der *Weltwoche*, 1940–1945 u. 1947. 以下，表記は題名，カッコ書きで掲載欄（D はドイツ，Blick は Blick in die Zeit の略記），発行日，そして最後にカッコ書きで筆名を記す。
* は *Deutschland von außen* に所収の論説。

1940

1 Karl Haushofer, der geistige Vater des japanischen Paktes. Das Dreieck Berlin-Tokio-Rom. Erinnerung an das Jahr 1923. Ein General wird Professor. Der Erfinder des Begriffes „Lebensraum“, (D), 4. 10. (A. S.).*

2 Carl Schmitt. Der Theoretiker des Grossraumes, (D), 6. 12. (A. S.).

1941

3 Deutsche Soldaten Briefe, (D), 28. 3. (A. B.).

4 Die „fliegenden Divisionen“ des General Student, (D), 30. 5. (F. L. 最初).

5 Blitzkriegsmethoden. Erfolg und Gefahren einer neuen Form der Kriegsführung, (D), 4. 7. (F. L.).*

6 Deutschlands zweite Armee. Wie die eroberten Gebiete organisiert und verwaltet werden, (D), 11. 7. (F. L.).*

7 Das Porträt einer Soldatengeneration : Deutsche Frontkämpfer 1941, (D), 25. 7. (F. L.).*

8 Die Feldherren der Propaganda-Schlacht, (Blick), 1. 8. (F. L.).*

9 Zeitungsleute mit Schreibmaschine und Maschinengewehr. Das Experiment der deutschen Propaganda-Kompanien, (D), 22. 8. (F. L.).*

10 Vor dem Winterfeldzug im Osten, (D), 19. 9. (F. L.).*

11 Deutschlands Luftstrategie Nummer Eins. Generalfeldmarschall Kesselring, (D), 3. 10. (F. L.).

12 Deutschlands diplomatische Front, (D), 10. 10. (F. L.).*

13 Fedor von Bock. Vom kaiserlichen Generalstab zum Generalstab Hitlers, (D), 17. 10. (F. L.).

14 Reinhard Heydrich, (D), 24. 10. (F. L.).*

15 Friedensversuche 1914/18 und heute, (Blick), 31. 10. (F. L.).*

16 Das deutsche Rüstungspotential im dritten Kriegsjahr, (D.), 14. 11. (F. L.).*

17 Unteroffizier Schmidt gegen General Winter, (D), 21. 11. (F. C.).

18 Alfred Rosenberg. Deutschlands Statthalter im Osten, (D), 28. 11. (F. L.).

19 Das Dritte Reich und Europa, (Europäische Probleme), 5. 12. (F. L.).

20 Selbstkritik in Deutschland, (D), 12. 12. (F. L.).*

21 Wie Japan den Pazifikkrieg vorbereitete, (Japan), 19. 12. (F. L.).

22 Hitler als Feldherr, (D), 25. 12. (xxx).

1942

23 Auswirkungen des totalen Krieges in Deutschland, (D), 9. 1. (F. L.).*

24 Wehrmacht und Waffen-SS, (D), 16. 1. (F. L.).*

25 Die Schlacht im Atlantik, (D), 20. 2. (F. L).*

26 Vorbereitungen für die Frühjahrsoffensive, (D), 27. 2. (F. L.).*

27 Deutsche Fronturlauber, (D), 13. 3. (F. L.).*

28 Achsenbemühungen um Indien und Vorderasien, (Ostprobleme), 27. 3. (F. L.).

29 Bombenangriffe auf Deutschland, (D), 10. 4. (F. L.).*

30 Wieder Krieg in Frankreich?, (Blick), 17. 4. (F. L.).

31 Deutsche Rüstungsarbeiter, (D), 1. 5. (F. L.).*

32 Kritische Frühling an der Ostfront, (D), 8. 5. (F. L.).

33 Verschärfung an der „Dritten Front“, (D), 15. 5. (F. L.).

34 Deutschlands Offensive zum Oel, (D), 22. 5. (F. L.).

35 Vom Blitzkrieg zum Stellungskrieg, (D), 29. 5. (F. L).*
36 Geheimnis Rommels. Stärken und Schwächen des Afrikakorps, (Cyrenaika), 5. 6. (F. L.).
37 Wie wirken sich die Bombardierungen auf Deutschland aus?, (D), 12. 6. (F. L.).*
38 Nach dem Attentat auf Heydrich, (D), 19. 6. (F. L.).*
39 Rommel und der deutschen « Plan Süd », (D), 26. 6. (F. L.).*
40 « ...wurde dem Erdboden gleichgemacht. Grundsätze und Handlungen der deutschen Strafjustiz in den besetzten Gebieten », (D), 3. 7. (F. L.).*
41 Neue Köpfe in der deutschen Kriegsführung, (D), 10. 7. (F. L.).
42 Veränderte Taktiken an der Ostfront, (D), 17. 7. (F. L.).
43 In Hitlers Hauptquartier, (D), 24. 7. (F. L.).*
44 Ferien 1942. Nach Berichten aus vier Ländern, (Blick), 31.7. (Nichts).
45 Deportationen nach dem Osten, (D), 31, 7. (F. L.).*
46 Der Krieg der Reserven und die „zweite Front“, (D), 7. 8. (F. L.).*
47 Deutschlands „Grüne Front“, (D), 14. 8. (F. L.).*
48 Vom Leben der Panzerdevisionen, (D), 21. 8. (F. L.).*
49 Deutschland am Ende des dritten Kriegsjahres, (D), 28. 8. (Nichts).
50 Deutsche Justiz 1942, (D), 4. 9. (F. L.).*
51 Deutschlands grosse Blutopfer, (D), 11. 9. (F. L.).
52 Die Deutschen vor dem „russischen Rätsel“, (D), 25. 9. (F. L).*
53 Das Problem der Bundesgenossen, (D), 2. 10. (F. L.).
54 Vorbereitungen für den vierten Kriegswinter, (D), 9. 10. (F. L).*
55 Deutschlands Begegnung mit dem Tod, (D), 30. 10. (F. L.).*
56 Ist die Ostfront bedroht?, (D), 27. 11. (F. L.).

1945

1 Deutschlands geistiger Hunger, (D), 12. 10. (F. L.).
2 Hinter dem « Eisernen Vorhang » : Aus einem Totenland. Ein Bericht, (Polen), 16. 11. (Robert Jungk).*
3 Weltgericht in Nürnberg, (S.1, 3), 23. 11. (Ders.) *
4 Alltag in Nürnberg, (S.1, 3), 30. 11. (Originalbericht der Korrespondenten der „Weltwoche“ Ro bert Jungk).
5 Deutsches Menetekel, (S.1, 3), 28. 12. (Dies.).*

1947

1 Richarda Huch, (S.15), 21.11. (A. S.).

Artikeln in *The Observer*, 1945.

Dietmar’s Speech a Peace Feeler?, 11. 2. (Observer Correspondent, Berne, Feb. 10).

Rich Nazis On The Run Shut Out By Swiss; Asylum for Authors; Political Apathy, 29. 4. (Ders., Swiss Frontier, April 28).

Civilian Led Plot To Kill Hitler. Rebel Generals Lost Their Nerve, 13. 5. (Dr. Robert Baum-Jungk, Berne, Mai 12).

The Early Return To Monarchy in Spain. Falange Playing For Time, 22. 7. (Ders., Lausanne, July 21).

ユンクの著作

Baum, Robert（1947）, *Die Schweiz unter dem Presskonklusum von 1823 bis 1829.* Abhandlung zur Erlangung der Doktorwürde der Philosophischen Fakultät I der Universität Zürich, Strasbour.

——— / Marianne Oesterreicher Mollwo（Hg）（1986）, *Und Wasser bricht Stein. Streitbare Beiträge zur drängenden Fragen der Zeit*. Freiburg / Basel / Wien : Herder.

———（1990）, *Deutschland von außen. Beobachtungen eines illegalen Zeitzeugen*. München : Wilhelm Heyne Verlag.

———（1993）, *Trotzdem. Mein Leben für die Zukunft*. München / Wien : Carl Hanser Verlag.

———（1993）, Robert Jungk. Eine Vita, in : Weert Canzler（Hg）, *Die Triebkraft Hoffnung. Robert Jungk zu Ehren*. Weinheim / Basel : Belz, S.321–325.

その他

Ganhör, Günther（2002）, *Robert Jungk. Journalist und Kommunikator*. Diplomarbeit（Master）: Universität Wien.

Goldschmidt, Hermann Levin（1941）, *Der Nihilismus im Licht einer kritischen Philosophie.* Thayngen-Schaffhausen : Augustin Verlag.

———（1964）, *Dialogik. Philosophie auf dem Boden der Neuzeit.* Frankfurt M. : EVA（Europäische Verlagsanstalt）.

———（1994）, Schlußwort, in : Willi Goetschel（Hg.）, *Perspektiven der Dialogik. Zürcher Kolloquium zum 80. Geburtstag von Hermann Levin Goldschmidt*. Wien : Passagen Verlag.

Mazenauer, Beat（Hg.）（1992）, *Peter Weiss. Briefe an Hermann Levin Goldschmidt und Robert Jungk 1938–1980*. Leipzig : Reclam-Verlag.

Turel, Adrien（1931）, *Die Eroberung des Jenseits.* Berlin : Rowohlt.

———（1932）, *Recht auf Revolution*. Berlin : Hoffmann.

Weiss, Peter（1961）, *Abschied von den Eltern*. Frankfurt a. M. : Suhrkamp Verlag. ヴァイス：柏原兵三訳（1970）『両親との別れ』河出書房新社。

3）主要参考文献

（以下は主な参照図書で，URL や論文は少数に限って掲載し，その大半は註で表記した）

欧語文献

Abendroth, Wolfgang（1983）, Arbeiterjugendbewegung in Frankfurt, in : ders.（Hg. Joachim Perels）, *Die Aktualität der Arbeiterbewegung. Beiträge zu ihrer Theorie und Geschichte.* Frankfurt M. : Suhrkamp Verlag.

Ambos, Kai（2019）, *Nationalsozialistisches Strafrecht. Kontinuität und Radikalisierung.* Baden-Baden : Nomos.

Benz, Wolfgang（2008）, Die jüdische Emigration, in : Krohn u. a.（Hg.）, S.5–15.

———（2011）, *Deutsche Juden im 20. Jahrhundert. Eine Geschichte in Porträts.* München : C. H. Beck.

———（2014）, *Der deutsche Widerstand gegen Hitler*. München : C. H. Beck Wissen.

———（2018）, *Im Widerstand. Größe und Scheitern der Opposition gegen Hitler.* München : C. H. Beck.

Berding, Helmut u. a.（Hg.）（2000）, *Krieg und Erinnerung. Fallstudien zum 19. Und 20. Jahrhun-*

dert. Göttingen : Vandenhoeck & Ruprecht.

Bollinger, Silvia (2019), *Im Zeichen der Nationalisierung. Die Haltung Universität Zürich gegenüber ausländischen Studenten in der Zwischenkriegszeit*. Köln : Böhlau.

Botsch, Gideon (2006), *„Politische Wissenschaft"im Zweiten Weltkrieg. Auslandswissenschaften in Einsatz 1940–1945*. Paderborn : Verlag Ferdinand Schöningh.

Bromberger, Barbara / Hans Mausbach / Klaus-Dieter Thomann (1985), *Medizin, Faschismus und Widerstand. Drei Beiträge*. Köln : Pahl Rugenstein Verlag.

Brophy, James M. (2015), Grautöne : Verleger und Zensurregime in Mitteleuropa 1800–1850, in : *HZ*, Bd.301, S.297–331.

Caestecker, Frank / Bob Moore (1998), Refugee Policies in Western European States in the 1930s, in : Vorstand des Instituts für Migrationsforschung und Interkulturelle Studien (IMIS) der Universität Osnabrück (Hg), *IMIS-BEITRÄGE*, Heft 7.

Čapková, Kateřina / Michal Frankl (Aus dem Tschechischen übersetzt von Kristina Kallert) (2012), *Unsichere Zukunft. Die Tschechoslowakei und ihre Flüchtlinge aus NS-Deutschland und Österreich 1933–1938*. Wien / Köln / Weimar : Böhlau Verlag.

Conrad, Sebastian (1999), *Auf der Suche nach der verlorenen Nation. Geschichtsschreibung in Westdeutschland und Japan 1945–1960*. Göttingen : Vandenhoeck & Ruprecht.

Coppi, Hans (1995), *Harro Schulze-Boysen : Wege in den Widerstand. Eine biographische Studi*e. 2. durchges. Aufl. Koblenz : Verlag Dietmar Fölbach.

——— / Geertje Andresen (1999), *Harro Schulze-Boysen-Wege in den Widerstand. Eine biographische Studie*. Berlin : Aufbau Verlag.

Deák, István (Aus dem Ungarischen übersetzt von Andreas Schmidt-Schweizer) (2017), *Kollaboration, Widerstand und Vergeltung im Europa des Zweiten Weltkrieges*. Wien / Köln / Weimar : Böhlau Verlag.

Degen, Bernard / Hans Schäppi / Adrian Zimmermann (Hg.) (2012), *Robert Grimm. Marxist, Kämpfer, Politiker*. Zürich : Chronos Verlag.

Dejung, Christoph Emanuel (2020), *Emil Oprecht. Verleger der Exilautoren*. Zürich : rüffer & rub Sachbuchverlag.

Duhnke, Horst (1972), *Die KPD von 1933 bis 1945*. Köln : Kiepenheuer & Witsch.

Dunkhase, Jan Eike (2010), *Werner Conze. Ein deutscher Historiker im 20. Jahrhundert*. Göttingen : Vandenhoeck & Ruprecht.

Engels, Jens Ivo (2006), *Naturpolitik in der Bundesrepublik. Ideenwelt und politische Verhaltensstile in Naturschutz und Umweltbewegung 1950–1980*. Paderborn : Ferdinand Schöningh.

Evans, Richard J. (2004), *The Coming of the Third Reich*. London : Penguin Books ; Ders. (2006), *The Third Reich in Power, 1933–1939*. London : Penguin Books ; Ders. (2009), *The Third Reich at War, 1939–1949*. London : Penguin Books.

Feldmann, Marcus (1933), Grundlagen und Grenzen der Pressfreiheit in der Schweiz, in : Verein der Schweizer Presse (Hg.), S.125–210.

Fetz, Bernhard / Wilhelm Hemecker (Hg.) (2011), *Theorie der Biographie. Grundlagentexte und Kommentar*. Göttingen : Walter de Gruyter.

Frei, Norbert (1980), *Nationalsozialistische Eroberung der Provinzpresse. Gleichschaltung, Selbstanpassung und Resistenz in Bayern*. Stuttgart : Deutsche Verlags-Anstalt.

——— (2013), *Der Führerstaat. Nationalsozialistische Herrschaft 1933 bis 1945*. München : C. H. Beck.

Gallus, Alexander (2005), Biographik und Zeitgeschichte, in : *APuZ*, 01. 02. 2005 (...20309/ biographik-und-zeitgeschichte/, 11. 11. 2022).

Ganor, Sheer (2020), Forbidden Words, Banished Voices : Jewish Refugees at the Service of BBC Propaganda to Wartime Germany, in : *JCH*, 55, H.1, S.97–119.

Gisevius, Hans Bernd (2009), *Valkyrie : An insider's account of the plot to kill Hitler*, Translated from the German edition (1946) of *Bis zum bittern Ende* by Richard and Clara Winston. Philadelphia : Da Capo Press.

Grebing, Helga u. a. (Hg) (2000), *Willy Brandt. Berliner Ausgabe*. Bd.2. Bonn : Dietz.

Grimm, Robert (1931), *Geschichte der sozialistischen Ideen in der Schweiz*. Zürich : Oprecht & Helbling.

Gruber, Hans-Peter (2022), *„Aus der Art Geschlagen". Eine politische Biographie von Felix Weil (1898–1975)*. Frasnkfurt / New York : Campus Verlag.

Gümbel, Anette (2000), Instrumentalisierte Erinnerung an den Ersten Weltkrieg. Hans Grimms « Volk ohne Raum », in : Berding u. a. (Hg.)

Hachtmann, Rüdiger / Winfried Süß, *Hitlers Kommissare. Sondergewalten in der nationalsozialistischen Diktatur*. Göttingen : Wallstein Verlag.

Herbert, Ludolf (1996), *Das nationalsozialistische Deutschland 1933–1945. Die Entfesselung der Gewalt : Rassismus und Krieg*. Frankfurt M. : edition suhrkamp.

Herbert, Ulrich (1996), *Best. Biographische Studien über Radikalismus, Weltanschauung und Vernunft 1903–1989*. Bonn : J. H. W. Dietz.

Hürter, Johannes (2006), *Hitlers Heerführer. Die deutsche Oberbefehlshaber im Krieg gegen die Sowjetunion 1941/42*. München: Oldenbourg.

Kästli, Tobias (1998), *Die Schweiz - eine Republik in Europa. Geschichte des Nationalstaats seit 1798*. Zürich : Verlag Neue Zürcher Zeitung.

Kempter, Klaus (1998), *Die Jellineks 1820–1955. Eine Famillienbiographische Studie zum deutschjüdischen Bildungsbürgertum*. Düsseldorf : Droste Verlag.

Kingreen, Monica (Hg. v. Willi Eichler) (2023), *Die Deportation der Juden aus Hessen 1940 bis 1945. Selbstzeugnisse / Fotos / Dokumente*. Wiesbaden : Kommission für die Geschichte der Juden in Hessen.

Klee, Ernst (Hg.) (2015), *Das Personenlexikon zum Dritten Reich. Wer war was vor und nach 1945*. 5.Aufl. Frankfurt a. M. : Fischer Taschenbuch.

Koop, Volker (2016), *Alfred Rosenberg. Der Wegbereiter des Holocaust. Eine Biographie*. Köln / Weimar / Wien : Böhlau Verlag.

Kreis, Georg (2000), *Die Rückkehr der J-Stempels. Zur Geschichte einer schwierigen Vergangenheitsbewältigung*. Zürich : Chronos.

——— (2011), *Die Schweiz im zweiten Weltkrieg*. Innsbruck / Wien : Haymon Verlag.

——— (2014), *Die Schweiz im Zweiten Weltkrieg*. 4.Aufl. Innsbruck / Wien : Haymon Taschenbuch.

——— (Hg.) (2014), *Die Geschichte der Schweiz. Überblick*. Bassel : Schwabe Verlag.

Kreisky, Bruno (1986), *Zwischen den Zeiten. Erinnerungen aus fünf Jahrzehnte*. Wien : Verlag Kremayr & Scheriau.

Krohn, Claus-Dieter / Patrik von zur Mühlen / Gerhard Paul / Lutz Winkler (Hg.) (2008), *Handbuch der deutschsprachigen Emigration 1933–1945.* 2.Aufl. Drmstadt : WBG (Wissenschaftliche Buchgesellschaft).

Kroll, Thomas (2007), *Kommunistische Intellektuelle in Westeuropa. Frankreich, Österreich, Italien und Großbritannien im Vergleich (1945–1956)*. Köln / Weimar / Wien : Böhlau Verlag.

Lorenz, Dagmar (2002), *Journalismus*. Stuttgart / Weimar : Verlag J. B. Metzler.

Lüthi, Karl L. (1933), *Die Schweizer Presse einst und jetzt*. Bern : Büchler & Co.

Mehringer, Hartmut (2011), Die deutschsprachige politische Emigration nach 1933 in Mittel-, West. und Nordeuropa sowie Übersee, in : Ueberschär (Hg.), S.325–340.

Mitterauer, Michael (1986), Vorwort, in : Maria Gremel, *Verdingt. Mein Leben als Bauermagd 1900–1930*. Berlin / München : Scherz.

Mommsen, Hans (1999), *Von Weimar nach Auschwitz. Zur Geschichte Deutschlands in der Weltkriegsepoche.* Stuttgart : Deutsche Verlags-Anstalt.

——— (2000), *Alternative zu Hitler. Studien zur Geschichte des deutschen Widerstandes*. München : C. H. Beck.

Mooser, Josef (2012), Robert Grimm und die deutsche Arbeiterbewegung 1914–1933, in : Degen u. a. (Hg), S.27–38.

Müller, Thomas Christian (2001), *Der Schmuggel politischen Schriften. Bedingungen exilliteralischer Öffentlichkeit in der Schweiz und im Deutschen Bund (1830–1848)*. Tübingen : De Gruyter.

Obertreis, Julia (2012), Oral History - Geschichte und Konzeption, in : dies (Hg.), *Oral History - Basistexte*, Stuttgart : Franz Steiner Verlag, S.7–28.

Orth, Karin (2000), *Die Konzentrationslager - SS. Sozialstrukturelle Analysen und biographische Studien*. Göttingen : Wallstein Verlag.

Packheiser, Christian (2020), *Heimaturlaub, Soldaten zwischen Front, Familie und NS-Regime*. Göttingern: Wallensteinverlag.

Petritsch, Wolfgang (2011), *Bruno Kreisky. Die Biographie.* 6.Aufl. St. Pölten / Salzburg : Residenz Verlag.

Radkau, Joachim (1983), *Aufstieg und Krise der deutschen Atomwirtschaft 1945–1975. Verdrängte Alternativen in der Kerntechnik und der Ursprung der nuklearen Kontroverse.* Hamburg : Rororo-Sachbuch.

Renschler, Regula (1967), *Die Linkspresse Zürichs im 19. Jahrhundert*. Zürich : Europa Verlag.

Ritter, Gerhard (1954), *Carl Gördeler und die deutsche Widerstandsbewegung.* Stuttgart : Deutsche Verlags-Anstalt.

Saito, Akira (1991), Die Kommunisten in der Emigration. Die KPD im Widerstand. 明治大学社会科学研究所『紀要』第 29 巻 2 号。

Schreiber, Gerhard (2013), *Der zweite Weltkrieg*. 5.Aufl. München : C. H. Beck Wissen.

Schröder, Wilhelm Heinz (2011), Forscherleben im Rückblick : Kollektivbiographie als Konstante, in : *Historical Social Research*. Supplement, 23, S.11–73 (https://nbn-resolving.org/um:nbn.de:0168-ssoar-337686, 21. 01. 2023).

Schulz, Kristina (2012), *Die Schweiz und die literarischen Flüchtlinge (1933–1945)*. Berlin : Akademie Verlag.

——— (2014), Die Schweiz der Anderen. Plädoyer für eine zeitgeschichtliche Betrachtung des

politischen Asyls, in : *SZG*, 64/3.

Sprang, Christian W.（2013）, *Karl Haushofer und Japan. Die Rezeption seiner geopolitischen Theorien von der deutschen und japanischen Politik*. München : iudicium.

Spuhlen, Gregor / Georg Kreis（2014）, Eine Woche im September 1943. Die Rückweisung und Aufnahme jüdischer Flüchtlinge im Tessin durch Oberleutnant Erwin Naef（https://www.e.periodika.ch.digbig.view?pid=tra-001:2014:21::671#364）. 閲覧は 2024 年 12 月 25 日。

Steinbach, Peter（1987）, Widerstandsdiskussionen im politischen Wandel der Budesrepublik Deutschland, in : Ders（Hg.）, *Widerstand. Ein Problem zwischen Theorie und Geschichte*. Köln : Verlag Wissenschaft und Politik.

Teubner, Hans（1975）, *Exilland Schweiz. Dokumentarischer Bericht über den Kampf emigrierter deutscher Kommunisten 1933–1945*. Berlin : Dietz Verlag Berlin.

Thommen, Andreas（1967）, *Die Schweizer Presse in der modernen Gesellschaft*. Zürich : Orell Füssli Verlag.

Ueberschär, Gerd R.（Hg.）（2011）, *Handbuch zum Widerstand gegen Nationalsozialismus und Faschismus in Europa 1933/39 bis 1945*. Berlin / New York : Walter de Gruyter.

———（Hg.）（2015）, *Hitlers militärische Elite. 68 Lebensläufe*. 3.Aufl. Darmstadt : WBG.

Der Verein der Schweizerischen Presse（Hg.）（1896）, *Die Schweizer Presse*. Bern : Jent & Co.

———（Hg.）（1933）, *Die Schweizer Presse. Festschrift zum 50 jährigen Jubiläum des Vereins der Schweizer Presse*. Luzern : Keller & Co.A.G.

Weber, Karl（1933）, *Die Entwicklung der politischen Presse in der Schweiz*. Luzern : Keller & Co. A.G.（*Die Schweizer Presse*, 1933, S.7–124 の冊子版）.

——— / Schweizerische Zeitungsverband und der Verein der Schweizer Presse（Hg.）（1948）, *Die Schweiz im Nervenkrieg. Aufgabe und Haltung der Schweizer Presse in der Krisen- und Kriegszeit 1933–1945*. Bern : Verlag von Herbert Lang.

Weber, Max（1973）, *Gesammelte Aufsätze zur Wissenschaftslehre*. 4.Aufl., hrsg von Johannes Winckelmann. Tübingen : J. C. B. Mohr.

Wehler, Hans Ulrich（2008）, *Deutsche Gesellschaftsgeschichte*. Bd.4 : *Vom Beginn des Ersten Weltkriegs bis zur Gründung der beiden deutschen Staaten 1914–1949*. 3.Aufl. München : C. H. Beck.

Weiß, Hermann（Hg.）（2011）, *Biographische Lexikon zum Dritten Reich*. 2.Aufl. Frankfurt a. M. : Fischer Taschenbuch Verlag.

Wende, Frank, u. a.（2002）, *Deutschsprachige Schriftsteller im Schweizer Exil 1933–1950. Eine Ausstellung des Deutschen Exilarchivs 1933–1945 der Deutschen Bibliothek*. Wiesbaden : Harrassowitz Verlag.

Wickert, Christl（1991）, *Helene Stöcker 1869–1943. Frauenrechtlerin, Sexualreformerin und Pazifistin. Eine Biographie*. Bonn : Dietz.

Wierling, Dorothee（2017）, Fünfundzwanzig Jahre : Oral History, in : *WG*, Heft 75, S.83–88.

Wild, Michael（2002）, *Die Generationen des Unbedingten. Das Führungskorps des Reichssicherheitshauptamts*. Hamburg : Hamburger Edition.

———（2019）, *Die Ambivalenz des Volkes. Der Nationalsozialismus als Gesellschaftsgeschichte*. Berlin : suhrkamp taschenbuch.

———（2022）, *Zerborstene Zeit. Deutsche Geschichte 1918–1945*. München : C. H. Beck.

Wilke, Jürgen（Hg.）(1984), *Pressefreiheit*. Darmstadt : Wissenschaftliche Gesellschaft.

Württembergische Landesbibliothek Stuttgart（Hg.）(1983), *Von der Preßfreiheit zur Pressefreiheit. Süddeutsche Zeitungsgeschichte von den Anfängen bis zur Gegenwart*. Stuttgart : Konrad Theis Verlag.

邦語文献

穐山洋子（2010）「スイスの外国人政策——19 世紀末から「外国人の滞在と定住に関する連邦法（1931 年）」成立まで」（独立専門家委員会：黒澤隆文編訳，所収）。

———（2020）「スイスのホロコースト関与とその後——難民政策を中心に」（石田勇治・川喜田敦子編『ナチズム・ホロコーストと戦後ドイツ』勉誠出版，所収）。

朝日新聞社（1941/42）『朝日新聞縮刷版』1941 年 1 月号〜1942 年 10 月号，朝日新聞社。

アプルボーム，アン：山崎博康訳（2019）『鉄のカーテン（上）——東欧の壊滅 1944–56』白水社。

アリー，ゲッツ：芝健介訳（2012）『ヒトラーの国民国家——強奪・人種戦争・国民社会主義』岩波書店。

有馬哲夫（2009）『アレン・ダレス——原爆・天皇制・終戦をめぐる暗闘』講談社。

石田勇治（2015）『ヒトラーとナチ・ドイツ』講談社現代新書。

井上茂子・木畑和子・芝健介・永岑三千輝・矢野久（1989）『1939——ドイツ第三帝国と第二次世界大戦』同文舘。

イム・ホーフ，U.：森田安一監訳（1997）『スイスの歴史』刀水書房。

上山安敏（2009）『ブーバーとショーレム——ユダヤの思想とその運命』岩波書店。

エーマー，ヨーゼフ：若尾祐司・魚住明代訳（2008）『近代ドイツ人口史——人口学研究の傾向と基本問題』昭和堂。

大木毅（2016）『第二次大戦の〈分岐点〉』作品社。

———（2019）『独ソ戦——絶滅戦争の惨禍』岩波新書。

大野英二（1988）『ナチズムと「ユダヤ人問題」』リブロポート。

———（2001）『ナチ親衛隊知識人の肖像』未来社。

踊共二（2011）『図説 スイスの歴史』河出書房新社。

小野寺拓也（2012）『野戦郵便から読み解く「ふつうのドイツ兵」——第二次世界大戦末期におけるイデオロギーと「主体性」』山川出版社。

小俣和一郎（1995）『ナチス もう一つの大罪——「安楽死」とドイツ精神医学』人文書院。

オーラー，ノーマン：須藤正美訳（2018）『ヒトラーとドラッグ——第三帝国における薬物依存』白水社。

カーショー，イアン：河内隆弥訳（2014）『運命の選択 1940/41（下）——世界を変えた 10 の決断』白水社。

———：福永美和子訳（2016）『ヒトラー（下）——1936〜1945 天罰』白水社。

———：宮下嶺夫訳，小原淳解説（2021）『ナチ・ドイツの終焉 1944–45』白水社。

加藤克夫（2006）「第二次世界大戦期フランスの「強制収容所」とユダヤ人迫害の「再記憶化」」島根大学法文学部紀要『社会文化論集』第 3 号。

川喜田敦子（2019）『東欧からのドイツ人の「追放」——20 世紀の住民移動の歴史のなかで』白水社。

川越修・矢野久編（2002）『ナチズムのなかの 20 世紀』柏書房。

北村陽子（2021）『戦争障害者の社会史——20 世紀ドイツの経験と福祉国家』名古屋大学出版会。

木畑和子（2002）「第三帝国における「健康政策」の課題」（川越・矢野編，所収）。

———（2015）『ユダヤ人児童の亡命と東ドイツへの帰還——キンダートランスポートの群像』ミネルヴァ書房。

木村靖二（2014）『第一次世界大戦』ちくま新書。

栗原優（1994）『第二次世界大戦の勃発——ヒトラーとドイツ帝国主義』名古屋大学出版会。

———（2023）『ヒトラーと第二次世界大戦』ミネルヴァ書房。

ゲルヴァルト，ロベルト：宮下嶺夫訳（2016）『ヒトラーの絞首人ハイドリヒ』白水社。

コーゴン，E.：林功三訳（2001）『SS 国家——ドイツ強制収容所のシステム』ミネルヴァ書房。

小林武（1989）『現代スイス憲法』法律文化社。

駒村圭吾（2023）『主権者を疑う——統治の主役は誰なのか？』ちくま新書。

芝健介（1995）『武装 SS——ナチスもう一つの暴力装置』講談社選書メチエ。

———（2008）『武装親衛隊とジェノサイド——暴力装置のメタモルフォーゼ』有志舎。

———（2008）『ホロコースト——ナチスによるユダヤ人大量殺戮の全貌』中公新書。

———（2015）『ニュルンベルク裁判』岩波書店。

———（2021）『ヒトラー——虚像の独裁者』岩波新書。

シャート，マルタ：田村万里・山本邦子訳（2008）『ヒトラーに抗した女たち——その比類なき勇気と良心の記録』行路社。

シュタインバッハ，ペーター／ヨハネス・トゥヘル：田村光彰ほか訳（1998）『ドイツにおけるナチスへの抵抗 1933-1945』現代書館。

シュパング，クリスティアン・W：高木彰彦訳（2019）「カール・ハウスホーファーとドイツの地政学」『空間・社会・地理思想』第 22 号。

スナイダー，ティモシー：布施由紀子訳（2015）『ブラッド・ランド（上）——ヒトラーとスターリン大虐殺の真実』筑摩書房。

関根照彦（1999）『スイス直接民主制の歩み』尚学社。

相馬保夫（2004, 2005, 2007-2013）「離散と抵抗（1〜12）」『東京外国語大学論集』第 69, 71, 75, 77~81, 83~86 号。

竹本真希子（2017）『ドイツの平和主義と平和運動——ヴァイマル共和国期から 1980 年代まで』法律文化社。

田野大輔（2012）『愛と欲望のナチズム』講談社。

田村栄子（1996）『若き教養市民層とナチズム——ドイツ青年・学生運動の思想の社会史』名古屋大学出版会。

———・星乃治彦編（2007）『ヴァイマル共和国の光芒——ナチズムと近代の相克』昭和堂。

タロシュ，エンマリヒ／ヴォルフガング・ノイゲバウアー：田中浩・村松恵二訳『オーストリア・ファシズム——1934 年から 1938 年までの支配体制』未来社。

独立専門家委員会　スイス＝第二次大戦：黒澤隆文編，同・川崎亜紀子・尾崎麻弥子・穐山洋子訳著（2010）『中立国スイスとナチズム——第二次大戦と歴史認識』京都大学学術出版会。

長田浩彰（2011）『われらユダヤ系ドイツ人——マイノリティから見たドイツ現代史 1893-1951』広島大学出版会。

中野智世・木畑和子・梅原秀元・紀愛子（2021）『「価値を否定された人々」――ナチス・ドイツの強制断種と「安楽死」』新評論。
鍋谷郁太郎編（2022）『第一次世界大戦と民間人――「武器を持たない兵士」の出現と戦後社会への影響』錦正社。
ノイマン，フランツ：岡本友孝・小野英祐・加藤栄一訳（1963）『ビヒモス――ナチズムの構造と実際 1933-1944』みすず書房。
野村真理（2012）『ホロコースト後のユダヤ人――約束の土地は何処か』世界思想社。
―――（2023）『ウィーン　ユダヤ人が消えた街――オーストリアのホロコースト』岩波書店。
ハウスホーファー，カール：若井林一訳（1942）『大日本』洛陽書院。
パクストン，ロバート・O：渡辺和行・剣持久義訳（2004）『ヴィシー時代のフランス――対独協力と国民革命 1940-1944』柏書房。
ハフナー，セバスチァン：中村牧子訳（2002）『ナチスとのわが闘争――あるドイツ人の回想 1914-1933』東洋書林。
ビュヒ，クリストフ：片山淳子訳（2012）『もう一つのスイス史――独語圏・仏語圏の間の深い溝』刀水書房。
ビルンボーム，ピエール：大嶋厚訳（2021）『ヴィシーの教訓』吉田書店。
藤原辰史（2011）『カブラの冬――第一次世界大戦期ドイツの飢饉と民衆』人文書院。
ブーバー，マルティン：野口祐治訳（2021）『我と汝』講談社学術文庫。
フライ，ノルベルト／ヨハネス・シュミッツ：五十嵐智友訳（1996）『ヒトラー独裁下のジャーナリストたち』朝日選書。
フリーザー，カール＝ハインツ：大木毅・安藤公一訳（2003）『電撃戦という幻（上下）』中央公論新社。
フリードリヒ，イェルク：香月恵里訳（2011）『ドイツを焼いた戦略爆撃 1940-1945』みすず書房。
フレンケル，エルンスト：中道寿一訳（1994）『二重国家』ミネルヴァ書房。
ヘルベルト，ウルリヒ：小野寺拓也訳（2021）『第三帝国――ある独裁の歴史』角川新書。
ベンツ，ヴォルフガング：斉藤寿雄訳（2014）『第三帝国の歴史――画像でたどるナチスの全貌』現代書館。
ポイカート，デートレフ：木村靖二・山本秀行訳（1991）『ナチ・ドイツ――ある近代の社会史』三元社。
星乃治彦（2007）『ナチス前夜における「抵抗」の歴史』ミネルヴァ書房。
ホブズボーム，エリック：河合秀和訳（1995）『20 世紀の歴史――極端な時代（上）』三省堂。
水野博子（2020）『戦後オーストリアにおける犠牲者ナショナリズム――戦争とナチズムの記憶をめぐって』ミネルヴァ書房。
水戸部由枝（2022）『近代ドイツ史にみるセクシュアリティと政治――性道徳をめぐる葛藤と挑戦』昭和堂。
ミュンツェンベルク，ヴィリー：星乃治彦訳（1995）『武器としての宣伝』柏書房。
八木紀一郎（2021）『20 世紀知的急進主義の軌跡――初期フランクフルト学派の社会科学者たち』みすず書房。
矢野久（2004）『ナチス・ドイツの外国人――強制労働の社会史』現代書館。

ユンガー，エルンスト：川合全弘訳（2013）『労働者——支配と形態』月曜社。

横手征彦（2001）「スイスにおける難民問題——国家社会主義時代における難民受け入れ状況」『金城学院大学論集・人文科学編』第 35 号。

ラカー，ウォルター編：井上茂子ほか訳（2003）『ホロコースト大事典』柏書房。

ラブキン，ヤコブ・M：菅野賢治訳（2010）『トーラーの名において——シオニズムに対するユダヤ教の抵抗の歴史』平凡社。

若尾祐司（2007）「「フォルクの核心・社会の支柱としての農民」——社会政策・社会統合論としての W・H・リール農民文化論」保住敏彦研究代表者科研報告書『ドイツ社会国家の成立・変遷とそれをめぐる論争および学説』46–66 頁。

———（2012）「反核の論理と運動——ロベルト・ユンクの歩み」（若尾・本田宏編『反核から脱原発へ——ドイツとヨーロッパ諸国の選択』昭和堂，所収）。

———（2017）「オーストリア国民と核技術の半世紀」（若尾・木戸衛一編『核開発時代の遺産——未来責任を問う』昭和堂，所収）。

———（2019）「ロベルト・ユンクの青年時代——亡命と反ナチ抵抗言論」『七隈史学』第 21 号。

渡辺和行（1994）『ナチ占領下のフランス——沈黙・抵抗・協力』講談社選書メチエ。

註

引照したURLについて，2024年12月下旬に一括して再確認したので，確認できたものの閲覧日は省略し，確認できなかったもののみに付記する。また，その表記について，タイトルと重複する記載箇所は冒頭の一文字のみを記し，以下は省略する。

序　章　「短い20世紀」を駆け抜ける

（1）Vgl. Gestorben. Robert Jungk, in : *Der Spiegel*, 17. 07. 1994, S.168. 以下は若尾（2012），3–4頁をも参照。

（2）Demokratie, democracyの訳語について，本書では通常の「民主主義」ではなく，その原義である「民主制」ないし「民主政治」を採る。ユンクのデモクラシー観はスイス自治体の直接民主制やアメリカの「タウンミーティング」に即し，代議制よりも基盤の民主制Basisdemokratie，すなわち当事者の決定への参加原則を一貫して志向しているからである。この点と関連して，駒村（2023），130–132頁。

（3）Huncke, Vorwort, in : Jungk (1986), S.7–12, hier S.11.

（4）Ebd., S.12.

（5）Radkau (1983), S.434f. u. 565 (Anm.632).

（6）Ebd., S.14 u. 436.

（7）Engels (2006), S.267.

（8）Ebd., S.320ff. 他の二人は，古い自然保護運動の代表者インゲボルク・ヘッケル，およびスイスの環境記者フランツ・ヴェーバーであった。

（9）Ebd., S.349f.

（10）Ebd., S.350.

（11）2011年の第1号から2022年の第61号まで，すべてネット上に公開され，JBZ Arbeitspapiere（https://jungk-bibliothek.org/category/jbz-arbeitspapiere/）で検索できる。ユンク図書館は1986年に設立され，その4階がユンクの執務室にあてられていた。1987年から，「未来」関連の重要な文献の書評を中心に，季刊誌『未来のために *pro Zukunft*』が発行され，第54号はこの雑誌に掲載されたユンクの巻頭言（1987〜93年）を収録している。

（12）ハーゲン放送大学の歴史・伝記研究所のホームページにある以下を参照。Benedikt Reuse, Institut für Geschichte und Biographie feiert 25. Jubiläume (https://www.fernuni-hagen.de/universitaet/aktuelles/2019/10/am-institut-fuer-geschichte-und-biographie-empower). 掲載日は2019年10月7日，閲覧は2023年1月27日。

（13）Brief von Jungk an Goldschmidt, 09. 04. 1991, in : Dossier 644 : Korrespondenz von H. L. G. mit R. J., 1938–1994, in : AfZ, NL H Levin Goldschmidt.

（14）Ders., 05. 04. 1993, in : ebd. この手紙から間もなくユンクは脳卒中で倒れ，翌年死亡する。

（15）ゴールドシュミットおよびその遺品の詳細は，同文書館のホームページ（Hermann Levin Goldschimidt, in : AfZ Online Archives : https://onlinearchives.ethz.ch）を参照。上記の整理番号は2015年9月同文書館訪問時のものである。書簡は日付順に整理されているが，ゴールドシュミット自身の手によるものと思われる。束Dossier 644に含まれる1947年までの9通は，1通（日付欠）を除きすべてDossier 394 : Korrespondenz von H. L. G. mit

R. J. 1934-1947 に含まれ，重複している。

（16） Mazenauer（Hg.）(1992), S.183f.

（17） Ebd., S.26.

（18） Till Greite（2007）, Der Wissensvermittler. Ein Gespräch mit Peter Stephan Jungk, in : Forschungsproject. „Das popülare deutschsprachige Sachbuch im 20. Jahrhundert"(Hg.), *Robert Jungk. Reihe Arbeitsblätter für die Sachbuchforschung* (#13), Berlin / Hildesheim, S.5-29.

（19） Ganhör (2002), S.118-150.

（20） キッシュはユダヤ人織物商人の息子としてプラハの大邸宅で生まれ，1906 年頃にプラハの「闇の世界」を取材してレポーターとなり，旅行記者として名を成した。第一次大戦に参戦して重傷を負い，ウィーン革命に参加してオーストリア共産党（KPÖ）に入党し，革命の挫折後にはベルリンに移り，多くの誌紙に旅行記を寄稿した。1925 年の著書『疾走する記者 *Der rasende Reporter*』は，彼自身の代名詞となる。これは，ユンクのモデルでもあった。ヒトラー政権の登場でプラハからパリ，さらに米国からメキシコへと亡命生活を送り，1946 年にプラハに戻った。Martin Rector（1977）, Egon Erwin Kisch 1885-1948, in : NDB, 11（...gnd118562533.html）.

（21）「右翼 Rechts」という用語は，現在のドイツでは忌避される傾向にある。ナチは自らを右翼とは見ていなかったが，一般には右翼とされているためである。そのため，右翼政党ではなく保守政党という表現が使われる傾向にある。本書では，ユンク自身および通常の「右翼」と「左翼 Links」の区分法に従い，右は「秩序派」で左は「運動派」というフランス革命期以来の伝統に基づき，自由主義者 Liberalist から保守主義者 Konservative や民族主義者・国民主義者 Nationalist まで個人と国家の繁栄・競合志向か，あるいは社会民主主義者 Sozialdemokrat から社会主義者 Sozialist と共産主義者 Kommunist まで社会的な公平と平等・協調志向か，という方向性を異にする二大政治潮流として理解する。Vgl. Yvens Bellinghausen, Rechts, Mitte, Links—von den Wirren der politischen Orientierung, in : *Frankfurter Allgemeine Zeitung*, 01. 08. 2017.

（22） 1912 年設立の「青・白」とは異なり，1916 年設立の同化志向のユダヤ人青年同盟で，内部には三つの系統があった。1932 年には分裂し，社会主義系 200 名，愛国系 400 名，その他 1000 名ほどで，合計 1600 名ほどのメンバーだった。Vgl. Jüdische Jugend, in : Jugend! Deutschland 1918-1945（https://jugend1918-1945.de/portal/jugend/thema.aspx?bereich=projekt&root=26635&id=5275&redir=,）. 上山（2009），28-32 頁も参照。

（23） フリートレンダーは 1917 年にウィーン大学の学生仲間エルフリーデ・アイスラー（後のルート・フィッシャー）と結婚し，ウィーン大学を拠点に二人はオーストリアの共産党（KPÖ）設立に参加。オーストリア革命の挫折で妻はベルリンに移り，1920 年代の前半，極左路線でドイツ共産党（KPD）をけん引したが，1926 年にスターリンの批判を受けて失脚した。夫妻は 1921 年に離婚し，フリートレンダーは反対派の設立メンバーとして活動を続けたが，反対派の内部対立で 1925 年ベルリンに移り，元妻フィッシャーの紹介で左翼雑誌の編集部に職を得た。ヒトラー政権の成立でパリに亡命し，パリで KPD 国外書記局員を務めたが，1939 年に逮捕。独ソ条約に反対して KPD から除名され，ヴィザの取得ができず拘置されたまま，1941 年にゲシュタポに引き渡されアウシュヴィッツで亡くなった，と推測されている。ウィーン大学は 1942 年，1917 年に彼が取得した哲学の博士学位を，ユダヤ人であることを理由に剝奪した。1955 年にこの措置は取り消された。Vgl. Katharina Kniefacz（2009）, Paul Friedländer, in : Gedenkbuch für die Opfer des

Nationalsozialismus an der Universität Wien 1938 : GONUW（https://gedenkbuch.univie.ac.at/person/paul-friedlaender）. ユンク自伝は，フリートレンダーはモスクワで「粛清」されたと推測し，またフィッシャーとは1950年代にパリのカフェで何度も会い，かつてと同様に熱烈に激しく共産主義を，しかしかつてとは逆に攻撃して語った，と想起している。Vgl. Jungk（1993）, S.61.

(24) Jungk（1993）, Eine Vita, S.321 ; Jungk（1993）, S.73.

(25) この雑誌は月2回の刊行で，1931年1月から1933年2月まで発行された。Vgl. Zeitschriften Datenbank（https://zdb-katalog.de/title.xhtml?idn=01306830X&view=full）.『世界舞台』誌と特につながりはなかった。同誌とその平和主義については，竹本（2017），3-7，12-16，50-59頁，またオシエツィキーの入獄について157-158頁。

(26)「反対者」グループに関する最初の正確な研究と評価は，ユダヤ人亡命者でアメリカの政治学者ドゥーンケの著作『1933年～1945年のドイツ共産党』（1972年）による。シュルツェ＝ボイゼンの父方はユグノー派，母方はアルフレート・フォン・ティルピッツ提督（1849-1930）につながる軍人家系で，キールに生まれる。ギムナジウム時代から政治活動にかかわり，国民主義と社会主義の総合を目指し，1932年3月から「超党派」路線の雑誌『反対者』の発行を引き受け，若い政治集団のネットワーク形成を目指した。しかし，ヒトラー政権の成立で発禁処分を受け，1933年4月に逮捕されてナチ突撃隊員から拷問を受ける。母親の影響力で解放されたが，この経験から強固な反ナチ抵抗者となり，1936年頃には共産党員を含む30～40人の小グループを作り，同年に結婚した妻リベルタスも一緒になって非合法文書『先遣隊 *Der Vortrupp*』やビラを作成・配布した。活動は小グループに分かれて行われ，ソ連との結びつきも作られる。1939年にはマルクス主義経済学者アーヴィド・ハルナック（1901-42）の抵抗グループとも結びつく。シュルツェ＝ボイゼンは航空省の情報部から1941年に空軍参謀本部の専門官となり，ハルナックと協力して軍の機密情報をソ連に流した。ドイツのソ連侵攻作戦も事前にスターリンに届けられたが，生かされなかった。翌年の8月末からゲシュタポの摘発が始まり，敵に内通した裏切り者の「赤い楽団 Rote Kapelle」とされ，多数の処刑者を出した。「そのイデオロギー的な左翼志向にもかかわらず，このグループは狭義の共産主義者集団ではない」とドゥーンケは指摘している。Vgl. Duhnke（1972）, S.463-479, insbesondere S.464.

　詳細は，Coppi / Andresen（Hg.）（1999）に依拠した大野（2001），147-165頁。なお，大野は「敵 Gegner」の訳語を当てているが，後になってユンクは，このグループは全党派横断を追求する議会反対派 Antiparlamentarische Opposition（Apo）の先行者と思われたと回顧しているので（Jungk, 1993, S.87），「反対者」の訳語を当てる。「赤い楽団」に関するドイツでの研究史については，第1章の註13，また大野（2001），303-306頁を参照。

(27) ユンクのレーヴェンタールとの関係は，ユンクのゴールデンシュミット宛の手紙（1946年2月1日付）による。レーヴェンタールは1926～31年にベルリン大学やハイデルベルク大学で経済学と社会学を学び学位を得ると共に，共産党反対派（KPDO）から「再出発」グループの中心的な理論家となり，1935年プラハに亡命，1939年パリからロンドンへと亡命し，ジャーナリストとして活動した。1948年にロイター通信員としてドイツに戻り，1960年からベルリン自由大学の政治学教授を務めた。第二次大戦後にドイツ社会民主党に入党し，同党の中心的な理論家の一人となった。Vgl. Richard Löwenthal, in : Gedenkstätte Deutscher Widerstand（https://www.gdw-berlin.de/en/recess/biographies/index_

of_persons/biographie/view-bio/richard-loewenthal/?no_cache=1).

補論 1　最近の伝記研究の目的と方法

(1) Anne-Kathrin Reulecke (2011), „Die Nase der Lady Hester". Überlegungen zum Verhältnis von Biographie und Geschlechterdifferenz, in : Fetz / Hemecker (Hg.), S.334. トーマス・カーライル（1795-1881）の「人類が世界で成し遂げた歴史，すなわち一般史は，そこで活躍した偉人の歴史である」（1840 年）とする偉人伝に始まる近代の伝記の史学史について，フェッツほか編の同書が詳細な概観を与えている。

(2) Kempter (1998) ; Wickert (1991). 水戸部（2022），70-108 頁，351-367 頁。

(3) Esther Marian, Das Subjekt als Effekt von Sprache. Anne-Kathrin Reuleckes Überlegungen zu Biographie und Geschlecht, in : Fetz / Hemecker (Hg.) (2011), S.341f.

(4) Mitterauer (1986), S.9f.

(5) Obertreis (2012), S.8ff.

(6) 序章の註 12 を参照。

(7) Wierling (2017), S.87f.

(8) Vgl. Gallus (2005), S.5f. ; Lawrence Stone / Jeanne C. Fawtier Stone (1984), *An Open Elite? England 1540-1880*, Oxford : Clarendon Press.

(9) Gallus (2005), S.2f. Wilhelm Heinz Schröder (1995), Sozialdemokratische Parlamentarier in der deutschen Reichs- und Landtagen, 1867-1933. Biographien, Chronik, Wahldokumentation. Ein Handbuch, Düsseldorf : Droste. シュレーダーは 2011 年の回顧で，集合伝記研究の歩みを自伝として詳細に記している。その中で，1978 年のビーレフェルト滞在，とりわけユルゲン・コッカとの接触から，コンピュータ技術の利用による集合伝記への刺激を与えられたとしている。Schröder (2011), S.26ff.

(10) ポイカート：木村・山本訳（2005）。ニートハマーとポイカートの関係について，同訳書の訳者解説 426 頁を参照。

(11) Karin Orth (2000), *Die Konzentrationslager - SS. Sozialstrukturelle Analysen und biographische Studien*, Göttingen : Wallstein Verlag.

(12) Michael Wildt (2002), *Generationen des Unbedingten. Das Führungskorps des Reichssicherheitshauptamtes*, Hamburg : Hamburger Edition.

(13) Gallus (2005), S.9.

(14) Ebd., S.3f.

(15) ムッソリーニやヒトラーへのカリスマ概念の適用はすでに同時代から見られた。その歴史と現状については以下を参照。Rüdiger Hachtmann, „Charismatische Herrschaft" und Nationalsozialismus, 02. 04. 2019 (http://docupedia.de/zg/Hachtmann_charismatische_herrschaft_v1_de_2019, 04. 01. 2024).

(16) この時期の社会史研究は，工業化に伴う社会対立と社会主義に対する防壁として完全農民の家父長支配や村落秩序を理想化する，リール民俗・郷土研究に導かれていた。Vgl. Marco Wauker (2003), 'Volksgeschichte' als moderne Sozialgeschichte? Werner Conze und die deutsche Ostforschung, in : *ZfO*, 52/3, S.347-397, hier S.385f. 三月革命期の政治批評から革命挫折後の市民的保守主義を基礎づける民俗・郷土研究へというリールの歩みについて，若尾（2007）を参照。

(17) Kroll (2007). 関連して，左翼を中心とする「反ファシズム」の概念・運動に関する西

欧諸国の総合的研究が出されている。Vgl. Jens Späth, Antifaschismus. Begriff, Geschichte und Forschungsfeld in westeuropäischer Perspektive, 04. 02. 2019（http://docupedia.de/zg/Spaeth_antifaschismus_v1_de_2019, 23. 03. 2024）; Ders.（2024）, *Wie umgehen mit Faschismus und Nationalsozialismus? Erfahrungen, Erwartungen und Erinnerungen deutscher, italienischer und französischer Sozialisten 1919 – um 1960*, Berlin : De Gruyter.

(18) 以下は，776 頁の大著 Gruber（2022）からのワイルの生涯の要約である。彼の父方はバーデン大公国の農村出身，父ヘルマンは 1868 年生まれでユダヤ人解放の時代，4 年制の国民学校と 5 年制の中等教育を終えて 1883 年，マンハイムに拠点を置く穀物商ヴァイスマン家で見習い修行に入った。マンハイムには欧州最大の内陸港があり，穀物取引の中心地としてユダヤ人の穀物商が多数活躍していた。後の 1896 年に，その当主イシドール・ヴァイスマンに認められ，娘のローザと結婚することになる。すでに 20 歳の時に彼はアントワープの穀物商のもとに移り，そこからブエノスアイレスの支店勤務に入った。多くのユダヤ人がアメリカ大陸に移住している時代であり，外国で働きたいと思ったからだった。そして，兄と弟も呼び寄せて自ら穀物会社を設立し，アルゼンチン穀物取引の 8 割を支配する世界第 3 位の穀物商にのし上がっていく。その過程で，フランクフルトに住居を置くヴァイスマンの娘ローザと結婚し，1898 年 2 月 8 日にブエノスアイレスで長男フェーリックスが出生した。母ローザはスペイン語を話さず，土地に慣れ親しめず，子どもの教育も英語を話す家庭教師任せで，夫は多忙であり，あまり幸せな結婚生活とは言えなかった，という。Vgl. ebd., S.34–51.

(19)「マルクス主義」という言葉への「イソップ的配慮」から「社会研究 social research」という言葉が，研究所の名前に選ばれた。そして，この「社会研究」という言葉の由来は，大原社会問題研究所（1919 年設立）にあるとする八木紀一郎の詳細な研究がある。八木（2021），213–246 頁。この八木の研究も踏まえてグルーバーも，「日本の大阪で 1919 年に設立された社会研究所」と正確に指摘している。Ebd., S.170.

(20) Ebd., S.429.

第 1 章　20 代前半の亡命と遍歴

（1）この時代の左翼青年運動に関するアーベントロートの古典的なフランクフルトの事例研究は，同市の反ナチ抵抗行動の参加者総計は 1427 人，うち 1058 人が労働運動サイドの出身で，有産市民サイドは 10 人にとどまり，特定できない残りの大半も前者であった，としている。つまり量的には，反ナチ抵抗者の少なくとも 9 割以上が左翼であった。Vgl. Abendroth（1983）, S.98 u. 102.「左翼」と「右翼」の概念については序章の註 21 を参照。「左派」および「右派」は，本書では党内潮流の区分を基本とする。

（2）ヒトラー政権の成立と第三帝国に関する一般史の叙述は，近代ドイツの社会史研究を代表する独英の歴史家，ヴェーラーとエヴァンズにより，並行して出されている。ここでも，社会構造の分析的記述と日常生活の多面的描写という，1980 年代に提示された歴史研究の方法的なズレが鮮やかに示されている。Vgl. Wehler（2008）; Evans（2004–2009）. また概説として，Frei（2013），Schreiber（2013）. 日本語文献として，差し当たり田村・星乃編（2007），芝（2008），アリー：芝訳（2012），田野（2012），石田（2015），大木（2019），芝（2021），ヘルベルト：小野寺訳（2021），野村（2023）を参照。最近の研究動向や議論の焦点については以下を参照。Dietmar Süß（2023）, Nationalismus. Teil 1, in : *GWU*, 74/11–12, S.682–702 ; Thomas Gräfe（2022）, Religion, Nationalismus, Schuldabwehr und

Gewalt. Neue Gesamtdarstellungen zu Geschichte und Gegenwart des Antisemitismus, in : *GG*, S.46/1, S.144–171 ; Urs Lindner (2022), Die Singularität der Shoah und die postkoloniale Herausforderung der deutschen Erinnerungskultur. Eine Bestandsaufnahme des „Historikerstreits 2.0", in : *GG*, 46/2, S.272–300.

(3) Krohn u. a. (Hg.) (2008) ; Ueberschär (Hg.) (2011).

(4) Vgl. Gertjan Broek, Die (fehlenden) Möglichkeiten zu flüchten. Jüdische Emigration 1933–1942 (http://www.annefrank.org/de/anne-frank/vertiefung/die/fehlenden-...).

(5) Benz (2008), S.5f. 欧米各国のユダヤ人難民政策について，ラカー編：井上ほか訳(2003) が網羅的にまとめている。

(6) Vgl. ebd., S.9ff.

(7) 以上，政治亡命について，Mehringer (2011), S.325f. ズデーテン地方の政治的動向について，相馬 (2004) (1)，120–123 頁も参照。そこでは，「Neue Beginnen 新規まき直し」の訳語が当てられている。

(8) Ebd., S.326. Čhapková / Frankl (2012). ゾパーデの動向について，相馬 (2009) (6)，160–161 頁および同 (2010) (7)，107 頁も参照。

(9) Vgl. Mehringer (2011), S.328–331. 共産党側の動向について，Saito (1991) および星乃(2007)。ベルリンの壁崩壊という民衆運動の同時代体験から星乃は，そのルーツを 1930 年代初頭の「ナチス前夜」に求め，反ナチ抵抗・民衆運動を目指した共産党員の草の根の動きを鮮やかに示した。共産党員は反ナチ抵抗で最大の犠牲者を出し，その規模は 2 万人とも言われる。同時に，スターリンによって殺害された幾千人かの，またヒトラーに売り渡された 500 名余のドイツ共産党員の苦渋の歴史があった。

この問題とも関連してヴェーラーは，「彼らの信念への忠誠と，容赦なき敵との闘いでの個人的勇気をたたえることは拒みたくない。だが他方で，狭量なファナティズム，社会民主主義者への「社会ファシスト」の烙印，「人民戦線」幻想を断固批判しなければならない」とし，「このイデオロギー政治の反対派が有する，基本的なジレンマは解決されない。権力をもつ右翼全体主義に対して，自らの権力を獲得し，近代の歴史における邪道を進むことができるよう闘ったのである」「二つの全体主義運動の闘争は，いずれの側の勝利も望ましいものとはならない対立であった」とする。Wehler (2008), S.909f.

これに対して，2008 年ベルリンの抵抗記念所設立に中心的な役割を果たしたペーター・シュタインバッハは，個々の政治的および宗教的なモチーフというよりも，個々人がナチ政権の不正に直面し，怒りを持ち，行動に移した状況の多様性を総合的に掘り起こし，記録することを抵抗史研究の本分とする。ナチ政権下での生存をかけた緊張状態において，政治目標などは完全に視野から消え，不正への怒りが行動となって表われ，この怒りは人権意識にほかならない。たしかに，共産党員も後に見るシュタウフェンベルクも自由民主制の支持者ではなかった。しかし，等しくナチ政権の犯罪性を認識し，危険を冒して行動に出る。そうした反ナチ抵抗者の歴史は，人権の歴史に連なるとするシュタインバッハの立場を本書も共有している。Vgl. Franks Interview mit Peter Steinbach in : *Homo Historicus*, 21. Aug. 2010 (http://homohistoricus.podcast-kombinat.de/der-deutsche-widerstand-im-dritten-reich).

(10) Mehringer (2011), S.326f. ユダヤ人難民の問題のみならず，1930 年代の政治亡命者を「欧州諸国はなぜもっと援助しなかったのかというスタンダードな疑問」への比較サーヴェイとして，Caestecker / Moore (1998). この疑問に関わる研究は，その立場上ドイツ

側よりも，外部の歴史家が中心になっているように思われる。

(11) 以上について，Mehringer (2011), S.331-336. イギリスへのドイツ人，オーストリア人，ズデーテン・ドイツ人の難民総計は 71,200 人で，大半の 54,400 人が「ナチによる弾圧からの亡命者」と認定されたという。相馬（2009）(6)，162 頁。1933～41 年のイギリスへの難民総数は約 8 万人で，うち 90% がユダヤ人という数字もある。Vgl. Ganor (2020), S.101.

(12) Vgl. Ueberschär (Hg.) (2011), S.3f. 収容所内抵抗の古典的な記録として，コーゴン：林訳（2001），348-370 頁。

(13)「反対者」グループをソ連のスパイとするゲシュタポの立場を，戦後西ドイツの最初の包括的な抵抗史研究となる保守的歴史家ゲアハルト・リッターの著書 Ritter (1954) は完全に継承し，「国民の抵抗」という枠から排除する最悪の評価を与えた。Vgl. Conrad (1999), S.184f. この見方が，西側では長く続くことになる。逆に旧東ドイツでは 1960 年代半ばから，コミュニスト・グループとして英雄化される。こうした盲目的評価を越えて，その自立的な反ナチ抵抗者としての正当な評価が定まっていくのは，ドイツでは抵抗史研究が本格化する 1980 年代半ば以降で，医師の抵抗者に関する研究においてこのグループが第一に取り上げられた。Bromberger u. a. (1985), S.269-277. そして 90 年代に入り，コッピ夫妻のただ一人の遺児ハンス・コッピ（父と同名）により，シュルツェ＝ボイゼン夫妻の克明な伝記研究が出される。初版の 2 年後に刊行される第 2 版には，ユンクの序文が添えられる。Vgl. Coppi (1995). 以下の邦訳文献にも，コッピ夫妻やハルナック夫妻など関係者の記録が収録。シュタインバッハ／トゥヘル：田村ほか訳（1998）の第 7 章「ローテ・カペレ」269-295 頁，シャート：田村・山本訳（2008），211-215 頁。

(14) Vgl. Ueberschär (Hg.) (2011), S.14ff. ; Steinbach (1987), S.311-334 ; Mommsen (2000).

(15) この紙面は歴史教育の重要な教材となっている。例えば標準的教科書として，Rudolf Berg (Hg.) (1993), *Grundkurs Geschichte 12. Gymnasium Bayern*, Berlin, S.293.

(16) スヴェン・シャハトは文学を学び 1928 年に学位を取得し，1932 年にナチ党に入党，同時に突撃隊に加わりヒトラー・ユーゲントを指導する。しかし，同時期にベルリンの「反対者」グループにも参加，1933 年 5 月にはフランクフルトに移ってジャーナリストとなり，遅くとも 1941 年，ドイツ軍占領下のユーゴスラヴィア報道に向かう頃には「反ナチ抵抗者」となり，その地で敵側との接触が捕捉され殺害された，とされる。Vgl. Sven Schacht (...wiki/Sven_...). 文献で確認できない人物については，参考までにウィキペディアの記述を参照する。

(17) コーナーはオーストリア出身のユダヤ人作家，劇作家。プラハとベルリンで映画ジャーナリストとして活動，ヒトラー政権成立でパリに移り，1936 年に妻および 4 歳の娘とアメリカに渡ることができ，フリードリヒ姓をフレデリックに変えた脚本作家。Vgl. Friedrich Kohner (...wiki/Friedrich_...).

(18) バンベルガーはユダヤ人で，ベルリンの造形芸術学校で学び舞台製作，映画装置製作，記録映画製作に従事し，1934 年ドイツを去りパリ，ロンドンに短期滞在，1938 年に妻と共にルクセンブルクに定住，1944 年連合軍のノルマンディー上陸後に拘束，秋アウシュヴィッツ送還，同収容所解放の 2，3 週間前に死亡したとされる。Vgl. Rudolf Bamberger (...wiki/Rudolf_...).

(19) カール・アインシュタインはユダヤ人文化史家で，翻訳家のマリア・ラムと 1913 年に結婚し，1915 年に娘マリアが誕生。二人は 1923 年に離婚，カールは 1928 年パリに移り，

シュルレアリスムを研究。1932年フランス人女性と再婚，1936年夏から夫妻ともスペイン内戦に参加，1939年フランコ勝利後はパリに逃れ，フランス敗北後の1940年7月にスペイン国境で自死とされる。この間の，娘マリアの動静は不明。Vgl. Carl Einstein (...wiki/Carl_...).

(20) ゲールはユダヤ系ドイツ人で，スペイン内乱で写真家として活動，1937年3月米国に渡る。1938年から『ライフ』の写真家，1950年からABC放送のテレビ・ディレクター。Vgl. Herbert Gehr (... wiki/Herbert_...).

(21) レールブルガーはミュンヘン生まれのユダヤ人で，1928年からミュンヘンの出版社のベルリン通信員，ヒトラー政権による執筆禁止で『ニューヨーク・タイムズ』紙の提携写真家となり，1935〜38年はプラハを拠点に，その後はロンドンに移ってラルセン姓でジャーナリスト活動。戦中はBBC放送ドイツ部門や自由ドイツ文化連盟で働き，戦後は『南ドイツ新聞』などに寄稿し，多様なテーマでの著述を行う。Vgl. Egon Lehrburger (...wiki/Egon_...).

(22) ゴールドシュミットとユンクとの往復書簡は，1934年3月のこの書簡から1947年8月までの約120通が以下に収録されている。Dossier 394 : Korrespondenz von H. L. G. mit R. J., 1934–1947, in : AfZ, NL H Levin Goldschmidt. 序章の註15を参照。書簡は日付順に整理されているので，以下，引用註は付けない。

(23) 後のゴールドシュミットの手紙（1939年4月9日付）から，彼の父の葬儀があり，この手紙から二人の文通が始まったことを確認できる。

(24) フリードマンはユダヤ人小児科医の息子でベルリン生まれ。父の死後，母の故郷ミュンヘンで育ち，ミュンヘン大学の学生時代から記者活動，反ナチ的態度で一度は拘束されるが，釈放されて1940年には兵役に就き，英軍の捕虜となる。戦後，1951〜1960年『南ドイツ新聞』編集長を務める。Vgl. Werner Friedmann (... wiki/Werner_...).

(25) 以下，本章の対象とする1941年末までの往復書簡は84通ある。長文の手紙が多く，特に後のロンドン時代のユンクの手紙は，ゴールドシュミットに「読めるか」と問うほど乱雑で，判読困難なものもある。

(26)『ベルリン動物園』という表題の自伝的小説。Mazenauer (Hg.) (1992), S.218.

(27)「僕たちが知り合った日に，ちょうどゴールドシュミットもプラハに来ていたと君は書いている。なんという偶然か」とヴァイスのユンク宛の手紙（1939年5月5日付）は記している。Ebd., S.95. ヴァイスとユンクの出会いは1938年11月3日。Ebd., S.13.

(28) フランクは小工場主の息子でウィーン生まれ。軍学校に入るが平和主義に目覚め，ウィーン大学で法学などを学ぶ。1914年から兵役に就き前線に出るが，その経験から1916年に病気を装って兵役を拒否し，復学して1918年に学位取得。大学の社会主義者グループの指導者となり，1919年オーストリア共産党に入り，『赤旗』を編集。その後，ベルリンでドイツ共産党に加わり，1923 / 24年にはバイエルンでの革命工作で逮捕され，7ヵ月の監獄刑でウィーンに送還。再びベルリンに舞い戻り，共産党の中央委員会でさまざまな活動をし，1929年に4ヵ月の監獄刑，出所後に共産党中央委員会批判のビラを配布して除名され，共産党反対派（KPDO）の中心メンバーとして社会民主党内の左派と結びついて「再出発」を立ち上げ，このグループの外国代表としてウィーン，プラハ，パリ，ロンドンで活動して，1938年末に反ヒトラー活動の資金集めのためにアメリカに渡った。1945年以後に「再出発」グループのメンバーの多くはドイツに戻るが，フランクは心理療法士の資格を得てそのままニューヨークに残り，戻ることはなかった。

Bundesstiftung Aufarbeitung, Karl Frank, in : Biographische Angaben aus dem Handbuch der deutschen Kommunisten von Karl Dietz Verlag Berlin (https://www.bundesstiftung-aufarbeitung.de/de/recherche/kataloge-datenbanken/biographische-datenbanken/karl-frank).

(29) 先のヴァイスの手紙（1939年5月5日，本章の註27）は，彼のアトリエでの集まりの様子を回想している。サケットなど10人の名を挙げ，うち少なくとも5人は女性で，彼らの関心の中心は「作品」と並んで「愛する」女性の存在だった。Mazenauer（Hg.）(1992), S.95.

(30) ヴァインマンはモムゼン・ギムナジウムの学生仲間。Vgl. Jungk (1993), S.74.

(31) ビタミンCの合成で1950年にノーベル生理学・医学賞を受賞したタデウス（1897–1996）の母グスタヴァ・ライヒシュタインが経営する外国人向けのペンションで，亡命者によく利用された。彼女の夫イシドールはキエフで技術者として砂糖加工業を営み成功していたが，一家は1904年のポグロムで亡命し，スイスに移り運よくこの家を取得し，1914年には市民権を得た。しかし，第一次大戦でキエフの財産を失い，さらに健康も害した。長男タデウスを筆頭に5人の子どもを抱えていたグスタヴァは，生計確保のため自宅でペンションの経営を始めた。タデウスもその手助けをしたが，客の一人だったオランダ人のルイーゼと1927年に結婚し，独立した。父イシドールは1931年に亡くなる。この館は「木のお城 Holziburg」と言われていた。Vgl. Marcel H. Bickel, Tadeus Reichstein, in : *HLS* (...014611/2010-08-20/).

(32) ランダウアーについて，ユンクはミュンヘンのイラスト雑誌『ユーゲント』の発行者 Verleger としているが (Jungk, 1993, S.163)，これは誤りであり，また名前 Vornahme も記載されていないため，いかなる人物か確定できず，素性は不明。

(33) Mazenauer（Hg.）(1992), S.239.

(34) Ebd., S.27–38.

(35) ジャック夫人は元女優で，芸術家や作家のためにオープン・ハウスを営んでいた。Vgl. ebd., S.207.

(36) Ebd., S.49.

(37) Ebd., S.210.

(38) Ebd., S.47 u. 49f.

(39) Ebd., S.54f.

(40) ヴァイスは1939年1月末にチューリヒに数日滞在してベルリンに向かう。スウェーデンに移住して捺染工場を開設した，父の下へ行く旅路であった。その将来の費用の足しにとゴールドシュミットが，ヴァイスの絵「街はずれの青年」を買い取った。Ebd., S.58f., 62 u. 64.

(41) ロンドンの「蠟人形館」の設立者マリー・タッソーの生涯物語。出版社から委託され，匿名で1940年に刊行した。Arnold de Stael (1940), *Wachsfiguren*, Zürich : Schweizer Druck- und Verlagshaus. Vgl. ebd., S.234.

(42) キュンツリはチューリヒの織物商人の息子で，ザグレブで育ち，1930年スイスに戻り，1938〜45年チューリヒ大学の学生。哲学，ドイツ学などを学び，亡命学生と親しくしていた。戦後，ジャーナリストから転身しカール・マルクス研究で学位を取得し，バーゼル大学の政治哲学の員外教授となり，急進民主主義の政治的著作を数多く出版している。Roger Sidler, Arnold Künzli, in : *HLS* (...045420/2009-12-03). また，バーゼル大学哲学部のウェブサイトを参照。

キュンツリのユンク追悼記事は，1939年夏にフェージ教授のドイツ学セミナーでユンクと親しくなり，ユンクを通してユダヤ人学生たちとの交流が深まり，ユンクとの親交は生涯続いたとしている。ドイツ軍のスイス侵攻はユダヤ人留学生にとって死を意味したから，その場合はアルプスの要塞（レデュイ）に逃れるように，ユンクらをルツェルンに連れて行ったこともあったという。Vgl. Arnold Künzli, Erinnerungen an Robert Jungk, 1913–1994 : Stationen einer Freudschaft, in : *Die Wochenzeitung*. この記事のコピーが本書11頁のDossier 394に所収されている。現物は未見で，記事の日付は未確認。

(43) Mazenauer (Hg.) (1992), S.122.

(44) スイス時代の記者活動として，ドゥーカス通信を通してこの2紙と『世界週報』に7，8の匿名を使って寄稿したとしている。Vgl. Jungk (1993), S.168f. A.S. および F.L. 以外は明示されていないので，本書の第2，3章では文体などを考慮していくつかの論説を捕捉し検討する。

(45) 父の捺染工場で図案作成などに従事した。絵画展を開催し，画業に専念するための資金稼ぎだった。この工場はスウェーデンのエーテボリ近郊アリングサスにあった。Mazenauer (Hg.) (1992), S.126.

(46) Ebd., S.129ff. 第一次大戦の終了後に表現主義や国際連盟への動きが生じたように，今次の戦争後に何を期待するかとの思いから，キュンツリの編集で発行に至った，という。「方舟」の名称はゴールドシュミットの提案。ユンクは「瓶の中に入れた通信」を提案し却下された。Vgl. Jungk (1993), S.169.

(47) Mazenauer (Hg.) (1992), S.141.

(48) ヴァイスの手紙（1941年8月6日付）には，「ヘルマン，まずは博士おめでとう。博士は君には似合いだ。ボブ，君はまだいつも病がちで熱があるとのこと，心配だ。ボブがいつも胃痛に苦しんでいるのは，心理的なものだと思う。一度診てもらったらいいのに。チューリヒにはよい精神科医がたくさんいる」「僕も心理分析の治療を最近受けた」とある（Ebd., S.158f.）。ヴァイスはこの数ヵ月前，自作絵画の展示会で評価を得られず，また恋愛にも失敗し，精神的な危機状況を体験していた（Ebd., S.155ff.）。

(49) Schulz (2012), S.63f. 穐山（2010），619頁。

(50) Ebd., S.64–66.

(51) ハフナー：中村訳（2002），162頁を参照。

補論2　ヘルマン・ゴールドシュミットのニヒリズム論

(1) Goldschmidt (1941). 以下，引用頁は本文中に表記。この学位論文を出発点とし，その後ゴールドシュミットはニーチェ哲学とニヒリズムの対極として「対話としての哲学」を構想し，1944年に教授資格論文として提出した。しかし認定はされず，手を入れて戦後に刊行している。Vgl. Hermann L. Goldschmidt (1948), *Philosophie als Dialogik*, Affoltern am Albis : Aehren.

ナチ政権期，中欧圏では3000人以上の学者が職を失い，そのうちの3分の2は亡命した。これに対して，スイスではいち早く「イスラエル人 Israeli の流入に最大の注意」を促す司法警察省の回状が出され，「外国人過剰」の抑制路線が示される。1933年4月7日にはユダヤ人を政治難民とは認めず，政治難民の認定は連邦警察庁に委託するとの閣議決議が出され，終戦に至るまで効力を持った。結果，スイスのドイツ語系4大学（バーゼル大学，チューリヒ大学，チューリヒ工科大学，ベルン大学）の亡命教授受け入

れや教授資格論文の認定は，外国人警察の監視下で大きく制約される。この間，チューリヒ大学で認定された外国人学生の教授資格論文はただ一つ，1937 年にスイスに亡命したルネ・ケーニヒ（1906–92）の「エミール・デュルケムの客観的社会学」に関する論文（1938 年）のみだった。Stefanie Mahrer (2022), « Ausgestreckte Fühler Deutscher Gelehrten » - Die Universität Basel und akademische Flüchtlinge in den 1930er Jahren, in : *SZG*, 72, H.1, S.55–74, hier S.58–62 u. 72.

学生の受け入れはバーゼル大学とチューリヒ工科大がより開放的で，チューリヒ大学とベルン大学がより閉鎖的だった。チューリヒ大学の外国人学生の比率は 1914 年の 47% から 1939 年には 9% へと激減し，しかもチューリヒ大学の学生から「前線派 Frontist」運動が始まっていた。それでも，この頃の同大学の雰囲気をゴールドシュミットは後年，「自由，自由！」と語っていた，という。Vgl. ebd., S.73 ; Bollinger (2019), S.9f ; Stephan Schwarz (2018), Nationalsozialistische Dozenten an Schweizer Universitäten (1933–1945), in : *SZG*, 68, H.3, S.502–508 ; Klaus Plaar, “Freiheit, Freiheit!”, in : *NZZ*, 11. 04. 2014 (https://www/nzz.ch/zuerich/zuercher_kultur/freiheit-freiheit-Id.1078203, 30. 04. 2023).

（2）M. Weber (1973), S.603f. 出口勇蔵訳「職業としての学問」『ウェーバーの思想』河出書房新社，1962 年，156 頁，418 頁。この冬学期にヴェーバーは同大学で 4 回講演するが，その第 1 回「職業としての学問 Wissenschaft als Beruf」での指摘。神々（宗教）に対する科学者の闘争は，脱魔術化と共に国民国家という別の神々を背負った科学者・学者間の闘争へと変化した，という時代状況をヴェーバーはみごとに喝破した。

第 2 章　「無敵の怪物」を探る

（1）編集長シューマッハーはルツェルン出身のカトリック教徒で，ベルン大学で法学を学び，1924〜33 年には『新チューリヒ新聞 *Neue Zürcher Zeitung*』(*NZZ*) に恒常的に寄稿，また中南米の旅行記を出版し，1933 年に『世界週報』を共同で発行し，その死に至るまで主筆を務めた。Georg Kreis, Karl von Schumacher, in : *HLS* (...041621/2011-08-22).

（2）『世界週報』(A2 版) のページ編成は，例えば 1940 年 1 月 5 日号で見ると，巻頭論説（1 頁），軍事情勢（2 頁），各国情勢（3, 7 頁），推理小説（4 頁），文芸（5 頁），広告（6, 14, 16 頁），家庭（10〜12 頁），イラスト（13 頁）の各欄で全体は 16 頁である。各国情勢は，本号では「フランス」と「ロシア」であり，家庭欄もこの欄に代わるケースが多々ある。「ドイツ」欄には，1940 年 2 月 20 日号からこのタイトルの左右にハーケンクロイツが付される。「視線」欄や「人物」欄も適宜登場し，のちには科学欄も作られる。これら，各国情勢・視線・人物欄の大半が 1 頁分を占める，重厚な論説が本紙の最大の特徴である。

（3）編集長シューマッハーが巻頭論説を K.v.S. 署名で書き続けている。1 頁に及ぶものも多くあり，その一貫性がもう一つの本紙の特徴である。この点で，この時期，第三帝国と欧州情勢をめぐって K.v.S. 論説と F.L. 論説との内容的な関連性を見るべきであるが，この課題は残される。

（4）K.v.S., Perspektive 1940, in : *Die Weltwoche*, 05. 01. 1940, S.1.

（5）Nikolaus Basseches, Stalins Pläne, in : *Die Weltwoche*, 05. 01. 1940, S.7. バセヘスはウィーン生まれのロシア専門家で，以下の著作がある。Bssseches (1925), *Das wirtschaftliche Gesicht der Sowjet-Union*, Wien ; (1942), *Die unbekannte Armee. Wesen und Geschichte des russischen Heeres*, Zürich / New York ; (1950), *Stalin. Das Schiksal eines Erfolges*, Bern. 1942 年の

著作『知られざる軍隊』は，ロシア帝国軍からソ連赤軍へとロシア軍制の歴史をたどる。その序文で，ドイツ側が赤軍の戦力を見誤った要因として，第1にソ連政府が戦争を予期して軍の力を弱く見せつつ，軍の火力を大幅に引き上げていたこと。第2に，赤軍の政治委員の役割が過小評価されていたこと，を挙げている。

（6）K.v.S., Der neue Krieg, in : *Die Weltwoche*, 25. 10. 1940, S.1.

（7）『世界週報』の署名は「ロシア」欄のバセヘスを例外とし，すべて匿名である。「ドイツ」欄にはユンク関係（A.S., F.L., A.B. u. a.）のほかに，C.D., I.L., K.S., K.S.D., O.N., Szr., Sgr. 等の署名論説がある。C.D. 論説は欧州各国にわたっている。日本やインド欄は C.V.M. 署名である。

なお，「第三帝国」という用語はヒトラーが 1922 年に出会った作家メラー・ファン・デン・ブルック（1876-1925）の 1923 年の作品『第三帝国 *Das dritte Reich*』に基づき，とりわけゲッベルスが熱狂し，「第三帝国への道」が国民社会主義運動のスローガンになった。そのため，ナチ党の各級機関の名称から政権獲得後には国家機関の名称にも，すべからく「帝国 Reich」の接頭辞が冠せられた。ただし，ヒトラーはカトリック普遍主義と結びついた「諸国民の神聖ローマ帝国」に由来する一作家のこの言葉に拒否感があり，1939 年 6 月の回状で「使用しないことを望む」，代わりに「大ドイツ帝国 Großdeutsches Reich」をと示達している。それでも，「第三帝国」という用語は普及しており，ユンクもこれを使っていた。この用語についての詳細は以下を参照。Hans Maier（2019），Hitler und das Reich, in : *VfZ*, 67/4, S.521-536, hier S.527ff.

（8）ハウスホーファーは 1896 年に 8 歳年下のマルタと結婚するが，彼女は語学が達者で活動的であり，日本行きも彼女の後押しでの決断だったという。その彼女は，ナチ政権の成立で「半ユダヤ人 Halbjude」とされた。それでも，ミュンヘン大学でカールの学生で親密な関係にあった後の総統代理ルドルフ・ヘスの計らいで保護状が出され，「4 分の 1 ユダヤ人 Vierteljude」の息子アルブレヒトも外務省での仕事を続けることができた。しかし，開戦後，アルブレヒトは反ナチ抵抗運動に接近し，また 1941 年 5 月のヘスのイギリス飛行で，その準備に係わった嫌疑で逮捕される。ハウスホーファーの一家はヘスの庇護を失い，ゲシュタポの監視下に置かれた。息子アルブレヒトは数週間後には釈放され，1944 年 7 月 20 日事件で地下に潜行したが，同年末に逮捕され，1944 年 4 月裁判なしに殺害された。カールと妻もダッハウに収容され，戦後，1946 年 3 月に二人は自死した。ハウスホーファー地政学の生存圏論からヒトラー『わが闘争』の人種闘争論へ，そこには飛躍があると思われるが，この両者の関係については，なお検討を要する課題である。Vgl. Daniel Wosnitzka（2014），Karl Haushofer, in : LeMO（...biographie/karl-haushofer）. ハウスホーファーの日本への影響については，Spang（2013）を参照。また，その地政学については，シュパング：中木訳（2019）。

（9）シュミットはカトリックの国民学校卒業後，ギムナジウムを経て法学者への道を歩み，早くから議会民主制の政治思想を批判し，ヒトラーの政権獲得で 1933 年 5 月にはナチ党に加入した。1933〜45 年にはベルリン大学法学教授の地位にあり，ナチ政権から征服戦争の正当化へと論陣を張った。戦後は，教授職をはく奪された。Vgl. Reinhard Mehring（2007）, Carl Schmitt, in : *NDB*, 23, S.236-238（...pnd11860922X.html#ndbcontent）.

（10）朝日新聞縮刷版，1941 年 1 月号，2 頁。

（11）K.v.S., Deutschlandskrieg gegen den Raum, in : *Die Weltwoche*, 04. 07. 1941, S.1.

（12）スイス人と結婚していたチューリヒ在住のハンス・パーシェの娘ヘルガ・ヴィス＝

パーシェが電撃戦論説に注目し，彼女との用心深い出会いからユンクは，彼女の叔父クラウス・ヴェティングを通じてチューリヒのドイツ副領事ギゼヴィウスの知己を得た。ギゼヴィウスはヒトラー暗殺計画を策す保守的な反ナチグループの一人で，ユンクにとり第三帝国の内部動向を知る重要な情報源となった。Jung（1993），S.172f. パーシェとその娘ヘルガ，またギゼヴィウスについて，若尾（2019），40頁の註13〜15を参照。ユンク文書（ユンク図書館）にはギゼヴィウス宛の1958年書簡が一通あり，戦後も両者の間に交流があったと推測される。

(13) シュトゥーデントはポツダムの陸軍幼年学校を卒業し，飛行士への訓練を受けて第一次大戦で6機を撃墜し，大尉に昇進した。戦後も国防軍にとどまり，ヴェルサイユ条約で禁止された空軍力の秘密裏の再建に尽力した。1933年の空軍の発足で飛行士の養成を管轄し，1939年2月から国防省落下傘部隊幕僚長，1940年1月には中将に昇進し，5月のベルギーとオランダへの攻撃で先陣を切った。翌年5月のクレタ島占領では，パルチザンの抵抗で報復命令を下し，戦後の1946年，その戦争犯罪で5年の刑に処せられた。Vgl. Wolfgang Schmidt（2013），Kurt Arthur Benno Student, in : *NDB*, 25（...pnd118619616.html?）.

(14) 騎士鉄十字章は1813年にプロイセン王国で設置され，第一次大戦末まで軍事的功績を顕彰した。1939年9月のドイツ軍のポーランド侵攻の日に，ヒトラーは同勲章を復活した。Arnulf Scriba（2015），Das Ritterkreuz des Eisernen Kreuzes, in : LeMO（...kapitel/der-zweite-weltkrieg/kriegsverlauf/ritterkreuz-...）.

(15) 電撃戦Blitzkriegという用語は，すでに第二次大戦前に短期決戦という意味で使われていたが，ドイツ国防軍の作戦用語とされることはなく，宣伝用語であった。1940年5月の西部戦線の作戦計画も，電撃戦ではなく第一次大戦と同様の長期戦を想定し，それに見合う経済・軍事計画が立てられていたが，戦車部隊によるセダン攻略で「鎌の切断Sichelschnitt」が一気に大西洋岸にまで達し，この高速の攻撃が予想外のダイナミズムを得て短期決戦の決着に至ったことは，フリーザーによって詳細に解明されている。フリーザー：大木・安藤訳（2003）。ヒトラー自身はこの言葉を使わず，ロシア戦での失敗後はドイツ軍指導部もこの言葉を避けた。Vgl. History.com editors（2019），Blitzkrieg（https://history.com/topics/world-war-ii/blitzkrieg）.

(16) 朝日新聞縮刷版，1941年6月号，209頁

(17) 同上，210頁。

(18) 本論説の諸組織について，「トット機関」は1938年5月，ヒトラーに西部戦線要塞建設を委託された建設相フリッツ・トット（1891-1942）により，建築行政部門と私企業，それに全国労働奉仕団の協力を得て効果的な作業遂行のために設置され，国防軍および親衛隊と並ぶ戦争遂行の最重要組織へと急速に発展した。開戦後は国防軍の建設部門をも統合して国防軍に編入され，ドイツ人のトット機関員はオリーブ緑の制服を着用した。したがって，ここでのユンクの指摘は正確さを欠いているが，メンバーの多くは占領地から応募した労働者であった。のちには強制徴用も行われ，1944年末頃のトット機関員136万人のうち，ドイツ人は6万人程度にすぎなかった。Robert Thomas（2015），Die „Organisation Todt“, in : LeMO（...kapitel/ns-regime/ns-organisationen/organisation-todt）.

ナチ民族福祉団は，1932年ベルリンの地域自助組織に始まり，ナチ政権下でドイツ労働戦線につぐ巨大な大衆組織となった。1943年には1700万人のメンバーを数える。Arnulf Scriba（2015），Die NS-Volkswohlfahrt, in : LeMO（...kapitel/ns-regime/ns-organisationen/

volkswohlfahrt.html).

(19) 朝日新聞縮刷版，1941 年 7 月号，171 頁，および同 8 月号，65 頁。ホロコースト（ユダヤ人虐殺）の歴史研究は，かつての「歴史家論争」から現在の植民地主義文脈論争やジェノサイド・文明化切断の比較史へと向かう方向にあり，ユダヤ人虐殺のみならず「反社会的」な人々やロマ・ジンティ，東部への「民族ドイツ人定住植民地主義」とロシア戦線でのドイツ軍の現地食糧調達による住民の餓死など，植民地主義・帝国主義・人種主義が絡み合った複合的大量殺害としてのホロコースト理解が提唱されている。Vgl. Frank Bajohr / Rachel O'Sullivan (2022), Holocaust, Kolonialismus und NS-Imperialismus. Forschung im Schatten einer polemischen Debatte, in : *VfZ*, 70/1, S.191–202 ; Michael Wildt (2022), Was heisst : Singularität des Holocaust?, in : *ZF*, 19/1, S.128–147.

(20) 朝日新聞縮刷版，1941 年 7 月号，140 頁。

(21) メルダースは，スペイン遠征軍「コンドル軍団 Legion Condor」のエース・パイロットとなり，東部戦線への配属で撃墜数を上げ，ドイツ国防軍の軍人初の最高勲章を 1941 年 7 月 15 日に受章した。国民的英雄として大佐へ昇進したが，4 ヵ月後には航空機事故で死亡した。敬虔なカトリックであり，国民社会主義の教会敵視には拒否的であった。Horst Boog (1994), Werner Mölders, in : *NDB*, 17 (...sfz63882.html).

(22) ラブレーは 1920 年と 1924 年のオリンピックにテニス選手として参加し，国民的人気を博した。30 年代後半には自由党の党首を務め，1937 年司法大臣に就任，ロンドン亡命後の 1940 年 9 月からラジオ・ベルギー放送を開始し，1941 年 1 月に V サイン（勝利・解放）の使用を呼びかけた。Victor de Laveleye, in : Olympedia (https://www.olympedia.org/athletecs/675).

(23) フェルギーベルは，プロイセン軍情報将校の道を歩み，1938 年少将に昇進，情報部隊の司令官となるが，上司のベック大将などを通じて抵抗運動と結びつき，1944 年 7 月 20 日事件で死刑となった。Weiß (Hg.) (2011), S.121.

　ブラウ大佐『武器としての宣伝 *Propaganda als Waffe*』について，ミュンツェンベルクの同名の著書（1937 年刊）が，「序文」でこの本に触れている。それによれば，「ブラウ少佐」は軍需省の一員でこの本を発行したが，その後軍需省によって発禁され，「秘密裏に職務上」に限って読まれる本になった，という。ミュンツェンベルク：星乃訳（1995），9 頁。

(24) パース卿は国際連盟の初代事務総長を務め，第二次大戦中はイギリス情報省の高級官僚。戦後は自由党の副党首。

(25) ブラッケンはアイルランド生まれの実業家。チャーチルの片腕として 1941〜45 年にイギリス情報相。Vgl. Brendan Bracken, 1. Viscount Bracken (...wiki/Brendan_...). またウォータースはブリュッセル大学農業経済学教授から，社会党の機関誌を編集して政界入りし，1937 年から保健相および労働相を務めて亡命した。Arthur Wauters (1952), in : Munzinger Online / Personen—Internationales Biographishes Archiv 101 (http://www.munzinger.de/document/00000004603).

　戦時中，BBC のドイツ向け放送（BBC ドイツ部）では，作家や役者のキャリアを持つユダヤ人亡命者が重要な役割を果たした。彼らは，ドイツのキャバレットの伝統に基づく政治風刺のシリーズ放送を行った。Vgl. Ganor (2020), S.97–119.

(26)「宣伝中隊」は 1938 年に宣伝相ゲッベルスと国防軍最高司令部総長カイテルが署名した「戦争における宣伝の実行に関する協定」に基づく。同年 8 月の 4 個中隊に始まり，

1939年には陸・海・空軍所属の13個中隊，1941年からは親衛隊などにも付設され，1942年には54中隊，1.5万人を数えた。Vgl. Carola Jüllig（2020），Propagandakompanien, in : LeMO（...kapitel/zweiter-weltkrieg/kriegsverlauf/propagandakompanien.html）.

（27）ハイジィヒは不明。シュラムはギムナジウムを出てバイエルン軍に勤務し，1917年東部戦線での戦功により貴族に列せられた。しかし，重傷を負い，戦後ミュンヘン大学で歴史学などを学び，報道・出版業に就く。第二次大戦中は参謀本部付きの高級宣伝中隊員。Vgl. Wilhelm Ritter von Schramm（...wiki/Wilhelm_...）.

（28）『軍事週報』は1816年創刊の軍事専門誌で，週2回刊行。同誌に関する総括的な研究はまだない。Vgl. ...wiki/Militär-Wochenblatt. シェーンアイヒ大尉は，第20戦車師団所属のハンス・シェーンアイヒと推察される。Vgl. 20. Panzer Division, in : Axis History（https://www.axishistroy.com/list-all-categories/150-germany-heer-division/4036-20-panzer-division）. 閲覧は2023年3月25日。

（29）朝日新聞縮刷版，1941年10月号，67頁。

（30）ケッセルリングは1939年ワルシャワ攻撃で騎士鉄十字章を受章，1940年5月のロッテルダム爆撃を指揮し，7月の占領後には大将の地位を飛び越して元帥に昇進した。同年9月にはロンドン爆撃を指揮，1941年6月東部戦線に異動してモスクワ攻撃の中央軍を支援し，11月からイタリア戦線の南方軍総司令官となり，1944年にはイタリア撤退を指揮して「パルチザン掃討作戦」を指揮。戦後，1944年3月のパルチザン掃討作戦での報復（335人の捕虜の処刑）で，1947年に戦争反罪で収監されたが，1952年に釈放，退役軍人の間で英雄であり続けた。Weiß（Hg.）（2011），S.262f.

ウーデトはバイエルン育ちで，第一次大戦で62機撃墜のエース・パイロット。第一次大戦後は航空機製作会社を設立し，曲芸飛行，映画出演など奔放な暮らしをしていたが，ヒトラーの政権獲得でゲーリングに誘われ航空行政に係わり，1934年6月に航空省に入り，1935年のドイツ空軍の正式発足で大佐として復帰し，軍用機生産の責任を負った。しかし，技術的知識や管理能力に欠け，航空省内で孤立し，酒と鎮静剤におぼれて精神不安定となり，この論説から数週後の11月17日にピストル自殺した。Ebd., S.466f.

（31）自動車会社フォードの創設者ヘンリー・フォードはアメリカの参戦に反対し，「平和の船」を仕立てて1916年にストックホルムで国際平和会議を開催した。Vgl. Garrett Fisk（2015），Henry Ford and the World Wars（https://ss.sites.mtu.edu/mhugl/2015/10/12/henry-ford/）

（32）リッベントロップは将校の息子で，1910年にカナダに渡り，第一次大戦でドイツに戻って従軍，中尉まで昇進した。戦後，遠い縁者との養子縁組で貴族の称号を得，また取引業で成功し，1932年にナチ党に加入。ヒトラー政権の成立で外交顧問となり，外務省と並立してリッベントロップ事務所を設置し，ヒトラー外交を支えた。戦時中の彼の主要な外交課題はユダヤ人移送に関する同盟国との交渉にあり，ニュルンベルク裁判で死刑判決を受け処刑された。Weiß（Hg.）（2011），S.374ff. ; Manfred Wichmann（2014），Joachim von Ribbentrop, in : LeMO（...biographie-Joachim-...）.

（33）「政治大学 Hochschule für Politik」は本来，民主党系の学者たちが民主制の政治教育のために設置した成人学級「ドイツ政治大学」であったが，ヒトラーの政権獲得で講師陣は大幅に入れ替わり，1937年に「外国学 Auslandswissenschaft」に特化した「政治大学」となり，1940年にはベルリン大学の新設「外国学部」に編入された。同学部の学部長ジックスはナチ党出身のエリート活動家。なお，政治大学の講師陣には，アルブレヒト・ハウスホーファーのみならず，抵抗グループ「赤い楽団」のシュルツェ＝ボイゼン

とハルナック夫妻の名もあった。Vgl. Botsch (2006).

(34) ボックはプロイセンの将軍の息子で，子どもの時から最高位の軍人になることが唯一の望みだった。ロシア戦線で 1941 年 6〜11 月に中央軍集団総司令官，1942 年 1〜7 月には南方軍集団総司令官。Samuel W. Mitham Jr. (2015), Generalfeldmarschall Fedor von Bock, in : Ueberschär (Hg.), S.37–44.

ブッフルッカーは 1923 年にキュースティンで国防軍の一部メンバーが起こした一揆の首謀者。Bernhard Sauer (2008), Die Schwarze Reichswehr und der geplante Marsch auf Berlin, in : (PDF) Berlin in Geschichte und Gegenwart, Jahrbuch des Landesarchivs Berlin, S.113–155.

(35) ハイドリヒは親衛隊全国指導者ヒムラーの下で情報活動を組織し，保安部（SD）を率いてテロ支配体制の確立を先導した。青年時代の海軍キャリアの挫折後，1933 年 3 月ミュンヘン政治警察局長から 1939 年保安本部全国長官へと登りつめ，1942 年プラハで暗殺された。Weiß（Hg.）(2011), S.204ff. 伝記研究としてゲルヴァルト：宮下訳（2016）。

エイシェンは 1888〜1915 年の長期にわたりルクセンブルクの首相を務め，同国の独立保持と中立政策に尽力した。ベルンでの対仏交渉の帰国後の 1915 年 10 月 12 日に急死した。Denis Scuto（2017), Paul Eyschen, in : International Encyclopedia of the First World War (https://encyclopedia.1914-1918-online.net/article/eyschen-paul).

(36) このローズヴェルト演説に応じてゲッベルス宣伝相は，1943 年 2 月 18 日のベルリンの大集会で，「ドイツにおけるすべての力を完全に動員する電撃戦の黄金時代は過ぎ去った。大砲とバターの時代は過ぎ去った」「君たちは全体戦争 Totaler Krieg を望むか」「いま君たちが考えることのできることよりも，必要ならばもっと全面的で徹底的な全体戦争を望むか」と聴衆に問い，聴衆は嵐のような「イエス」の声で答えた。この点で，人員と物資の全面的動員（総力戦）のみならず，戦争手段と戦争目的の無限定化という問題を合わせて「全体戦争」の概念を考える必要があるとフェルスターは彼の講義録「第二次世界大戦」の第 9 章「全体戦争」で指摘している。第 3 章の註 3 を参照。Vgl. Stig Förster, Totaler Krieg, S.1f (http://www.hist.unibe.ch/ueber_uns/personen/foerster_stig). 鍋谷編（2022），4–5 頁。

(37)『民族のオブザーバー』はナチ党の機関紙で 1923 年 2 月より日刊で発行。Arnulf Scriba (2015), Der Völkischer Beobachter, in : LeMO (...kapitel/weimarer-republik/innenpolitik/voelkischer-...). 訳語として『民族の監視者』もある。小野寺（2021），72 頁。

(38) ローゼンベルクは 1918 年 11 月 30 日に故郷レーヴァルで初めての講演「ユダヤ人問題とボリシェヴィズム」を行い，その夕刻にはドイツに向かい，ミュンヘンで極右民族運動に加わり，出版業者ディートリヒ・エッカルト（1868–1923）の知己を得て『民族のオブザーバー』の編集に加わり，エッカルトを通してヒトラーと会い，ナチ党に加入した。Koop (2016), S.13ff.

(39) ローゼンベルクの著作は 1920 年から 19 点，主著『20 世紀の神話』は 100 万部以上に達した。Ebd., 209ff. u. 277ff.「ロシア戦線」はヒトラーにより全軍の将官に，「絶滅戦争 Vernichtungskrieg」と宣告されていた。開戦 1 週間後の 6 月 29 日の声明で外務省は「モスクワに対するドイツの闘争はボリシェヴィズムに対する欧州十字軍になる」と内外に宣告した。ドイツ軍 300 万と枢軸諸国軍 60 万を動員し，赤軍 840 万のせん滅を目指した「欧州十字軍」は，1943 年初頭までに赤軍の将兵 570 万人を捕虜にした。その影で，50 万人以上のユダヤ人の殺害と 500 万人以上のロシア人の死亡があった。欧州十字軍のこの第一段階が終わり，1942 年 6 月に第二段階の指針「東部総合計画 Generalplan Ost」で

民族ドイツ人 570 万人の入植がうたわれた。この間の経緯に関する最近の研究として，『歴史学雑誌（*ZfG*）』2021 年第 6 号の特集「1941 年 6 月 22 日——ドイツのソ連襲撃」に収録されている以下の諸論文を参照。Uwe Neumärker（2021），Auftakt des Vernichtungskriegs. Überfall und Einübung des Massenmords, S.504–513, hier S.503 ; Peter Jahn（2021），Kampf um „Lebensraum im Osten“, S.514–521, hier S.518f. u. 521 ; Wolfram Wette（2021），Kreuzzug gegen den Bolschewismus. NS-Propaganda zur Rechtfertigung des Überfalls und deren Fortwirkung im Kalten Krieg, S.534–540, hier S.537 ; Wolfgang Benz（2021），Gespaltene Erinnerung. Sowjetische Kriegsgefangene in Deutscher Hand—Deutsche in sowjetischem Gewahrsam, S.541–548, hier S.541, in : *ZfG*, 69/6.

（40）Hans Grimm, *Volk ohne Raum*, 1926. グリム：星野慎一訳（1941–43）『土地なき民』全 4 巻，鱒書房。アフリカ体験に基づく小説で，人口学的議論で植民地主義を覚醒し，再普及する役割を果たし，1935 年までに 31 万部。20 世紀前半のドイツで最もよく売れた著作 20 冊の中に入るという。Gümbel（1999），S.93–111, hier 105f.

（41）ザイス＝インクヴァルトはギムナジウム教師の息子で，法学を学び，第一次大戦でオーストリア軍の兵役に就き，戦後は弁護士。1925 年から大ドイツ主義の政治運動に入り，1938 年オーストリア内務大臣からドイツ併合で「オストマルク」総監，1939 年ドイツの無任所大臣，1940 年オランダ占領地総監，1946 年ニュルンベルク裁判で死刑判決を受け執行。Weiß（Hg.）（2011），S.428.

（42）ルストはハノーファーの農民層の出自で文化諸学を学びギムナジウム教師になる。第一次大戦で従軍，戦後，教職に復帰して民族主義運動に参加，1925 年に再建ナチ党に加入してハノーファー大管区長官となる。1930 年に健康上の理由で教職を辞したが，ヒトラーの信頼が厚く同年に国会議員となり，1934 年には教育相となり，ナチ党の教育・科学政策を推進した。1945 年のドイツ降伏で自死。ナチ党大管区長官から大臣に昇進したのは，彼とゲッベルスだけだった。Ebd., S.392ff.

（43）朝日新聞縮刷版，1942 年 1 月号，24 頁。

（44）『黒い軍団』は親衛隊保安部の協力で 1935 年 3 月から水曜日に発行された週刊紙。同紙については以下の包括的な研究がある。Mario Zeck（2002），*Das Schwarze Korps. Geschichte und Gestalt des Organs der Reichsführung SS*, Tübingen : Max Niemeyer Verlag.

（45）1933 年 1 月ヒンデンブルク大統領によるヒトラー首相任命時に，同大統領はヒトラーに対抗する国軍側の代表としてブロムベルク大将を国軍大臣 Reichswehrminister に据えた。1935 年には再軍備宣言で国軍省が改称され，陸・海・空 3 軍の上に立つことを目指す戦争省の戦争大臣 Reichskriegsminister に就任したが，そのブロムベルクの再婚相手に売春歴があった嫌疑をかけられ，1938 年 2 月に解任された。同時に，ヒトラーの戦争政策を懸念していた陸軍総司令官フリッチュも，ナチ親衛隊から同性愛の罪を着せられて辞任し，1938 年 2 月にヒトラーは自らが戦争大臣かつ国防軍の最高司令官であることを宣言し，国防軍局 Wehrmachtamt を国防軍最高司令部 Oberkommando der Wehrmacht（OKW）に昇格させて国防軍最高司令官となり，同司令部総長にヴィルヘルム・カイテル大将（1882–1946）を任命した。第二次大戦の作戦指揮は，対ロシア戦から陸軍総司令部の東部戦線に集中し，その他の戦線は国防軍最高司令部の手に移った。

ヨードル大佐はバイエルン軍の将校の息子で，ミュンヘンのギムナジウムを出て軍歴を歩み，戦後もバイエルンの歩兵部隊から戦術・戦史の教官となり，1935 年国防軍作戦局国土防衛部長から 1939 年 8 月に国防軍最高指令部作戦局部長となり，ヒトラーに忠誠

を尽くして作戦指揮に当たった。

これら陸軍首脳のうち，フリッチュは1939年のポーランド戦で戦死，カイテルとヨードルはニュルンベルク裁判で死刑判決を受けて執行され，ブロムベルクも同年収監中に死亡した。

以上について，以下を参照。Vgl. Horst Mühleisen (2015), Generaloberst Werner Freiherr von Fritsch u. Kenneth Macksey (2015), Generaloberst Alfred Jodl, in : Ueberschär (Hg.), S.61–70 u. S.102–111 ; Weiß (Hg.) (2011), S.44f., 134f., 242f. u. 260f.

フリッチュの後任ブラウヒッチュは将軍の息子で，生粋のプロイセン軍人で熱心な福音派信者であり，ヒトラーは好まなかった。しかし，別居中の妻との離婚の慰謝料をナチ党が支払い，不倫関係にあった熱心な国民社会主義者の女性と再婚するという，この「身売り」で彼は陸軍総司令官の地位を得た。Samuel W. Mitcham, Jr. / Gene Mueller (2015), Generalfeldmaraschall Walter von Brauchitsch, in : ebd., S.47f.

(46) ボウラーはバイエルン軍の大佐の息子で，ミュンヘンのギムナジウムを終えて軍歴を歩むが，第一次大戦後には一時ミュンヘン大学に籍を置いた。1922年にナチ党に加入，25年に再加入，1934年に新設の総統官房の長官に就く。著作も多く，1941年の『ナポレオン　天才の軌跡』をヒトラーは好んだ。精神病者の殺害計画を実行し，敗戦後に逮捕され，ダッハウ収容所移送の途中で妻と共に自死した。Weiß (Hg.) (2011), S.51f.

(47) マルクスはアビトゥーア後にフライブルク大学で哲学を学ぶが，職業軍人の道に転じ，第一次大戦で砲兵隊の少尉として参戦，重傷を負った。戦後も国軍に残り，1930年代初めのパーペンおよびシュライヒャー内閣で国軍省報道局長，ヒトラー政権の成立で国軍に戻り，ポーランド戦および西部戦線に参戦，そして陸軍参謀本部の指示でモスクワ制圧を主目的とする対ソ戦の計画案を作成した。その戦闘で再び重傷を負ったが，その後も砲兵隊の将軍で，連合国軍のノルマンディ上陸作戦初日の爆撃で死亡した。軍事関係の論考が多数ある。Vgl. Peter Fuchs (1990), Erich Marchs, in : *NDB*, 16 (...pned118730924.html).

(48) ディートリヒは農業労働者の息子で，1911年にバイエルン軍に入隊。1919年には義勇軍の一員としてミュンヘンのレーテ共和国攻撃に参加した。1928年にナチ党および親衛隊に加入し，1933年にヒトラーの個人付きとなり，翌年のレーム事件で活躍して親衛隊上級指導者に任命され，開戦と共に武装親衛隊の機械化歩兵部隊を指揮して転戦。ニュルンベルク裁判で終身刑とされたが，1950年に25年の有期刑に減刑され，1955年に釈放された。Weiß (Hg.) (2011), S.88f.

第3章　「終わりの始まり」を見通す

(1) K.v.S., Krieg und Frieden, in : *Die Weltwoche*, 09. 01, 1942, S.1.

(2) Wehler (2008), S.861.

(3) 第2章の註36を参照。そこでは，全体戦争の主要な概念基準として以下の4項目が指摘されている。①戦争目的：無条件降伏，敵完全制圧，②戦争方法：無制限の戦争手段の行使，③人員と資源の総動員・総利用，④公私の生活の全面的統制，である。「カブラの冬」については藤原（2011）が詳しい。

(4) ラカー編：井上ほか訳（2003），260–268頁の「親衛隊と警察」を参照。詳細は芝（1995）。軍隊と警察という，国家機構の中枢をなす暴力装置での旧法治国組織とナチ党組織の二重構造が，ナチ独裁の特徴的な標識であった。エルンスト・フレンケル『二重

国家』はアメリカで1941年に刊行されていたが，ユンクがこの書物に触れていたとは思われない。同じ社会民主党員のユダヤ人労働法学者としてベルリンで労働者のために活動していたフランツ・ノイマンの1944年の著書『ビヒモス』と共に，『二重国家』はナチ支配体制研究のスタンダードワークとなっている。しかし，ドイツ語への翻訳は1974年のことだった。最近の研究は，「規範国家 Normenstaat」（国家官僚制）と「措置国家 Maßnahmenstaat」（ナチ党）の対立的な二重構造というよりも，国家官僚とナチ党メンバーが入り乱れての戦争国家体制づくり，すなわち規範国家から措置国家への法システムの変形という法制史的なフレンケルの含意を強調している。Vgl. Sören Eden（2019), Fraenkel “Doppelstaat” als Rechtsgeschichte. Arbeitsrecht und Politik während NS-Diktatur, in : *ZF*, 16/2, S.278-299, hier S.278-282.

（5）ハルデゲンはブレーメン生まれの海軍将校で，当初は海軍飛行士を目指したが墜落事故で足を負傷し，1939年から潜水艦勤務に移り，U123の指揮官として1942年初頭に敵の商船8隻を沈め，騎士鉄十字章を得た。戦後は1957～79年の間ブレーメン市議会議員を務めた。Vgl. Reinhard Hardegen (https://www.lexikon-der-wehrmacht.de/Personenregister/H/HardegenR.htm, 05. 09. 2023). 本章で引照したURLはこの時期に確認しているので，以下，日付は省略する。

（6）デーニッツは技師の息子で，4歳のときに母を失い，兄とともに父の手で育ち，ギムナジウム終了後に海軍兵学校に入る。1916年には将軍の娘と結婚し，翌年から潜水艦勤務に就いたが，1918年には拿捕された。翌年に帰国し，戦後も海軍に残ってキャリアを積んでいく。1935年にヒトラーの再軍備宣言で，ヴェルサイユ条約で禁止された潜水艦部隊の編成が始まり，その司令官に就任してUボート作戦の指揮を執り，1943年には海軍司令官の地位にのぼり詰めた。1945年4月30日のヒトラーの遺書で，ゲーリングに代わって後継者に指名され，無条件降伏の署名を命じた。戦後はニュルンベルク裁判の判決で10年の懲役刑に服した。Herbert Kraus（2015), Großadmiral Karl Dönitz, in : Ueberschär（Hg.), S.316-324.

（7）ヴェルリンはグラーツの商業学校卒業後オーストリアで自動車販売業，1914～17年オーストリア軍の志願兵として参戦，戦後は1921年からミュンヘンでベンツの販売所主任を務め，1923年にヒトラーと知り合い，ナチ党への自動車納入を一手に引き受ける。1926年ナチ党に加入，1932年親衛隊加入，自動車関係のヒトラー助言者となり，フォルクスワーゲンの開発にも関与。戦後は米軍に拘束されたが，1948年「同調者 Mitläufer」として釈放された。Klee (2015), S.670 ; Jakob Werlin (...wiki/Jakob_Werlin).

正規の官職外にナチ政権は，1932年戒厳令下でのフランツ・フォン・パーペン内閣によるプロイセン州の社会民主党州政府の排除と総監 Reichskommissar の任命による州住民支配の例に見習い，総監や総督 Reichsstatthalter をはじめとする首相・大臣任命の多様な特別職で，軍需生産と第三帝国戦争への国民動員を徹底する独自の内務行政を推進した。さらに，住民投票による1935年ザール地方の併合後は新規の領土にも，民生を担当するヒトラー代理の総監が派遣され，住民の徴用や強制移送を差配した。そうした「ヒトラーの総監 Kommissar」の前史は絶対主義時代にさかのぼり，君主主義的規律化と中央集権化の道具であった。いわば日本語の「代官」職に相当し，ヒトラーの下で国民社会主義的規律化の道具として多用された。詳細は以下を参照。Hachtmann / Süß（2006), S.9-27. 訳語「総監」は井上ほか（1989）所収の矢野論文213頁による。

（8）マンスフェルトは裁判官の息子で法学を学び，1914～19年は従軍，1921年法学博士，

1930年教授資格。1924年から鉱山団体の法律顧問やルール鉱員組合役員も務めた。1933年にナチ党に加入し，1935～37年ベルリン大学私講師，1936年から行政官吏として国務次官ジールプに協力してゲーリング4ヵ年計画庁の労働動員事務所を指揮したが，1942年8月に重病で休職し公職を辞した。Klee（2015), S.390.

（9）1939年および1940年とも戦争は短期に決着し，さらに1941年のロシア戦も短期決着の見通しで，ドイツの軍需生産は拡大されず，1942年初めには米英露と独の軍需生産実績は19.5対6程度であった。その2年半後にも，米国は2.7倍，イギリスは4分の1ほどドイツの軍需生産を上回った。このような軍需生産能力の圧倒的な劣位にもかかわらず，消耗戦を続けたことが，国内の総動員から占領地住民や捕虜の強制労働へという戦争犯罪に帰結した。ただし，ドイツ国民の「総動員」は，男女の年齢別に労働義務を課した1943年1月総統指令があるが，この指令は秘密にされ，その強制措置は取られなかった。Vgl. Wehler (2008), S.916-923.

（10）Vgl. Weiß（Hg.）(2011), S.395 ; Klee (2015), S.520.

（11）第一次大戦の教訓としてナチ政権は連合国側以上に前線兵士の一時休暇を重視し，休暇兵士に銃後の戦意保持の役割を期待した。その政権の思惑と休暇兵士の戦場を離れた感情との確執に関する最近の以下の著書が注目されるが，ユンクはつとに休暇兵士の思いを読み取っていた。Vgl. Packheiser (2020).

（12）カナリスは鉱山技師の息子で，1905年に海軍に入り，第一次大戦では東洋艦隊の一員で，フォークランド沖海戦で敗れチリに収容，脱出してドイツに戻り，終戦時はUボート艦長。戦後，グスタフ・ノスケ国防相の副官を務め，小型巡洋艦艦長のときに入隊したばかりのハイドリヒと知り合い，親交を結んだ。その後，ヒトラー政権で戦艦の艦長から1935年には国防軍情報部長となった。しかし，情報部の部下のヒトラー排除計画が露見して1944年2月解任，1945年4月ヒトラーの処刑命令で死亡した。Heinz Höhne (2015), Admiral Wilhelm Canaris, in : Ueberschär (Hg.), S.53-60.

（13）オーバーデルファーとブラントは不明。アル・ガイラニはイラク王国首相の経歴をもつ民族主義者の政治家。

（14）ボースはインド国民会議派議長の経歴をもつ民族主義者。武装蜂起を準備して1940年7月逮捕，12月釈放後，枢軸国軍のインド進出を要請すべく欧州に渡った。1943年5月東京入りし，インド国民軍総司令官となった。

（15）朝日新聞縮刷版，1942年3月号，1頁および同，117頁。

（16）ユンガーの以下の著作。Junger（1932), *Arbeiter. Herrschaft und Gestalt*, Hamburg : Hanseatische Verlagsanstalt. 川合全弘訳（1993）『労働者――支配と形態』月曜社。ユンガーは化学者・薬剤師の息子で，第一次大戦に志願兵として西部戦線で従軍し，その戦争体験を戦後，男らしさの試練の場として美化する一連の作品を発表し，「保守革命」の論客となった。しかし，ナチ党からの国会議員への出馬要請は断り，第三帝国のテロ支配には批判的な態度を取った。1932年の作品『労働者』はエッセイであり，機械化された物量戦を戦った戦士を，規律化された機械労働を担う20世紀の労働者英雄に重ね合わせ，市民の民主制に代わる労働者支配の未来像を提示した。戦争の賛美と民主制の蔑視により，ユンガーはしばしば第三帝国への水先案内人の一人と見なされている。Weiß（Hg.）(2011), S. 246-249.

（17）トットは工場主の息子で，第一次大戦に将校として従軍，戦後は工科大学を終えて道路建設の技師となった。1922年にナチ党に加入し，1931年親衛隊幹部，1933年道路行

政総監，1938年建設部門の行政長官となり，一般建設・アウトバーン建設・軍施設建設を所轄し，1940年3月から軍需大臣となった。Weiß（Hg.）(2011), S.461f.

シュペーアはリベラルな建築家の息子で，自身も建築家となり，1930年にヒトラーと出会って気に入られ，1931年にナチ党と突撃隊に加入した。1937年に首都ベルリン建築総監，そしてトット亡き後の1942年2月に軍需大臣に任命された。ニュルンベルク法廷で20年の禁固刑を受けた。Ebd., S. 433f.

(18) この指摘は，後の1977年の『原子力国家』におけるホモアトミックス論と重なる。

(19) ヴィーンヘーファーの詳細は不明。彼の手になる，1941年7月ラトヴィアのリガ占領ドイツ軍を歓迎する住民の記事を，キャサリン・クインラン＝フラターが以下で引用している。Vgl. Katherine Quinlan-Flatter, Operation Barbarossa... (https://www.iwm.org.uk/blog/partnerships/2021/09/operation...).

(20) ロシア革命によるロシアの戦線離脱後，ルーデンドルフ将軍は東部の兵員150万を西部に移し，米軍の戦闘参加前に一気に勝敗を決する作戦計画を立て，その最初かつ最大の作戦が「ミヒャエル作戦」で，1918年3月21日に攻撃が開始され，パリに向かって敵地の奥深く進撃した。しかし，仏軍の反撃で4月5日に進撃は停止した。それ以後も，ドイツ軍は進撃を試み，7月15日には最後の大攻勢をかけたが仏軍に阻まれ，8月8日には英軍が圧倒的な戦車部隊でアミンを突破し，ドイツ軍は防戦に追い込まれた。そこへ，60万の米軍が上陸して参戦し，連合国軍の新たな攻勢でドイツ軍は後退し，9月29日陸軍総司令部は皇帝に「戦争はもはや勝利できない」「敗北が避けがたい」と告げた。それにもかかわらず，戦後，旧軍指導部の側から繰り返し「匕首伝説」が流された。Vgl. Wehler（2008），S.155–157. 詳細は木村（2014），184–194頁。第一次大戦の経緯全般についても同書を参照。

(21) 朝日新聞縮刷版，1942年5月号，21頁。

(22) オーベルクは医学教授の息子で，第一次大戦に従軍，戦後，「ハンブルク義勇軍」に入りカップ一揆に参加。その後は商業に従事し，1931年にナチ党，1932年親衛隊に入り，1933年同保安本部勤務，1939年ツヴィッカウ警察長官，1942年5月フランスの親衛隊上級集団指導者・警察大将。第二次大戦後に拘束され死刑判決，その後減刑され，1962年に釈放された。Weiß（Hg.）(2011), S.339f.

(23) クヴィスリングは福音派牧師の息子で職業軍人の道を歩み，1920年代にソ連の飢餓救済事業に関わり，ソ連を批判する民族主義の政治活動を進め，1931年には新政府の国防大臣として入閣。しかし，1933年に大臣を辞してファシズム政党「国民連合 National Union」を設立。1939年ヒトラーとの会見でドイツ軍のノルウェー侵攻を進言し，1940年にその侵攻を手引きし，ドイツ軍の占領下でレジスタンスが激化するなか，1942年2月にはヒトラーからノルウェー首相に任命され，戦後の1945年に処刑された。Vgl. Vidkun Quisling（https://www.britannica.com/biography/Vidkun-Abraham-Lauritz-Jonsson-Quisling).

(24) マイスナーはグラーツの貴族軍人家系の出身で，オーストリアの憲兵隊将校から第一次大戦に従軍，戦後も警察部隊に残り，1925年にオーストリア・ナチ党に加入，1934年にはドイツに亡命して秩序警察（Orpo）に入隊し，オーストリア，ドイツ，占領地ノルウェーで警察を指揮した。1942年には親衛隊高級将校に登用され，セルビアの警察長官となり，ユダヤ人子女を大量に殺害した。1947年ユーゴスラヴィア法廷で死刑判決を受け，執行された。Klee (2015), S.409.

(25) フリーデンスブルクは古銭学者の息子で鉱山学を学び地質学の学位を取得。第一次大戦で英軍の捕虜となり，脱出を図って両足に障害を負い，戦後は行政官に転じ，ベルリン警察長官やカッセル県知事の職でヴァイマル法治国の擁護に努め，ヒトラー政権で罷免された。その後は鉱山学の研究に従事し，第二次大戦後，ベルリン市政の行政職に復帰した。『世界戦争の中の石油』（Friedensburg (1939), *Das Erdöl im Weltkrieg*, Stuttgart : Ferdinand Enke Verlag）はじめ，彼の著作一覧は以下で検索できる。Vgl. Ferdinand Friedensburg-Deutsche Digitale Bibliothek.

(26) シュラムはホップ商人の息子で，1915 年に将校としてバイエルン軍に入隊，第一次大戦では東部戦線で戦功をあげ一代貴族 von Ritter に列せられたが，戦闘で重傷を負い 1919 年には退役。その後，ドイツ文学・歴史学を学び，1922 年に学位を取得，文化欄の編集など文筆業に従事した。開戦で陸軍に復帰して，陸軍総司令部宣伝部に所属した。戦後はフリーのジャーナリストで，軍事関係の著作が多数ある。Vgl. Wilhelm Ritter von Schramm (...wiki/Wilhelm_...).

(27) ゲッツは不明。

(28) 朝日新聞縮刷版，1942 年 5 月号，101 頁。

(29) ロンメルはギムナジウム教師の息子で，1910 年将校としてヴュルテンベルク王国陸軍に入隊，第一次大戦でプール・ル・メリット勲章を受章した。戦後も国軍でキャリアを積み，1933 年少佐，1939 年少将に昇進し，1941 年 2 月からドイツ・アフリカ軍団の指揮を執り，最大の戦果として 1942 年 5 月から 6 月にかけて英軍をエジプト国境まで押し込め，元帥に昇進した。しかし，補給の困難と戦力の不足で戦線は膠着し，10 月にはモントゴメリー将軍指揮下の英軍の反撃を受け，撤退して 1943 年 3 月にはドイツに戻った。その後，大西洋岸防衛の任務を負うが，1944 年連合国軍のノルマンディー上陸で二正面作戦を強いられ，敗北必至とみてヒトラーに和平を勧めたが，ヒトラーから同年 10 月に「反逆罪」で法廷に立つか自殺するかの二者択一を迫られ，自殺を選んだ。Weiß (Hg.) (2011), S.384f. ; Sir David Faser (2015), Generalfeldmarschall Erwin Rommel, in : Ueberschär (Hg.), S.455-463.

(30) Sven Felix Kellerhoff, „Operation Millenium“—1000-Bomber gegen Köln, in : *Welt*, 30. 05. 2012 (https://www.welt/kultur/history/article106387684/Operation....html).

(31) 1939 年創刊のボヘミア・モラヴィア保護領の政府系新聞で週末を除く日刊，4 万部を発行し，1945 年に廃刊。Vgl. Handbuch der deutschen Tagespresse, 7. Aufl. (1944), Berlin : Armann-Verlag, S.315.

(32) モラヴェッチュはプラハ商人の息子で，チェコ民族主義者。第一次大戦ではチェコスロヴァキア軍団の兵士としてオーストリア軍と戦い，戦後は新設のチェコスロヴァキア軍でキャリアを積み，1936 年大佐に昇進したが，ドイツ軍の占領下で転身，教育・啓蒙大臣に就任し，ドイツ国民社会主義者との協力の象徴となった。終戦前に自死した。Chris Johnstone, Emanuel Moravec - the face of Czech collaboration with the Nazis (https://english.rafio.cz/emanuel-moravec-face-czech-collaboration-nazis-8583916).

(33) K. H. フランクはカールスバードの教師の息子で，第一次大戦でオーストリア軍の志願兵として従軍，ワンゲルに熱中してドイツ民族主義に傾倒し，1919〜23 年ナチ党員，1933 年末からヘンラインと接触し，禁止されていたズデーテン・ナチ党の子組織の設立に参加し，1935 年チェコスロヴァキア国会議員。1937 年からズデーテン・ドイツ党の党首代理を務め，保護領時代には内務行政を掌握して実質的に権限を行使し，ハイドリヒ

亡き後には弾圧政策を取り仕切り，1946 年プラハで衆目のなか，処刑された。Weiß (Hg.) (2011), S.128 u. S.198f.

(34) ダリューゲは中級管理の息子で，ワンゲルの活動から第一次大戦で重傷を負い，戦後はベルリン市行政の土木技師。1923 年ヒトラーに会いナチ党に加入し，1926 年ベルリン市の突撃隊指導者，ヒトラー政権の成立でプロイセン警察の命令権者として反対派の粛清，1936 年秩序警察長官，1942 年親衛隊上級大将でハイドリヒの後任（プラハの総督代理）となり，敗戦で死刑に処せられた。Ebd., S.79f.

(35) ノイラートは宮廷役人の息子で法学を学び，1901 年に外務省に入り，第一次大戦で従軍，戦後も外務省に復帰してイタリア大使や駐英大使を務め，1932 年から外務大臣，1937 年ナチ党に入党したが，ヒトラーの戦争政策に反対し，1938 年外相を辞任し無任所大臣。1939 年ボヘミア・モラヴィア保護領総督に就任するが穏健な立場で，実権はハイドリヒと K. H. フランクにあった。1943 年 8 月総督を辞職，ニュルンベルク裁判で 15 年の禁固刑。Ebd., S.334f.

(36) ゲルヴァルト：宮下訳（2016），417–425 頁を参照。

(37) ブラウヒッチュはシュレージエン貴族の軍人家系の出自で，1900 年の入隊から第一次大戦で参謀，戦後も国軍でキャリアを積み，1938 年にヒトラーによる軍首脳の更迭で陸軍総司令官に就任した。しかし，バルバロッサ作戦やモスクワ攻撃でヒトラーの強硬姿勢と対立し，1941 年 12 月に解任された。Ebd., S.56f. 第 2 章の註 45 も参照。

(38) パーペンは製塩業者の息子でプロイセン軍入りし，1918 年少佐で退役。戦後は中央党右派の政治家として活動し，1932 年首相，ヒトラー政権で副首相，1934〜38 年オーストリアおよび 1939〜44 年トルコの大使を務めた。1947 年非ナチ化審査機関で 8 年の労働収容所送りとなったが，1949 年に釈放された。Ebd., S.347f.

(39) 朝日新聞縮刷版，1942 年 6 月号，121 頁。

(40) ゲルヴァルト：宮下訳（2016），435 頁参照。

(41) 著書『外から見たドイツ』には日付が 6 月 3 日と誤記。Vgl. Jungk (1990), S.156.

(42) マンシュタインはエドゥアルト・フォン・レヴィンスキー将軍の 10 番目の子どもとしてベルリンで生まれ，幼いときに古い貴族・軍人家系のマンシュタイン家の養子となり，自らも軍人のキャリアを歩んだ。1933 年陸軍大佐，1938 年陸軍中将となり，1939 年末のフランス侵攻作戦の立案や 1943 年 1 月スターリングラード戦敗北後の東部戦線におけるドイツ軍の崩壊阻止・戦線維持など軍人として卓越していた。しかし，その後は劣勢下の作戦計画をめぐりヒトラーと繰り返し対立し，1944 年 3 月クライスト将軍と共に解任された。1945 年 8 月英軍に逮捕され，1949 年に 18 年の刑を宣告され，1953 年まで刑務所に拘束された。出所後，回想録を 2 冊刊行している。Ebd., S.311f ; Bernd Boll (2015), Generalfeldmarschall Erich von Lewinski, gen. von Manstein, in : Ueberschär (Hg.), S.415–423.

(43) マルセイユは少将の息子で，1938 年空軍入りして総撃墜数 158 機を記録し，1942 年 9 月 30 日に北アフリカで撃墜死した。民族の英雄「アフリカの星」として持ち上げられ，1957 年には旧西ドイツでアルフレート・ヴァイデマン監督「アフリカの星」の映画が制作されている。Weiß (Hg.) (2011), S.313f.

(44) リヒトホーフェンはシュレージエンの貴族家系の出自で，軍人のキャリアを積んで第一次大戦で 8 機を撃墜，1933 年ドイツ空軍の再建で航空省入りし，1938 年少将に昇進して「コンドル軍団」の司令官，1941 年 4 月クレタ島降下作戦の指揮，独ソ戦で航空軍団

を指揮し1943年2月に元帥に昇進したが，1944年10月に脳腫瘍のため第一線を退いた。Ebd., S.377.

（45）朝日新聞縮刷版，1942年7月号，93頁。

（46）ブリュックナーは音楽家の息子で，1923年のヒトラー一揆に参加し，1930年からヒトラー付き副官だったが，1941年10月に国防軍に移り大佐まで昇進した。Ebd., S.64. シャウブ（1898-1967）もヒトラー一揆参加者で，1925年からヒトラーの私設職員，1933～45年ヒトラー付き主任副官を務めた。Ebd., S.399f.

ケンプカは自動車修理工から1930年ナチ党入りし，ヒトラーの信頼する専属運転手になった。後に，総統司令壕の最後の日々を記した書物を出版している。エリヒ・ケムカ：長岡修訳（1953）『ヒットラーを焼いたのは俺だ』同行光社磯部書房を参照。

バウルは第一次大戦で飛行兵になり，1928～33年はルフトハンザのパイロット。1926年にナチ党加入，1933年親衛隊に加入，政府専用機のチーフパイロットに任用され，1945年2月武装親衛隊中将に昇進し，最後までヒトラーの下にとどまってソ連軍の捕虜となり，25年の労働収容所送りとなったが，1955年に釈放された。ヒトラー壕最後の日々を記した書簡がウェブ上に公開されている。Flugkapitän a. D. Hans Baur, in der Reichskanzlei（https://www.ifz-muenchen.de/archiv/zs/zs-0638.pdf）.

ブラントは商人の息子で医学の学位を取得，1931年ナチ党加入，親衛隊入りして急速に昇進し，1934年ヒトラーの侍医となり，安楽死計画を実施，1942年保健衛生担当の長官となり，1948年に人道に反する罪で死刑になった。Weiß（Hg.）（2011), S.54f.

モレルは1913年ミュンヘン大学医学博士で，第一次大戦で軍医，1933年ナチ党加入，1936年ヒトラーの侍医となり，1944年10月ブラントほか2名の侍医は解任されたが，モレルは最後まで勤めて莫大な資産を残した。Ebd., S.325f.

（47）ラメルスは獣医の息子で1904年法学博士，第一次大戦に従軍して左目の視力を失い，1921年ライヒ内務省に入るが反民主主義的な態度で孤立し，ヒトラー新政権で国務次官に抜擢，行政官庁とヒトラーとのつなぎ役を果たした。Ebd., S.288f.

ヘーヴェルは，1923年ミュンヘン工科大学入学と共にヒトラー一揆に参加して収監，1926年イギリスに渡り英語の研修をし，さらにインドネシアに渡り，1936年にドイツに戻り，1938年からリッベントロップの側近となり，外務省とヒトラーのつなぎ役を果たし，ヒトラー直近の一人になった。Ebd., S.202f.

シュタッハはポーゼンの生まれで第一次大戦に従軍，戦後は東部国境警備隊から警察入りし，1930年ダンツィヒのナチ党に加入，1941年秋からポーランド総督府領の保安警察長官，1942年6月秩序警察本部に異動した。Klee（2015), S.593.

（48）ハルダーはバイエルン王国の軍人家系の出自で，第一次大戦で参謀将校，戦後も国軍でキャリアを積み1934年に少将，ヒトラー政権とは距離を置いていたが1937年軍の演習でヒトラーと会い，その引き立てで1938年9月陸軍参謀総長に就任し，ポーランド作戦，西部作戦，バルバロッサ作戦を牽引した。1942年7月からのスターリングラード作戦でヒトラーと対立し，同年9月24日に解任され予備役に編入された。1944年7月22日事件後，過去のヒトラー排除計画への関与が発覚して逮捕・収監されたが生き延び，第二次大戦後も戦犯訴追を受けることなく，アメリカ陸軍戦史研究所ドイツ支部で働いた。Weiß（Hg.）（2011), S.174 ; Ueberschär（Hg.）（2015), S.79-88.

（49）ボヘミア北部の古い要塞が1941年11月からユダヤ人収容所として使用され，チェコのユダヤ人73.5万人，またドイツおよびオーストリアからは「養老院入居契約」で第一

次大戦の戦功者など特権的待遇を期待する主に高齢のユダヤ人5.8万人が移送された。現実には旧兵舎に詰め込まれ，食事も衛生事情も悪く，死亡者が多数出た。それでも，図書館の蔵書数6万冊や音楽・文芸活動など，ヒトラー政権の「看板ゲットー」であり，1944年6月には国際赤十字の視察を受け入れ，「普通の町」の印象を与えようと試みられた。親衛隊とチェコ憲兵隊管理下の「通過収容所」であり，1942年1月から終戦までにチェコ系6万人とドイツ系1.6万人のユダヤ人が絶滅収容所送りとなった。その人選リスト作成には，収容者の「長老委員会」が当たった。Linde Apel（2014），Das Ghetto Theresienstadt, in : LeMO（...kapitel/der-zweite-weltkrieg/voelkermond/ghetto-theresienstadt）.

（50）ゲルヴァルト：宮下訳（2016），325–336頁。芝（2008），155–161頁。

（51）再定住（淘汰）と強制移送（民族抹殺）という国民社会主義人口政策の結果に関する概観は，以下を参照。エーマー：若尾・魚住訳（2008），18–22頁。強制労働者数の産業別動向（1941～44年）については，北村（2021），186頁。1942年までは農業が主で，1944年に工業への大量徴用が実施された。

（52）Wehler（2008），S.896. 一つの具体的事例として，1941年10月19日早朝6時フランクフルト駅からの1125人に始まった，ヘッセン地方の17万ユダヤ人の東方移送（主に1941/42年）の経緯が克明に検証されている。Vgl. Kingreen (2023).

（53）ダレーは，貿易商人の息子としてアルゼンチンに生まれ，教育のためドイツに戻り，第一次大戦で志願兵，戦後は農学を学び品種改良の専門家になった。母はスウェーデン人で北方人種イデオロギーに傾倒し，1930年にヒトラーからナチ党農政綱領の作成を依頼され，ナチ党に加入し，農村部の選挙を指揮して「農民貴族」の主張を宣伝。ヒトラー政権下，食糧農業大臣に就任した。1934年春までに農業諸団体を「全国扶養身分」に画一化し，その構成員は1939年に1700万人を数え，農産物の生産・価額・販売を一手に統制した。Weiß (Hg.) (2011), S.103.

バッケはグルジア移民の商人の息子として生まれ，第一次大戦で収容。1918年収容所を脱走し，ゲッティンゲン大学で農学を学び，1922年突撃隊入り。1931年にダレーと知り合い，1933年食糧農業省の次官となり，1942年5月からダレーに代わって同省を指揮，1944年4月から公式にダレーの後任となった。Ebd., S.81f. u. 27f.

（54）穀物収穫量は1938年から1942年まで，それぞれ2960万トン，2750万トン，2400万トン，2360万トン，2270万トンと減少していく。国内消費量は同じく，2510万トン，2790万トン，2770万トン，2490万トン，2420万トンである。Vgl. Agrarwirtschaft und Agrarpolitik im Deutschen Reich（1933–1945）（...wiki/Agrarwirtschaft...）; Wehler（2008），S.700–706.

（55）ジモンは不明。

（56）フライスラーは教師の息子で法学を学び，第一次大戦で東部戦線に従軍，1922年に学位を取得し，1924年弁護士でカッセル市会議員，1925年ナチ党に入り，多数の裁判で党員を支援，1933年プロイセン州司法省次官で州司法組織の粛清を実施，1935年司法省次官，1935年帝国裁判所副長官，1942年民族裁判所長官，1945年2月3日の爆撃で死亡した。「血の裁判官」と称された。Weiß (Hg.) (2011), S.130ff.

ギュルトナーは蒸気機関手の息子で法学を学び，バイエルンで司法行政に就き，第一次大戦で従軍，戦後もキャリアを積みバイエルン州司法大臣となり，1932年パーペン内閣からヒトラー政権で司法大臣。Ebd., S.170f.

（57）ティーラクは商人の息子で法学を学び，第一次大戦で従軍，1921年ライプツィヒで検

事となりキャリアを積む。1932年8月ナチ党に入り，1933年ザクセン州司法大臣，1935年最高裁判所副長官，1936年民族裁判所長官，1942年司法大臣，ドイツ法学会会長，ナチ党法務局長と法曹界の頂点に立った。戦後，英占領軍の収容所で自死した。Ebd., S.458f.

(58) Vgl. Claudia Prinz (2015), Der Volksgerichtshof, in : LeMO (...kapitel/ns-regime/innenpolitik/volksgerichtshof.html) ; Wehler (2008), S.906f. Volksgerichtshofには「人民法廷」という訳語も当てられるが，その目的は「健全なVolkの感情」に対する違反を処罰し，Volksgemeinschaftを守ることにあった。その場合，「健全なVolk」とは一義的にゲルマン民族主義者であり，「劣等人種」や「反社会的asozial」人間は排除される。一般的な人民（国民）の含意ではなく，「人種的民族的全体的rassistisch-völkisch-total」イデオロギーに着色されたこのVolk概念に，本書では「民族」の訳語を当てる。同じVolksgemeinschaftでもスイスの場合は，社会主義者も含み多文化主義の「人民（国民）共同体」であった（本書の271頁および第5章註12を参照）。近年，ナチ刑法を間に挟み，20世紀ドイツ刑法・刑事政策史の連続性を問う研究が本格化しつつある。スイス刑法史との比較と共に，全体戦争と刑法の進化（急進化）に関する総合的な研究が求められている。さしあたり，以下を参照。Ambos (2019) ; Leon Augustin Hill (2020), Der Dualismus von Recht und Moral im NS-Strafrecht und heute, in : *GRZ*, 3/5, S.125-126 ; *GRZ* : Sonderausgabe (2023), *Nationalsozialismus* ; Karl Kaltenborn (2023), Der Kampf gegen das alte Recht : Die juristische Ausbildung im Nationalsozialismus, in : *Dies*, S.30-35.

(59) ヴァルトマンは1932年陸軍衛生監察官，1937年医官大将だったが，1940年12月に病で退任し，翌年3月には亡くなっている。Vgl. Klee (2015), S.653.

(60) Verluste der Wehrmacht während des Zweiten Weltkrieges 1939 und 1940, veröffentlicht von Statista Research Department, 19. 05. 1992 (https://de.statista.com/statistik/daten/studie/1094155/umfrage/verluste...) ; MGFA (Hg.) (1990), *Das Deutsche Reich und der Zweiten Weltkrieg*, Bd.6, Stuttgart, S.787.

(61) この問題について，木畑（2002）を参照。

(62) Vgl. Sven Felix Kellerhoff, Pro Stunde starben 100 deutsche Soldaten, in : *Welt*, 12. 05. 2015 (https://www.welt.de/geschichte/zweiter-weltkrieg/article140814551/Pro...).

(63) Wehler (2008), S.857.

(64) ポラコヴィッチュはローマのラテラン大学で神学と哲学を学び，1938年神学，1939年哲学の学位，スロヴァキア民族主義のイデオローグで1944年コメンスキー大学哲学教授。赤軍の到着前に西側に逃れ，1947年アルゼンチンに渡り，以後同地でスロヴァキア関係の著作を多数執筆している。Vgl. https://litcentrum.sk/autor/stefan-polakovic.

(65) トゥカは法学を学び，1918年チェコスロヴァキア建国後に民族主義の政治運動，1939年ドイツの支配下で設立されたスロヴァキア国家の首相となり，1944年健康の悪化で首相辞任。ユダヤ人迫害などで1946年に死刑を執行された。Vgl. Milan Stanislav Ďurica (1981), Vojtech Tuka, in : *Biographisches Lexikon zur Geschichte Südosteuropas*, Bd.4, S.364-365 (https://www.biolex.ios-regensburg.de/BioLexViewview.php?ID=1810).

(66) フィロフはフライブルク大学で古典学を学び，1906年ソフィアの国立考古学博物館勤務，古代都市の発掘調査を進め，1920年ソフィア大学考古学・美術史教授，1937年ブルガリア科学アカデミー会長，1942年2月首相就任，1947年2月，人民裁判によりユダヤ人迫害などで死刑の執行。Wolf Oschlies (1974), Bogdan Dimitrov Filov, in : ebd., Bd.1,

S.515–516（https://www.biolex.ios-regensburg.de/BioLexViewview.php?ID=820）.

（67）朝日新聞縮刷版，1942 年 10 月号，7 頁。

（68）ディートルは第一次大戦期には少尉として西部戦線で戦い，戦後は義勇軍運動に加わってヒトラーと早くから知り合い，その政治路線を生涯共有した。1930 年に少佐としてケンプテンで国軍山岳連隊指揮官，ポーランド戦，デンマーク・ノルウェー戦から対ソ連戦へと冬季戦の訓練を積んだ山岳師団を指揮した。1944 年 6 月に飛行機事故で死亡した。Jacob Knab（2015）, Generaloberst Eduard Dietl, in : Ueberschär（Hg.）, S. 299–307.

（69）Otto Bangert（1934）, *Gold oder Blut. Der Weg aus dem Chaos*, München : Zentralverlag der NSDAP（Franz Eher Nachfolger）. バンゲルトは 1900 年生まれの教師で文筆家。Vgl. Otto Bangert, in : Deutsch Biographie（https://www.deutsche-biographie.de/pnd1043477764.html?language-de）.

（70）Ernst Jünger（1942）, *Blätter und Stein*, Hamburg : Hanseatische Verlagsanstalt.

（71）ツァイツラーは牧師の息子で陸軍に入り，軍人のキャリアを積み 1934 年少佐，1939 年大佐，1940 年 3 月からエーヴァルト・フォン・クライスト将軍（1881–1954）の下で「戦車突破部隊」を編成，この第 1 装甲部隊の参謀長として西部戦線，バルカン戦争，バルバロッサ作戦に従事，1941 年 10 月第 1 装甲軍参謀長，1942 年 2 月少将，同 9 月陸軍参謀総長に就任し 47 歳で大将。しかし，ヒトラーとの軋轢で消耗し，1944 年 7 月予備役，1945 年 1 月には退役し，1945～47 年には英軍の捕虜となった。釈放後，米陸軍戦史研究部ドイツ支部に勤務した。Weiß（Hg.）（2011）, S.500f. ; Friedrich-Christian Stahl（2015）, Generaloberst Kurt Zeitzler, in : Ueberschär（Hg.）, S.554–563. シェーファー大佐，オルベルク少将は不明。

（72）パウルスは行政監察官の息子で，バーデン歩兵隊から軍歴を歩み，1931 年陸軍少佐，1942 年 1 月第 6 軍司令官へと昇進を重ねたが，1943 年 1 月スターリングラード戦の敗北でソ連軍の捕虜となった。1944 年 1 月から自由ドイツ国民委員会 Nationalkokomitee Freies Deutschland と結びつき，1953 年に捕虜の拘束から解放された。Weiß（Hg.）（2011）, S.348. ロシア戦線における 1941/42 年の最高司令官 25 名の経歴とその作戦指揮について，1998 年に始まったミュンヘン現代史研究所（ZiF）の国防軍研究プロジェクトの成果の一つである以下の著書が詳しい。Hürter (2006).

補論 3　アドリエン・トゥレルの「ウルトラ技術未来」論

（1）Hugo Eberhard u. Wolfgang Bortlik（Hg.）（1990）, *Adrien Turel zum 100. Geburtstag.* Zürich : Stiftubg Adrien Turel, S.13f.

（2）Ebd., S.11.

（3）Goldschmidt（1964）, S.80f.

（4）Ebd., S. 85f.

（5）Eberhard u. a.（Hg.）（1990）, a.a.O., S.12f.

（6）Ebd., S.15.

第 4 章　危機の中の学的営為

（1）独立専門家委員会　スイス＝第二次大戦：黒澤編・川崎訳（2010），108 頁。第二次大戦期，枢軸諸国による包囲の中で「順応」と「抵抗」の狭間に置かれたスイスの「過去」について，ドイツにおける「過去の克服」とも連動して 1990 年代後半に，外交政策

や難民政策などの検証が国家事業とされ，歴史家の委員会が5年の歳月をかけて検討し，その膨大な報告書と，それを取りまとめた「最終報告書」が2002年に出された。この「最終報告書」の第2章に「難民と難民政策」（95–160頁）が取りまとめられている。併せて，以下を参照。Kreis（2011），S.135–143 ; Hermann Wichers, Schweiz, in : Krohn u. a. (Hg.)（2008），S.375–383. 穐山（2020），143–162頁。

（2）前掲：黒澤編・川崎訳（2010），103頁。政治難民は政府高官などに限られた。戦時中の認定は252人のみで（97頁），バウムのような「寛容許可」の発給は約2000人だった（99頁）。開戦で「通過国原則」が破綻し，1940年から民間の労働収容所への収容と，富裕な亡命者からの資金徴収による難民支援団体への手当て措置が取られた。

ロートムントは商人の息子，チューリヒなどで法学を学び，学位所得後の1916年から連邦の行政府に入り，1919～29年連邦外国人警察統括官，1931年から連邦司法警察省の警察局長として1931年滞在定住法の策定にかかわり，1933年には外国人警察業務を同局に吸収し，1954年の退官まで外国人政策・難民政策を取り仕切った。1938年7月のエヴィアン会議にもスイス代表として出席した。Therese Steffen Gerber, Heinrich Rothmund, in : *HLS* (...031878/2012-06-26/).

（3）以上について，同上，104頁および73頁。

（4）ギュルス収容所の詳細は，加藤（2006），2–7頁。1940年10月バーデンからのユダヤ人6538人に始まり，1943年11月までに1.8万人のユダヤ人が収容され，1942年8月からの強制移送によって1.4万人が絶滅収容所に送られた。ヴィシー政権下フランス（非占領地）の当局側の動向と地域住民の反応については，ビルンボーム：大嶋訳（2021）が詳しい。特に同書，35–39頁。住民や当局の側にも，ユダヤ人迫害に反発する者がいたし，東方送りは毒ガスや細菌戦用の人体実験のためとする噂が，ユダヤ人当事者たちの間に広まっていた。

（5）1933～45年の期間，亡命したドイツ人の劇場関係者がスイスの劇場で重要な役割を果たすが，チューリヒ劇場はその代表的な事例だった。Vgl. Wichers (2008), S.378.

（6）「国境地域」は後には12kmに延長され，この範囲内での捕捉は送還につながった。前掲：黒澤編・川崎訳（2010），137頁。その様子を，1943年9月イタリア国境のテッシンで監視に当たっていたエルヴィン・ネフ中尉の妻宛の手紙（1943年9月26日付）がよく伝えている。Gregor Spuhler / Georg Kreis (2014).

（7）ゼリについて，史料ではザリ Sally やザラ Sara 表記も見られる。ユンク自伝の索引では，エリ Elly 表記されている。Jungk (1993), S.542.

（8）シュタイニッツは1940年10月から1942年夏までギュルス収容所。その時の日記（The Hans Steinitz papers 1939–1942）が，アメリカ合衆国ホロコースト記念館 United States Holocaust Memorial Museum にあるが筆者は未見。

（9）ファインはウィーン出身のユダヤ人で，語学を学びチャーチルの著作などの翻訳で著名。姉のマリアが俳優で，ゼリと親交があったと推測されるが，ファインのスイス入りの経路は不明。Vgl. Franz Fein (...wiki / Franz_...).

（10）ゼリとの知己関係は不明。

（11）ブリサーゴ収容所はイタリア国境から2kmのところにあり，300人ほどの女性が収容されていた。1943年7月25日にムッソリーニ政権が倒れたとき，昼食でホールに集まった収容者たちは「ムッソリーニが倒れた」と大喜びで叫んだが，所長は「バカな，ムッソリーニには感謝すべきで，これからが心配だ。テッシンが戦場にならなかったの

は彼のおかげだ」と叫んだ，という。収容者の大半は欧州各地からの人種的理由による難民だったが，ドイツ人共産主義者の女性も 2 人含まれていた。同収容所の動向について，以下を参照。Teubner (1975), S.171–173.

(12) ボンディはユダヤ系の作家・脚本家スカルピの息子としてベルリンに生まれ，ソルボンヌでドイツ文学研究を行い，パリで編集者となっていた。1941 年の追放後，チューリヒに移って『世界週報』の編集に従事し，戦後は欧州運動に尽くした。パリやスイスで雑誌を編集し，さらに多数の新聞雑誌に寄稿して大きな影響を与えた。Peter Stocker, François Bondy, in : *HLS* (...011583/2004-09-01). 彼は共産党を唯一の反ナチ政党と考え，1937 年にパリで入党したが，独ソ不可侵条約で脱退した。Vgl. Klaus Harpprecht, Der Vermittler, in : Süddeutsche Zeitung, 11. Mai 2010 (https://www.sueddeutsche.de/kultur/francois-bondy-xl-der-vermittler-1.425817).

(13) スカルピ（本名はフリッツ・ボンディ）はユダヤ系オーストリア人で，プラハで劇場作家の家庭で育ち，1912 年から自らも劇場関係の仕事に就き，1915 年から妻の治療のためスイスに移住。その妻を亡くして，1920 年からは各地を転々としながら創作活動を行い，1931 年にスイス市民権を取得し，1940 年からチューリヒに定住。英仏語からのドイツ語への翻訳作品は 150 点以上を数える。Rosmarie Zeller, N. O. Scarpi, in : *HLS* (...012244/2011-02-21/).

(14) 1941 年以降，共産主義者や社会民主主義者など「極左」の活動を行ったと推定された者は特別の収容所に送られた。Wichers (2008)（本章の註 1), S.380. 以下に見るように，ユンクの処置もこの線でなされた。

(15) オプレヒトはチューリヒ大学で政治経済学を学び，1925 年にオプレヒト書店，1933 年に「欧州出版社」を設立した。亡命者の著作の出版や個人的な資金援助など，系統的に亡命者を支援した。Michael Gautier, Emil Oprecht, in : *HLS* (...009535/2009-10-26/).

(16) ナープホルツの父方は牧師，母方はパトリチアー族で，チューリヒ州生まれ，チューリヒ，ベルリン，パリで歴史学とドイツ学を学び，1898 年スイス農民戦争史研究で学位を取り，1903 年からチューリヒ州立文書館員，1931 年からチューリヒ大学教授，1928 年から「全スイス歴史研究協会」の会長。Veronika Feller-Vest, Hans Nabholz, in : *HLS* (...031770/2024-09-02/) ; Edgar Bonjour (1997), Hans Nabholz, in : *NDB*, 18, S.678–679 (...pnd//8785532html#ndbcontent).

(17) カール・ヴェーバーは教師の息子で，バーゼル大学で歴史学などを学び，1906 年の学位取得後，地方紙の編集に当たり，1920 年から『バーゼル情報』紙，1930～52 年『新チューリヒ新聞』の編集を担当。1927 年に新聞学で教授資格を得，1928～52 年にはチューリヒ大学で「新聞学・ジャーナリズム学」の講義を持ち，1942～52 年にはベルン大学新聞学担当の員外教授を務めた。Matthias Wipf, Karl Weber, in : *HLS* (...041623/2012-08-02/).

(18) デラキはフランツ・フォン・リスト門下の著名な刑法・刑事政策学者。1914 年フランクフルト大学員外教授，1919～29 年スイス司法警察省警察局長，1929～34 年ハンブルク大学教授，1934～38 年スイス旅行クラブ会長，1938～49 年国際刑法・刑務所委員会事務総長（ベルン），1944 年からベルン大学教授。1940 年代前半には古巣の司法警察省警察局長の職を兼務していたと思われる。Therese Steffen Gerber, Ernst Delaquis, in : *HLS*, (...031877/2005-03-22/).

(19) Mazenauer (Hg.) (1992), S.167.

(20) Ebd., S.167.

(21) ノプスは仕立て職人の息子で，教員セミナーを出て教職に就く。1911 年にベルン州の社民党（SPS）執行委員となり，1915～35 年にはチューリヒで『人民の権利 *Volksrecht*』の編集に携わり，チューリヒの市会議員から 1919～43 年国民議会議員，1944～51 年連邦議会議員を務め，1949 年連邦大統領に就任している。Markus Bürgi, Ernst Nobs, in : *HLS* (...003669/2010-06-03/).

(22) アルフォンス・ローゼンベルクはユダヤ人でスイスに亡命し，キリスト教に改宗してスイス市民権を得た。モーツァルトに関する著作で著名。Victor Conzemius, Alfons Rosenberg, in : *HLS* (...010002/2010-11-11/).

(23) Schulz (2012), S.87. ヘーグナーは司法畑を歩み，1930～33 年社民党（SPD）国会議員，1945 年 6 月にミュンヘンに戻り，バイエルン憲法の制定から 1945～46 年および 1954～57 年にバイエルン州首相。彼もチューリヒ亡命時代には，1943 年からアレン・ダレスとつながりを持った。Hermann Wichers, Wilhelm Hoegner, in : *HLS* (...027985/2009-09-03/).

(24) Schulz (2012), S.98ff.

(25) Ebd., S.86.

(26) Vgl. Georg Kreis, *Die Weltwoche*, in : *HLS* (...043056/2013-10/01/).

第 5 章 「プレス（出版・報道）の自由」の歴史認識

(1) 前線派は反共主義と反セム主義を主張し，隣国のモデルに従う激しい行動様式を取った。国民議会選挙への参加は 1935 年のみで，2 議席（チューリヒとジュネーブ）にとどまる。しかし，この運動の権威主義的で団体主義的な国家改造思想は保守の右派勢力に保持され，特にムッソリーニが英仏と同盟関係を結んでいたため，連邦閣僚ジュゼッペ・モッタ（1871-1940）など指導的政治家にも共鳴者があり，1937 年にローザンヌ大学はムッソリーニに名誉博士号を送った。だが，前線派の全国的な結集は成立せず，運動はバラバラに終わる。「一方ではファシズム隣国の脅威の高まり，また他方ではおそらく一人の指導者による単一国家という目標を追求する彼らにとり，連邦主義の伝統を克服できなかったこと」が前線派挫折の要因，と最近のスイス通史はまとめている。Sacha Zala, Krisen, Konfrontation, Konsens (1914-1949), in : Kreis (Hg.) (2014), S.491-539, hier S.506f.

ここでは，国民社会主義とファシズムを峻別する最近のドイツ歴史学とは対照的に，国民社会主義もファシズム概念に括られている。しかし同時代にあっては，この使用法は「反ファシズム統一戦線」を提起したコミンテルンのスイス支部（スイス共産党）に限られ，同党は国民議会の得票率で 3％を超えることはなかった（Ebd., S.505）。一般には，ファシズム（イタリア）と国民社会主義（ドイツ）の体制は峻別され，全体主義概念の中に両者と共に共産主義体制をも含める理解が支配的だった。

(2) カール・ヴェーバーについては，第 4 章の註 17 を参照。スイスのジャーナリズム学は，1903 年にチューリヒ大学とベルン大学で開設され，ベルン大学では担当者の死亡で中断される。Vgl. K. Weber (1933), S.90f. スイス報道協会 50 周年記念誌（*Die Schweizer Presse*）では，この長文のヴェーバー論考（S.1-103）とフェルトマン論考（Marcus Feldmann, Grundlagen und Grenzen der Pressefreiheit in der Schweiz, in : ebd., S.123-208）が中心をなす。この時代，ヴェーバーとフェルトマンはスイス報道界の理論的支柱であった。

(3) 本章に関わるプレスの歴史一般については，以下を参照。Verein der Schweizerischen

Presse (Hg.) (1896) ; Lüthi (1933) ; Renschler (1967) ; Thommen (1967) ; Frei (1980) ; Württembergische Landesbibliothek Stuttgart (Hg.) (1983) ; Wilke (Hg.) (1984) ; Lorenz (2002). プレスの自由の歴史について，ヴィルケは簡潔に整理を行っている。すなわち，まずイギリスで名誉革命後の1695年，1662年のプレス免許法が廃止され，事実上のプレスの自由が成立する。18世紀には北米植民地の独立戦争で，1776年ヴァージニア権利章典12条にプレスの自由がうたわれ，1790年ペンシルヴェニア憲法で初めて憲法規定となる。フランスも大革命期に1789年人権宣言を継承し，1791年の憲法11条でプレスの自由が規定された。これに対抗して，プロイセンなど大陸諸侯は弛緩していた検閲を強化し，さらにナポレオンが1810 年，検閲を再導入した。ナポレオン打倒の「解放戦争」の余波で，1815年のウィーン条約第18条d項は，ドイツ連邦への共同のプレスの自由を課題とし，その検討を1817年に枢密顧問官フォン・ベルクに委託した。翌年，彼はドイツ連邦諸国の3分の1は事後判定（裁判措置），3分の2には事前検閲（警察措置）という現況報告を取りまとめ，その上で，「検閲に代わり，裁判所の前での責任」というヴィルヘルム・フォン・フンボルトの鑑定書を添えた。しかし，この検閲破棄への流れは，1819年春ロシア総領事アウグスト・フォン・コツェブエ暗殺事件で一変する。ブルシェンシャフトの一学生によるこの暗殺事件で，メッテルニヒは「カールスバート決議」を行い，すべての新聞と20ボーゲンまでの書物に事前検閲を課した。Vgl. Wilke, Einleitung, in : ders. (Hg.) (1984), S.1-55, hier S.23f. その延長線上に，スイス・プレスへの圧力があった。スイスと対照的な，この時期の中欧の動向について以下を参照。James E. Brophy (2015), Grautöne : Verleger und Zensurregime in Mitteleuropa 1800-1850, in : *HZ*, Bd.301, S.297-331.

（4）1795年フランス憲法をモデルとする単一の共和国憲法であり，その行政区画としてカントン Kanton が公式用語となる。カントン（ドイツ語 Stand，フランス語 cantons，イタリア語 cantoni）の政府は復古期，独立的な権力 Obrigkeit として領邦国家的性格を持つため，「邦」の訳語が当てられることも多い。しかし，その公式用語としての登場の歴史を考慮し，時代による訳語分けをせず，ここでは「州」の訳語を用いる。革命から復古の時代のスイス史について，以下の日本語文献の当該箇所を参照。小林（1989）；イム・ホーフ：森田監訳（1997）；関根（1999）；踊（2011）；ビュヒ：片山訳（2012）。

（5）ウステリは1788年ゲッティンゲン大学で自然学の学位取得後，故郷のチューリヒに戻り医師として働く傍ら植物学の普及に努める。フランス革命で政治活動に入り，1797年州会議員から始まり，1803〜31年州閣員で何度も同盟会議への州代表を務め，1821〜31年には『新チューリヒ新聞』の編集をはじめ多数の紙誌で自由と共和制擁護の論陣を張る，スイス自由派の代表であった。1831年チューリヒ市長に選出されるが，就任前に死亡する。Katja Hürlimann, Paul Usteri, in : *HLS* (...007326/2013-11-19/).

ツショッケは孤児として生まれ，マクデブルクで育つ。1792年フランクフルト・アム・オーデル大学で神学の学位を取り，1796年スイスのライヒナウ（グラウビュンデン州）で教育施設に職を得た。しかし，1798年自由愛国派の支持者として同地を追われ，共和派の「ヘルヴェチア国民文化事務所」の職を得，同年10月雑誌『……スイス人の使者』を創刊。1801年バーゼル州知事，1804年から新州アールガウの森林・鉱山官吏となり，1815〜43年アールガウ州会議員。彼の『……スイス人の使者』および小説は自由派の次世代に多大な影響を与え，「旧盟約同盟から連邦国家スイスへの移行を代表する人物」であった。Ruedi Graf, Heinrich Zschokke, in : *HLS* (...0005532/2014-02-24/). ネット情

報によれば，リースタール市博物館で2013年に，またアーラウ市博物館では2021年に，彼の作品や記念の展示が行われている。

（6）ハラーはベルン生まれでベルン共和国に勤務し，1798年ベルン憲法案を起草，『ヘルヴェチア年代記』を創刊して革命イデーと闘うが，拘束を恐れて南ドイツに逃亡，1799～1805年オーストリア国家勤務。1806年新設ベルン・アカデミー国法学教授の職で復帰し，1810年からベルン州会議員，1816年に主著『国家学の復古』第1巻を刊行して著名になり，立憲運動批判で「ウルトラ反動」の評判を得る。しかし，1821年春にカトリック改宗が露見し，ベルン州議会によりすべての職を剝奪されて再度の亡命でパリに移る。7月革命後の1830年にゾロトゥルンに戻り，そこで州会議員となり，ウルトラ保守派を指導する。ルソーを批判し，強者による弱者の支配を自然の法則・神の摂理とする彼の国家学は，広く欧州保守派とのネットワークを構成したが，1848年革命でその影響力は失われる。Albert Portmann-Tinguely, Karl Ludwig von Haller, in : *HLS*（...010657/2007-11-27/).

（7）ザウアーレンダーはフランクフルト出身で，1804年にアーラウで書店（印刷・出版）を開業し，ツショッケの民衆本や『……スイス人の使者』の発行元となり，民衆啓蒙・民衆教育に尽くした。この出版社は児童本や学校本に重点を置き，20世紀へと継続されている。Vgl. Patrick Zehnder, Heinrich Remigius Sauerländer, in : *HLS*（...029538/2011-02-16/).

（8）1830年代における政治的再生の成果，営業・出版・結社・信仰の自由などから所有権保障や人民主権まで，各州レベルでの憲法上の権利規定の年代記は，以下を参照。Irène Herrmann, Zwischen Angst und Hoffnung. Eine Nation entsteht（1798-1848), in : Kreis（Hg.)（2014), S.371-421, hier S.390f.

（9）著名な文化史家ブルクハルトは1844/45年にバーゼル大学勤務の傍ら，『バーゼル新聞』の編集部に入り政治欄を担当した。Vgl. Peter Ganz, Jacob Burckhardt, in : *HLS*（...011647/2012-03-12/). ヴェーバーは第2章の冒頭で，ブルクハルトの『世界史の考察』を引き，フランス革命後の時代意識を記述している。Vgl. K. Weber（1933), S.25. これに依拠しつつユンクも，より広くシスモンディなどを引き合いに，1820年代の時代的雰囲気を叙述している。Vgl. Baum（1947), S.7f.

（10）第一次大戦期のプレス規制については，フェルトマンの論考が扱っている。1914年8月3日に連邦議会は連邦内閣に非常時全権を負託し，連邦内閣は直ちに軍事情報関係すべてを参謀部付き「プレス統制事務所」の監督下に置いた。1915年には敵対する外国諸国からの宣伝物が問題になり，7月2日の司法警察省提案による閣令「外国の国民・首長・政府の罵倒 Beschimpfung に関して」が出され，「プレス統制委員会」が同省内に置かれる。5人の委員からなり，うち2名はスイス報道協会の任命であった。この委員会により合計で2674件の処分が行われる。押収された出版物は仏語182，独語135など合計で338点，うちスイス国内刊行物は13点にすぎなかった。こうして政府のプレス規制が中心となるが，ロシア革命以降は，規制対象が外国宣伝物から国内出版物に移る。連邦内閣は1918年7月12日および11月11日付で秩序と安全を保持する措置を決定する。この決定は明確にプレス緊急法の性格を有し，例えば1919年8月7日にはイラスト雑誌『反乱者 *Der Rebell*』に発禁処分が下された。同年12月23日の決定で連邦内閣は，既存国家秩序の倒壊を賛美する印刷物の監視を連邦検察庁に委託し，その提案に基づき1922年4月までに共産党系の10紙誌の処分が行われた。しかし，同年9月2日にいわゆる

「転覆法」の国民投票が否決され，プレス規制の時代は終わる。再度問題になるのは1932年11月9日のことで，ジュネーブ騒乱をきっかけとしていた。Vgl. Feldmann (1933), S.133-143.

(11) 協会の会長フェルトマンの見解である。彼の立場は一貫している。1940年1月の基本閣令に関する2月21日の国民議会審議では，「政治の世界で何が生じているのか，スイス国民はその情報を得る絶対的権利を持つ」と，ウステリを想起せしめる演説を行った。Vgl. K. Weber (1948), S.141f. そして，戦後の1947年3月に戦時プレス法が問題となった議会では，「プレスの仕事は，国家に組織された国民の共同体に奉仕する公共的使命である。全体主義独裁国家は強権的暴力をもって「公共の利益」を恣意的かつ完全に自己の見解に書き換え，支配し指令する党派的立場の擁護をプレスの公共的使命と見なす。これに対して民主制は，「公共の利益」とは何であるのか，そのことに関する自由な議論にプレスの使命を見る。決定するのは国民の多数である」と指摘した（Ebd., S.311f.）。

フェルトマンは1928〜45年農工商市民党機関紙『新ベルン新聞』の編集長，1933〜35年スイス報道協会会長，1935年から国民議会議員で，1951年には連邦閣僚に就任する。Peter Stettler, Markus Feldmann, in : *HLS* (...004711/2005-11-28/). ヴェーバーの1948年著作もフェルトマンの発言を多数引用し，基本的な見解を共有している。ナチ政権の言論弾圧に対する，ドイツ・メディアの対応については，フライ／シュミッツ：五十嵐訳(1996)。

(12) 社会民主党（SPS）の中心人物はロベルト・グリム（1881-1958）で，1909年『ベルン起床時刻』の編集長，1911年国民議会議員。第一次大戦期に「城内平和」路線に反対して国際社会主義者会議を2度開催し，レーニンの暴力革命路線を取らず，大衆ストライキ路線を貫き，1918年11月に4日間の全国ゼネストを指導した。1920年の党大会の綱領を起草，「プロレタリア独裁」をうたいつつコミンテルンへの参加は拒否し，急進派の6000名が離党して共産党を結成した。1931年の主著『スイスにおける社会主義理念の歴史』は，「プロレタリア独裁」の綱領規定を詳細に点検して事実上この概念を破棄し，あらためてコミンテルン（とその支部）との協力拒否の原則を提示した。1938年には社会民主党初の連邦閣僚に就任する。Vgl. Grimm (1931), S.201-223 ; Bernard Degen, Sozialdemokratische Partei (SP), in : *HLS* (...017393/2022-01-24/).

20世紀初頭ベルリンでの労働者運動から出発し，ドイツ革命期およびその後の時期に非コミュニズム・革命的社会主義路線を取りつつ，ナチ党の台頭とドイツ社会主義勢力の敗北を見取っていち早く，ブラントやクライスキーに先行して社会民主主義路線へと旋回したグリムの政治的思想的軌跡に関し，きわめて明快な説明をモーザーが与えている。Vgl. Mooser (2012), S.27-38. 戦間期のスイス政治の動向について，Zala (2014)（本章の註1), S.498-514. 踊（2011），104-110頁。

(13) スイスは市民法廷の死刑を廃止し，当該州グラウビュンデンの最高刑は25年の懲役刑であった。ドイツ側は激しく死刑ないし最高刑を求めたが，被告ダーフィト・フランクフルター（1909-82）は病（骨髄化膿）を考慮され，18年の刑と服役後の追放処分とされた。この事件の顚末については，Vgl. Walter Wolf, Nationalsozialismus, in : *HLS* (...017461/2010-09-07/) ; Sven Felix Kellerhoff, Wie ein Jude Hitlers Statthalter erschoss, in : *Die Welt*, 29. 04. 2013 (htttp://www.welt.de/geschichte/zweiter-weltkrieg/article115696919/Wie-...). 閲覧は2022年11月27日。

(14) クヴィスリングについては第3章の註23を参照。

(15) エリーは1925～49年『バーゼル情報』編集長，1931～49年国民議会議員（自由民主党）で，フェルトマンと並び反国民社会主義・精神的国土防衛の中心的言論人であった。Thomas Schibler, Albert Oeri, in : *HLS* (...006459/2009-08-21/). 大統領ピレ，特にその将軍ギザンとの関係について，Jean-Claude Favez (Übersetzung : Anja Lindner), Marcel Pilet-Golaz, in : *HLS* (...004641/2011-02-03/). ピレは同年9月，前線派のグループでドイツ合併Anschlußを主張するスイス国民運動の代表とも会談し，マスコミの激しい非難を受けた。同年11月には同運動に禁止処分を下すが，国民の信頼を失い，ソ連との国交回復の失敗を契機に1944年に引退した。

(16) シンドラーはチューリヒ州議会議員（自由民主党）でチューリヒ大学の法学教授。Christoph Manasse, Dietrich Schindler, in : *HLS* (...015773/2010-12-02/). 同じチューリヒ大学法学教授のツァカリア・ジャコメティは1942年講演で，憲法の条項に依拠しない全権レジームは「全体主義の傾向を伴う権威主義国家」と批判する。Andreas Kley (2011), Zaccaria Giacometti. Staatsrechtslehre als Kunst ?, in : *SJZ*, Nr.19, S.434. 戦時期に軍事法廷では合計で33人の死刑判決が下され，16人のドイツ系スイス人を含む17人の死刑が執行（射殺）された。ただし，スイス国民運動を含め，前線派メンバーで国家背信（大逆罪）を問われた者はいなかった。Vgl. Hervé de Weck (Übersetzung : Elmar Meier), Landesverrat, in : *HLS* (...024626/2012-09-11/).

(17) 全体的な概観は，現代史家クライスが与えている。すなわち，「軽い措置」は1943年7月から1945年6月の期間，異議749件，警告802件，押収36件，「重い措置」は戦時の全体で公開警告23件，事前検閲規制11紙（無期限3，3週から3ヵ月8），無期限禁止4紙，1日から4ヵ月の禁止20紙であった。Kreis (2011), S.42.

(18) 同盟会議を主催する盟主は2年任期で3都市国家の持ち回りであり，1823/24年ベルン，1825/26年ルツェルン，1827/28年チューリヒ，1829/30年ベルンであった。その市・共和国（州）の首長（市長・州知事）が同盟会議の議長である。州の統治機関（州内閣，Kleiner Rat, Regierungsrat, Staatsrat etc.）は，中世都市参事会Ratの伝統を受け継ぎ，たいてい10～30名規模のメンバー（参事，閣員）からなる合議機関である。Vgl. André Holenstein, Kleiner Rat, in : *HLS* (...010236/2010-06-30/).

(19) 絶対王政の復活を目指すポリニャック首相は，報道の自由を制限して下院を解散し，大幅に選挙権を剝奪して新選挙を実施する「7月勅令」を発し，国民の憤激を招いて7月革命に至った。

(20) K. プファイファーはテュービンゲン大学で法学を学び，1821年同大学で学位を取得，ルツェルンで弁護士，1826～67年同州会議員，1831年から同州で判事のキャリアを積み，1848～63年連邦裁判所判事を兼務。兄エドゥアルトも1810年ルツェルンで法律事務所を開き，1832～34年同州会議員，同州閣員。Heidi Bossard-Borner, Kasimir Pfyffer (von Altishofen), in : *HLS* (...005258/2010-02-02/) ; Dies., Eduard Pfyffer (von Altishofen), in : *HLS* (...005164/2016-03-03/).

(21) ヘルヴェチア協会は1760年代初頭に啓蒙グループにより設立され，毎年5月に集会を持った。1807年ヘルヴェチア共和国の設立で自由派の結集点となり，復古期以降も自由・平等・宗教的寛容を基本路線とし，1858年「新ヘルヴェチア協会」への再編に至るまで続いた。Emil Erne, Helvetische Gesellschaft, in : *HLS* (...016429/2007-12-05/).

(22) ロテックは1797年法学博士，1798年フライブルク大学世界史の員外教授，1818年同国家学教授，1831～40年バーデン第2院議員で，プレスの自由を主張した西南ドイツ自

由主義の代表者。Manfred Friedrich (2005), Karl Wenceslaus Rodeckher von Rotteck, in : *NDB*, 22, S.138–140 (...pnd118603329.html#ndbcontent).

(23) 発行地はこの小州の小地区トローゲンで，その地が政治的ジャーナリズムの牙城となる。医師ヨハネス・マイアー（1799–1833）は 1825 年『アペンツェル月刊誌 *Appenzellisches Monatsblatt*』を発刊し，「地域学 Landeskund」を対象とするこの雑誌は 20 年余続いた。そのマイアーが 1828 年 7 月に，この政治新聞の第 1 号を自分の印刷所で刊行し，その巻頭で，「理性的教育の助成とは矛盾し，プレスの自由を抑圧する巨大な障害がある。しかし，新しい世代と共にプレスの権利が成長することは不可避である。いかなる権力も，もはやこれと対抗することはできない」と宣言した。創刊時は 620 部，1 年後には 1010 部の定期購読で，「その断固たる言葉や闘いの意欲は，スイスの政治的センセーションとなり」，検閲政策を突き破る突破口を開く。Vgl. K. Weber (1933), S.49f.

(24) ドゥ・ラ・ハルペはテュービンゲン大学などで学び，1774 年法学博士。ローザンヌで弁護士となり，議員にもなるが，ベルンのヴァート支配に反抗し，1782 年スイスを去る。1783～95 年にはロシア皇帝エカチェリーナ 2 世の二人の孫の教育者を務め，1796 年パリに移ってヴァート地方の独立に尽力。1800～14 年はパリ郊外に引きこもり，1814 年かつての教え子アレクサンドル 1 世に依頼して小ヴァート地方の独立を確保，1816 年ローザンヌに戻り，自由派の州会議員として宗教の自由と個人の権利保障のため尽くす。ユンクの学位論文は，ウステリと彼との間の往復書簡を数多く引用している。Vgl. Antoine Rochat, Frédéric-César de La Harpe, in : *HLS* (...015222/2020-08-27/).

(25) チューリヒ大学の 1997 年博士論文に基づく 2001 年のミュラーの著書『政治文書の密輸――スイスとドイツ連邦における亡命文献の公共性の条件（1830～1848 年）』を参照。1823 年の「誓約同盟会議は最初のプレス・外国人評決を，この「言論中立性」（バウム）の要求に応えて裁可」し，それは「危機的外交事情に基づき……起草された非常措置」であり，その破棄の第 1 歩は 1827 年ジュネーブ州の新しいプレス法に始まり，その 1 年後には新しい新聞が多数発行され，「スイスにおけるプレス政策の最終的な転換」が画された，とユンクの博士論文を引用（註 101，103）しつつ，同論文に依拠してミュラーは論じている。Vgl. Müller (2001), S.276.

第 6 章　第三帝国の終末を越えて

(1) 有馬（2009），119，121 頁。なお，ダレス事務所の住所をユンクの自伝は「Dufourstraße 23」としている。Vgl. Jungk (1993), S.193. 正しくは「Herrngaße 23」。

(2) Allen W. Dulles (1947), Foreword to the Original Edition, in : Gisevius (2009), p. xiii. 第 2 章の註 12 も参照。

(3) Sven Felix Kellerhoff, So zerstörten Bomben deutsche Städte - eine Bilanz, in : *Welt*, 10. 05. 2015 (https://www-welt-de/geschichte/zweiter-weltkrieg/article140674954/So-...). 閲覧は 2023 年 9 月 9 日。

(4) Dulles, a.a.O., p. xv. 反ソ親米路線のギゼヴィウスはダレスと立場を同じくし，ドイツの敗北だけでなくソ連の進出阻止を求め，ヒトラー排除後の分離講和の必要性をダレスに説いていた。Peter Hoffmann, Introduction to the 1998 Edition, in : Gisevius (2009), p. 10.

(5) 自伝では，ダレス事務所が 1945 年 3，4 月に指揮した，ソ連を抜きに北イタリアのドイツ軍 100 万の単独降伏を取り付ける「サンライズ作戦」をいち早く察知し，その秘密交渉を『オブザーバー』で最初に公表することを手助けし，「私が初めて国際的に知られ

る職業的成功」を得たとされている。Vgl. Jungk (1993), S.207f. しかし，同紙上の「サンライズ作戦」に関する本格的な記事はマルコム・マゲリッジ「ダレス氏とナチの将軍」(Malcolm Muggeridge, Mr. Dulles and the Nazi general, in : *The Observer*, 19. 02. 1967) に限られる。思い違いであり，この 7 月 20 日事件の論説がユンクの名が知られる出発点となった。

(6) ギゼヴィウスはヴェストファーレン州の高級官吏の息子として生まれ，法学を学んで 1928 年法学博士の学位を得る。青年時代から民族主義に染まり，1930 年には「ドイツ民族派 Deutschnationale」の候補として国会選挙にも出馬したが落選。ナチ党に加盟し，1933 年プロイセン内務省に入ってゲシュタポの設立にあたったが，ナチスの犯罪行為を目にしてゲシュタポの組織と権限の拡張を図るハイドリヒやヒムラーと対立した。1935 年 6 月に内務省からプロイセン州刑事局に異動となり，その局長ネーベと親しくなったが，翌年ヒムラーが全国警察行政を掌握して地方の参事官に異動させられた。遅くとも 1938 年以降は反ヒトラー・クーデターの計画を進め，1939 年 9 月に国防軍情報部長カナリス提督の引きで特別職 Sonderführer に就き，1940 年チューリヒのドイツ領事館に副領事として赴任した。その後も，しばしばドイツに向かい，情報収集と共にクーデター計画を進めた。Vgl. Hans Bernd Gisevius (...wiki/Hans_Bernd_Gisevius).

(7) Dulles (1947), a.a.O., in : Gisevius (2009), p. xiii.

(8) Lars-Broder Keil, Ein Verschwörer, der lange als Versager galt, in : *Welt*, 17. 07. 2012 (https://www.welt.de/kultur/history/zweiter-weltkrieg/article108307449/Ein...). 最近の研究として以下を参照。Winfried Heinemann (2020), Das Ende des Staatsstreichs. Die Niederschlagung des 20. Juli 1944 im Bendlerblock, in : *VfZ*, 68/1, S.1-23. *VfZ* は 1953 年の創刊以来，このクーデターに関する論文 46 本を掲載しているが，社会主義者の抵抗運動についての論文は 8 本にとどまる。Vgl. Helga Auerbach u. a. (Hg.) (2021), Inhaltsverzeichnis der Jg.1 (1953) -69 (2021) der *VfZ* (https://www.ifz-muenchen.de/fileadmin/user.upload/Vierteljahrhefte/Jahresinhaltsverzeichnis/Gesamtinhaltsverzeichnis.pdf).

(9) Gene Mueller (2015), Generalobst Friedrich Fromm, in : Ueberschär (Hg.), S.71-78. 国内予備軍総司令部での 7 月 20 日の顛末は，Peter Hoffmann (1969) をスタンダードワークとし，すでに研究し尽くされているとされる。近年，Thomas Karlauf (2019) のシュタウフェンベルク伝記が刊行されたが，その抵抗の意義というよりもポーランド戦での行為が問題にされ，議論の焦点は抵抗軍人たちの道徳性の評価に移っている，という。以上について，フロムに従ったオルブリヒト配下の三人の参謀将校に注目し，その経歴と戦後の動向を検証した上記ハイネマンの研究を参照。Heinemann (2020), a.a.O., S.1-23, hier S.1f. 最新のものとしては，Ruth Hoffmann (2024) がある。以上，書名は省略。

(10) Gene Mueller (2015), Generalfeldmarschall Günther von Kluge, in : Ueberschär (Hg.), S.130-137.

(11) Wehler (2008), S.915.

(12) 2019 年の連邦軍ドレスデン軍事史博物館における 7 月 20 日事件の 75 周年特別展 (Der Führer Adolf Hitler ist tot. Attentat und Staatsstreichversuch am 20. Juli 1944) の企画者マグヌス・パール Magnus Pahl へのインタビュー記事。Felix Schlagwein, Erinnerung an den 20. Juli 1944. Staatsstreich hatte eine gewisse Chance auf Erfolg, 04. 07. 2019 (https://www.dw.com/de/erinnerung-.../a-49429005).

(13) この点の詳細は，若尾 (2017)，283 頁を参照。

(14) 自伝では，『オブザーバー』通信員として内務省で難民政策に関するインタビューを行い，担当者は厳しい質問に堪忍袋の緒を切らしたが，その後じきに国外退去処分が破棄された，とされている。Vgl. Jungk（1993），S.205. 収容処分の誤解で，その破棄通知があったと推測される。

(15) ホッホヴェルダーの作品『聖なる実験』。パラグアイにおけるイエズス会国家の解体を権力闘争の結果として描き，戦後，フランス語に翻訳されてパリで上演され，大きな反響を呼んだ。彼は1950年代，オーストリアのブルク劇場の劇場付き作家であった。Vgl. Mazenauer（Hg.）（1992），S.205, 228 u. 236 ; Franziska Meister, Fritz Hochwälder, in : *HLS*,（...011955/2009-09-03）. ウィーンのユダヤ人追放については野村（2023），106-128頁を参照。

(16) 軍隊を動員した大規模な強制移住は1945年6月から開始され，年末までにポーランドから強制移住させられたドイツ人の数は100万人規模に達した。川喜田（2019），50頁以下を参照。ユダヤ人の追放については野村（2012），19-25頁。

(17) Brennpunkt Polen. Aus einem Totenland, in : Rudolf Augstein（Hg.）（2002）, *Die Flucht der Deutschen : Der Spiegel special 2/2002*（http://www.spiegel.de/spiegel/spiegelspecial/d-22937254.html）. 閲覧は2015年8月20日。

(18) ニュルンベルク裁判については芝（2015）が詳しい。公判初日および二日目の様子は同書，89-99頁。

(19) Wehler (2008), S.675-679.

(20)「プレスキャンプ」はニュルンベルク郊外にある米軍接収地「ファーバー館 Faber Schloß」にあり，A. ヘミングウェイや J. スタインベックも長期間滞在した。Vgl. Nürnberger Prozesse. Pressecamp im Schloss des Bleistiftkönigs, in : Spiegel panorama, 17. 11. 2005（https://www.spiegel.de/panorama/zeitgeschichte/nuernberger-...-a-383274.html）.

(21) 裁判の準備過程について，芝（2015），65-71頁。

(22) K.v.S., “Peace for our time”, in : *Die Weltwoche. Friedens Nummer*, 11. 05. 1945, S.1.

(23) 小倉桂子「ヒロシマそれぞれの詩　小倉さんと世界の仲間たち　ロベルト・ユンク(4)」『毎日新聞』(1987年8月12日)。

終　章　迫害と抵抗の青春を生きる

(1) Friedrich Battenberg, Judenemanzipation im 18. und 19. Jahrhundert, in : Europäische Geschichte Online（EGO）, 2011（https://www.jeg.ego-eu/de/threads/europaeische/netzwerke-juedische-netzwerke-friedrich-...）.

(2) Benz (2011), S.7.「同化」過程の諸相は長田（2011），第1部。

(3) 1871年憲法による「ユダヤ人解放」に対して，70年代半ばの経済不況をきっかけにその責任をユダヤ人に負わせ，ユダヤ教徒のみならずキリスト教に改宗したユダヤ人を含めて人種（血統）主義の立場から，フランス革命の自由・平等理念に敵対してユダヤ人の権利制限と社会的排除を掲げる「反セム主義」の政党が結成された。それらの政党は「反セム人請願」に取り組み，1880年にはその署名数が全国で25万に達した。とりわけ，学生の署名が目立ち，その数は4000人（全学生の18%）を超えた。歴史家ハインリヒ・フォン・トライチュケ（1834-94）の影響で，これに対して古代史家テオドール・モムゼン（1817-1903）が厳しく反撃し，ユダヤ人の法的な同権化（狭議の意味での同化）を擁護し，「反セム人請願に反対する請願」にも署名した。ユンクの通ったギムナジウム

は，まさしくそのモムゼンの名を冠していた。この時代の反セム主義政党の活動は 1893 年がピークで，その後は衰退したが，1890 年代から反セム主義は一層人種主義の性格を強めていった。Vgl. Johannes Leicht / Arnulf Scliba (2021), Die „Antisemiten-Petition“ u. Burkhard Asmus (2015), Antisemitismus, in : LeMO (...kapitel/kaiserreich/antisemitismus/aspet ; ...kapitel/kaiserreich/antisemitismus). 広く各国の「反セム主義」の動向と研究文献については以下を参照。Geschichte des Antisemitismus bis 1945 (...wiki/Geschichte_...).

(4) ヴァイマル期の青年運動について，田村（1996），203-303 頁を参照。

(5) Benz (2011), S.20.

(6) 以下は次を参照。Ebd., S.145-149 u. 154.

(7) 木畑（2015）もヴォルハイムについて触れている（92，110 頁）。ユダヤ人の子どもたちの救出に関する国際社会，またとりわけイギリスおよびドイツ語圏におけるユダヤ人組織の対応について，同書は前半で詳細に叙述している。

(8) 戦後のヴォルハイムは，1947 年，収容所で出会った青年運動時代からの知り合いフリーデルと結婚して二人の子どもをもうけ，1950 年にはアウシュヴィッツ・モノヴィッツの当時のブナ工場の強制労働者たちから集めた要求書をもって，IG ファルベンに対する補償訴訟を起こした。これをもってドイツ生活に区切りをつけ，1951 年秋にはアメリカに移住し，その後はニューヨークで公認会計士として働きながら，ユダヤ教区やホロコースト被害者救援の活動を続けた。「彼は外見的なドイツユダヤ人の共同生活を信じ，あまりにも深くドイツ文化に根ざし，同時にユダヤ人の伝統と宗教に生きる，愛国的ドイツユダヤ人だった」とベンツは記している（Ebd., S.182f.）。ヴォルハイム記念館 Wollheim Memorial のウェブサイト（www.wollheim-memorial.de）も参照。

(9) 以下は次を参照。Ebd., S.184-194.

(10) ルートの父は 1938 年にアルゼンチンに移住し，家族を引き取ろうとするが，アルゼンチンの法律で一年定住後とされ，一家は取り残されて，ルートは苛酷な時期を送った。1938 年 10 月，ナチ政権によるドイツ在住ポーランド国籍のユダヤ人 1.7 万人の強制送還でルートはポーランド国境の難民収容所に入り，そこで最初の結婚をした。彼女は 18 歳で，その夫と偽造旅券でワルシャワゲットーに移ったが，1943 年に夫を亡くす。ルートは偽名を使ってポーランドの抵抗運動と結びつき，1945 年 1 月赤軍による解放を迎えた。戦後はクラクフのミシン商店で働いていたが，父からの連絡で母と兄がベルリンにいることを知らされ，ベルリンに移った。彼女は結婚してベルリンに残ったが，母と兄は父のいるアルゼンチンに移住したという。Vgl. ebd., S.188f ; Jüdische Gemeinde zu Berlin, Ruth Galinski ist tot (www.jg-berlin.org/beitrage/details/ruth-galinski-ist-tot-i732d-2014-10-01.html).

(11) Benz (2011), S.189.

(12) Vgl. ebd., S.228-240.

(13) Ebd., S.233.

(14) アウグスタはユダヤ人ではなく，その一家は農民で，労働者の雇用や農業機械の使用で当局の怒りを買い，富農（クラーク）として 1929 年にシベリア送りとなり，300 km の距離を歩いてこの地にたどり着いて開墾作業に当たった。アウグスタは初等教育からやり直して 1941 年に中高等学校を修了し，大学に入ったが戦争で中断，村に戻って消費組合で会計の仕事に就いた。教員資格を取得していなかったが，教員不足で教職をあてがわれ，教員キャリアを積んでいった。Vgl. ebd., S.234.

（15）Ebd., S.231f. 東西ドイツ統一後の 1994 年 8 月，ヴォルフェンラウト夫妻は息子二人とその妻子も含めドイツに移住した。1990 年に旧東ドイツ国民議会が決定した，一度限りの「割り当て難民」受け入れのチャンスを利用しての移住で，その後はレーゲンスブルクで暮らした。詳細は Vgl. ebd., S.240–245.

（16）Vgl. Petritsch (2011), S.16–18. 以下も同書による。

（17）Ebd., S.22.

（18）Vgl. ebd., S.33.

（19）Ebd., S.37.

（20）Vgl. ebd., S.41ff. 12 日当日，試験勉強のため家で本で読んでいると，突然電気が消え，何かが起きたと思い党本部に駆けつけ，そこでゼネストのことを知らされ，ビラを配った，という。銃撃戦の結果双方でほぼ 300 人の死者と 800 人の負傷者が出た。「オーストリア・ファシズム」について，タロシュ／ノイゲバウアー：田中・村松訳（1996）。

（21）Ebd., S.56f. これら二つの記事はクライスキーの自伝に掲載されている。Vgl. Kreisky (1986), S.244f.

（22）Petritsch (2011), S.62.

（23）Ebd., S.65f.

（24）Vgl. ebd., S.66f. ウィーンを発った 2 日後，ゲシュタポが自宅に逮捕に来たという (Ebd., S.69)。

（25）ヘルベルトはモラヴィアの父の会社を相続し，輸出事業でスウェーデンとの結びつきもあり，1938 年ドイツ軍による占領でスウェーデンに亡命し，新たに共同で事業を立ち上げ，キュウリ・ピクルスの新商品を開発して事業を成功させた。1943 年にはチェコスロヴァキア亡命軍の将校としてスコットランドに渡り，ノルマンディー上陸作戦にも参加した。Vgl. Herbert Felix, in : Österreichisches Biographisches Lexikon ab 1815, 2. überarbeitete Auflage-online (https://www.biographien.ac.at/oebl/oebl_F/Felix_Herbert_1908_1973.xml).

（26）Vgl. Petritsch (2011), S.74f.

（27）Ebd., S.77f. この間，1941 年春に警察に 2 日間だけ拘束され，尋問を受けた。手紙の検閲で，情報活動を疑われたためである。スウェーデンでも亡命者の政治活動は禁止されていたが，規制は緩かった。

（28）「ブラントは若く見栄えがよく輝きを放っていて，どこでもすぐに親しくなった。……非常に社交的な人で，スカンディナヴィアの諸国にも容易になじみ，夕方の集まりではよく笑いよく歌い，もちろんよく飲んだ」とクライスキーは回想している。Kreisky (1986), S.349.

（29）Grebing. u. a. (Hg.) (2000), S.23f.「平和目的」綱領は「社会主義的民主制のための国民的かつ国際的な闘い」をうたい，大西洋憲章で確認されたローズヴェルト米大統領の四つの自由（言論の自由，信仰の自由，欠乏からの自由，恐怖からの自由）を出発点とし，諸国民の自決権，マイノリティの保護，戦争犯罪者の処罰，武装解除と軍備縮小，新しい孤立主義の回避，国際的な法組織，地域の一体性（とりわけ欧州諸国の協力体制），ソ連邦との和解，経済的な協力，経済の能率向上，国際的な計画経済，植民地諸国民への援助，ドイツの民主化，社会主義労働者インターナショナル，国際的な労働者の統一を掲げた。クライスキーもこの路線で，「革命的社会主義」から「民主的社会主義」へ，スウェーデン福祉国家モデルの戦後オーストリア再建を確信的な綱領路線としていた。Vgl. ebd., S.88–104.

(30) オーストリア国民意識の問題について，水野（2020），1-18 頁を参照。クライスキーの小国オーストリア・アイデンティティについて，その意識の形成過程がこれまでの研究では，なお明確にはされていない。
(31) Ebd., S.89f.
(32) Ebd., S.29.
(33) Roman Felleis, in : Weblexikon der Wiener Sozialdemokratie（https://dasrotewien.at/seite/felleis-roman）; Ders.（...wiki/Roman...）.
(34) Artur Kreisky, in : Gedenkstätte Plötzensee（https://www.gedenkstaette-ploetzensee.de/totenbuch/recherche/person/kreisky-artur）.
(35) Weiss (1961). ヴァイス：柏原訳（1970）。
(36) Ebd., S.73f. ヴァイス：柏原訳（1970），93 頁。訳文は引用者による。
(37) Vgl. Mazenauer（Hg.）(1992), S.207.
(38) ゴットヘルフは牧師で小説家。農民生活を描き，工業化による伝統的モラルの危機を指摘した自由保守派で，リールと同じ立場だった。Vgl. Ernst Alker（1964), Jeremias Gotthelf (Albert Bitzius), in : *NDB*, 6, (...pnd118540963.html/#ndbcontent).
(39) ズースマンはハンブルクの豊かなユダヤ人家庭の生まれ。ただし，ユダヤ教の教育はなく，20 代に入ってから改革派ラビにユダヤ教への導きを受けた。10 歳の時に一家はチューリヒに移り，彼女は高等女学校を終えて大学進学を望んだが父が許可しなかった。その父が 1894 年に亡くなり，一家はドイツに戻り，ズースマンは姉の支援で勉学が可能になり，絵画や哲学を学ぶ。1906 年の結婚後はフランクフルトで「フランクフルト新聞」に 1932 年まで定期的に寄稿し，時々ベルリンに出かけてジンメルの授業後の私的なサークル議論の常連となった。ブーバー，エルンスト・ブロッホ，ゲオルグ・ルカーチらがそのメンバーだった。1933 年のナチ政権の成立でチューリヒに移り，そこで生涯を終えた。彼女はローゼンツヴァイクやフランツ・カフカ論により，近代ユダヤ思想研究のパイオニアとなった。詳細は以下を参照。Stanford Encyclopedia of Philospphy（2022), Margarete Susman (https://plato.stanford.edu/entries/susman-margarete).「近代社会におけるユダヤ思想と女性の地位や役割の問題がズースマンの批判的関心の焦点だった」(Ebd., S.1)。
(40) Hermann Levin Goldschmidt, Martin Bubers Lebenswerk. Martin Buber zum achtzigsten Geburtstag /8. Februar, in : *NZZ*, Nr. 367, 09. 02. 1958（https://www.e-newspaperarchives.ch/?a=d&d=NZZ19580209-01.2.42.1&spros=27&e...). ブーバー：野口訳（2021）の「訳者解題」および佐藤貴史「解説」，また上山（2009），51-102 頁も参照。ラブキン：菅野訳（2010）によれば，シオニズムをユダ教の教典（トーラー）とするユダヤ教聖職者（ラビ）の中にも，イスラエル国家を容認しない「反」シオニストと容認する「非」シオニストという二つの立場が存在する（同書 44 頁)。この点では，ゴールドシュミットと共にユンクも後者に与したと思われるが，残された検討課題である。
(41) 若尾（2007），48-54 頁を参照。
(42) フーフは大商人の娘で親族には著名な詩人もいた。15 歳の時に姉の夫で従兄のリヒャルトに恋をし，その恋情から逃れるためチューリヒに移り，そこで高等女学校を終えチューリヒ大学に進み，哲学と歴史学を学んで 6 学期後の 1891 年に学位を得た。博士論文『誓約協同体の中立――特にスペイン王位継承戦争期のチューリヒとベルンについて』である。その後，文筆で生きていく決意をし，愛 Liebe と生 Leben への熱い思いを

詩や小説で表現した。1898 年には歯科医と結婚したが，その夫がリヒャルトの娘と不倫関係になり，姉妹二組の夫妻関係は破綻し，1906 年に離婚した。その翌年にフーフはリヒャルトと結婚したが，1910 年には離婚した。その間に，歴史的事実への関心を強めてイタリア統一戦争を描き，第一次大戦中は 30 年戦争，そしてヴァイマル期にはプロイセン改革や 1848 年革命などに関する大作を発表し，ノーベル文学賞にもたびたび推薦される 20 世紀ドイツを代表する女性作家の一人となった。Rüdiger Frommholz (1972), Richarda Huch (Pseudonym Richarda Hugo), in : *NDB*, 9, S.705-708 (...pnd118554190.html#ndbcontent) ; Charles Linsmazer (2006), Richarda Huch, in : *HLS* (...011964/2006-11-24/). 筒井紀貴（2022）「リカルダ・フーフの恋愛詩とウルマンの音響音階」『音楽研究：大学院研究年報』第 34 号，21-22 頁；犬山朴（1965）「プロテスタントとしての Richarda Huch」『長崎大学教養部紀要　人文科学』第 5 巻，31-37 頁（https://nagasaki-u.repo.nilac.jp>record>-files>k...）。

ユンク論説が指摘している，第二次大戦中に完成された第 3 巻，また反ナチ抵抗の記念碑，すなわち 1943 年ミュンヘン学生の抵抗運動（白バラ）の記録は未完成だったが，いずれも後年刊行されている。

(43) この批判について，プロテスタントのフーフはカトリックやスイスの改革派と意識的に対立していたから，誓約協同体の中立主義の基盤をなす宗教的・文化的多元主義の理解を欠くという含意と思われるが，なお検討が必要である。

(44) Deák (2017), S.170f. イギリスのフランス人 1.2 万人の情報源は主に BBC 放送で，亡命フランス人の左翼日刊紙『フランス *France*』（2.3 万部）やド・ゴール派の週刊紙『ラ・マルセイエーズ *La Marseillaise*』（ロンドンで 7500 部，カイロで 1.5 万部）は一般にはあまり読まれていなかった，という。Lain Stewart (2023), The French Press in Wartime London, 1940-4 : From the Politics of Exile to Inter-Allied Relations, in : *JCH*, 58/1, S.50-70, hier S.51, 55-59.